Siegfried Goldschmidt

Ravanavaho. Râaanavaha oder Setubandha

1. Band

Siegfried Goldschmidt

Ravanavaho. Râaanavaha oder Setubandha
1. Band

ISBN/EAN: 9783744614573

Hergestellt in Europa, USA, Kanada, Australien, Japan

Cover: Foto ©ninafisch / pixelio.de

Weitere Bücher finden Sie auf **www.hansebooks.com**

॥ रावणवहो ॥

RÂVAṆAVAHA ODER SETUBANDHA

PRÂKṚT UND DEUTSCH HERAUSGEGEBEN

VON

SIEGFRIED GOLDSCHMIDT.

MIT EINEM WORTINDEX

VON

PAUL GOLDSCHMIDT UND DEM HERAUSGEBER.

STRASSBURG
VERLAG VON KARL J. TRÜBNER

LONDON
TRÜBNER & CO.

1880.

PROFESSOR ALBRECHT WEBER

IN TREUE GEWIDMET.

Indem ich, um den Fortschritt des Werkes nicht aufzuhalten, eine ausführlichere Einleitung bis zum demnächstigen Abschluss der zweiten Lieferung — Uebersetzung und Commentar — verschiebe, beschränke ich mich hier auf die dem Leser dieses Heftes notwendigsten Mitteilungen.

Die handschriftlichen Grundlagen dieser Ausgabe zerfallen in folgende Classen:

R, die Recension des Râmadâsa, welcher A. D. 1596 — nämlich im Jahre 1652 Sâhasâṅka's und 40 Jalâladdîn's laut der Unterschrift — auf Befehl des Kaisers Akbar den Commentar Râmasetupradîpa zu unserm Gedicht verfasste. Von dieser Recension lagen mir 4 Mss. vor, sämmtlich in Devanâgarî und sämmtlich, ausser dem Text, die châyâ und den Commentar enthaltend:

R^H aus der Bibliothek des Dr. Fitzedward Hall, 547 Bll. (Bl. 487 neu), geschrieben von dem Kâyastha Mânaçâhi çaṃvat 1687, also nur 35 Jahre jünger als Râmadâsa's Autographon: ein vortreffliches Ms. aber kein ganz treuer Repräsentant seiner Classe. In R ist mehrmals durch Saṃskṛtisierung einer echten Prâkṛtform oder durch andre Fehler das Metrum zerstört: so[1]) I 46 durch मअएहं statt मत्तएहं: II 16 durch अहिल्लीअ statt अहिलिअ: II 36 durch das Eindringen des häufigen Versschlusses णिवहं statt -वहं: VI 83 durch ऊसमिअ statt उब्भिअ: XI 130 durch उग्घाडिअ statt उग्घडिअ. Allen diesen Schäden des Metrums nun, die sowohl durch den Consensus der übrigen R-Mss. als — soweit sie auf die Skṛtübersetzung überhaupt influieren können — durch die châyâ und den Commentar als für R charakteristisch erwiesen werden, hat R^H allein unter den Mss. seiner Classe durch die Conjecturen मंतएहं, परमुहोहिं, चन्न, आलम्बिअ, उग्घाडि nachzuhelfen versucht. Ferner ersetzt dieses Ms. mehrere Formen, die entweder die einzig richtigen, oder die schwereren, oder doch an den betr. Stellen unzweifelhaft die Lesarten R's sind, durch vermeintlich bessere: so II 40 पावड durch पाअड: II 43 गारव durch गोरव: IV 52 णिराइअ durch णिराअअ: V 45 रमाअल व्व (dies war die Lesung R's) durch ०लम्मि व: V 53 गलत्थण durch गलहत्थ: IX 88 पवित्त (eine schlechte aber für R charakteristische Lesart, s. ZDMG 32, 110) durch पअत्त: X 63 हिरिमिअ durch हरिमिअ: XI 96 मि durch वि: XII 88 सोमेत्ति durch सोमित्ति: XIV 67 ण दट्ठुं durch

1) Man berücksichtige überall auch die „Verbesserungen und Nachträge“ und, wo bei Citaten die Zahlen fehlen, den Index.

दिट्ठं: XIV 74 भसल durch भसल![1]) In den Lesarten रथणिं रसोलण II 8, दिट्ठि-विसिणं IV 63 zeigt R^{II} sogar deutlich den Einfluss fremder Recensionen. — Aus alle dem ergibt sich, dass zwischen R und R^{H} bereits die Tätigkeit eines halbgelehrten Schreibers oder Correctors liegt.

R^{h} aus derselben Bibliothek, 386—1 Bll. (Bl. 5 fehlt), copiert saṃvat 1818 von dem Tripâṭhin Kṛshṇa in einer Ortschaft bei Benares (कासिपुरसमीपे सदासापुरनिवासिना); sehr flüchtig geschrieben, nie corrigiert und von oberflächlichen Schreib- und Lesefehlern wimmelnd, die ich, da sie sich mit Sicherheit ausscheiden lassen, nicht in die vl aufgenommen habe. Von diesen äusserlichen Mängeln abgesehen gibt der Codex ein sehr treues Bild der Recension R, die sich, zumal zwischen R^{h} und R^{II} ein specielles Verwantschaftsverhältnis nicht besteht, mit diesen 2 Mss. fast durchweg feststellen lässt.

R^{I}. India Office Colebr. 1124, 392 Bll., copiert, wie sich aus einem mit copierten Kolophon ergibt, aus einem saṃvat 172 . von [Râ]macandra geschriebenen Ms., hat einige unbezeichneten Lücken z. B. XV 4—7, 11—14. Dieser Codex, von einem gänzlich unkundigen Schreiber herrührend und der schlechteste von allen, ist gemeinsamen Ursprungs mit R^{h}, weshalb ich mich seiner zur Controle dieses Ms. und in ein par Fällen zur Ergänzung von Lücken desselben bedient habe. Citiert habe ich ihn sehr selten, er kommt aber, wo nicht das Gegenteil ausdrücklich constatiert ist, überall als Bestätigung der Lesarten von R^{h} in Betracht. — Charakteristisch für die durch R^{hl} repräsentierte Classe von R-Mss. ist das Vorkommen des dieser Recension eigentlich fremden Verses Anhang (= A 1, und ferner die in einem Verse, V 45, nach Art der C-Mss. durchgeführte Worttrennung im Prâkṛt.

R^{b} (resp. R^{G} — so bezeichne ich die 2te Abschrift der Verse XII 44—76) Kgl. Bibliothek in Berlin Chambers 530, von Höfer (Seine Zeitschr. II 488ff.) und Weber (Verzeichniss der Sanskrithandschriften No. 1355) ausführlich beschrieben[2]), 284 Bll., zusammengestellt aus mehreren fragmentarischen Copien verschiedener Schreiber, deren einer — laut der Unterschrift von X — der Kâyastha Râmadâsa in Kâçî, saṃvat 1707, war: die Verse XII 13—24 fehlen,

---

1) In mehreren dieser Fälle stimmt, wie man aus der vl sieht, R^{II} ganz oder teilweise zu C: da es sich aber hierbei durchweg um lectiones faciliores handelt, die sehr wohl hier wie dort durch Conjectur entstanden sein können, folgt aus diesem Consensus nichts entscheidendes für den Einfluss von C auf R^{II}.

2) Trotz der vielfachen Bemühungen, die auf dieses durch falsche Verszahlen, irrtümliche und secundäre Pagination etc. arg verwirrte Ms. gewant sind, ist dasselbe noch immer nicht definitiv in Ordnung gebracht. Bl. 2 von XII und Bl. 2 von XIII, beide die Verse 3—8 ihrer resp. Âçvâsa enthaltend, sind vertauscht; ebenso die Âçv. V und XV, und zwar hat, wie die Aufschrift und Pagination von XV ergeben, diese letztere Vertauschung bereits in Indien stattgefunden. Dieser Umstand erklärt es, dass den früheren Benutzern des Ms. die deutliche Schlussbezeichnung im letzten Vers von XV und der daselbst genannte wahre Namen des Gedichtes — Râvaṇavaha — entgehen konnten, bis ich Paul Goldschmidt (s. Specimen des Setub. S.103) auf die Verwirrung aufmerksam machte.

XII 44—76 sind doppelt da. Wie jede Seite der vl zeigt, entfernt sich dieser Codex weiter von dem Typus R als einer der bisherigen, sowohl in nebensächlichen orthographischen Dingen als durch wirkliche Correcturen, namentlich falsche Saṃskṛtisierungen: s. z. B. संवाण für संवाअ II 4, ओक्रन्वन्तो für °प्पन्तो III 18, प्पसुत्त für पासुत्त IV 1, केवो für कोहो IV 17, थूर für रुन्द V 85, त्थामं für त्थाहं VIII 40, पव्भट्ठ für पम्हट्ठ XV 7. Seine Abweichungen von R sind so massenhaft, und viele darunter stimmen in so auffälliger Weise zu C[1]), dass wir ihn für die directe oder indirecte Abschrift eines Originals halten müssen, das zwar zu R gehörte, aber stark, und z. T. nach einem C-Ms., corrigiert war. Der Commentar ist in diesem Ms. beträchtlich abgekürzt. — Uebrigens stehen, trotz des individuellen Charakters eines jeden, sämmtliche R-Mss. dem gemeinsamen Original — dem Archetypus R — noch so nahe, dass sie vielfach selbst seine oberflächlichsten Fehler und orthographischen Seltsamkeiten widerspiegeln[2]).

Mit diesen Mitteln, zu denen noch die Controle eines jeden Wortes durch die châyâ und, als Controle der letztern, der höchst ausführliche Commentar hinzukommt[3]), liess sich die Recension R mit grosser Sicherheit herstellen. Dass diese keine durchweg gute war, zeigt sofort ein Blick in die vl, in die ich oft genug ihre schlechten Lesarten verweisen muste. Zu ihrer Charakteristik stelle ich hier, ausser den oben bei der Beschreibung von R^u bereits erwähnten, noch einige besonders eclatanten Verderbnisse zusammen: I 23 हिअए खलइ zerstört das Metrum; I 56 णिक्कन्त seichte, durch die châyâ veranlasste, Conjectur für णिम्महिअ, welches der term. techn. für das Ausströmen des Geruchs ist, s. Index und Pâiyal. 199; I 61 दिप्प für दुप्प zerstört den Reim; II 19 णहिं व Fälschung des unverstandenen णिहि व्व = निधीनिव; II 23 ओहामिअ für die doctior lectio ओहामिअ, s. Prâkṛtica S. 14 f.; die vl zu II 46, IV 39, V 8, X 11[4]), XI 49 ergibt मुज्झिज्जइ = मुह्यते, neben welchem R's विमुहिज्जइ, मुच्छिज्जइ, संवज्झन्ति als lect. faciliores erscheinen; III 51 पभणन्तं sinnlose Conjectur zur Herstellung des Metrums für भणन्तं, das zufällige Verderbnis von भणन्तं war; V 41 मूअलिअ gegen das Metrum für मूअलइअ, cf. VIII 66, XI 61; V 87 गोविअ für णमिअ entstanden aus der Uebs. गोपित; VI 18 णिअमिअअिम पमन्ते lectio facilior für णिअमिए पामन्ते; VI 47 गोच्छं Correctur für गोच्छं, in

1) S. z. B. कित्तीए व्व für कित्तीअ व II 6, घडिज्जन्तं für घट्टि° II 7, मुहम्मि दिअसम्म für दि° मु° IV 10, अहिमेमं für °सेअं IV 65, मुअइ für मुएइ VI 47, विअडन्त für विह° VII 38, सकोत्थुअं für °त्थुहं VIII 15, मम्मुहं für ममु° VIII 63, मिअ für मिव IX 40, प्पहम्म und मणिप्प für प° und °प IX 43, णिवमणं für णिअत्थं X 70, अत्थमइअ für °मइ व XII 11 etc.

2) S. z. B. Fälle wie धूम्म IV 37, तणम्ब VII 8. पूरिअवं XI 41, दिसाहि त्थएइ XIII 51, माभन्न XIII 52, काइहि XIV 12 etc.

3) Fälle, in denen erst durch diese Controle die wirkliche Lesung R's ermittelt wird, sind nicht selten, z. B. XI 116 पिअ, XI 119 भणिअं, XII 73 दारण etc.

4) Wenn nämlich meine Annahme, dass C hier मुज्झिज्जन्ति las, richtig ist.

Folge deren für मुश्रइ metri c. मुएइ! eintrat; VI 57, VII 50, IX 68, 88, XIV 57 पवित्त resp. किरन्त Fälschung für परिन्त, s. ZDMG 32, 110f.; VI 59 पुणाआणं Skṛtisierung[1]) von पुणामाणं, zur Wahrung des Reims ist dann उणामाणं zu उणाआणं verfälscht: VII 11 मेलिआपविद्दो! Verderbnis aus मेलिअ-प्प°; VII 21 पहणा Conjectur für पअला, s. Prâkṛtica S. 12; VII 67 पाअव für वा° zerstört den Reim; VIII 15 ण द्दिग्ग lect. fac. für ड्गणं; VIII 66 सामलिअ für सामलइअ gegen das Metrum, cf. V 41; VIII 68 भट्ठ Skṛtismus für प्फलिअ; IX 27 णिज्झरेहि गव्भिआइ Skṛtismen für ओज्झरेहि गव्भिणाइ, उड्ढुअ Fälschung metri causa; IX 85 णिअलिअ eine das Metrum zerstörende Conjectur für das unverstandene अलिअ, cf. die Verkennung von अहिलिअ II 16; X 18 ओवअत्त verlesen für ओवअन्त und daher mit अपवृत्त! erklärt; X 37 परिपण्डुर gegen das Metrum; X 40 चअन्ति lectio facilior für अएन्ति, s. ZDMG 32, 105; X 51 ergibt sich किरण-परिकिलप्पन्ता als ursprüngl. Lesart und मसि als alte (cf. C) Glosse, in Folge deren metri c. das übrige gefälscht ist; XI 58, XIV 42 पव्भट्ठ durch den Einfluss der Uebs. für पम्हट्ठ, cf. R^b XV 7; XI 61 सामलिअअ falsch für °लइअ, s. oben zu V 41, VIII 66; XII 40 विअब्भिअ Conjectur für विब्भिअ gegen das Metrum, s. ZDMG 32, 109f.; XIII 68 उग्गअ lectio facilior für उल्लअ, s. Index s. v.; XIV 51 प्पविद्ध für पव्विद्ध gegen das Metrum; XV 14 विवलाअमाण für °लाअ, s. Note ad locum; XV 19 त्थामो skṛtisierende lectio facilior für त्थाहो; XV 38 णिव्वलइ घअं für णिवडइ तुप्पं, s. Note ad locum; XV 58 सुव्वसि für सुव्वइ sinnlos und daher mit शृणोषि! erklärt; XV 74 मण्डलं व für °लो व्व gegen die Construction durch den Einfluss der Skṛtübs.; XV 91 जाआणुअम्पिण gegen das Metrum für जाअ-अणु°.

R^{vl}, die in Râmadâsa's Commentar überlieferten variae lectiones zu im ganzen 66 Versen[2]). Ein Teil davon ist ganz unerheblich, einige (z. B. उहिउजण für डहि° V 52, एवरि für णवर V 78, त्थामं für त्थाहं VIII 40, कुप्पर für जूरइ XI 3, पाआवो für पाआरो XII 55) sind handgreiflich blosse Schreibfehler Conjecturen oder Skṛtisierungen; von den erheblichen Varianten aber liegt der weitaus gröste Teil zugleich in einer oder mehreren meiner andern Quellen vor, sodass also Râmadâsa in seinem Apparat nicht viel wesentliches gefunden hat, was in meinem fehlte. Jener Apparat aber war, wie sich zeigen lässt, von

1) Unter Skṛtisierungen verstehe ich zunächst das directe Eindringen von Skṛtformen oder skṛtischen Schreibungen wie तपणस्स XIII 85, ललाट XIV 81, भोग XIV 25 etc. — an welcher Art Fehlern merkwürdiger Weise selbst Hem. keinen Anstoss nahm, s. अटइ u. dergl. in seinen Scholien; namentlich aber die Verdrängung idiomatischer Pkṛtformen durch leichtere, aber oft ganz falsche, die für das rohe Sprachgefühl den wirklichen oder vermeintlichen Skṛtprototypen näher standen, wie von सत्तएह गव्भिण कोह durch सअएह गव्भिअ केव etc. Dieses ist, wie jeder Kenner weiss, die ergiebigste aller Fehlerquellen für Prâkṛttexte.

2) Nämlich zu I 31. 44. II 17. 44. III 9. 20. 59. V 5. 30. 52. 78. VI 16. 26. 35. 51. 53. 62. 86. VII 8. 45. 49. 54. 62. 64. VIII 16. 23. 24. 36. 40. 41. 43. 72. 93. IX 7. 25. 38. 39. X 22. 33. 42. 49. 72. 73. 78. XI 3. 20. 43. 48. 84. 88. 97. 119. 123. 131. XII 9. 13. 43. 55. 59. 66. XIII 4. 8. 93. XIV 5. XV 41. 83.

dem meinigen ganz verschieden: denn einerseits enthielt er die am meisten charakteristischen Lesarten von C und K nicht, andrerseits erweisen sich die citierten Varianten, zum Teil wenigstens, durch ihre Orthographie etc. als aus Jaina-Mss. stammend[1]), welche Classe in meinem Apparat nicht vertreten ist. Wenn nun trotz dieses verschiedenen Ursprungs R's vl in der meinigen fast gänzlich aufgeht, so ist dieses ein günstiges Präjudiz für die Vollständigkeit der letztern.

C, mein ältestes Ms., Devanâgarî, India Office Colebr. 667, 69 Bll., geschrieben çâke 1518 — also im gleichen Jahre mit der Abfassung von R's Commentar — von dem Astronomen (ज्योतिर्विद्दामग्रणी) Govinda[2]), Nilakaṇṭha's Sohn, den Text enthaltend. Dieses Ms. enthält, von den namaskâras des Copisten, dem Kolophon und 2 kritischen Anmerkungen (s. V 44, A 1) abgesehen, kein Wort Skṛt: auch die Unterschriften der Âçvâsa[3]), die metrischen Anweisungen[3]) (जुगगग्रं, कुन्तग्रं etc.) und die in den Text gedrungenen Glossen[4])

1) Es finden sich nämlich die Schreibungen resp. Formen तणाय I 31, समयं VIII 41, भय VIII 72, मियंक X 33, काया X 49, मिल्लियो XII 66, निव्भर VI 16, निसम्मन्तं XI 20, निसण XI 97, न XI 123, सागर VI 86, ग्रंसुग्राणि IX 25. Im Apparat tritt diese Eigentümlichkeit von R^{vl} nicht genügend hervor, einmal weil sie sich meistens nicht in den Varianten selbst, sondern in den umgebenden Wörtern zeigt, die ich in der vl nicht mit citiert habe; sodann weil ich, von dem Schwanken der Mss. verführt, diese charakteristischen Schreibungen anfangs für Fehler hielt und deshalb mehrfach unterdrückt habe. Constant ist keine dieser Jaina-Eigentümlichkeiten durchgeführt, selbst nicht die, bei den Jainas bekanntlich unerlässliche, yaçruti nach ग्र ग्रा: diese Inconstanz weist vielleicht auf den Ursprung von R^{vl} aus mehr als einer Quelle hin, vielleicht aber beruht sie auch bloss auf der unwillkürlichen Alterierung der Jaina-Orthographie durch die an die Mâhârâshṭrî gewöhnten Copisten. Auf jeden Fall beweist R^{vl} die Existenz einer Jainarecension unsres Textes, und da die Citate aus demselben bei Hemacandra ebenfalls den Charakter des Jainapkṛt tragen, habe ich durch Confrontation dieser letzteren mit R^{vl} die etwaige Identität der in beiden Quellen vorliegenden Recensionen festzustellen versucht — ohne Resultat, da jene (27) Citate und diese variae lectiones niemals dieselbe Stelle des Textes treffen. Einigemal citiert R die Varianten in Skṛt, z. B. VI 35, VIII 36, XII 9 — hierdurch wird es zweifelhaft, ob X 49, XI 123 काया und न wirklich als Jainaformen aufzufassen sind.

2) Von diesem rühren noch mehrere auf Prâkṛt bezügliche Mss. der Colebr. Sammlung her z. B. Colebr. 774, jetzt 1715, die chàyâ zum Pkṛt des Prabodhacandrodaya (s. ed. Brockhaus p. VI), Colebr. 190 Prâkṛtapiṅgala.

3) Es ist auffallend, wie oft diese Angaben in C falsch oder entstellt sind. So unterliegt es keinem Zweifel, dass in der Unterschrift von VII मत्तमो für समत्तो zu lesen ist; II 36, V 87, XIII 31 sind die Verse des kulaa falsch gezählt, nämlich 35, 7, 73! statt 36, 8, 12; XI 119 steht जुगगग्रं fälschlich; endlich ergeben alle Stellen (s. Note zu IV 17) die hybride Schreibung ग्रन्त्यकुलग्रं statt ग्रन्त्य°. Da für diese Dinge C meine einzige Autorität war, habe ich einige solche Fehler, die ich nicht für blosse lapsus calami halten konnte, stehen lassen.

4) Solche Glossen sind u. a. X 21 ग्रवद्द zu ग्रवद्द, und nach Analogie dieser Stelle ist wohl über XIII 18, 55 ebenso zu urteilen; XI 61 ग्राग्रड्डिग्र zu ग्रंछिग्र; XII 95 मुह zu द्वार; XIII 17 मुन्दरीहिं zu वन्दीहिं; XIII 30 उन्नाग्र zu तणाग्र; XIV 21 दण्ड zu उक्का; XIV 53 घोर zu गरुग्र. Ob solche Fälle wie VI 63 महि (Gl. zu मून?), XI 63 वहल (Gl. zu मंसवाग्र? etc., in denen das Metrum in Ordnung (nachträglich in Ordnung gebracht?) ist, hierher gehören, ist unsicher.

sind in Pkṛt: die einzelnen Wörter, resp. Teile der Composita, sind durchweg durch Zwischenräume und Puncte von einander getrennt. Dies alles weist darauf hin, dass diese Classe niemals von einer chàyà oder einem Skṛtcommentar begleitet war[1]). Aus dem Mangel einer solchen Controle erklärt sich die enorme Verwahrlosung des Textes im einzelnen, die sich, obgleich ich hunderte der oberflächlichsten Schreibfehler unterdrückt habe, in der vl deutlich widerspiegelt. Der Bestand des Textes stimmt sehr nahe zu R, näher als eine der andern Recensionen, indem C nur 3[2]) von den Versen R's auslässt und nur 4[3]) bei diesem fehlende enthält. Ferner teilt C mit R einige der eclatantesten Verderbnisse: so II 16 **अहिल्लीअ**. II 23 **ओहासिअ**. II 36 **णिवहं**, V 41 **मूअलिअ**. VIII 66 **मामलिअ**. X 51 die Glosse **मसि**. XII 40 **विअभिअ**, XV 91 **जाआणुअम्पिण**. Viel durchgreifender aber als diese Uebereinstimmungen tritt die Verschiedenheit beider Recensionen hervor, sowohl in der Orthographie und in der Wahl zwischen gleichwertigen Doppelformen als namentlich in Lesarten von materieller Bedeutung. Der weitaus gröste Teil der besprochenen Verderbnisse R's findet sich in C nicht; dagegen zeigt er eine Menge ihm eigne, z. B. II 16 **अणुद्ज्जमाण** für **अणुणि°**, s. ZDMG 32, 112; II 24 fehlt das durch den Reim garantierte **पअ**, womit die das Metrum herstellenden Lesarten **मआ** und **जलअ** als Ursache oder als Folge zusammenhängen: IV 51 **दंमिउं** Fälschung für **दीसिउं**, s. ZDMG 28, 493; V 41 ist das eingeschobene **अ** ein mislungener Versuch das durch **मूअलिअ** zerstörte Metrum herzustellen: VI 44 **पडिरसइ** wohl Conjectur für **पडिसमइ**: VII 20 **परिमप्पन्ति** lectio facilior oder Skṛtismus (cf. Index s. v. **परिसक्कण**) für **पडिसक्कन्ति**: X 15 **णिमग्गं** Skṛtismus für **णिउड्डुं**: X 51 **कर** für **किरण** mislungener Versuch das durch **समि** zerstörte Metrum herzustellen: X 70 **णिवसणं** Skṛtismus für **णिअत्थं**: XII 45 **आहन्तं**– Fälschung für **आहम्मिउं** s. Note ad locum: XII 57 **मंचालेइ** für **°लेन्ति** wie eben; XII 84 **पआआ**! Skṛtismus für **वडाआ**: XIII 64 **वक्कल** wohl lect. facil. für **पक्कअ**: XIV 74 **भमर** Skṛtismus für **भसल**; ferner sämmtliche oben besprochenen Fälle von eingedrungenen Glossen: endlich eine Masse grammatisch correcter aber leichter Lesarten an Stelle von auffälligen Formen R's, wie III 14 **विकअम्मं** für **विक्क°**. **पहं** für **वहं**, III 21. XII 88 **पाहिन्ति सोमिन्तिं** für **पाहिन्ति सोमेन्तिं**. III 59 **आणिएणं** für **आइ°**. IV 20. X 63 **गुमरामि हरिसिओ** für **सुमि° हिरि°**. VIII 19 **हरिअ** für **भ°**. XI 42. 126 **मउल मउलिअ** für **मउअ मउइअ**. XII 30 **णिमिअ** für **णिविअ**. XIII 44 **कुसुम** für **कुमुअ**. XIV 67 **ण दिट्ठुं** für **दट्ठुं**. XV 89 **समब्भहिअ** für **समो°**. — R und C ergeben sich somit als zwei in verschiedener Richtung degenerierte Abkömmlinge einer, selbst schon nicht mehr intacten, Recension.

1) Der allgemeinen Evidenz dieser Tatsache gegenüber kommt der vereinzelte Fall XII 57 nicht in Anschlag. Wer diesen Fehler verschuldet hat, muss allerdings eine chàya vor Augen gehabt haben.

2) Nämlich, da V 64 (s. Note ad loc.) nicht zu rechnen ist, XI 55. 99. XIV 36; es bedarf wohl kaum des Hinweises, dass diese Verse, namentlich die 2 ersten, auch aus inneren Gründen höchst verdächtig sind.

3) A 1. 2. 10. 14; s. aber die Athetese C's zu A 1.

C^2. Devanâgarî, Bombay Government, 81 Bll., copiert saṃvat 1930 für Dr. Bühler (s. Monatsber. Berl. Akad. 1874 S. 282) von einem [saṃvat] 1904 geschriebenen Original in Bikaner: eine erbärmlich schlechte indirecte Abschrift entweder der Vorlage oder — was ich für wahrscheinlicher halte — einer gelegentlich corrigierten Copie von C, fast ohne Wert und daher nur bei besonderer Veranlassung citiert.

Der Archetypus dieser Classe zeigte vereinzelte Spuren der yaçruti, die er — jedoch in andrer Weise als die ed. Bomb. des Hemacandra — durch eine modificierte Form des ञ resp. ञा bezeichnete. In C ist dieses Zeichen einigemal (z. B. XI 93 ओयारिञ. 103 पेक्कामि य. XII 76 चिर-यान्त) nachgeahmt in einer Form, die am meisten einem mislungenen न्न gleicht, C^2 las es mehrmals direct als न्न! In diesem Archetypus waren ferner र und व nicht zu unterscheiden, wodurch in solchen Fällen, wo beide Lesungen dem Abschreiber gleich nahe lagen, wie bei राम und वाम, धारिञ und धाविञ, रोत्तूण und वोत्तूण etc. häufig Verwechslungen veranlasst sind. Endlich erwähne ich als Charakteristicum dieser Classe die Neigung — von der sich Spuren übrigens auch bei R finden — gewisse Consonanten, namentlich त, hinter ˙ zu verdoppeln. — In der vl berücksichtige ich diese Eigentümlichkeiten nur bei besonderem Anlass; es sei aber gleich hier darauf hingewiesen, dass sie bei der Beurteilung mancher Varianten wie वण — रण (= व्रण), परित्त — पवित्त, विढत्त — विढंत, रुव्भद — रुव्भद, संलाव — संल्लाव — मल्लाव etc. ins Gewicht fallen, vgl. ZDMG 29, 494; 32, 111.

K, die südliche Recension des Kṛshṇa, welcher — unbekannt wann[1], aber nach den Vorarbeiten vieler andern[2]) — den Commentar Setuvivaraṇa oder -vyâkhyâna verfasste. Von ihr lag mir nicht der Text, sondern nur eine moderne, sehr nachlässige und stellenweise lückenhafte Copie der chàyâ und des Commentars vor, ein Geschenk Dr. Burnell's, 202 Bll. in Teluguschrift. Diese Recension ist, wie sich von einer südlichen Quelle erwarten lässt, eine starke Ueberarbeitung des echten Textes, welche teilweise bloss durch das studium novandi, zum Teil aber durch erkennbare sprachliche und kritische Motive veranlasst ist. Fälle der ersten Art findet man massenhaft in den zweiten Noten auf jeder Seite dieses Buches — manche dieser willkürlichen Veränderungen sind consequent, oder fast so, durch den ganzen Text hindurchgeführt, so विन्दु (wie im Pkṛt?) für त्थवञ, चन्न् für शन्न्, उट्ठाविञ[3]) für उ-

1) Daraus dass eine besonders charakteristische Lesart dieser Recension sich in einem Citat des Pratâparudriya findet (s. Note ad I 10), folgt natürlich nicht, dass Kṛshṇa vor dem 11. saec. gelebt habe, wohl aber, dass die südliche Recension des Setu so alt ist.

2) विद्वांसो बहवो ह्यस्य व्याख्यानानि प्रचक्रिरे।
न तैरप्यखिलैरस्य सम्यगर्थः प्रकाशितः ॥
भावः प्रवरसेनस्य गहनो नहि शक्यते।
प्राज्ञैरपि परिज्ञातुं मन्दैः किमुत मादृशैः ॥
Einleitung.

3) Um das wirkliche Verhältnis der Lesungen

डाइअ, वड्डल für वहल, die Vermeidung des Wortes पिङ्गल (s. Note ad IX 34) etc.[1]) In die zweite Kategorie gehört u. a. folgendes. Die Zahl des Àçvàsa ist in K auf 16 vermehrt, indem der 13te (s. Note zu XIII 67) in 2 geteilt ist. Da aber das Wort अणुराअ, das in Folge einer bei den indischen Kunstdichtern beliebten Spielerei[2]) im Schlussvers eines jeden Àçv. stehen muss — daher die Bezeichnungen des Gedichts als अणुराअ-इण्हं अणुराअङ्कं I 12, XV 95 — in Vs 67 nicht vorkommt, wurde XII 98 an diese Stelle versetzt, und da nunmehr Àçv. XII nicht mehr mit jenem Worte schloss, muste dasselbe durch Zustutzung von XII 97 herbeigeschafft werden. Ferner liest K für विढप्पन्ति und विढत्त, das schwierige Verbum vermeidend, jedesmal विमप्पन्ति विहत्त विमत्त (s. Index s. v. रभ्): für पद्दरिक्क, weil er an der ungewöhnlichen Vertretung von प्रति Anstoss nahm, वट्टरिक्क (= व्यति° : für das ihm unbekannte अञ्चिअ अञ्छिअ „gezogen" उज्जुअ उज्जअ अञ्जिअ: für रुन्दावत्त V 85 उद्दावत्त: für अप्फुण einmal अप्पुण (= आपूर्ण) ein andermal अवघूर्ण: für संठाअ (= संस्थान) संघाअ: für das befremdliche aber wohl verbürgte (s. Hem. II 174 Schol. पडित्थिर II 4 पडिट्ठिअ: für णिअक्कल X 8 मदृश (wie im Pkṛt?): VI 59 cd (s. Note ad loc.) ist, um पुणाम zu umgehen, der Text radical verändert. Besonders instructiv sind eine Anzahl Stellen, wo K an zwei jedem Pràkṛtisten geläufigen, aber im Setu seltenen, Erscheinungen Anstoss nahm, an dem Bruch des saṃdhi im Innern eines Wortes und am Eintritt desselben (in dem Falle ' + Vocal) zwischen 2 Wörtern, s. Noten zu IX 25, XV 54. So erklären sich die Lesungen दिमा-साअड्ढिअ für दिमा-आअ° I 52, उट्ठविअ-विमलंसुआइ für उद्धुअ-धवल-अं° IX 25, संवन्धुज्जोअ für पणट्ठ-उ° IX 77, विट्ठिगुणअ für विवण-उ° XI 74, पवअ-पव्विद्ध für पवअ-आवि° XI 95, das auffallende णमहिअ für अस° XII 97 (wenn meine Herstellung der Lesart richtig ist), दिण-मणु-कवअं für जाअ-अणुअ-म्मेण XV 91, वि अप्पण für तमप्पण VI 11, अकड्डिआ[3]) वि गअणं für गअणमणाअड्डिआ VII 44, मुह-माविअं für मुहमागअं VII 50, उअहिं अक्केर für उअहिमविद्दविअ VIII 104, माणुणअ-जादणो अअं अवसाणो für ण उणो etc. XI 115, भिज्जइ भिण für भिणमभिण XIV 23, अल-परिट्ठिएण für अलमोइगेण XV 54.

K's zu denen der andern deutlich hervortreten zu lassen, führe ich sie in dieser Einleitung, soweit dies mit Sicherheit möglich ist, in Pkṛt an obgleich sie mir nur in der Skṛtform vorliegen. Dasselbe tue ich in der vl in den Fällen, wo K nur als Unterstützung einer anderswo in Pkṛt vorliegenden Lesart citiert wird; endlich habe ich im Anhang die nur in K — resp. K u. S — vorhandenen Verse nach Massgabe der chàyà und des Metrums ins Pràkṛt zurückübersetzt. Selbstverständlich machen diese Rückübersetzungen nicht den Anspruch auch in den orthographischen und andern in der Skṛtübs. nicht erkennbaren Details den Pkṛttext K's treu wiederzugeben. Es unterliegt vielmehr keinem Zweifel und wird auch durch die Pkṛtwörter in den pratīkas bestätigt, dass dieser die bekannten Eigentümlichkeiten der draviḍischen Pkṛt-Mss. zeigte.

1) Für पञ्जल liest K 3mal वच्छल, s. zu IV 25. Welches hier die echtere Lesart ist, scheint mir zweifelhaft vielleicht sind beide secundär, s. unten S. XX.

2) Cf. z. B. Çiçupàlavadha Kiràtàrjuniya Bàlabhàrata, welche श्री लक्ष्मी वीर in den Schlussversen jedes Gesanges haben.

3) So ist metri c. K herzustellen; doch ist der secundäre Charakter dieser Lesung durch den Consensus von C zweifelhaft.

So sicher nun nach alle dem K einen überarbeiteten Text bietet, den wir nicht zur **Grundlage** unsrer Kritik machen dürfen, ein so wichtiges Hilfsmittel zur Ermierung der echten Lesart ist diese Ueberarbeitung in einer Anzahl Fällen, wo R oder C oder beide versagen. Ihr lag nämlich ein älterer und besserer Text zu Grunde als derjenige, von dem R und C stammen, und sie ist daher frei sowohl von den specifischen Fehlern einer jeden dieser Recensionen als von den gemeinsamen beider. So liest K richtig mit C gegen R: I 23 **खलइ हिअए**. I 56 **णिम्महिअ**. III 51 **भग्गन्तं**. IV 39. V 8 **मुज्झिज्जइ**. VI 57 etc. **परिन्त**. VII 11 **प्पविद्धो**. IX 27 **आइद्ध** also auch **ओज्झरेहि**. IX 85 **आल्लीणा**: i. e. **अल्लिआ**. X 18 **ओवअन्त**. X 37 **कवड्डिअ**. XI 58. XIV 42 **प्रमुषित** i. e. **पम्हुट्ठ**. XV 14 **विवलाअ**. XV 58 **सुव्वइ**: mit R gegen C: II 24 **पअ**. V 41 nicht **अ**. VI 44 **पडिसमइ**. VII 20 **पडिसक्कन्ति** (oder **परि°**). X 70 **णिअत्थं** etc.: gegen RC: II 23 **ओहामिअ**. II 36 **वहं**. II 46. XI 49 **मुज्झिज्जन्ता °न्तं**. X 51 **किरण-परिक्खिप्पन्ता**. XII 40 **विस्मित** also wohl **विम्हिअ**. Wie man sieht, liefert uns K mehrfach, wo C und R divergieren und er mit dem einen von ihnen stimmt, das Kriterium der ursprünglichen Lesart; wo er von beiden abweicht, sei es dass sie selbst zusammengehen oder nicht, hat er ebenfalls in mehreren Fällen den echten Text bewahrt, die stärkere Präsumption ist aber hier für den secundären Charakter seiner Lesarten, und die Entscheidung, soweit überhaupt eine möglich ist, muss von Fall zu Fall nach inneren Gründen getroffen werden[1]. Ich habe deshalb in dem Apparat die Lesarten K's in 2 Gruppen geteilt: diejenigen welche er mit einer nördlichen Quelle — S mitgerechnet — gemein hat, finden sich in den ersten Noten, die ihm eigentümlichen, welche also in bonam und in malam partem den specifischen Charakter der südl. Recension ausmachen, in den zweiten.

Es sei aber hier ein für allemal nachdrücklich darauf hingewiesen, wie sehr — ganz abgesehen von der Incorrectheit des Ms. — durch den Mangel des Pkṛttextes die Collation von K erschwert und ihre Sicherheit beeinträchtigt wird. Zunächst fällt K für alle orthographischen und für eine Masse andrer Differenzen, die in der Skṛtübs. nicht hervortreten können, überhaupt weg. Aber auch da, wo die Abweichungen der chāyā K's von der R's auf eine materielle Differenz der Texte hinzuweisen scheinen, bleibt es manchmal zweifelhaft, ob wir nicht doch bloss zwei verschiedene Uebersetzungen derselben Lesart vor uns haben. Denn die beiden chāyās unterscheiden sich — wovon der Index reichliche Proben gibt — durch ihre Technik sehr beträcht-

1) Dieses Verhältnis von K zu den andern Recensionen wird bestätigt durch die Citate in den Scholien des Hem., welche einstweilen die ältesten datierbaren Zeugnisse für einzelne Lesarten des Setu sind. Hem. las mit KC gegen R VI 2 **यड** nicht **दढ** s. Hem. II 174; XI 115 **वि** nicht **अ** s. III 85; mit RC gegen K III 16 **णि** nicht **वो** s. III 87; mit K gegen RC III 48 **दूहिअए राम°** nicht **दूहिए राहव°** s. II 163; VI 2 **परिघट्टं** nicht **°मट्टं** s. II 174; XV 41 **णेण** nicht **तेण** s. III 70.

lich: R klebt ängstlich an den wirklichen oder vermeintlichen Skṛtetymologien, während K bei schwierigen Wörtern sich oft nach Art der Grammatiker mit einem skṛt Synonymum hilft, und zwar nicht jedesmal mit dem gleichen. Durch sorgfältige Beachtung der Forderungen des Metrums, durch Sammlung der bei K in den pratīkas und gelegentlich im Commentar vorkommenden Prâkṛtformen etc. hoffe ich diese scheinbaren Varianten, die natürlich nicht in die vl gehören, in den meisten Fällen erkannt und ausgeschieden zu haben; ein parmal habe ich mich aber doch düpieren lassen. So übersetzt K sonderbarer Weise fast consequent नभ[:]स्थल (s. zu I 17, IX 19), im Texte aber las er doch णह-अल, wie das pratīka XII 73 ergibt: die zahlreichen Fälle, in denen bei K Formen von प्रतिष्ठा solchen von परि° des Textes gegenüberstehen, wären besser in der vl ganz unterdrückt worden, s. S. 193 N. 1: ob IX 24 in निस्मरत् gegenüber णीहरन्त eine Variante vorliegt, ist sehr fraglich (s. Index s. v. ह्रद्), obgleich K in allen übrigen Fällen णीहर् mit निर्हृद übersetzt: प्रकट: V 21 führt nicht notwendig auf eine andre Lesart als वावडो: ob वज्रं für हीरं IV 14 etc., शोभ: für च्छोहो IV 17 etc., विलग्ना: für पअला VII 21, आश्रय für उलग्न XIII 68, निद्धाति निहित निधाय etc. für णिमेइ णिमिअ णिमेऊण und vieles andre derart Varianten oder Uebersetzungsversuche sind, bleibt unentschieden. Solche und andere Schwierigkeiten und dazu noch der Zustand des Ms. haben es mir unmöglich gemacht bei der Ausbeutung dieser Quelle denselben Grad von Sicherheit und Vollständigkeit zu erreichen, wie bei R und C: die Collation eines guten Text-Ms. der Classe K[1]) würde zu diesem Teil meiner Arbeit mancherlei Nachträge ergeben, und ich nehme für ihn, obgleich er der mühsamste war, nur einen provisorischen Wert in Anspruch. Das Ergebnis wird aber, hoffe ich, auch wie es jetzt vorliegt, wertvoll genug erscheinen um es zu rechtfertigen, dass ich mich durch die Unzulänglichkeit meines Materials nicht habe abschrecken lassen.

Im Bestand und der Reihenfolge des Textes zeigt K beträchtliche Ab-

1) Die Bibliothek des India Office besitzt ebenfalls eine moderne Copie des Setu in Telugu-schrift, Burnell No. VIII, Text und chāyā, 339 Seiten mit einer durch die fortlaufende Pagination verdeckten Lücke von 27 Versen (V 3—29) zwischen S. 78 und 79. Leider aber repräsentiert diese weder die südl. Recension noch irgend eine andre, wie man aus jedem Verse erkennen kann: VI 15 z. B. lautet hier:

पम्मयंति[1] महीहरा जत्तोअहिमुहा पवंगमभुयक्खित्ता।
[2]धरिजंतधातुआतम्माद[3] तदोअहिमुहाइ वलंति मरिआमोत्ताइ॥

Dieses prākṛtisierende Kauderwelsch ist der Versuch eines Mannes, dem der Text des Setu nicht vorlag, eine chāyā — und zwar diejenige R's in ziemlich corrupter Form — durch mechanische Anwendung von ein par Lautgesetzen ins Prākṛt zu transponieren; dass der Text metrisch ist, hat er nicht bemerkt. Natürlich ist dieses Ms. in der vl nicht berücksichtigt.

1) aus पार्श्वायन्ते 2) aus धार्यमाण, einem Schreibfehler der chāyā für धाव्यमान 3) aus आताम्राणि — die chāyā R's übersetzt nämlich sonderbarer Weise -अम्ब, wie आअम्ब, constant mit आताम्र.

weichungen von R. einigemal in Uebereinstimmung mit C. noch öfter mit S: das nähere ergeben der Anhang und die vl. in der ich auch angedeutet habe, dass mehrere der fehlenden Verse wohl nur zufällig ausgefallen sind. Sonderbarer Weise fehlt die Uebersetzung und Erklärung von VII 33. 34. obgleich die Verse selbst (s. Note ad l.) ohne Zweifel auch in dieser Recension gelesen wurden.

Mit **K^vl** bezeichne ich die von Kṛshṇa citierten Varianten: ich war, wie man sehen wird, einigemal nicht im Stande sie aus dem corrupten Commentar herzustellen.

S. die Setusaraṇi, eine metrische[1]) Skṛtübersetzung des Setu, verfasst unter Akbar's Sohne Jehângîr auf Befehl des Râmasiṇha von dem Ambashṭha Çivanârâyaṇadâsa (das nähere s. bei Weber Verzeichniss etc. No. 535); das Berliner Ms. Chambers 437 Devan. 110 Bll. Von dieser Uebersetzung wird man sich aus dem im Anhang als Probe mitgeteilten 3ten Sarga ein genügendes Bild machen können. Sie ist zwar, in Folge des Zwanges der metrischen Form, nicht wörtlich, aber doch so treu, dass der ihr unterliegende Text sich in den allermeisten Fällen mit Sicherheit feststellen lässt. Es war daher in dem Apparat meistens nicht nötig ihren Wortlaut anzuführen — was bei der gänzlichen Umformung der Constructionen einen unverhältnismässigen Raum erfordert hätte — sondern nur zu constatieren, welche der mir vorliegenden Lesarten von ihr unterstützt werden: von den Fällen, wo dieses durch ihre Unwörtlichkeit unsicher war oder wo sie offenbar anderen Lesarten folgte, habe ich die wichtigen durch „S?" S frei" etc. markiert. Doch muste ich in diesem Puncte, um nicht in Pedanterie zu verfallen, Mass halten: man darf also nicht bei jeder unbedeutenden Divergenz meiner Quellen, bei der ich S nicht citiere, sie sofort als Zeugen für die von mir recipierte Lesart in Anspruch nehmen. — Der von S übersetzte Text war ganz sicher mit keinem der mir vorliegenden identisch, wie der Leser aus der vl und namentlich mit Hilfe der oben gegebenen Zusammenstellungen der für jede Recension charakteristischen Lesarten sofort erkennen wird[2]). Auch ihre chāvā muss von denen R's und K's materiell verschieden gewesen sein[3]), ja ange-

1) Das Metrum wechselt, wie der Stil der skṛt Kāvyas verlangt, von einem Sarga zum andern, aber von vereinzelten Ausnahmen, namentlich am Schluss der Sargas, abgesehen — nur zwischen 4 Typen (Trishṭubh Jagatî Vaitâlîya Aupacchandasika) offenbar weil dem Uebersetzer durch das Original eine ziemlich gleichmässige Länge der Verse auferlegt war.

2) Man beachte u. a. die charakteristische Tatsache, dass von den 3 in RC aber nicht in K vorliegenden alten Fehlern **ओहामिअ** II 23. **णिवहं** II 36. **विअभिअ** XII 10 S den ersten aber nicht die 2 andern teilt. XIV 43 weist S allein von allen Quellen noch auf die echte, von Hem. bewahrte, Lesart hin, s. ZDMG 32, 103 f.

3) S. z. B. II 16 **अणुणिज्जमाण = अन्वीयमान** richtig RK. = **अनुनीत**! S; II 23 **ओहामिअ = अवभासित** R, = **स्मयमान**! S; II 21 -**विज्जन्तअ = पीयमान** RK. = **वीज्यमान**! S dagegen XI 119 **गेण्हइ = गृह्यते**! R (und K — wir wissen aber nicht, wie dieser im Pkṛt las), **उपाददीत** i. e. **गृह्णाति** richtig S etc. Cf. auch S. 111 N. 1.

sichts ihrer gelegentlichen auffallenden Misverständnisse des Prâkṛt und ihrer häufigen Prâkṛtismen[1]) halte ich es selbst für möglich, dass sie direct aus dem Original übersetzte, so unwahrscheinlich dies auch bei einem Werk des 17. saec. ist. Auf jeden Fall ist diese Recension eine eklektische; ob aber dem Uebersetzer schon ein eklektischer — und alsdann sehr junger — Text vorlag, oder ob er selbst nach mehreren Mss. eklektisch übersetzte, ist nicht auszumachen. Im Bestand des Textes steht S am nächsten zu K. Es ist übrigens offenbar, dass Çivanârâyaṇa — ganz wie ein moderner Veden-Interpret — vieles übersetzte, was er nicht verstand.

S^{c} ist eine andre, sehr gute, Skṛtübs. der ersten 14 Verse in Çloka auf der Aussenseite von Bl. 1 dieses Ms.

Mit diesem reichen Material war es sehr wohl möglich nicht nur einen bessern Text, als eine einzelne meiner Quellen gibt, herzustellen, sondern in gewissem Sinne auch einen bessern, als man in dieser Ausgabe findet. Hätte ich nämlich nach Massgabe des auseinandergesetzten Verwantschaftsverhältnisses der Recensionen überall, wo 2 derselben, namentlich CK, gegen R zusammenstehen, die von jenen bezeugte Lesart recipiert und mich ausserdem möglichst an das Princip der difficilior lectio gehalten, so wäre ich ohne Zweifel in sehr vielen e i n z e l n e n F ä l l e n den Worten des Dichters näher gekommen; als G a n z e s aber hätte ich einen Text erhalten, der só von keiner Tradition gestützt wird und ganz sicher in Indien nie existiert hat. Gegenüber der Evidenz, dass die divergierenden Recensionen, in denen dieses und fast alle Producte der indischen Literatur auf uns gekommen sind, zum geringsten Teil ihre Entstehung der unvermeidlichen Ungenauigkeit stets wiederholter Abschriften verdanken, vielmehr wesentlich der bewusten und perversen Tätigkeit der einheimischen Gelehrten, ist es ein hoffnungsloses Unternehmen ein umfangreiches und vielgelesenes Werk mit den Kunstgriffen der Textkritik in seine ursprüngliche Form herstellen zu wollen. Die erste, und in den meisten Fällen auch die letzte, Aufgabe des Herausgebers ist es vielmehr den authentischen Text einer Recension zu geben, gesäubert von seinen offenbaren Fehlern. Dieser Ausgabe liegt daher der Text R's zu Grunde, der einzige den ich mit meinen Mitteln ganz sicher stellen konnte. Von ihm bin ich consequent nur dann abgewichen — zu Gunsten einer andern Lesart oder selbst einer Conjectur[2]) — wenn er durch die Grammatik das Metrum oder den Reim reprobiert wurde. Entsprach er aber d i e s e n Erfordernissen, so habe ich ihn,

1) S. z. B. das häufige व für इव (cf. S. 137 N. 45. न लीढ „nicht berührt“ aus अणालिढ V 41. भज्यत् „zerbrochen werdend“ aus भज्जन्त VI 41. अन्धकारापित XV 41 u. s. w. Manches derart gehört freilich zum Charakter des barbarischen Skrt der späteren Epochen. s. Weber Pañcadaṇḍ. S. 16. 13.

2) Conjecturen sind: अहिंलिअ II 16. मूअलइअ V 41. सामलइअ VIII 66. चिलाअ IX 71. अलिअ IX 85. विब्भिअ XII 40. जाअ-अणुअम्मेण XV 91. कइहि VII 6 u. dgl. wird man wohl nicht zu den Conjecturen rechnen. s. Note ad loc.

auch wenn sein secundärer Charakter aus andern Gründen noch so deutlich war, fast immer recipiert, und deshalb findet man von den oben besprochenen „eclatanten Verderbnissen" viele in meinem Texte. So sinnlose Lesungen und handgreifliche Skṛtismen wie z. B. पभणन्तं III 51, गोविश्र V 84, मुएइ ··· गोच्छं VI 47, पइणा VII 21, श्रट्टु VIII 68, णिज्झरेहि IX 27, णिव्वलइ घत्रं XV 38, सुव्वसि XV 58 aufzunehmen habe ich freilich nicht über mich gewonnen: in diesem Puncte werde ich dem Vorwurf der Inconsequenz nicht entgehen[1].

Um 450 Jahre älter als meine älteste Hdschr. ist die Grammatik Hemacandra's, und da unser Text nachweislich eine ihrer hauptsächlichen Quellen war[2], wird man erwarten, dass ich ihrem Zeugnis einen grossen Einfluss auf die Feststellung desselben eingeräumt habe. In der Tat hat mich Hem. beim Schwanken meiner Mss. in zahlreichen Fällen wie उव्भिश्र, चिलाश्र, णूमिश्र, पुणाम, रेश्रविश्र etc. auf die richtige Lesart geführt; einmal, XIV 43, verdanke ich diese (वणे) sogar nur seinem Zeugnis, und ebenso hätte ich III 6 auf seine Autorität (II 209) श्रप्पणो für das leichtere श्रप्पणा der Mss. aufnehmen sollen; einige Schreibungen wie संदट्ट, ववट्ठम्भ sind im Vertrauen auf seine Zuverlässigkeit gegen die Mss.[3] (s. Noten zu IV 46, V 48) durchgeführt worden — vielleicht mit Unrecht; endlich habe ich eine Anzahl anstössiger Formen wie गभीर, भुज, ललाट darum geduldet, weil die Scholien Hem.'s ganz ähnliche enthalten (s. नभ I 187, पयाग 177, श्रटइ 195), und andre wie उदु, मइलदा, विवणदा, रामादो darum, weil er sie durch seine puristischen Verbote (I 209, II 154, III 8) indirect bezeugt. Aber ich habe mich wohl gehütet eine durchgreifende Uebereinstimmung meines Textes mit den Regeln Hem.'s anzustreben. Denn die Grammatiker sind zwar in dem was sie positiv lehren, eine wichtige und zuverlässige Quelle für die Kenntnis der Prākṛts; aber — wie ich an einer

1) Eine solche Inconsequenz ist es, dass ich das echte, aber von R jedesmal verfälschte, परिन्त 4mal in die vl verwiesen aber IX 88 in den Text gesetzt habe. Ich liess mich hierzu bestimmen, weil an dieser einzigen Stelle die Mss. R's selbst schwanken; es ist aber trotzdem sicher, dass R auch hier पवित्त las, s. oben S. L.

2) Ausser den oben S. XIII N. 1 bereits angeführten hat Hem. noch folgende Citate aus dem Setu: I 2 दणुइन्दरुहिरलित्तो (लित्तो ist Fehler) s. Hem. I 6; I 12 तं तिश्रसवन्दिमोक्खं II 176; I 41 मोश्रइ श्र णं रहुवई III 70; II 1 श्रह पेच्छइ रहुतणउ (तणउ ist Apabhraṃça) IV 447; II 24 धरणीहरपक्खुब्भन्तयं II 164; II 44 सिं उच्छाहो III 81; III 6 विमयं विश्रसन्ति श्रप्पणो कमलसरा II 209; III 7 तरिउं ण हु णवर इमं II 198; III 57 वहुत्तं I 233, II 98 (cf. ZDMG 32, 104 ff.); IV 23 धीरं हरइ विसाश्रो I 155; VI 12 किं पम्हुट्ठ म्हि श्रहं III 105; VII 36 वड्डइ पवयकलयलो IV 220; VIII 24 श्रो विरएमि नहयले II 203; VIII 59 श्रारणकुंजरो व्व वेल्लंतो (वेल्लंतो ist Fehler) I 66; VIII 69 oder XV 35 मलयसिहरक्खंडं II 97; XI 34 श्राभासइ रयणिअरे रय° ist ungenaues Citat oder Variante) IV 447; XI 87 हत्थुन्नामिश्रमुही णं तिश्रडा (भणइ fehlt aus Versehen) III 70; XII 1 दरदलिश्र I 217; XIV 43 नत्थि वणे etc. II 206 (cf. ZDMG 32, 103 f.); XV 79 णवरि श्र से रहुवइणा (ist से Fehler?) II 188; XV 88 जइ हं I 40. Ausserdem mehrere unsichere.

3) In der Unterscheidung von ट्ट und ट्ठ sind meine sämmtlichen Dev.-Mss. so unzuverlässig, dass ich z. B. die Scheidung zwischen -वट्ट und -वट्ठ nur mit Hilfe der Uebss. पट्ट und पृष्ठ durchführen konnte.

Reihe einzelner Fälle früher nachgewiesen habe[1]) und wie dies Buch auf jeder Seite zeigen wird — sie sind dem wirklichen Bestande der alten Texte gegenüber so unzulänglich, sie haben eine solche Masse wichtiger Erscheinungen gänzlich übersehen, und ihre Regeln sind so oft zu eng oder zu weit, dass sie als Norm für die Textkritik geradezu unbrauchbar werden. Einen alten Prâkṛttext nach den Vorschriften der Grammatiker edieren heisst die echteste Quelle unsrer Sprachkenntnis verschütten. Man trifft daher in diesem Texte ausser einer Fülle von Formen, die Hem. nicht kennt, auch fortwährend solche, die er direct verpönt wie उदु etc. (s. o.), दाव (nach Hem. Çaurasenî), मणोसिला (nach Hem. ârsham), आलाण. इअरा. उक्कित्त (von Varar. gestattet), जिब्भाअन्त, णिलाड, पइत्त (von दीप्), पम्हट्ठ. विन्द, समत्थ (= °स्त cf. Varar.). मोमार etc. Dass hierunter vielleicht manche falsche Form sein mag, habe ich selbst gelegentlich hervorgehoben (s. z. B. S. 148 N. 2).

In der Wahl zwischen solchen Formen, die nach den Gesetzen der Sprache — und teilweise nach den ausdrücklichen Zeugnissen der Grammatiker — gleichwertig sind, wie तड und तल. आगअ und आअअ. मुत्ता und मोत्ता. किलिम् und किलम, पढम und पढुम. विइअ und बीअ. एक्केक्क und एक्कक्क. एअ und एक्क, ठाण und थाण. दिवस दिअस und दिअह etc., haben zwar nicht die Copisten — denn die Mss. derselben Recension stimmen auch hierin meistens überein — wohl aber die Urheber der einzelnen Recensionen absolute Freiheit gehabt, die sie oft bis zur Vernichtung des Metrums und des Reims misbrauchen[2]); und zwar ist es offenbar, dass sie sich bei dieser Wahl meistens von gewissen orthographischen Gewohnheiten — aber nicht Grundsätzen[3]) — leiten liessen. Mit Ausnahme derjenigen Fälle, in denen das Metrum der Reim oder die grössere Schwierigkeit der einen Lesart zur Entscheidung helfen, ist in solchen Dingen die ursprüngliche Schreibung natürlich immer zweifelhaft. Sicher ist nur, dass dieses Schwanken zwischen gleichwertigen Formen zum Charakter der Sprache gehört, und wer es — nach einem neuerdings von mehreren Seiten empfohlenen Princip — unternähme „Consequenz“ in die Orthographie des Pkṛt zu bringen, würde sich, ausser an der Evidenz der Handschriften, auch an der des Reimes stossen. — Ich folge natürlich auch

1) S. ZDMG 28. 491 ff. 29. 491 ff. 32. 104 ff. Prâkṛtica. Strassburg 1879, passim.

2) S. z. B. die vl zu VII 38. 61. 67.

3) So sind zwar die herrschenden Formen für द्वितीय und क्लम् in R und C बीअ und किलिम्, daneben aber finden sich in jeder Recension 1—6mal विइअ und किलम; C zeigt viel häufiger als R Vertauschung zwischen ड und ल und speciell bei -अल = तट (s. zu I 55) fast immer - bis auf 7 Ausnahmen; herrschend ist in R पढम in C पढुम (s. zu I 16), aber jeder von beiden zeigt 2—3mal die andre Form: 30mal schreibt R ओज्झर. 1mal उ°; regelmässig bleiben in beiden Recenss. ओ ए vor der Doppelconsonanz der Encliticae stehen, mehrmals aber (14mal in R s. Prâkṛtica S. 27) werden sie zu अ gekürzt; 89mal schreibt R विसम. 41mal कुसुम — aber 3mal mit *masya luk* (cf. die ganz unzulängliche Regel Hem. I 178) विसअ und 1mal कुसुअ; 73mal कइ (= कपि). aber 1mal — im Reim — कवि etc.

in diesen Dingen den Schreibungen R's. soweit sie nicht durch den Reim etc. widerlegt werden. Doch scheint es mir, dass C hier vielfach den ältern Zustand darstellt: speciell glaube ich, dass gegenüber der in C fast vollständigen Vermischung von ड und ल das offenbare Bestreben R's diese zwei, im Pkṛt — wie übrigens schon im Skṛt. s. Sāh.-D. § 640 — gleichwertigen, Buchstaben nach etymologischen Rücksichten auseinanderzuhalten auf dem Einfluss der chāyā beruht[1].

Im einzelnen ist über die orthographische Gestalt meines Textes folgendes zu bemerken:

1) Gegen den überwiegenden Usus der Mss. schreibe ich vor den Consonanten der 5 ersten vargas in einfachen Wörtern statt ं den organischen Nasal (cf. Hem. I 30), öfters auch in der vl. Die ganz verwerfliche Gewohnheit der Mss. in pausa gelegentlich म zu schreiben berücksichtige ich nicht.

2) Ueber die Schreibung derjenigen Endsilben, denen ein arbiträrer Nasal zukommt — also des णं im Instr. sgl. und Gen. pl., des सुं im Loc. pl., des इं im Nom. Acc. pl. neutr., des हिं im Instr. Abl. pl., des तूणं ऊणं im Absolutiv, ferner der Endungen zahlreicher Pronominalformen und Adverbia wie महं तुहं अज्जं एवरं उवरिं etc. s. Hem. I 27 und passim — und die demgemäss lang und kurz sein können, entscheidet lediglich das Metrum (s. Hāla S. 52). Mit diesem stimmt in der grossen Mehrzahl der Fälle die Schreibung der Mss.: nur bei den Pluralendungen इं und हिं haben einige häufig den Nasal auch wo das Metrum eine Kürze fordert[2]. Diese Nachlässigkeit herrscht seit alter Zeit, denn schon die Metriker (s. Urvaçī ed. Bollensen S. 524f.) sind durch sie zu dem Unsinn verleitet worden von dem allgemeinen Gesetz des Pkṛt, dass jede nasalierte Silbe lang ist, für jene Endungen eine Ausnahme zu statuieren[3], und so haben denn auch einige neueren Herausgeber, z. B. Pischel in der Çakuntalā, Bühler in der Pāiyalacchī, dieselben als Kürzen zugelassen. Glücklicherweise ist aber ein exacter Beweis möglich, dass die Mss. hier keinen Credit verdienen. Bekanntlich hängt die Form der meisten Enkliticae von dem vorangehenden Auslaut ab: so können z. B. च und पि nur nach ं, अ und वि nur nach Vocalen vorkommen. So oft also eins dieser Wörtchen hinter jenen Endungen steht, können wir schon aus seiner Form den wahren Auslaut jener bestimmen, und da zeigt sich denn, dass wo immer das Metrum die Kürze jener Endungen verlangt, die Enklitica zugleich

1) Mit dieser Auffassung stimmt die Tatsache, dass zwischen den chāyās von R und K sich fortwährend solche Differenzen finden wie आवडिअ °ल्लिअ = आपतित oder आवल्लित, पअडन्त °ल्लन्त = प्रकव्यमान? oder प्रचलत्, -अल्ल = तल्ल oder तट etc.

2) Am correctesten, aber nicht fehlerfrei, sind hierin R^{IIb}; R^{II} pflegt als Kürzen इँ हिँ (cf. Bollensen a. a. O.), R^{b} इ हि zu schreiben, s. N. 4 zu VII 6.

3) Ganz ebenso nehmen sie bekanntlich auch kurz ए und ओ im Auslaut an, bloss weil nachlässige Mss. in den Femininocasus statt आइ आउ etc. oft gegen das Metrum आए आओ etc. schreiben, s. Prākṛtica S. 30.

den vocalischen Auslaut erhärtet. Aber auch an solchen Stellen (also z. B. XV 16 तह्हि अ) schreiben manche Mss. इं हिं, und damit ist bewiesen, dass sie den anusvâra willkürlich setzen: wer auch hier ihre Autorität anerkennt, muss bereit sein Formen wie तह्हिं अ herunterzuschlucken[1]). — In diesem Puncte erwähne ich die Schreibungen der Mss. nur bei besonderer Veranlassung.

3) Für die Scheidung von ब und व habe ich, da die Dev.-Mss. hier versagten, die Orthographie K's (in der Skṛtübers. und den pratîkas) sowie die andrer südlichen Mss. und Drucke und Hem.'s zur Richtschnur genommen. Von der üblichen Schreibung bin ich abgewichen bei बिन्द = वृन्द, das die südl. Quellen — auch im Skṛt — immer, und bei बोन्द्र, das sie überwiegend mit ब geben. Ohne hdschriftliche Gewähr ist meine Schreibung पब्बल für पव्वल der nördl. Mss.: sie beruht, da die südl. und Jainaquellen das Wort nicht kennen, bloss auf R's Uebersetzung प्रबल — vielleicht aber ist पव्वल ein Fehler für पच्चल Pâiyal. 36. पव्वालइ, dessen Orthographie bis jetzt zweifelhaft ist (s. Hem. IV 41, Pâiyal. 78), schreibe ich mit ब्ब nach V 41 K pratîka[2]).

4) Nach dem Vorgang meines ältesten Ms. C zerlege ich die Composita, soweit ihre Glieder nicht lautlich verschmolzen sind. Da C selbst in diesem Puncte oft fehlerhaft und durchweg inconsequent verfährt, manchmal lange Compositionen zusammenlässt und manchmal sogar Eigennamen wie दह-मुह zerlegt und durch Zerhackungen wie गआ-गआइं (= गतागतानि), भरिअ-द्ध- (= भृतार्ध) etc. das Verständnis erschwert, habe ich mich im einzelnen oft von ihm entfernt. Ich denke der Leser wird es mir danken, dass ich dabei weniger nach absoluter Consequenz als nach Deutlichkeit im speciellen Falle gestrebt habe: so trenne ich z. B. अ privat. in der Regel nicht ab, aber aus nahe liegenden Gründen schreibe ich IV 20 अ-मुद्ध-अन्दं „nicht geschmückt mit dem jungen Mond“, IX 50 अ-सुर-वन्दि-माहारणं „kein passender Ort für gefangene Götterfrauen“. Gewisse Uebelstände wie z. B. कुसुम-रेणुमइअ = कुसुमरेणु+मइअ sind bei dieser Methode unvermeidlich: wer aber darum ihren Nutzen leugnen wollte, den verweise ich auf Strophen wie die mahâyamakas IX 43. 44. 47. 50. — Selbstverständlich ist es nicht meine Auffassung des Textes, die ich durch diese Zerlegungen dem Leser octroyiere, sondern die traditionelle der Scholiasten[3]). — Die regelmässige Hauptcäsur der Gâthâ nach dem 3ten gaṇa

1) S. z. B. अकखेहिं वि! ZDMG 33, 465.

2) Bei diesem Anlass bemerke ich, dass विएट Pâiyal. 226 nur eine andre Schreibung für विएट = वृन्त „Stengel“ ist: demgemäss sind in Bühler's Index die Uebss. dieses Wortes und des Synonymums बन्धण abzuändern. Da वृन्त, so viel ich sehe, selbst in südl. Quellen niemals vorkommt, scheint hier, wie bei बोन्द्र, pkṛtischer Uebergang von व in ब vorzuliegen.

3) Viele Strophen, namentlich die Galitakas — so heissen diejenigen, welche nicht Skandhakas sind — lassen eine mehrfache Analyse zu. Im Texte gebe ich die nächstliegende, resp. die, in welcher die verschiedenen Erklärer übereinstimmen; das nähere s. in den Noten zur Uebersetzung.

bezeichne ich durch ein Intervall, durch dessen Mangel sich daher die Vipulâs von selbst markieren.

Im *Anhang* habe ich die von R nicht anerkannten Strophen der andern Recensionen zusammengestellt, mit Ausschluss einiger nur in S vorhandenen, s. z. B. S III 47*, 57*; die mir nur im Skṛt vorliegenden habe ich zurückübersetzt, s. o. S. XI N. 3. Ihren Platz in der betreffenden Recension bezeichne ich durch * hinter der Nummer des ihnen vorangehenden Verses: A 1 = I 8* C, 7* KR^b heisst also, dass dieser Vers in C der 9te, in KR^b der 8te ist. Ebenso, wenn ein Vers in einer Recension versetzt ist: VIII 23* K (s. N. ad loc.) = III 61 heisst, dass Vs III 61 unsres Textes in K hinter VIII 23 steht. — Eine andre Bedeutung hat der * im Index, s. die Vorbemerkung zu demselben.

Die Grundlage des *Wortindex* ist eine Arbeit des der Wissenschaft so früh entrissenen trefflichen *Paul Goldschmidt*. Einen Index zu den 2 ersten Āçv. hat derselbe bekanntlich 1873 in seinem „Specimen des Setubandha" veröffentlicht, und die Noten zu dieser Dissertation zeigen, in wie hohem Masse er sich schon damals in den Besitz des Sprachmaterials auch der übrigen Gesänge gesetzt hatte. In der Folge dehnte er, mit der Absicht zu meiner Ausgabe den Index zu liefern (s. Specimen S. 99*), diese Arbeit auf den ganzen Text aus und übergab mir gegen Ende 1873 eine Abschrift seines nach R^b allein angelegten — also auch alle Lücken und Fehler, namentlich auch falschen Zahlen, dieses Ms. enthaltenden — Index zu III—XV mit der ausdrücklichen Erklärung, dass derselbe nicht auf dem Verständnis des Textes beruhe, und mit der Bitte die mir bei der Benutzung aufstossenden Mängel zu corrigieren. *Vollständig* — bis auf die Lücken des Ms. und einige zufälligen Verluste — war der Index schon damals, und der Leser wird ermessen, von welchem Nutzen er mir bei der Constituierung des Textes gewesen ist; bei seinen Mängeln zu verweilen würde mir schlecht anstehen. Es genügt zu sagen, dass ich ihn — ebenso wie das schon gedruckte Stück zu I. II — vollständig revidiert habe, indem ich, nach Feststellung meines Textes, *jedes Wort* verificierte resp. nachtrug. Nächstdem musten die beiden getrennten Teile (I. II und III—XV) verschmolzen und aus mehreren Gründen, von denen einer die irrtümliche Vermengung des aus प entstandenen ब mit व war (s. Spec. S. 10 — die alphabet. Anordnung radical umgeändert werden. Indem ich also meinem verstorbenen Freunde den grössern Teil des Verdienstes um diese mühselige Arbeit zuerkenne, nehme ich für mich allein die Verantwortung in Anspruch, sowohl für die Vollständigkeit, als für die Anordnung, als für die darin niedergelegten etymologischen Ansichten. — Im einzelnen bemerke ich über den Index folgendes:

1) Er ist volltändig — soll es wenigstens sein — für den recipierten

Text und den Anhang: die vl habe ich reichlich, aber nur bei besonderm Anlass, berücksichtigt.

2) Nomina sind, soweit ihre Flexion kein besonderes Interesse bietet, bloss in der thematischen Form, Pronomina und Verba unter ihren Stämmen resp. Wurzeln, aber in ihren Flexionsformen, aufgeführt, und zwar, wenn die Endsilben im Context durch irgend welchen grammatischen Process afficiert sind, in der ursprünglichen; also **तिवहआ** (nicht **०अ**, s. Hem. I 4) und **वल्लि** (nicht **०ल्ली**) VI 7, **अप्पणा** VI 11, **अप्पाणे** II 15 etc. Consonantisch anlautende Wörter, deren Anlaut in der Composition oder sonst lautgesetzlich verändert, verdoppelt oder eliminiert ist, stehen bei ihren primitiven Formen, also **-वइ** bei **पइ**, **अ** bei **च**, **सेअ** bei **चेअ**, **-क्कम्प** bei **कम्प**. Unberücksichtigt geblieben ist die reguläre Verdoppelung anlautender harter Aspiraten und solcher Consonanten, welche ursprüngl. Doppelconsonanz vertreten, also ist **ट्ठिअ** von **ठिअ**, **क्खण्ड** von **खण्ड** nicht geschieden.

3) Es gibt im Pkṛt keine, von denen auf **इ उ** verschiedenen, Stämme auf **ई ऊ** mehr: ich setze daher **गिरि वहु** etc. an.

4) Voneinander abstammende Formen auf verschiedenen Stufen der pkṛtischen Entwicklung sind unter die ursprünglichste rangiert, also **दिअस** und **दिअह** unter **दिवस**, **मि** und **वि** unter **पि**, **चिअ** unter **चेअ** etc. Findet sich zufällig diese ursprüngl. Form in unserm Texte nicht, so ist sie nichtsdestoweniger als Stichwort des Artikels, aber ohne Beleg, angesetzt worden, z. B. **पडाआ** wegen **पलाआ** und **-वडाआ**. Dagegen sind solche Doppelformen, die von einem gemeinsamen skṛtischen Etymon aus im Pkṛt von Anfang an divergieren, wie **ओवअण** und **ओवडण**, **एअ** und **एक्क** etc. meistens als selbständige Artikel behandelt. Doch habe ich hier die Consequenz mehrmals dem Wunsche geopfert die pkṛtischen Verzweigungen eines Skṛtstammes recht ins Licht zu setzen: aus diesem Grunde sind z. B. **पिट्ठ पुट्ठ पुट्ठि** unter **पट्ठ** gestellt.

5) Denominative Verbalformen stehen bei ihren Nominalstämmen, einerlei ob diese in nominaler Function wirklich vorkommen oder nur in jenen Verbalableitungen: also **लज्जअइ** bei **लज्जअ**, **उम्मूलेइ** bei **उम्मूल**, **गोलेइ** bei **गोल**, **णिमम्मइ** bei **णिमम्म**. Nur ein par solcher Bildungen, wie **कड्ढइ मिल्लइ लग्गइ**, obgleich auch sie ganz sicher Denominative von part. perf. pass. sind, habe ich unter die Wurzeln **कर्ष्** etc. gestellt, weil das Sprachgefühl dieselben als Fortsetzungen von **कर्षति मीलति लगति** empfunden zu haben scheint, s. S. 144 N. 1, 146 N. 1, Prâkṛtica S. 8 ff. — Zusammengesetzte Verba stehen unter den einfachen, geordnet nach der alphabet. Reihenfolge der Präpositionen in ihrer Skṛtform, sodass also z. B. **ओअर** (= **अवतर**) vor **उत्तर** kommt.

6) Mit Ausnahme der vor dem Index bezeichneten Fälle und der von selbst deutlichen Verbal- und Pronominalformen habe ich sämmtlichen Prâkṛtwörtern die traditionelle Skṛtübs., die bei den etymologisch klaren zugleich die Etymologie ist, beigegeben, resp. den schwierigern die oft mehrfachen

Uebersetzungen der Scholiasten und deren Angaben, dass ein Wort überhaupt oder in einer bestimmten Bedeutung *deçi* sei. sodass der Index den auf die Worterklärung bezüglichen Inhalt der beiden Commentare vollständig wieder gibt. — Für die Etymologie habe ich getan, was ich vermochte: zur Begründung einiger der hier kurz aufgestellten Ableitungen verweise ich auf meine „Prâkṛtica“[1]. — Mancher vermisst vielleicht ungern reichlichere Verweisungen auf die Grammatiker und die Parallelen aus dem Pâli und den modernen Prâkṛts, die sich auf Schritt und Tritt aufdrängen. Dem Kenner wird es nicht entgehen, dass ich auf diese leicht zu erlangenden aber dem Zweck meiner Arbeit fremden Verzierungen freiwillig verzichtet habe.

Schliesslich erfülle ich die angenehme Pflicht, denjenigen Herren, welche durch liberale Mitteilung des in ihrem Besitz befindlichen oder ihrer Verwaltung anvertrauten hdschr. Materials diese Ausgabe möglich gemacht und mich tief verpflichtet haben — den Herren Dr. A. C. Burnell, K. M. Chatfield, Dr. F.-E. Hall, Geheimerat R. Lepsius, Dr. R. Rost — meinen aufrichtigen Dank zu sagen.

Strassburg, August 1879.

Der Herausgeber.

Verbesserungen und Nachträge.

S. 4 K zu 35a **अस्थिर** für **अट्ठिअ**. — S. 4 N. 5) tilge °. — S. 5 K zu 47a **लब्धार्थ इव**. las also **लद्धत्थम्मि व**. — S. 5 letzte Z. lies **द्दिसा**: die Vermutung ist übrigens sicher. — S. 6 K zu 61a **कुसुम** für **णिअअ**: 61b ist wegen des Reims mit C **इप्प** zu lesen. — S. 8 zu 5a: **मुकुल** $C^{2}K$ pratika, ebenso C II 24. cf. Pâiyal. 66. — S. 8 N. 14) **लंनी रमार्द्रित** K. — S. 9 16a lies durch Conjectur **अहिलिअ-परंमु°**. — S. 10 K zu 23a füge hinter **अभिभूत** hinzu: i. e. **ओहामिअ**. und dies ist die echte Lesart. — S. 10 K zu 26b: das 2temal ist **महिलालअं = मही-लालकं**. — S. 12 letzte Z. adde in der Klammer: XI 19. — S. 21 Z. 5 v. u. 21 st. 22. — S. 22 K zu 25a **वत्सलः**, cf. Index s. v. **वच्छल**. — S. 27 N. 6) adde hinter R^{II}: 24Id. — S. 29 Z. 6 **टङ्क**. — S. 32 Z. 14 **फु-ट्टन्ताए**. — S. 35 Z. 17 lies **मि**, cf. N. 16). — S. 35 Z. 4 v. u. 8) st. 6). — S. 37 K zu 23a **उत्कम्पं** für **क्कम्पं**. — S. 46 K zu 20a **उप्पा** für **उम्ह**. cf. Index s. v. — S. 49 Z. 20 **वाल°**. — S. 51 Z. 13 **मेइणी**. — S. 51 N. 27) **अत्थमिआइं** oder **अत्थि°** (= **अस्तमितानि**)? R^{vl}. — S. 61 Z. 3 v. u. lies: Index st. VIII 84. — S. 64 letzte Z. streich 83. — S. 66 N. 13) adde: K und cf. XIV 75. — S. 68 Z. 13 **मणि**. — S. 69 zu 49d: **मुणुअं** C. — S. 72 N. 2) **अवडिट्ठिअ**. — S. 73 letzte Z. **वधू** st. **वहू**. — S. 74 Z. 1 **मुच्छिउ°**. — S. 75 N. 13) R^{II} st. $R^{b}C$: Z. 3 v. u. 136 st. 137. — S. 77 N. 13) lies: R^{II}24Id und streich den Rest. — S. 78 zu **मुढ** 33b: **गुढ** R^{vl}. — S. 85 N. 12) **°गुम्लावं**. — S. 86 zu **हिअअं** 23b: **जीअं** R^{IIb} gegen Uebs. Comm. — S. 88 Z. 6 **पूरिअव्वं**. — S. 91 K zu 82b gehört auf die nächste Seite. — S. 95 K zu 113a **निर्भर°**. — S. 97 Z. 12 **ममर**. — S. 103 N. 11) adde: R^{vl}. — S. 110 N. 21) adde am Schluss: C. — S. 115 Z. 5 **परंमुहो°**. — S. 123 Z. 11 **पिट्ठि**: N. 13) Schluss: R^{h} st. R^{b}. — S. 127 Z. 3 lies ^{2} st. ^{3}; Z. 9 ist besser **°होवरि-**. als Compos.. zu schreiben. — S. 135 Z. 10 lies durch Conjectur **जाअ-अणु°**. — Einige unwesentlichen Varianten K's, die eine erneute Collation ergeben hat, lasse ich weg, da ich bei diesem Ms. Vollständigkeit doch nicht erreichen kann. —

Index: S. 141a Art. **अच्छ्** adde: **अच्छिअ** II. 61. — S. 147a Z. 32 **आलिहन** st. **आ°**. — S. 153b Art. **खन्** lies **उक्खअ**. — S. 156a Art. **च** lies 12, 32 st. 31; Z. 12 v. u. **चतुर्दिशम्**. — S. 157a Art. **चेअ** Z. 4 v. u. streich 67^{4}. — S. 162a Art. **तर्** Z. 3 lies **ओआरिअ**. — S. 168a Art. **पट्ठ** lies **पुट्ठ** st. **पुट्ट**: Art. **पडि°** lies **परि°**^{2}. — S. 167b Art. **पट्ट**. 169a Art. **पत्** Z. 6. 169b Art. **पत्थ** adde hinter 4. 34 — 7. 7 — 9. 70: (nicht im Compos.). — S. 169b **पम्ह** lies 14. st. 11. — S. 171b Art. **पि** streich 2 nach II. — S. 181b Art. **लम्ब्** lies **अवलम्बिउं**. — S. 183a adde: **वणे** (interj. aus **मणे** = **मन्ये**) 14. 13. — S. 184a Art. **ववट्ठुम** lies 4 st. 5. — S. 189a Art. **समअहिअ** streich 89 und adde: **समो°** 15. 89. — S. 194b letzte Z. lies ^{2}) st. ^{1}).

णमह अवड्ढिअ-तुङ्गं   अवसारिअ-वित्थअं अणोणअ-गहिरं।
अप्पलहुअ-परिसण्हं   अणाअ-परमत्थ-पाअडं महुमहणं ॥ १ ॥
दणुइन्द[1]-रुहिर-लग्गे   जस्स फुरन्ते णह-प्पहा-विच्छड्डे[2]।
गुप्पन्ती विवलाआ   गलिअ व्व थणंसुए महासुर-लच्छी ॥ २ ॥
पीणत्तण-दुग्गेज्झं   जस्स[4] भुआ-अन्त-णिट्ठुर-परिग्गहिअं।
रिट्ठस्स विसम-वलिअं   कण्ठं दुक्खेण जीविअं वोलीणं[5] ॥ ३[6] ॥
ओआहिअ[7]-महि-वेढो   जेण पहुढ-गुण-मूल-लद्ध-त्थामो।
उम्मूलन्तेण दुमं   पारोहो व्व खुडिओ महेन्दस्स जसो ॥ ४ ॥ आइकुलअं ॥
णमह अ जस्स फुड-रवं   कण्ठ-च्छाआ-घडन्त-णअणग्गि-सिहं।
फुरइ[10] फुरिअट्टहासं   उद्ध-पडित्त[11]-तिमिरं मिव[12] दिसा-अक्कं ॥ ५ ॥
वेवइ जस्स सविडिअं[13]   वलिउं महइ[14] पुलआइअ-त्थण-अलसं।
पेम्म-महाव-विमुहिअं   वोओवास-गमणूसुअं वामद्धं ॥ ६ ॥
जस्स विलग्गन्ति णहं   फुड-पडिसद्दा दिसा-अल[15]-पडिक्खलिआ।
जोण्हा-कल्लोला विअ   ससि-धवलासु रअणीसु हसिअ-च्छेआ ॥ ७ ॥
णट्टारम्भ-क्खुहिआ   जस्स भउब्भन्त-मच्छ-पहअ-जल-रआ।
होन्ति सलिलुद्धुमाइअ[16]-   धूमाअन्त-वडवा[17]-मुहा मअरहरा ॥ ८ ॥ आइकुलअं ॥

---

1) °एन्द R^{H} 2) °ड्डे R^{h} 3) °ए C 4) अ ins. C 5) Ob वोल् oder वोल् bleibt ungewis, s. Hem. IV 162 vl: वोल् überwiegt in südl. Mss. 6) $CS^{1.2}$ stellen Vers 3. 4 um. 7) अवआ° R^{i}, ओवा° C 8) °ह C (2 Hd °ह) 9) महि° C 10) फुडि° R^{h} fälschlich aus °रि° corrigiert. 11) °त्ति° R^{H}C 12) विअ R^{h} 13) °लिअं C 14) पुलि° R^{h} 15) °ड R^{h}C. तल R Uebers. S^{1}. तट KS^{2} 16)°लद्दु° C. °विअ R^{h} 17) °आ R^{h}

K: 1a अविसारित für अव° 7a स्फुर für फुड मुख vl für अल 8a उद्वृत्त für उब्भन्त जलधराः für -रआ

अहिणव-राआरद्धा चुक्क-क्खलिएसु विहडिअ-परिट्ठविआ[1] ।
मेत्ति व्व पमुह-रसिआ णिव्वोढुं होइ दुक्करं कव्व-कहा ॥ ९ ॥
परिवड्ढइ विण्णाणं संभाविज्जइ जसो विढप्पन्ति गुणा ।
सुव्वइ सुउरिस-चरिअं किं तं जेण ण हरन्ति कव्वालावा ॥ १० ॥
इच्छाइ[2] व धण-रिद्धी जोव्वण-लद्ध[3] व्व आहिआईअ[4] सिरी ।
दुक्खं संभाविज्जइ बन्ध-च्छाआइ अहिणवा अत्थ-गई ॥ ११ ॥
तं तिअस-वन्दि[5]-मोक्खं[6] समत्थ-तेल्लोक्क-हिअअ-सल्लुद्धरणं ।
सुणह अणुराअ-इण्हं सीआ-दुक्ख-क्खअं दहमुहस्स वहं ॥ १२ ॥
अह पडिवण्ण-विरोहे राहव-वम्मह-सरेण माणब्भहिए ।
विद्दाइ वालि-हिअए राअ-सिरीअ अहिसारिए सुग्गीवे ॥ १३ ॥
ववसाअ-रइ-पओसो रोस-गइन्द-[7]दिढ-सिङ्खला-पडिवन्धो ।
कह कह वि दासरहिणो जअ-केसरि-पञ्जरो गओ घण-समओ ॥ १४ ॥ जुग्गअं ॥
गमिआ कलम्ब-वाआ दिट्ठं मेहन्धआरिअं गअण-अलं ।
सहिओ गज्जिअ-सद्दो तह वि हु से णत्थि जीविए आसङ्घो ॥ १५ ॥
तो हरि-वइ-जस-वन्थो[8] राहव-जीअस्स पढम[9]-हत्थालम्बो ।
सीआ-वाह-विहाओ दहमुह-वज्झ-दिअहो [10]उवगओ सरओ ॥ १६ ॥
रइ-अर-केसर-णिवहं सोहइ धवलब्भ-दल-सहस्स-परिगअं ।
महुमह-दंसण-जोग्गं पिआमहुप्पत्ति-पङ्कअं व णह-अलं ॥ १७ ॥
दिणमणि-मोह[11]-प्फुरिअं गलिअं घण-लच्छि-रअण-रसणा-दामं ।
उदु-मअण-वाण-वत्तं णह-मन्दार-णव-केसरं इन्द-धणुं[12] ॥ १८ ॥
धुअ-मेह-महुअराओ घण-समआअड्ढिओणअ-विमुक्काओ ।
णह-पाअव-साहाओ णिअअ-ट्ठाणं व पडिगआउ[13] दिसाओ ॥ १९ ॥

---

1) संठविआ CS. प्रति० K 2) ०ए व्व R^b 3) ०द्धि व्व R^b 4) ०हिजा० R^b 5) ०न्ध R^b (in der Uebers. wie wir) 6) ०क्कं R^b 7) द० C 8) ०न्धो R^b 9) ०ढु० C und so immer, wo nicht das Gegenteil bemerkt ist. 10) उअ० C 11) मऊह R^b 12) हु० C 13) ०ओ R^b

---

10a विसर्पन्ति für विढप्पन्ति. cf. XIII 47. 74 K und Pratâpar., Madras 1871, S. 7 11b संपाद्यते für संभाविज्जइ 12b चिन्धं oder इन्धं für इण्हं (da der Comm. Var. III 34 citiert) 17b स्थलं für अलं: so K immer hinter नभः

अहिणव-णिद्दालोआ उद्देसामार-दीसमाण-जल-लवा ।
णिम्माअ-मज्जण-मुहा दर-वसुआअ-च्छविं वहन्ति व दिअहा ॥ २० ॥
सुह-संमाणिअ-णिद्दो विरहालुङ्खिअ-समुह-दिणुक्कण्ठो ।
असुवन्तो वि विबुद्धो पढम-विबुद्ध-सिरि-सेविओ महुमहणो ॥ २१ ॥
सोहइ विसुद्ध-किरणो गअण-समुद्दम्मि रअणि-वेला-लग्गो ।
तारा-मुत्ता-वअरो फुड-विहडिअ-मेह-सिप्पि-संपुड-मुक्को ॥ २२ ॥
सत्तच्छआण गन्धो लग्गइ खलइ हिअए कलम्बामोओ ।
कलहंसाण कल-रओ ठाइ ण संठाइ परिणअं सिहि-विरुअं ॥ २३ ॥
पीण-पओहर-लग्गं दिसाण पवसन्त-जलअ-समअ-विइणं ।
सोहग्ग-पढम-इण्हं पव्वाअइ सरस-णह-वअं इन्द-धणुं ॥ २४ ॥
पज्जत्त-सलिल-धोए दूरालोक्कन्त-णिम्मले गअण-अले ।
अच्चासणं व ठिअं विमुक्क-पर-भाअ-पाअडं ससि-बिम्बं ॥ २५ ॥
चिर-आल-पडिणिअत्तं दिसासु घोलन्त-कुमुअ-रअ-वेल्लविअं ।
भमइ अलद्धासाअं कमलाअर-दंसणूसुअं हंस-उलं ॥ २६ ॥
चन्दाअव-धवलाओ फुरन्त-दिअस-रअणन्तरिअ-सोहाओ ।
सोम्मे सरअस्स उरे मुत्तावलि-विब्भमं वहन्ति णिसाओ ॥ २७ ॥
भमर-रुअ-दिण्ण-सण्णं घण-रोह-विमुक्क-दिणअर-अरालिद्धं ।
फरिस-सुहाअन्तं मिव पडिवुज्झइ जल-णिहित्त-णालं णलिणं ॥ २८ ॥
वम्मह-धणु-णिग्घोसो कमल-वण-क्खलिअ-लच्छि-णेउर-सद्दो ।
सुव्वइ कलहंस-रओ महुअरि-वाहित्त-णलिणि-पडिसंलाओ ॥ २९ ॥
खुडिउप्पइअ-मुणालं दट्ठूण पिअं व सिढिल-वलअं णलिणिं ।
महुअरि-महुरुल्लावं महुमअ-अम्बं मुहं व घेप्पइ कमलं ॥ 30 ॥

---

1) °उ° C 2) सो° R^bC 3) प° R^b 4) °ल्लिअ C 5) so CK; R stellt um (gegen das Metr.) 6) °वो C 7) प° R^b 8) ह° C 9) पव्वा° R^1 (aber अत्या° in der Uebers.) 10) वेल्ल° C 11) अ ल्ल° CS 12) रुआओ C 13) सो° C 14) व inser. C 15) R^1 stellt Vers 27, 28 um. 16) कलाल्लि° C 17) °म्ह° C 18) °वो C 19) °संलावो CR^1 (in R^b getilgt). °सँलाओ R^{II}, °सलाओ R^b

---

Vers 22 steht vor 20. 24a दिसु für दिसाण. Vers 25—30 Lücke.

पज्जत्त-कमल-गन्धो महु-तणाओमरन्त[1]-णव-कुमुअ-रओ।
भमिर-भमरोअइव्वो संचरइ स-दाण-सोभरो[2] वण-वाओ ॥ ३१ ॥
कणटइअ-णूमिअङ्गो[3] थोअ-त्थोओमरन्त-मुद्ध-सहावा।
रइ-अर-चुम्बिज्जन्तं ण णिअत्तेइ णलिणी मुहं मिव कमलं ॥ ३२ ॥
[4]परिघोलन्त-क्खलिअं सत्तच्छअ-कुसुम-धवल-रेणुक्खइअं।
उप्पुसइ दाण-वङ्कं मुहुत्त-गअ-कण्ण-चामरं भमर-उलं ॥ ३३ ॥
इअ पहसिअ-कुमुअ[5]-सरे भडि-मुह-पङ्कअ-विरुद्ध-चन्दालोए।
जाए फुरन्त-तारे लच्छि-सअंगाह-णव-पओसे सरए ॥ ३४ ॥
झिज्जइ झीणा वि तणू अद्दिअ-वाहं पुणो [6]परुणं व मुहं।
रामस्स अईसन्ते[7] आसा-वन्धे[8] व्व चिर-गए हणुमन्ते ॥ ३५ ॥ जुगवं ॥
णवरि अ जहा-समत्थिअ- णिव्वत्तिअ-कज्ज-णिव्वलन्त[9]-च्छाअं।
पेच्छइ मारुअ-तणअं मणोरहं चेअ चिन्तिअ-सुहोवणअं ॥ ३६ ॥
पढमं[10] चिअ मारुइणा हरिस-भरिज्जन्त-लोअणेण मुहेण।
जणअ-तणआ-पउत्ती पच्छा वाआइ णिरवसेसं सिट्ठा ॥ ३७ ॥
दिट्ठ त्ति ण सद्दहिअं झीण त्ति सवाह-मन्थरं णीससिअं।
सोअइ तुमं[11] ति रुण्णं पहुणा [12]जिअइ त्ति मारुई उवऊढो ॥ ३८ ॥
चिन्ता-हअ-प्पहं मिव[13] तं च करे खेअ-णीसहं व णिसण्णं।
वेणी-वन्धण-मइलं सोअ-किलिन्तं व से पणामेइ मणिं ॥ ३९ ॥
सो कर-अलञ्जलि-गओ वाह-त्थवअ-पहओसिहन्त[14]-मऊहो।
णअणेहि दासरहिणा दिट्ठो पीओ ण पुच्छिओ ण पउत्तिं ॥ ४० ॥
सोअइ अ णं रहुवई विरलङ्गुलि-गलिअ-किरण-धारा-वअरं[15]।
वअणे विमलुज्जोअं दर रोत्तूण सलिलञ्जलिं व णिमेन्तो[16] ॥ ४१ ॥

1) °णाअ-पस° CR[a]S 2) °अ° R[b] 3) णू° R[a,b] 4) पडि° C 5) कुसुम° C 6) व° C 7) अदी° R[b] 8) °न्ध R[b] 9) °इन्त R[b] 10) °हु° R[b] 11) °मन्ति oder °मन्ति codd.: so ist auch sonst beim Zusammentreffen von ˙ mit त्ति die fast ausnahmslose Schreibung der Mss. 12) जी° R[b] 13) मिअ C 14) °अन्त C 15) प° R[b] 16) °म° R[b].

40a विन्दु für त्थवअ (dieses Wort findet sich in K nie) 41b stellt वअणे वि° um.

तं दइआहिण्णाणं जम्मि वि अङ्गम्मि राहवेण ण णिमिअं ।
सीआ-परिमट्ठेण व वूढो तेण वि णिरन्तरं रोमञ्चो ॥ ४२ ॥
वाह-मइलं पि तो से दहमुह-चिन्ता-विअम्भमाणामरिसं ।
जाअं दुक्खालोअं जरढाअन्त-रवि-मण्डलं मिव वअणं ॥ ४३ ॥
तो से चिर-मज्झत्थे कुविअ-कअन्त-भुमआ-लआ-पडिहए ।
दिट्ठी दिट्ठ-त्थामे कज्ज-धुर व्व णिअए धणुम्मि णिसण्णा ॥ ४४ ॥
खण-मूलावड्ढाए णिव्वण्णन्त-मसिणं समारूढाए ।
सज्जीअं मिव जाअं अणोणमन्तं पि राम-दिट्ठीअ धणुं ॥ ४५ ॥
सुग्गीअस्स वि हिअअं राहव-सुकअ-पडिमंअणा-सत्तण्हं ।
अगणिअ-दहमुह-दप्पं णिव्वूढ-भरं व तक्खणं ऊससिअं ॥ ४६ ॥
चिन्तिअ-लद्धत्थं मिव भुमआ-विक्खेव-सूइआमरिस-रसं ।
गमणं राहव-हिअए रक्खस-जीविअ-हरं विसं व णिहित्तं ॥ ४७ ॥
सोह व्व लक्खण-मुहं वण-माल व्व विअडं हरि-वइस्स उरं ।
कित्ति व्व पवण-तणअं आण व्व वलाइ से विलग्गइ दिट्ठी ॥ ४८ ॥
संखोहिअ-महि-वेढो तो सो कइ-सेण्ण-विलुलिअ-वणाहोओ ।
खुहिअ-समुद्दाहिमुहो महणारम्भम्मि मन्दरो विअ चलिओ ॥ ४९ ॥
चलिअं च वाणर-वलं चलिए तम्मि चल-केसर-सडुज्जोअं ।
गहिअ-दिसा-परिणाहं मऊह-जालं व दिणअरस्स फुरन्तं ॥ ५० ॥
वेरारणि-पज्जलिओ तो सो रोस-पवणाहउद्धअ-मुहलो ।
वड्ढइ मग्गाणुगओ लङ्का-वण-राइ-वण-दओ कइ-लोओ ॥ ५१ ॥
वच्चइ अ चडुल-केसर- सडुज्जलालोअ-वाणर-परिक्खित्तो ।
सव्व-दिसा-आअड्ढिअ- पलअ-पलित्त-गिरि-संकुलो व्व समुद्दो ॥ ५२ ॥

---

1) °ह्र R^b 2) णिज्झअ CR^{x1}K 3) °वम्म C 4) °भुव्वणा C 5) so C^2 und wie es scheint (undeutlich) C^1, संत° R^H, सअ° R^{bh} 6) संचार CK 7) °हे°, °ल्ले° R^b 8) C stellt um gegen das Metr. 9) मअरहरो C 10) °भोओ C 11) परिमाणं KS

44b निहिता für णिसण्णा 50b दिणकरे für °रस्स 52b दिग्भ्यस्त्वाकृष्ट für दिसा-आअ° (Metrum! las K तिसा-सात्र°?)

घोलन्ति णिम्मलाओ फुरन्त-दिअसअर-पाअडिअ[1]-हआओ[2] ।
दाविअ-मग्गम्मि वि से हिअए सोअन्धआरिअम्मि दिसाओ ॥ ५३ ॥
आलोएइ अ विज्झं[3] धणु-संठाणस्स साअरस्स भर-सहं ।
संधिअ-णइ-सोत्त-सरं अवहोवास-घडिअं व जीआ-बन्धं ॥ ५४ ॥
मसिणिअ-सिहरुच्छङ्गो विहुअ-णिअम्ब-वण-पाअडिअ[4]-तुङ्ग-अडो[5] ।
विज्झेण भरिअ-कुहरो हेला-वाओ वि वाणराण ण सहिओ ॥ ५५ ॥
पत्ता अ सीभराहअ- धाउ-सिला-अल-णिसण्ण-राइअ-जलअं ।
सज्झं ओज्झर-पहसिअ- दरि-मुह-णिक्कन्त[6]-वउल-मइरामोअं ॥ ५६ ॥
बोलन्ति[7] अ पेच्छन्ता पडिमा-संकन्त-धवल-घण-संघाए ।
फुड-फडिह[8]-सिला-संकुल- खलिओवरि-पत्थिए विअ[9] णइ-प्पवहे ॥ ५७ ॥
तड-पब्भार-भरन्ता दलन्त-पाआल-गलिअ-जल-पडरिक्का ।
आवाए[10] च्चिअ जाआ पहअ-महा-वह-णिहा महा-णइ-सोत्ता ॥ ५८ ॥
जलहर-णिद्दाअन्तं पाअव-गहणेसु सिसिर-णिद्दाअन्तं ।
सइ दुद्दिण-सामलअं पत्ता भग्ग-धुअ-चन्दण-रसा मलअं ॥ ५९ ॥
चन्दण-पाअव-लग्गे खुडिउव्वेलिअ[11]-लआ-परिमल-च्छाए ।
संदाणिअ-णिम्मोए पेच्छन्ति महा-भुअंग-वेढण-मग्गे ॥ ६० ॥
सेवन्ति[12] तीर-वड्ढिअ- णिअअ-भरोव्वत्त-चन्दण-लआलिद्धे ।
[13]रम्म-त्तण[13]-दिप्प[14]-वहे वण-गअ-दाण-कडुए गिरि-णइ-प्पवहे ॥ ६१ ॥
तो तरुण-सिप्पि-संपुड- दर-दाविअ-जल-णिहित्त-मुत्ता[15]-वअरं ।
पत्ता पत्तल-वउलं गअ-दाण-सुअन्धि-रअ-णवेलं वेलं ॥ ६२[16] ॥

---

1) °लिअ C 2) सोहाओ CS 3) विज्झं R 4) °लिअ C 5) °लो C und so für अड (nicht für तड) fast immer, weshalb in der Folge nur das Gegenteil bemerkt wird. 6) णिम्माहिअ (d. i. णिम्माहिअ) C. निर्वान्त K (निर्वम् ist in K die regelmässige Uebers. von णिम्मह) 7) बो° K pratika, °लि° C 8) °लि° C 9) गिरि- CS 10) °अ C 11) °ल्लिअ R^b und wahrscheinlich K, da er उद्वेष्टित hat. 12) °अ° R^b 13) रम्मत्तण CK 14) दप्प C 15) मो° C 16) dieser Vers steht in S nach 65; eine willkürliche Umstellung, s. Einl.

54a आलोअन्ति für °एइ 55b विवरो für कुहरो 57b संकट für संकुल 58a व्यतिरिक्तानि für पडरिक्का (so immer) 61a चम्पक vl für चन्दण 61b दर्प für दिप्प 62b सुगन्धितर für °रअ

विअसिअ-तमाल-णीलं   पुणो पुणो चल-तरङ्ग-कर-परिमट्ठं ।
फुल्लेला-वण-सुरहिं   उअहि-गइन्दस्स दाण-लेहं व ठिअं ॥ ६३ ॥
फेण-विसमङ्गराअं   विद्दुम-दन्त-व्वणाणिअ-मुह-च्छाअं ।
मलिअ-वण-केस-कुसुमं   परिहुत्त-समुद्द-परिमलं व वहन्तिं ॥ ६४ ॥
सिप्पि-उड-मउलिअच्छिं   लआ-[1]हरब्भन्तरेसु परिवट्टन्त ।
अणुराअ-परिट्ठविअं   आअणन्तिं व किंणरुग्गीअ-रवं ॥ ६५ ॥

॥ इअ सिरि-पवरसेण-विरइए दहमुहवहे महाकव्वे
पढमो आसासओ समत्तो ॥

1) घर° R^b corrigiert zu हु°

अह पेच्छइ रहु-तणओ चडुलं दोस-सअ-दुक्ख-वोलेअव्वं ।
अमअ-रस-सार-गरुअं कज्जारम्भस्स जोव्वणं व समुद्दं ॥ १ ॥
गअणस्स व पडिविम्बं धरणीअ व णिग्गमं दिसाण व णिलअं ।
भुअणस्स व मणि-तडिमं[2] पलअस्स व सावसेस-जल-विच्छड्डं ॥ २[3] ॥
भमिरुब्भड-कल्लोलं थोर-कराहअ-दिसा-मुहोत्थअ-सलिलं ।
सासअ-मएण वहुसो खोहिज्जन्तं दिसा-गएण व ससिणा ॥ ३ ॥
अप्फुण[4]-विद्दुम-वणे गुप्पन्त-पडित्थिरे सलिल-कल्लोले ।
मन्दर-गूढ-प्पहरे अज्ज वि संखाअ-लोहिए व्व वहन्तं ॥ ४ ॥
मुहल-घण-विप्पइणं जल-णिवहं भरिअ-सअल-णह-महि-विवरं ।
णइ-मुह-पल्हत्थन्तं अप्पाण-विणिग्गअं जसं व पिअन्तं ॥ ५ ॥
जोण्हाए व्व मिअङ्कं कित्तीअ व सुउरिसं पहाए व्व रविं[10] ।
सेलं महा-णईअ व[11] सिरीअ चिर-णिग्गआउ वि अमुअन्तं ॥ ६ ॥
कालन्तर-जीअ-हरं गओणिअत्तन्त-पवण[12]-घट्टिज्जन्तं[13] ।
सल्लं व देह-लग्गं विअडं वडवा-मुहाणलं वहमाणं ॥ ७ ॥
धुअ-वण-राइ-कर-अलं मलअ-महिन्द-त्थणोर-सोल्लण[14]-सुहिअं ।
वेलालिङ्गण-मुक्कं छिविओमरिएहि वेलवन्तं व महिं ॥ ८[15] ॥

---

1) भुव° R^b 2) °ल्लि° C 3) hier folgt in CKS Vers 9; alsdann in C wie bei uns, in KS 10, 11, 12, 3 etc. 4) °प्पु° R^bK (K आपूर्ण) 5) वेवन्त C 6) so $R^{II}C^2$. °त्ताण R^b; C^1 hat eine von सलिल bis विवरं (Vers 5) reichende Lücke: R^{bI} lassen das Prākṛt von 4b zufällig aus. 7) so K, वि णि° RC (आत्मनो ऽपि! R Uebers. und Comm.) 8) °व° C 9) °ए व्व R^bC 10) °इं R^bC 11) °ए व्व R^b 12 रअ ins. R 13) घड्डि° R^bC 14) त्थणिं रसोल्ल° $R^{II}K$ (aber in Uebers. und Comm. folgt R^{II} unserer Lesart) 15) S om. diesen Vers.

4a प्रतिष्ठितान् für पडित्थिरे 4b मूढ für गू° संघात für संखाअ (so immer, daher in der Folge nicht bemerkt) 8b आलिङ्गित für °ङ्गण

ठाणे वि ठिइ-पहुत्तं   पलए महि-मण्डलम्मि वि अमाअन्तं ।
पणअन्त-वामण-तणुं   कमन्त-देह-भर-भरिअ-लोअं व हरिं ॥ ९ ॥
दीसन्तं अहिरामं   सुव्वन्तं पि अविइण्ह-सोअव्व-गुणं ।
सुकअस्स व परिणामं   उअहुज्जन्तं पि सासअ-सुह-प्फलअं ॥ १० ॥
उक्खअ-दुमं व सेलं   हिम-हअ-कमलाअरं व लच्छि-विमुक्कं ।
पीअ-मइरं व चसअं   बहुल-पओसं व मुद्ध-चन्द-विरहिअं ॥ ११ ॥
णिप्फण्ण-सुहालोअं   विमल-जलब्भन्तर-ट्ठिअं वहमाणं ।
दर-कड्ढिअं व रइणा   करावलम्बिअ-करं रअण-संघाअं ॥ १२ ॥
महणाआस-विमुक्कं   उच्छित्तामअ-विसङ्खलाणल-णिवहं ।
वासुइ-मुह-णीसन्दं   वडवा-मुह-कुहर-पुञ्जिअं वहमाणं ॥ १३ ॥
धीरं व जल-समूहं   तिमि-णिवहं मिव सपक्ख-पव्वअ-लोअं ।
णइ-सोत्ते व्व तरंगे   रअणाइ व गरुअ-गुण-सआइ वहन्तं ॥ १४ ॥
पाआलोअर-गहिरे   महि-पडरिक्क-विअडे णह-णिरालम्बे ।
तेल्लोक्के व्व महुमहं   अप्पाण च्चिअ गआगआइ करेन्तं ॥ १५ ॥
अहिलीअ परमुहीहिं   छिविओसरिएहि अणुसअ-विलोलाहिं ।
अणुणिज्जमाण-मग्गं   वेवन्त-णिअत्त-पत्थिआहि णईहिं ॥ १६ ॥
जीअ-गरुईहि अज्ज वि   इच्छा-पज्जत्त-सुह-रसाहि मएन्तं ।
धण-रिद्धीअ सिरीअ अ   सलिलुप्पणाइ वारुणीअ अ लोअं ॥ १७ ॥
चडुलं पि थिरेइअ थिरं   तिअसुक्खित्त-रअणं पि सारब्भहिअं ।
महिअं पि अणोलुग्गं   असाउ-सलिलं पि अमअ-रस-णीसन्दं ॥ १८ ॥
पज्जत्त-रअण-गब्भे   णह-अरु-पल्हत्थ-चन्द-अर-पारोहे ।
उअरब्भन्तर-सेले   सुरवइ-डिम्ब-णिहिए णिहि व्व वहन्तं ॥ १९ ॥

---

1) पल॰ C 2) ॰अएह C 3) ॰भुज्ज॰ C 4) अ॰ C 5) णिद्धल्लिअ CK 6) ॰णो C 7) व वहन्तं CK 8) ॰त्त R^{IIb} 9) गु॰ R^{b} 10) so RK. ॰ल्लोण CS 11) so nur R^{II}, ॰म्मु॰ die andern 12) ॰द्दज्ज॰ C, अनुनीत S: eine falsche Uebers., die aber unsere Lesart bestätigt. 13) ॰अ॰ C 14) ऋ॰ R 15) महण॰ R^{II}CKS 16) ॰णाहिं C (lies ॰णाहि) 17) सलिल॰ CKS 18) ॰हिं R (Uebers. ॰धीन्) 19) व R^{IIb}

9b याचमान für पणअन्त (wohl Glosse) 10b परिभुज्यमानं für उअ॰ 13a उद्धृत für उच्छित्त 14a जालं für लोअं 16a अपसृताभिः für ॰एहि 18a उद्धृत für उक्खित्त

परिअम्भिअं [1]उवगए वोलीणम्मि अ णिअत्त-चडुल-सहावं ।
णव-जोव्वणे व्व कामं दइअ-समागम-सुहम्मि चन्दुज्जोए ॥ २० ॥
दर-फुडिअ[2]-सिप्पि-संपुड- पलोट्ट-सङ्ख-मुह-भरिअ-मुत्ता-णिअरं[3] ।
मारुअ-दूरुच्छालिअ- जल-भरिअब्भ-वह-पडिणिअत्त[4]-जलहरं ॥ २१ ॥
मरगअ-मणि-प्पहाहअ- हरिआअन्त-जरढ-प्पवाल-किसलअं ।
सुर[5]-गअ-गन्धुद्धाइअ- करि-मअरासत्त-दिस-मेह-मुह-वडं ॥ २२ ॥
मणिवालअं तीर-लआ-हर-प्पहोहासिअ-रम्म-णिवालअं ।
घण-वारिअं वेलालिङ्गणेण चडुलं महि-लङ्घण-वारिअं ॥ २३ ॥
ससि-मऊह-[6]पडिपेल्लण-पक्खुब्भन्तअं
संचरन्त-धरणीहर-पक्खुब्भन्तअं ।
धीरअं सइ[7] मुहल-घण[8]-पअ[9]-विज्जन्तअं
अट्ठिअं च वलवाणल-पअविज्जन्तअं ॥ २४ ॥
णिअअ-विसाणल-पअविअ- [10]मुत्ता-णिअर-परिघोलमाण-विसहरं ।
मीण-गइ-मग्ग-पाअड- सेआलोमइल-मणि-सिला-संघाअं ॥ २५ ॥
सरि-संकुलं महुमह-वल्लहाइ लच्छीअ मार-सरिसं कुलं ।
महि-लाइअं णइ-मुह-[11]पत्थिओणिअत्तिअ-वेला-महिलाइअं ॥ २६ ॥
णइ-सहस्स-[12]पडिउम्बण-णाअ-रसन्तअं
पलअ-मेह-सम-दूसह-णाअ-रसन्तअं ।
पेलवेण पवणेण[13] महुर-संचारिअं
मउअ-मअ-खलन्तं व महु-रसं चारिअं ॥ २७ ॥

---

1) उअ° C 2) फिअ CK 3) मोत्ता-वअरं C 4) णिअत्तन्तं C^1, °न्त C^2 beides gegen das Metr. 5) so R^{II}CKS und R im Comm., वण R^{bb} und R in der Uebers. 6) पलि° C 7) so nur R^{II}1Hd, सआ die anderen und R^{II}2Hd 8) so nur R^{II} in Text Uebers. und Comm., जलअ die anderen in Text Uebers. und Comm., S? 9) so RK; om. CR Uebers. und Comm.; S? 10) मो° C 11) so CKS und R in Uebers. und Comm., पल्हत्थिओ° R (°त्थि° fehlt in R^I) 12) so R^{IIb}, परि° R^bC und die Ueberss. 13) अ ins. C

20a प्रविजृम्भितं für परि° cf. IV 12 20b आलोके für उज्जोए 21b उच्चालित für °च्छा° (शल् kommt in K nicht vor und wird in der Regel durch चल् vertreten, was in der Folge nicht mehr bemerkt wird) 22b उत्थापित für उद्धाइअ (so überall, wo nichts anderes bemerkt ist) 23a अभिभूत für ओहासिअ 25a उपरि für परि 26b महिलालअं (zweimal = महिलालयं und °लकं) अर्पनिवर्तमान für °त्तिअ 27d मधु für मउअ

कसण-मणि-च्छाआ-रस- रज्जन्तोवरि-परिप्पवन्त-प्फेणं ।
हरि-णाहि-पङ्कअ-क्खलिअ-सेस-णीसाम-जणिअ-विअडावत्तं ॥ २८ ॥
सअरंगअं विद्दुम-पल्लव-प्पहा-घोलिर-सासअ-रङ्गअं ।
[1]रवि-राइअं धरणि-अलं व मन्दराअड्ढण-दूर-विराइअं ॥ २९ ॥
[2]मुत्तालअं तिअस-विइण्ण-जीविअ-सुहामअ-[2]जम्मुत्तालअं ।
वित्थिण्णअं पलउव्वेल्ल-सलिल-हेला-मलिउव्वि-त्थिण्णअं ॥ ३० ॥[3]
चिर-पहुढ-सेआल[4]-सिला-हरिअन्तअं
पवण-भिस-रव-दारुण-णीहरिअन्तअं ।
महुमहस्स णिद्दा-समए वीसाम-अं
पलअ-[5]डट्ठ-विज्झाअ-[6]तलुव्वी-सामअं ॥ ३१ ॥
असुरोवडण[7]-विहट्टिअ[8]- जल-विवरुट्ठिअ-रसाअलुम्हा-णिवहं ।
महण-वस-भिसु-भामिअ- दीवन्तर-लग्ग-मन्दर-अड-क्खण्डं ॥ ३२ ॥
एस[9] अमअ-रस-संभवो त्ति संभाविअं
णह-णिहं तमेण व चउद्दिसं भाविअं ।
गुण-महग्घ-सारं वसुहा-रक्खाणिअं
णिअअ-जस-णिहाणं मिव सअर-क्खाणिअं ॥ ३३ ॥
पवणुग्गाहिअ-जल-लव- णिवह-पहम्मन्त-मुहल-तीर-तल-वणं ।
ससि-सेल-मऊहोज्झर- परिवड्ढिअ-सलिल-मलिअ-पुलिणुच्छङ्गं ॥ ३४ ॥
मन्दर-मेह-क्खोहिअ- ससि-कलहंस-परिमुक्क[10]-सलिलुच्छङ्गं ।
मरगअ-सेवालोवरि- णिसण्ण-तुरिहक्क-मीण-चक्काअ-जुअं ॥ ३५ ॥[11]
पुस-णाड-सोत्त-संणिह- जल-मज्झ-मुणिज्जमाण-चलिअ[12]-तिमि-वहं[13] ।
वलआ[14]-मुह-मूल-समोसरन्त-[15]मसि-रासि-कज्जलिअ-पाआलं ॥ ३६ ॥ आइकुलअं ॥३५॥

1) रद्द C (sic! im Reim) 2) मो°, जम्मो° C 3) so R; in den anderen ist dieser Vers 32. 4) °वा° C 5) द्द° CR^{b} 6) द° C 7) °राव° C 8) so R^{IIb}. R^{II} auch in Uebers. und Comm.; °ड्डिअ R^{I} und R^{Ib} in Uebers. und Comm. K: विहालिअ C; कीर्ण S 9) एसो R^{I} 10) पलि° C 11) C stellt die Halbverse um. 12) चल R^{II} auch in der Uebers. (aber चलित im Comm.): eine Conjectur, um das durch णिवहं gestörte Metrum herzustellen. 13) so KS. णिवहं RC 14) वडवा C 15) विसम-मसि CK

29a अवघूर्णन für घोलिर 31c आगमे für समए 34b आभोगं für उच्छङ्गं 36a मार्ग für मज्झ

तो उग्घाडिअ[1]-मूलो पवअ-वलक्कन्त-महि-अलुड्डुच्छलिओ।
दिट्ठीअ दिट्ठ-सारो णज्जइ तुलिओ त्ति राहवेण समुद्दो ॥ ३७ ॥
कालन्तर- परिहुत्तं[2] दट्ठूण वि अप्पणो महोअहि-सअणं।
जणअ-सुआ-बद्ध-मणो रामो पलअ-घरिणिं ण संभरइ[3] सिरिं ॥ ३८ ॥
ईसि-जल-पेसिअच्छं विहसन्त-विइण्ण-पवअ-वइ-संलावं[4]।
अहिट्ठे[5] व्व ण मुक्कं दिट्ठे उअहिम्मि लक्खणेण वि धीरं ॥ ३९ ॥
हरिस-णिराउलामिअ- पीणअरालोअ-[6]पाअडोवरिभाअं।
पवआहिवो वि पेक्खइ[7] अद्धुप्पइअं व रुम्भिऊण सरीरं ॥ ४० ॥
गरुडेण व जलण-णिहं समुद्द-लङ्घण-मणेण[8] वाणर-वइणा।
अवहोवास-पसरिअं पक्ख-विआणं व पुलइअं कइ-सेण्णं ॥ ४१ ॥
साअर-दंसण-हित्था अक्खित्तोसरिअ-वेवमाण-सरीरा।
सहसा लिहिअ व्व ठिआ णिप्फन्द-णिराअ-लोअणा कइ-णिवहा ॥ ४२ ॥
पेच्छन्ताण समुद्दं चडुलो वि अउव्व-विम्हअ[10]-रस-त्थिमिओ।
हणुमन्तम्मि णिवडिओ[11] सगारवं[12] वाणराण लोअण-णिवहो ॥ ४३ ॥
उअहिं अलङ्घणिज्जं दट्ठूण गआगअं च मारुअ-तणअं।
मोहन्धआरिएसु वि गूढो[13] भमइ हिअएसु सिं उच्छाहो ॥ ४४ ॥
तो ताण हअ-च्छाअं णिच्चल-लोअण-सिहं पउत्थ-पआवं।
आलेक्ख-पईवाण व णिअअं पइइ[14]-चडुलत्तणं पि विअलिअं ॥ ४५ ॥
कह वि [15]ठवेन्ति पवंगा समुद्द-दंसण-विसाअ-विमुहिज्जन्तं[16]।
गलिअ-गमणाणुराअं पडिवन्थ[17]-णिअत्त-लोअणं अप्पाणं ॥ ४६ ॥

॥ इअ सिरि-पवरसेण-विरइए कालिदास-कए दहमुहवहे महाकव्वे
विइओ[18] आसासओ परिसमत्तो ॥

1) °ल्लिअ C 2) पडि° R^{h} (Uebers. परि°) 3) °रेइ R 4) संल्ला° codd. 5) °दि° R 6) पाव° $R^{I.h}$ 7) सोहइ CK 8) रसेण C 9) अ उअहिं CS 10) °ह्म° R^{IIh} so codd. öfters 11) °लिओ C 12) सगो° R^{II} 13) so auch S, मूढो $CR^{vl}K$ 14) °अ° C 15) ज° C 16) प° R^{h} (Uebers. वि°) 17) °ह R^{h} 18) °ई° C

Vers 37. 38 sind umgestellt. 37a चलित: für उच्छलिओ (wohl Fehler für उच्च°, aber auch im Comm.) 41b पटलं für विआणं 44b शोक für मोह 45a तं = तत् für तो प्रेषित für पउत्थ 46a मुह्यन्त: für विमु° (cf. vl zu IV 39. V 8. X 11)

तो ते कइ-माअङ्गे ह्रढ-विमाअ-मअ-[1]भाविओमीलन्ते ।
आलाण-क्खम्भेसु व वाहूसु सिला-अल-ट्ठिएसु णिसणे ॥ १ ॥
आहासइ सुग्गीओ[2] णिअअ-रवाहि फुड-णिन्त-जस-णिग्घोसं ।
धीराहि सार-गरुअं दन्तुज्जोआहि णिम्मलत्थं वअणं ॥ २ ॥ जुग्गअं ॥
धरणि-धरणे भुअ च्चिअ महणम्मि सुरासुरा खअम्मि समुद्दा ।
हन्तव्वम्मि दहमुहे एण्हिं तुम्हे त्थ महुमहस्स सहाआ ॥ ३ ॥
मा सासअ-सोडीरं कह वि णिअत्तन्त-समुह-संठविअ-पअं ।
आअअ[3]-वित्थक्कन्तं पणअन्तं व सुअणं परम्हाह जसं ॥ ४ ॥
रक्खस-वह-दुव्वोज्झो कज्जारम्भो समुद्द-लङ्घण-गरुओ ।
पढमं[4] चिअ रहुवइणा उवरिं[5] हिअअ-तुलिओ भरो व्व विलइओ ॥ ५ ॥
तुम्ह[6] च्चिअ एस भरो आणा-मेत्त-प्फलो पहुत्तण-सद्दो ।
अरुणो छाआ-वहणो विमअं विअसन्ति अप्पणा कमल-सरा ॥ ६ ॥
तरिउं ण हु णवर इमं वेला-वण-वउल-कुसुम-वासिअ-सुरहिं[7] ।
हत्थ-उडेहि समत्था तुम्हे पाउं पि फल-रसं व समुद्दं ॥ ७ ॥
चिर-आल-कङ्खिआणं धुआवमाण-णिअलुणमन्त[8]-सुहाणं ।
एसो णवर अवसरो अमरिस-ससीस-वन्धण-विमोक्खाणं ॥ ८ ॥
ते विरला सप्पुरिसा जे अभणन्ता घडेन्ति कज्जालावे[9] ।
थोअ च्चिअ ते वि दुमा जे अमुणिअ-कुसुम-णिग्गमा देन्ति फलं ॥ ९ ॥

---

1) भाव° C¹, भवि° C², भ्रामितताव° KS 2) °वो C 3) °ग° C 4) so auch R^II 1 Hd R^b, °ढ° corr. R^II, Lücke R^b 5) °अ° C 6) तुम्हं चिअ C 7) राइअ C 8) °ल्लोणम° C = नमत् S 9) कज्ज-अलावे = कार्यकलापान् oder °प R^b K (cf. IV 26 K)

---

6) अरुणच्छायाप्रधानानि (ग्छ in K = च्छ) 8) उपनमत्सुखानां

खिणं चावम्मि करं चिर-आलुक्खणिअं अमरिसम्मि मणं ।
मा दा देउ रहुवई वाणाहिमुहिं च वाह-गरुइं दिट्ठिं ॥ १० ॥
ओवग्गउ तुम्ह जसो दहवअण-पआव-पत्थिव-परिग्गहिअं ।
विलुलिअ-समुद्द-रसणं णह-भवणन्तेउरं दिसा-वहू-णिवहं ॥ ११ ॥
जं माहसं ण कीरइ तं दअमाणेण जीविअं किर दइअं ।
जो अपडिमुक्क-सुकआ सो वि गणिज्जइ जअम्मि जीअन्त-मुओ ॥ १२ ॥
किं व ण आणह एअं कज्जं परिपेलवं पि जह परिणामे ।
देइ परं संमोहं कुसुमं विस-पाअवस्स व मलिज्जन्तं[2] ॥ १३ ॥
विहडन्तं पि[3] समत्था[4] ववसाअं पुरिस-दुग्गमं णेन्ति[4] वहं[5] ।
[6]भुवणन्तर-विक्खम्भं[7] दिअसअरो विहडिएक्क-चक्कं व रहं ॥ १४ ॥
कअ-कज्जे ताल-समे अइरा पेच्छह भुए अणुत्ताल-समे ।
णिहुओ राअस-हाओ पडिवक्खस्स अ अवेउ राअ-सहाओ ॥ १५ ॥
संखोहिअ-मअरहरो संभन्तुव्वत्त-दिट्ठ-रक्खस-लोओ ।
वेला-अइ-मुज्झन्ते अह णे हसइ हिअएण मारुअ-तणओ ॥ १६ ॥
अव्वोच्छिण्ण-पसरिओ अहिअं उद्धाइ फुरिअ-सूर-च्छाओ ।
उच्छाहो सुभडाणं[8] विसम-क्खलिओ महा-णईण व सोत्तो ॥ १७ ॥
माणेण[9] परिट्ठविआ कुल-परिवाडि-घडिआ अणोणअ-उव्वा[10] ।
चिन्तेउं पि ण तीरइ ओहुप्पन्ती[11] परेण णिअअ-च्छाआ ॥ १८ ॥
परिवड्ढन्तुच्छाहो[12] विअलिअ-रण-मच्छरेहि अप्पत्त-गुणो ।
अअस-क्कन्तोसरिओ कड्ढिज्जइ दुक्करं भडत्तण-सद्दो ॥ १९ ॥
आहिअ-समराअमणा वसणम्मि[1] अ ऊसवे[13] अ सम-राअ-मणा ।
अवमाअअ[14]-विसमत्था धीर च्चिअ होन्ति संसए वि समत्था ॥ २० ॥

---

1) व° C 2) मलि° C 3) वि R^b 4) °त्थो. णेइ CK 5) प° C 6) भुअ° C 7) °क्कु° R cf. IX 57 8) सुह° C 9) व ins. C 10) पु° R^b 11) °ब्भन्ती R^b 12) °न्त-छाओ C = वर्धमान-किरणः S 13) महूसवे C 14) °व्वअ R^b C = सूदित S

12b भण्यते für गणिज्जइ Vers 17 steht als 15. 16b युष्मान् für णे 17b नद्याः für णईण 18a प्रतिष्ठापिता für परि° 19a अल्पो पि पुनः für अप्पत्त-गुणो

ववसाअ-सप्पिवासा[1] कह ते हत्थ-ट्ठिअं ण पाहेन्ति[2] जसं ।
जे जीविअ-संदेहे विसं भुअंग व्व उव्वमन्ति अमरिसं ॥ २१ ॥
सीहा सहन्ति वन्धं उक्खअ-दाढा चिरं धरेन्ति विसहरा ।
[3]ण उण जिअन्ति पडिहआ अक्खलिइअ-ववसिआ खणं पि समत्था ॥ २२ ॥
अकअत्थ-पडिणिअत्ता कह समुहालोअ-मेत्त-पडिसंकन्तं ।
दप्पण-अलेसु व ठिअं णिअअं देच्छिह[4] पिआ-मुहेसु विसाअं ॥ २३ ॥
णिज्जन्ति चिर-पअत्ता समुद्द-गहिरा व्वि पडिवहं णइ-सोत्ता ।
तीरेन्ति णिअत्तेउं असमाणिअ-पेसणा ण उण सप्पुरिसा ॥ २४ ॥
जो लङ्घिज्जइ रइणा जो वि खविज्जइ खआणलेण व्वि वहुसो ।
कह सो उइअ-परिहओ दुत्तारो त्ति पवआण भणउ उअही ॥ २५ ॥
चिन्तिज्जउ दाव इमं कुल-ववएस-क्खमं वहन्ताण जसं ।
लज्जाइ[7] समुद्दस्स वि दोण्ह वि किं होइ दुक्करं वोलेउं ॥ २६ ॥
किरणासणिं रहु-सुए मुहस्स किर णासणिं विमुञ्चउ मा दा ।
सेल-समारअमे हो तुम्हे जेऊण चन्द-मारअ-सेहो ॥ २७ ॥
वन्धव-णेहब्भहिओ होइ परो वि विणएण सेविज्जन्तो ।
किं उण कओवआरो णिक्कारण-णिद्ध-वन्धवो दासरही ॥ २८ ॥
अइर-परूढ व्व लआ समरुच्छाहे उदृम्मि व विलम्वन्ते ।
अज्ज वि दाव मह इमा मउलेइ च्चिअ फलं ण दावेइ सिरी ॥ २९ ॥
केच्चिर-मेत्तं व ठिई एअ[12] विसंवाइआ ण सोच्छिहि रामं ।
कमलम्मि समुप्पण्णा तं चिअ रअणीसु किं ण मुञ्चइ लच्छी ॥ ३० ॥
सअलुज्जोइअ-वसुहे समत्थ-जिअ-लोअ-वित्थरन्त-पआवे ।
ठाइ ण चिरं रविम्मि[13] व विहाण-पडिआ[14] वि मइलदा सप्पुरिसे ॥ ३१ ॥

---

1) ०आसा R^b 2) ०हि० C 3) जोअन्ति ण उण विहआ C 4) दं० C 5) ०र० C 6) ०वो C 7) ०इ CKS 8) चिरं CKS 9) ०ए R 10) अ CK 11) होज्ज C = भवेत् KS 12) एस C 13) ०इ० C 14) पढिओ (?) C

22a उद्धृत für उक्खअ 23a स्पष्टसं० für पडिसंकन्तं (im Prâkṛt also फुड s. Hem. IV 258) Vers 25. 26 sind umgestellt. 25a अतिक्रम्यते (वोलिज्जइ wie sich aus dem pratika ergibt) für लङ्घिज्जइ 28a प्रणयेन für वि०

सप्पुरिस-पाअड-वहं   पढमं जं राहवेण अम्हासु कअं ।
होज्ज व ण होज्ज व समं   अम्हेहि कअं पि किं उण अकीरन्तं ॥ ३२ ॥

राहव-पत्थिज्जन्तो   उद्धो दीसिहइ केच्चिरं व दहमुहो ।
दूरन्त[1]-पेच्छिअव्वो   सिहर-पडन्त-विअडासणि व्व वण-दुमो ॥ ३३ ॥

बालाअवं व एन्तं   धुअ-अम्बालाअ-वंसु-णिवह-च्छाअं ।
कइ-सेसं रअणिअरा   तम-रअ-णिअर व्व पेच्छिउं[2] पि अजोग्गा[3] ॥ ३४ ॥

गरुअम्मि वि पडिवक्खे   होन्ति भडा अहिअ-वारिअ-प्पडिऊला ।
पडिगअ-गन्धाइद्धा   उद्धङ्कुस-रुद्ध-मत्थअ व्व गइन्दा ॥ ३५ ॥

विसमम्मि वि अविसण्णो   धारेइ धुरं धुरंधरो च्चिअ णवरं ।
किं दिणअरोवराए   दिणस्स होइ[4] अवलम्बणं[4] ससि-बिम्बं ॥ ३६ ॥

मुक्क-सलिला जलहरा   अहिणव-दिण्ण-प्फला अ पाअव-णिवहा ।
लहुआ[5] वि[6] होन्ति[7] गरुआ   समर-मुहोहरिअ-मण्डलग्गा अ भुआ ॥ ३७ ॥

दप्पं ण सहन्ति[8] भुआ   पहरण-कज्ज-सुलहा धरेन्ति महिहरा ।
वित्थिण्णो गअण-वहो   णिज्जइ कीस गरुअत्तणं पडिवक्खो ॥ ३८ ॥

धीरं परिरक्खन्ता   गरुअं पि भरं धरेन्ति णवर सुउरिसा[9] ।
ठाणं चिअ अमुअन्ता   णीसेसं तिहुअणं[10] खवेन्ति[11] रवि-अरा[12] ॥ ३९ ॥

काअर-पडिमुक्क-धुरं   जिणन्ति पत्थाण-लङ्घिअग्ग-क्खन्धा ।
पढमं ता णिअअ-वलं   पच्छा पहरेहि सुउरिसा पडिवक्खं ॥ ४० ॥

अणेन्ति मङ्गलाइं   अब्भिअइ सिरी जसो पवट्टइ पुरओ ।
पडिवण्ण-रणुच्छाहे   पडिवक्खुद्धरण-पत्थिअम्मि सुउरिसे ॥ ४१ ॥

वच्चन्ता अइभूमिं   कड्ढिअ[13]-सुहडासि-वत्त-वन्धावडिआ[14] ।
णवर ण चलन्ति वीअं[15]   लुअ-वक्खा महिहर व्व वेरावन्धा ॥ ४२ ॥

---

1) त्वरमाण KS 2) प° C 3) °ज्जो° C R[b]corr. 4) C stellt um gegen das Metr. 5—7) C stellt 7. 5. 6. 8) मुञ्चन्ति KS 9) सप्पु° C 10—12) C stellt 12. 11. 10. 11) तवेन्ति = तपन्ति KS 13) °ट्ठि° R 14) पन्थावल्लिआ C 15) विड्डअं C

32a stellt प्रकटसत्पु° (cod. 2mal प्रकटय) 32b भवेत् वा न वा तस्य समं 35a एव für वि (also गरुए च्चिअ: durch das pratika bestätigt) 37a विटपाः für णिवहा 39a गुर्वीमपि धुरं 41a प्रवर्तते für पवट्टइ

ता सोअइ रहु-तणओ ताव अ सीआ वि हत्थ-पल्हत्थ-मुही ।
ताव अ धरइ दहमुहो जाव विसाएण वो तुलिज्जइ धीरं ॥ ४३ ॥

असो अयसस्स मणो तुम्ह ण आणे अणाहिओ मह अप्पा ।
णिव्वलन्तस्स इमं दर-रूढ-वण-प्पसाहणं[1] हणुमन्तं ॥ ४४ ॥

पडिवक्खस्स अ लच्छिअं आसाएन्तएणं
णिअअ-कुलस्स अ कित्तिअं आसाएन्तएणं ।
मरणं पि वरं लइअं णअ[2]-णिम्माणएणं
पुरिसेण[3] चिरं जीविअं ण अ[4] णिम्माणएणं ॥ ४५ ॥

एअ वि सिरीअ दिट्ठआ[5] के सरलच्छिआए
कर-कमलस्स अ[6] छिक्कआ[7] केसर-लच्छिआए ।
मुज्झन्ति सविसाणआ समर-समाणअम्मि
एअ ममम्मि भणन्तए सम-रस-माणअम्मि ॥ ४६ ॥

मा सोइज्जउ दुहिआ सीआ लोअएणं[8]
णलिणि व्व समोलुग्गआ[9] सीआलोअएणं[8] ।
दुहिए राहव-हिअए काम-इलन्तअम्मि
जीविअम्मि[10] अहिलोहिआ का मइलन्तअम्मि ॥ ४७[11] ॥

चन्दअ[12] व्व मेह-मइलिए रअणी-सारअम्मि
कमलअम्मि[13] व हिम-डड्ढए रअ-णीसारअम्मि ।
दुहिए राहव-हिअअए[14] भम-रोअन्तअम्मि[15]
कुसुमम्मि व[16] पव्वाअए[17] भमरोअन्तअम्मि[15] ॥ ४८[11] ॥

---

1) व्वण-प° C 2) णाय R 3) °मएण C 4) य R 5) °ट्ठुआ C 6) om. R^{H} (aber च in der Uebers.) 7) so R^{hb}. °क्किआ C. छिविआत्र R^{H}. स्पृष्टया RUebers. Comm. (dem entspricht nur R^{H}). स्पृष्टा: K 8) लोएणं R^{b}C 9) so R^{H}, °ग्ग R^{bb}, °ग्गा C 10) वि ins. C 11) so R; KS stellen Vers 47. 48 um; C stellt 48a 47b 47a 48b. 12) so R^{bb}. °ए C, °न्द्र इव (!) R^{H} 13) °लम्मि R^{Hb} 14) so R^{H}. हिअए die andern 15) रोवत्तम्मि C 16) वि C 17) °व्वाए C

43a स° (lies स्व°?) für वि 43b stellt ध्रियते च(?) तावत् 44a अनादृत: für अणाहिओ (cf. Hem. I 143) 44b प्रगुण für रूढ 45ab om. zweimal अ: आश्वासयता und आशासता für आसाएन्तएणं 45c scheint लब्धं für लइअं zu haben 46d इत्यपि für एअ 47b हिमावरुग्णा für समो° 47c 48c राम für राहव 48b अवरुग्णे für डड्ढए

अह [1]पढम-वअण-णिहुअं पच्छा उम्हइअ[2]-लज्जिअं कइ-सेण्णं।
ससि-दंसण-पासुत्तं[3] कमल-वणं व दिअसागमेण विउद्धं[4] ॥ १ ॥
णवरि अ कइ-हिअआइं धुअन्धआर-विअडाइ गमणुच्छाहो।
एक्को वहुआइ समं गिरि-सिहराइ अरुणाअवो व्व विलग्गो ॥ २ ॥
तो दप्प-मुह-पसाओ आढत्तो ताण हिअअ-हसिउज्जोओ।
रण-विक्कमग्ग-हत्थो णिअअ-सहाओ व्व पहरिसो वित्थरिउं ॥ ३ ॥
बहलुद्धुअ[5]-धाउ-रअं रिसहेण धुओज्झराहअ-कओल[6]-अलं।
भिण्णं वाम-भुअ-सिरे उम्मूलिअ-वलिअ-पण्णअं गिरि-सिहरं ॥ ४ ॥
[7]पुलउब्भेआअम्बं णीलो[8] परिपुसइ विसम-कसण-च्छाअं।
हिअअ-णिहित्त-पहरिसं ससि-पडिभिण्ण-घण-संणिहं वच्छ-अडं ॥ ५ ॥
विहडन्तोट्ठ-उड-दलं फुरन्त-दन्त-अर-बहल-केसर-वअरं[9]।
पहरिस-चन्दालोए हसिअं कुमुएण सुरहि-गन्धुग्गारं ॥ ६ ॥
विहडन्त-धरणि-बन्धो उहअ-भुअ-क्खेव-मुहल-वेविर-विडवो।
विसम-पडन्त-विसहरो वेला-चन्दण-दुमो मइन्देण धुओ ॥ ७ ॥
दिप्पन्त-दुरालोआ दिविअस्स सधूम-सिहि-सिहावत्त-णिहा।
सोम्मत्तणं ण पत्ता हरिस-भरेन्ती[10] वि विसहरस्स व दिट्ठी ॥ ८ ॥
सरहो वि दरि-मुहुग्गअ- पडिसद्द-प्फुडिअ-मलअ-अड-पब्भारं।
मुञ्चइ विसअं णाअं मलेइ अङ्गं च रोस-विस-अणाअं ॥ ९ ॥
अरुणाअम्ब-च्छाए तक्खण-मेत्त-पडिवुद्ध[11]-पङ्कअ-सोहे।
फुरइ णिसढस्स वि फुडं दिअसस्स[12] मुहम्मि[12] दिणअरो व्व अमरिसो ॥ १० ॥

---

1) ◦ढु◦ auch R^h 2) ◦म्हा◦ R^bC^a 3) प्प◦ R^b 4) ◦ड◦ C 5) ◦लड्ढु◦ C 6) ◦वो◦ C 7) पुर◦ C 8) वि ins. C 9) णिवहं CK 10) ◦म◦ C 11) ◦वद्ध CK 12) R^bCK stellen um (R^b gegen die Uebers.).

1a प्रणय für वअण 1b अरुण für दिअस 2b तरुण für अरुण 4a बकुल für ◦ह◦ (so meistens) 6a wie eben 9b वलयति für मलेइ und dieses als vl

विअडाहरन्तरालं कअं सुसेणस्स रोस-हसिएण फुडं ।
उप्पाअ-रुहिर-अम्बं मज्झ-प्फुडिअ-रइ-मण्डलं मिव वअणं ॥ ११ ॥
हरिस-परिअम्भिएण[1] अ अद्धुल्लसिअ[2]-रइ[3]-बिम्ब-अम्ब-च्छविणा ।
पुरओ-हुत्तारम्भो मुहेण दिवसो[4] व्व पाअडो वालि-सुओ ॥ १२ ॥
णेच्छइ णिव्वूढ-भरो लहुअं[5] दप्पुद्धअत्तणं[6] पवण-सुओ ।
कअ-पेसणस्स सोहइ धीरं चिअ महइ रक्खिउं[7] वअणिज्जं ॥ १३ ॥
णिब्भच्छिओअहि-रवं फुडिआहर-णिव्वडन्त-दाढा-हीरं ।
हसइ कइ-दप्प-पसमिअ- रोस-विरज्जन्त-लोअणो सुग्गीवो ॥ १४ ॥
णवरि[8] सुमित्ता-तणओ आसङ्घन्तो गुरुस्स णिअअं च वलं ।
ण अ चिन्तेइ ण जम्पइ उअहिं सदमाणणं तणं व[9] गणेन्तो ॥ १५ ॥
रहुणाहस्स वि दिट्ठी वाणर-वइणो फुरन्त-विद्दुम-अम्बं ।
वअणं वअणाहि चला कमलं कमलाहि भमर-पन्ति व्व गआ ॥ १६ ॥
तो वअ-परिणामोणअ- भुमआ-वलि-रुब्भमाण[10]-दिट्ठि-च्छोहो[11] ।
आसण्ण-धवल-मिहिआ- [12]परिक्खलन्तोसहि-प्पहो व्व महिहरो ॥ १७ ॥
कर-वारिअ-कइ-लोओ सुग्गीव-विइण्ण-भासुरच्छि-च्छोहो[13] ।
जालाहअ-दुम-णिवहो फुलिङ्ग-पिङ्गलिअ-महिहरो व्व वण-दवो[14] ॥ १८ ॥
जम्पइ रिच्छाहिवई[15] उण्णामेऊण महि[16]-अलङ्घन्त-णिहं ।
खलिअ-वलि-भङ्ग-दाविअ- वित्थअ-वहल-वण-कन्दरं वच्छ-अडं ॥ १९ ॥ [17]अन्त्य-कुलअ॥3॥
सग्गं अपारिजाअं[18] कोत्थुह-लच्छि-रहिअं महुमहस्स उरं ।
सुमिरामि[19] महण-पुरओ अ-मुद्ध-अन्दं च [20]हर-अडा[21]-पब्भारं ॥ २० ॥
महुमह-हत्थम्मि मए णक्खुक्खुडिअ-सरसं महासुर-हिअअं ।

1) °णं und om. अ C. परि° R^{b}CSR Uebers. Comm., पवि° R^{IIb}, प्र° K 2) दरुल्लसन्त CKS 3) °वि C 4) °अ° R^{b}C 5) णिअन्नं C 6) so auch S, °द्धुअ° C 7) °व्भ° C 8) अ ins. CK 9) च C 10) so C, रुंभ° R^{b}, रुम्भ° R^{II} und wahrscheinlich R^{b}, doch kann letzteres allenfalls रुब्भ° gelesen werden. 11) so R^{b}C, क्खेहो R^{II}, क्खेवो R^{b} (aus der Uebers. क्षेपः zurechtgemacht) 12) पडि° C 13) क्खे° R^{II}Hd. in च्छो° corr. 14) °आ (lies °ओ) C 15) ऋ° R 16) °ही R^{b2} 17) अंत्थ° C cf. XIII 77, XIV 54. 18) °आअं C 19) so alle R! सुम° C 20) अहर C! 22) ज° C

13a उद्धुरत्वं für उद्धअत्तणं 14a वज्रं für हीरं (ebenso XI 63; dies ist vielleicht keine Var., sondern bloss eine Differenz in der Uebers.) 14b लोचनं für °णो 17a क्षोभः für च्छोहो (offenbar Conjectur); ebenso im nächsten Vers. 17b प्रतिफलत् für परिक्ख° 19b गलित für ख° बहुल für °ह°

दिट्ठा अणुधावन्ती अक्खित्तं णिअअ-हत्थ-कमलं व सिरी ॥ २१ ॥
तं च हिरण्णक्खस्स वि सुमरामि महा-वराह-दाढा-भिण्णं ।
महि-मण्डलं व तुलिअं उक्खअ-हिअअ-गिरि-वन्धणं वच्छ-अडं ॥ २२ ॥
धीरं हरइ विसाओ विणअं जोव्वण-मओ अणङ्गो लज्जं ।
एक्कन्त-गहिअ-वक्खो किं सीसउ जं ठवेइ वअ-परिणामो ॥ २३ ॥
अणुहूअ-मुणेअव्वे विहडिअ[1]-विसमक्खरे वि संघडिअत्थे ।
जोव्वण-मूढ-पहसिए[2] मा अवमण्णह जरा-परिणउल्लवे ॥ २४ ॥
तुज्झ भुआसु णिसण्णो हरि-सत्थो पव्वलो सुराण वि समरे ।
मारुअ-लद्ध-त्थामो ओवग्गइ महि-रओ वि ता दिअसअरं ॥ २५ ॥
किं उण दुप्परिअल्ला मज्जाआइक्कमुप्पह-वलिज्जन्ता ।
उअहि व्व सार-गरुआ घडिआ वि विसंघडन्ति कज्जालावा ॥ २६ ॥
पच्चक्खाहि परोक्खं कह वि तुलग्ग-घडिआहि आगम-सुद्धं ।
संचालिअ-णिक्कम्पं अणुहूआहि वि महं सुअं चिअ गरुअं ॥ २७ ॥
जं साहेन्ति समत्था[3] सम-सार-परक्कमा ण तं णिव्वडिआ[4] ।
एक्को पअवेज्ज दढं मिलिआ उण दिणअरा खवेन्ति तिहुअणं ॥ २८ ॥
ओवग्गइ अहिमाणं पडिवक्खस्स वि ण तारिसं देइ भअं ।
अमरिस-गहिओ व्व सरो विहाड[5] अभाअ-संधिओ उच्छाहो ॥ २९ ॥
णेअ तुमे मोत्तव्वं सुट्ठु वि तुरिएण धीर-पत्थिव-चरिअं ।
तुरवन्तस्स रविस्स वि मउइज्जइ दक्खिणाअणम्मि पआओ[6] ॥ ३० ॥
किं अइराएण इमा अमग्ग-समर-सुह-चिन्तिअ-कहाहि कआ ।
पहरिस-पणामिअ-मुही गोत्त-क्खलण[7]-विमण व्व दे जअ-लच्छी ॥ ३१ ॥
मा रज्जह[8] रहस च्चिअ चन्दस्स वि दाव[9] कुमुअ-वण-णिप्फणो[10] ।
दूरं णिव्वलिअ-गुणो[11] एक्क-रसस्स कमलेसु विहाड जमो ॥ ३२ ॥
किं अप्पणा परिअणो परस्स ओ परिअणेण दे पडिवक्खो ।

1) °लिअ C 2) वि° C 3) so R[IIh], °मत्ता R[h], °मेत्था C 4) °णिआ R[h], °लिआ C: so C bei diesem Worte immer, wenn nichts anderes bemerkt ist. 5) °हा° C 6) °वो C 7) °लिअ CK 8) व° (!) C 9) ता° C 10) °प्प° R[h], णिप्फंदो C 11) णिव्वूढ-भरो CK; S?

22b विकटं für तुलिअं 23b नपर्यति für ठवेइ 25a वत्मलः für पव्वलो (ebenso VI 33, IX 3; cf. XIII 61) 26b विघटन्ते für विसं° (3mal, aber Metrum!) कार्यकलापाः für कज्जा° 30a ण वि अ = नापि च für णेअ 31a विस्मृत für चिन्तिअ

सोहइ पत्थिज्जन्तो जिआहिमाणस्स किं जअम्मि वि गहणं ॥ ३३ ॥
हणुमन्ताइमएणं हणुमन्त-मुहाण वाणराण अ वइणा ।
धीर अणिव्वलिअ-जसं काअव्वं किं तुमे वि मारुइ-सरिसं ॥ ३४ ॥
कह तम्मि वि[1] लाइज्जइ जम्मि अइण[2]-प्फला अदूर-पसरिआ ।
पडिअम्मि दुमे व्व लआ स च्चिअ अण्णं पुणो विलग्गइ आणा[4] ॥ ३५ ॥
हन्तुं विमग्गमाणो हन्तुं तुरिअस्स अप्पणा दहवअणं ।
किं इच्छसि काउं जें[5] पवअ-वइ[6] पिअं त्ति विप्पिअं[7] रहुवइणो ॥ ३६ ॥
इअ णिअमिअ-सुग्गीवो रामन्तेण वलिओ पिआमह-तणओ ।
परिमट्ठ-मेरु-सिहरो सूराहिमुहो व्व पलअ-धूमुप्पीडो ॥ ३७ ॥
जम्पइ अ किरण-पम्हल- फुरन्त-दन्त-प्पहा-णिहाओत्थइअं ।
विणअ-पणअं वहन्तो ससुहागअ-धवल-केसर-सडं व मुहं ॥ ३८ ॥
रक्खिज्जइ तेल्लोक्कं पलअ-समुद्द-विहुरा धरिज्जइ वसुहा[10] ।
उअरद्धन्त-पहुत्ते विमुहिज्जइ[11] साअरे त्ति विम्हअणिज्जं ॥ ३९ ॥
धणु-वावारस्स रणे कुविअ-कअन्त-णिमिसन्तर-णिहस्स तुहं ।
फुड-विज्जु-विलसिअस्स व आरम्भो च्चिअ ण होइ किं अवसाणं ॥ ४० ॥
णिव्वुब्भइ[12] पलअ-भरो तीरइ वलवा[13]-मुहाणलो वि विसहिउं ।
दिस्सं जेणेअ तुमे कह काहिइ साअरो तहिं[14] चिअ धीरं ॥ ४१ ॥
तो[15] पाअड-दोव्वल्लं पम्हट्ठ-पिआ-पओहर-प्फरिस-सुहं ।
वच्छं तमाल-णीलं पुणो पुणो वाम-कर-अलेण मलेन्तो ॥ ४२ ॥
उअहिस्स जसेण जसं धीरं धीरेण गरुअआइ गरुअत्तं ।
रामो वि थिईअ[16] ठिइं[17] भणइ रवेण अ रवं समुप्फुन्दन्तो[18] ॥ ४३ ॥ जुअगअं ॥
दुत्तारम्मि समुद्दे कइ-लोए विमुहिए ममम्मि विसण्णे ।
हरि-वइ तुमे च्चिअ इमा दुव्वोज्झा वि अवलम्बिआ कज्ज-धुरा ॥ ४४ ॥

1) oder विला°: so K 2) so $R^a R^b$ 1 Hd. °द्दि° R^b 2 Hd C. अद्दि° (d. h. °द्द° corr. zu °द्दि°) R^b 3) oder वि ल°: so C. R lässt die Wahl. K wie wir. 4) आणा R^b 5) व्व ins. C. अस्स (also से) KS 6) °इ R^{ab} 7) अ° CKS 8) धूम्मु° R (führt auf धुम्मु°) 9) विआण-ट्ठ° C 10) धरिणी C 11) मुज्झिज्जइ C und KS, da sie मुह्यते lesen: cf. vl zu II 16. V 8. X 11. 12) णिव्व° R^b 13) वलुआ C 14) तुमं C 15) ता C 16) °ए C 17) so R^b. ठि° ठि° R^{ab}. थि° थि° C 18) °प्फु° R^a. °प्फ° die anderen. °न्तो Conject., °न्द्तो R. °प्फंदो C

34a अतिगर्वायितम् für अइमएणं(?) 38b वकुल für धवल 42a stellt मुखस्पर्श 43b स्थितया च für वि थिईअ

धीराहि सार-गरुअं अलङ्घणिज्जाहि सासअ-जमुज्जोअं ।
रिच्छाहिवाहि वअणं रअणं रअणाअराहि व समुच्छलिअं ॥ ४५ ॥
जत्थ परमत्थ-गरुआ ण होन्ति तुम्हारिसा थिर-ववट्ठम्भा[1] ।
महिहर-मुक्क व्व मही अत्थाअइ तत्थ वित्थरा कज्ज-धुरा ॥ ४६ ॥
पडिवत्ति[2]-मेत्त-सारं कज्जं थोआवसेसिअं मारुइणा ।
संपइ जो च्चेअ[3] उरं देइ पवंगाण पिअइ सो च्चेअ जसं ॥ ४७ ॥
ता[4] सव्वे च्चिअ समअं दुत्तारं पि हणुमन्त-सुह-बोलीणं ।
अब्भत्थेम्ह सुरासुर- णिव्वूढब्भत्थणाअरं मअरहरं ॥ ४८ ॥
अह णिक्कारण-गहिअं मए वि अब्भत्थिओ ण मोच्छिहि[5] धीरं ।
ता[6] पेच्छह बोलीणं विहुओअहि-जन्तणं थलेण कइ-बलं ॥ ४९ ॥
जत्थ महं पडिउत्थो[7] वसिहिइ अणस्स कह[8] तहिं चिअ रोसो ।
दिट्ठिं पाडेइ[9] जहिं दिट्ठि-विसो तं पुणो ण पेच्छइ विडओ[10] ॥ ५० ॥
ताव अ सहसुप्पण्णा णवाअवालिद्ध[11]-कसण-मिहिआअम्बा ।
मउल-प्पहाणुविद्धा आढत्ता दीसिउं[12] णिसिअर-च्छाआ ॥ ५१ ॥
तो गमण-वेअ-मारुअ- मुहल-[13]पडन्त-णह-णिराइअ[14]-जलए ।
पेच्छन्ति रवि-अरत्तर- घोलाविअ-पिहुल[15]-विज्जुले रअणिअरे ॥ ५२ ॥
तो णह-अलावडन्ते[16] पलउप्पाअ[17] व्व णिसिअरे[18] अहिलेउं ।
उण्णामिअ[19]-गिरि-सिहरं चलिअं महि-मण्डलं व वाणर-सेण्णं ॥ ५३ ॥
ओसुम्भन्त-जलहरं विसम-ट्ठिअ-पवअ[20]-वल-वलन्तालोअं ।
दीसइ भमन्त-विहडं[21] [22]थाण-प्फिडिअ[23]-सिढिलं पडन्तं[24] व णहं ॥ ५४ ॥
णवरि अ लङ्का-दिट्ठो दिट्ठ-सहाओ[25] विहीसणो मारुइणा ।
णिअमेऊण कइ-बलं बीओदन्तो[26] व्व राहवस्स उवणिओ[27] ॥ ५५ ॥

---

1) oder °ट्टम्भा; die codd. haben bei diesem Wort hier und an den übrigen Stellen überwiegend ट्ट 2) °वित्ति C 3) च्चिअ C 4) तं CKS 5) °इ C 6) तो CK 7) so R (Uebers. पर्युषितः). उषितः S. परिउद्धो C, परिवृद्धः K 8) किं C 9) °न्ति° C 10) बोओ C 11) °उद्ध C 12) दं° C 13) व° C 14) °अअ R[II] 15) वि° C 16) so R[IIb] R Comm., अला° R[II] R Uebers. K, अला अरन्ते C 17) so R, °ए C 18) र-क्खसे C 19) उप्पालिअ C 20) so R[II] 1Hd CK, कइ R[hb] R[II] 2Hd R Uebers. Comm. 21) so (=विह्वलं) R[hb], °लं R[II], विअडं C 22) so R[II], ठा° R[hb], मा° (corrupt) C 23) प्फुलिअ C 24) °ल° C 25) °वो C 26) °न्त R[b], °अन्तो C 27) उअ° C

47b प्लवंगेषु für °गाण 48b अभ्यर्थनाहरा इति च पाठः 52b विधुत für पिहुल 54a चलत् für व°

चलणोणअ-णिहुअस्स अ माणेण व कर-अलेण मे रहुवइणा ।
उण्णामिअं णणु सिरं जाअं रक्खस-उलाहि दूरब्भहिअं ॥ ५६ ॥
ववसिअ-णिवेइअत्थो सो मारुइ-लद्ध-पच्चआगअ-हरिसं ।
सुग्गीवेण उर-त्थल- वण-माला-मलिअ-महुअरं उवऊढो ॥ ५७ ॥
तो जम्पइ रहु-तणओ समअं दससु वि दिसा-मुहेसु किरन्तो ।
पअइ-सुकअस्स धवलं णीसन्दं व हिअअस्स दन्तुज्जोअं ॥ ५८ ॥
ठाणं दवग्गि-भीआ वणम्मि वण-हत्थिणि व्व परिमग्गन्ती ।
पेच्छह लङ्कासाआ मोत्तुं रक्खस-उलं ण इच्छइ लच्छी ॥ ५९ ॥
णज्जइ विहीसण तुहं सोम्म-सहाव-परिवड्ढिअं विणाणं ।
दिट्ठि-विसेहि व अमअं उअहिस्स णिसाअरेहि वि अविहविअं ॥ ६० ॥
सुद्ध-सहावेण फुडं फुरन्त-पज्जत्त-गुण-मऊहेण तुमे ।
चन्देण व णिअअ-मओ कलुसो वि पमाहिओ णिसाअर-वंसो ॥ ६१ ॥
कह इर स-कज्ज-कुसला कज्ज-गइं मइ-गुणेहि अवलम्बन्ता ।
कुल-माण-ववट्ठम्भा ण होन्ति राअ-सिरि-भाअणं सप्पुरिसा ॥ ६२ ॥
लङ्कासाएण चिरं सुर-वन्दि-परिग्गहे णिसाअर-वइणा ।
सीआ रक्खस-वसहिं दिट्ठि-विस-हरं विमोसहि व्व उवणिआ ॥ ६३ ॥
फिडिआ सुर-संखोहा वन्दि-अणक्कन्दिअं गअं परिणामं ।
जाआ दहमुह-गहिआ तिहुवण-डिम्बस्स जाणई अवसाणं ॥ ६४ ॥
अह णअणेसु पहरिसं कण्णेसु पवंग-वड्ढिअं जअ-सद्दं ।
सीसम्मि अ अहिसेअं पल्हत्थइ अ हिअअम्मि से अणुराअं ॥ ६५ ॥

॥ इअ सिरि-पवरसेण-विरइए दहमुहवहे महाकव्वे
चउट्ठो आसासओ ॥ ४ ॥

---

1) कु° C 2) हर्पः KS 3) उअ° C 4) विमलं CK 5) अ° C 6) s. IV 36. 7) S om. diesen Vers. 8) so RK, दिट्ठि-विसिणं R[II] (gegen Uebers. und Comm.!) C, नीतोरगेण वसति S 9) °अण R[I]C 10) °सं(!) R[I]C

56a रघुपतेः für °इणा 58b विमलस्य für सुकअस्स (पुण्यस्य S führt wohl auch auf diese Lesart) 59a बत्ता (i. e. हित्वा) für भीआ (? Ms. corrupt) 60a मह für परि° 60b न विद्रा° für अ° 64b डिम्भस्य, aber durch उपद्रवस्य erklärt, also ist wohl डिम्ब gemeint.

अह जलणिहिम्मि अहिअं मअणे अ मिअङ्क-दंसण-विअम्भन्ते ।
विरह-विहुरस्स णज्जइ णिसा वि रामस्स वड्ढिउं आढत्ता ॥ १ ॥
उइअ-मिअङ्कं च णहं णिअम-ट्ठिअ-राहवं च साअर-पुलिणं ।
णेन्ति परं परिवड्ढिं आलिङ्गिअ-चन्दिमं महोअहि-सलिलं ॥ २ ॥
तो से विओअ-सुलहा णिअम-विइण-हिअअ-क्खिवण-सोडीरा ।
खउरेन्ति[1] धिइ-ग्गहणं जाअं जाअं विसूरणा-विक्खेवा ॥ ३ ॥
काहिइ पिअं समुद्दो गलिहिइ[2] चन्दाअवो समप्पिहिइ[3] णिसा ।
अवि णाम धरेज्ज पिआ ओ णे विरहेज्ज जीविअं ति विसण्णो ॥ ४ ॥
णिन्दइ मिअङ्क-किरणे खिज्जइ कुसुमाउहे जुउच्छइ रअणिं ।
झीणो वि[4] णवर झिज्जइ[5] जीवेज्ज पिएत्ति मारुइं पुच्छन्तो ॥ ५ ॥
एत्तो वसइ त्ति दिसा एणं सा णूण णिन्दइ त्ति मिअङ्को ।
एत्थ णिसण्णेत्ति मही एएण णिअ त्ति से णहं पि बहु-मअं ॥ ६ ॥
धीरेण णिसा-आमा हिअएण समं अणिट्ठिआ उवएसा ।
उच्छाहेण सह भुआ वाहेण समं गलन्ति से उल्लावा ॥ ७ ॥
धीरेत्ति[10] संठविज्जइ मुच्छिज्जइ[11] मअण-पेलवेत्ति गणेन्तो ।
धरइ पिअ त्ति धरिज्जइ विओअ-तणुएत्ति[12] आमुअइ अङ्गाइं ॥ ८ ॥
उब्भइ-हरिण-कलङ्को मलअ-लआ-पल्लवुव्वमन्त[13]-मऊहो ।
अरुणाहअ-विच्छाओ जाओ मुह-दंसणो णवर तस्स[14] ससी ॥ ९ ॥

1) °रन्ति C 2) °हइ C 3) so R[II]1HdC. णो R[Vb], ण R[II]2Hd 4.5) om. वि R[VI]KS. धरिज्जइ R[VI], याप्यते KS 6) °अ त्ति C 7) °म त्ति C 8) उब्भ° C 9) °लि° C 10) °र त्ति C, °रे° auch K pratika 11) so auch S. मुज्झिज्जइ CK 12) °अ त्ति C 13) °उब्ब° C 14) in CK vor सुह

2b नयति für णेन्ति 3b अवक्षेपाः für वि° 5a खिप्पयि = क्षिपति कुसुमायुधं

जह जह णिसा समप्पइ   तह तह वेविर-तरंग-पडिमा-वडिअं ।
किंकाअव्व-विमूढं   घोडइ हिअअं व उअहिणो ससि-बिम्बं ॥ १० ॥
णवरि अ मलअ-गुहा-मुह-   भरिउव्वरिअ-फुड-णीहरन्त-पडिरवं ।
पवणेण उअहि-सलिलं   पहाअ-तूरं व आहअं रहुवइणो ॥ ११ ॥
हंस-उल-सद्द-मुहलं   उग्घाडिज्जन्त-दस-दिसा-वित्थारं ।
ओसरिअ-तिमिर-सलिलं   जाअं पुलिणं व पाअडं दिअस-मुहं ॥ १२ ॥
अह गमिअ-णिसा-समअं   गम्भीरत्तण-दढ-ट्ठिअम्मि समुद्दे ।
रोसो राहव-वअणं   उप्पाओ चन्द-मण्डलं व विलग्गो ॥ १३ ॥
तो से तमाल-णीलं   णिडाल-वट्टं पलोट्ट-सेअ-जल-लवं ।
भिउडी थिर-वित्थिणं   कडअं विञ्झस्स विस-लअ व्व विलग्गा ॥ १४ ॥
अह जणिअ-भिउडि-भङ्गं   जाअं धणु-हुत्त-वलिअ-लोअण-जुअलं ।
अमरिस-विइण-कम्पं   सिढिल-जडा-भार-बन्धणं तस्स मुहं ॥ १५ ॥
पणअ-पडिभङ्ग-विमणो   थोअ-त्थोअ- पडिवड्ढिआमरिस-रसो ।
तह सोम्मो वि रहु-सुओ   जाओ पलअ-रइ-मण्डल-दुरालोओ ॥ १६ ॥
तो साहस-णिम्माणं   अमित्त-दीसन्त-लच्छि-संकेअ-हरं ।
संठिअ-रोमालाणं   गेण्हइ भुअ-दप्प-वीअ-लक्खं चावं ॥ १७ ॥
अक्कन्त-धणु- भरोणअ-   धरणि-अल-त्थल-पलोट्ट-जल-पब्भारो ।
थोअं पि अणारूढे   उअही चावम्मि संसअं आरूढो ॥ १८ ॥
धूमाइ धूम-कलुसे   जलइ जलन्तारुहन्त-जीआ-बन्धे ।
पडिरव-पडिउण-दिसं   रसइ रसन्त-सिहरे धणुम्मि णह-अलं ॥ १९ ॥
भिज्जउ महि त्ति व फुडं   णत्थि समुद्दो त्ति दारुणं व पइणं ।
णासउ जअं ति व मणे   चिरं तुलेऊण विलइअं तेण धणुं ॥ २० ॥
तो चिर-विओअ-तणुओ   मइ-वाहोमट्ठ-मउअ-जीआघाओ ।

---

1) °ल्लि° C 2) so R^I R^II 1Hd. °ल्ल° R R^II 2Hd. वेवइ C 3) °ल्लिज्ज° C 4) °ह C 5) so auch S. °ए CK 6) so R^I C. °लाड R^I. ललाड R^II 7) परि° C (und alle Uebers.). °धंतायतरोषः KS 8) °वि C 9) dieser Vers steht in C als 11. 10) °चि° C 11) हु° C 12) भिद्यते. नश्यति KS

10b किंकर्तव्यतामूढं 12b अपहृत für ओसरिअ: दृश्यते für जाअं 15a चलितं für जाअं 17b om. संठिअ und add. गजेन्द्र hinter रोप 18a उत्थित für त्थल (?) 20b स्फुटं für मणे (wohl Glosse)

जाओ अणो च्चिअ से विलइअ-धणु-मेत्त-वावडो वाम-भुओ ॥ २१ ॥
अह [1]वाम-भुअप्फालण- पडिरव-पडिउण्ण-दस[2]-दिसा-वित्थारं ।
संभरइ जाअ-सङ्कं पलअ-घणब्भहिअ-पेल्लणं तेल्लोक्कं ॥ २२ ॥
गेण्हइ अ सो अणाअर- परंमुह-पसारिअग्ग-हत्थावडिअं[3] ।
खअ-सूर-मऊहाण व एक्कं उअहि-परिवत्तण[4]-सहं वाणं ॥ २३ ॥
तो संधन्तेण सरं रसन्तरोलुग्ग-भिउडि-भङ्गेण चिरं ।
णीससिऊण पुलइओ अणुअम्पा-दूमिआणणेण समुद्दो ॥ २४ ॥
अह कड्ढिउं पउत्तो णिक्कम्प-णिराअ-दिट्ठि-सच्चविअ-सरं ।
वलिअ[5]-भुअ-रुद्ध-मज्झं दढ-णिप्पीडिअ-गुणं धणुं रहुणाहो ॥ २५ ॥
सर-मुह-विसम-प्फलिआ णमन्त-धणु-कोडि-विप्फुरन्त-च्छाआ ।
णज्जइ कड्ढिज्जन्ता जीआ-सद्द-गहिरं रसन्ति रवि[6]-अरा ॥ २६ ॥
फुड-जीआ-रव-मुहलं तज्जेइ व वाण-मुह-जलन्तग्गि-सिहं ।
जलणिहि-वह-पडिउद्धं आअणाअड्ढिअं विअम्भइ व धणुं ॥ २७ ॥
खुहिअ-जल-सिट्ठ-मारो मुह-[7]णिद्धाविअ-पसारिउक्का-णिवहो ।
आअड्ढिज्जन्तो च्चिअ णज्जइ पडिओ त्ति साअरे राम-सरो ॥ २८ ॥
धुअ-विज्जु-पिङ्गलाइं सर-मुह-णिग्गिण्ण-हुअवह-पलित्ताइं[8] ।
उप्पाअ-लोअणाइ व फुट्टन्ति दिसा-मुहाण घण-विन्दाइं ॥ २९ ॥
तो भुअ-रहसाअड्ढिअ[10]- धणु-वट्ठ-प्फुलिअ[11]-वहल-धूमप्पीडं ।
मुअइ मुह-णिग्गआणल- सिहा-[12]समोलुग्ग-सूर-किरणं वाणं ॥ ३० ॥
सो जलिऊण णह-अले सलिलद्धत्थमिअ-हुअवहाअम्ब-मुहो ।
पढमोइण्ण-दिणअरो दीहो दिअहो व्व साअरम्मि णिवडिओ ॥ ३१ ॥
गअणे विज्जु-णिहाओ खअन्त-कालाणलो समुद्दुच्छङ्गे ।
महि-अम्पो पाआले होइ पडन्त-पडिअ[14]-ट्ठिओ राम-सरो ॥ ३२ ॥

1) रा° C 2) °ह C 3) °लिअं C 4) °अट्टण C 5) वाम C 6) °ह् C 7) लिद्धाइअ C
8) पलि° C. भ्रियमाणानि (d. h. भरेन्ताणि oder भर°) KS 9) S stellt Vers 29. 30 um. 10) °ड्ढण
CKS 11) °ड्ढ° C. प्पिडिअ R[1] 12) सिहासओलु° C. °खाहताव° K (C verdorben, wahrscheinlich
aus K) 13) C stellt Vers 30. 31 um. 14) °रि° C

21b प्रकट: für वावडो 24a दयालुता für रसन्तर (Glosse?) 27a प्रदीपित für जलन्त 28a wahrscheinlich दृष्ट für सिट्ठ 30b स्वलित für प्फुलिअ: वहुल für °ह°

तस्स अ मग्गालग्गा अइन्ति णिद्धूम-जलण-अम्ब-च्छाआ ।
उअहिं वाण-णिहाआ [1]अद्धत्थमिअस्स दिणअरस्स व किरणा ॥ ३३ ॥
णवरि अ सर-णिब्भिण्णो वलआ[2]-मुह-विहुअ-केसर-सडुग्घाओ ।
उद्धाइओ रसन्तो वीसत्थ-पसुत्त-केसरि व्व समुद्दो ॥ ३४ ॥
दूराइद्ध-णिअत्ते समुहागअ-वहल-सर-णिहाअ-क्खुडिए[3] ।
दोहाइज्जइ व णहं टङ्क-च्छेअ[4]-रहसुट्ठिअम्मि समुद्दे ॥ ३५ ॥
रअणाअर-पर-भाए मज्झ-च्छिण्णम्मि वाण-घाउक्खित्ते[5] ।
णिवडइ [6]वीअड्ढन्तो [7]फुडिओसरिओ व्व मलअ-अड-पब्भारो ॥ ३६ ॥
भिण्ण-गिरि-धाउ-अम्बा विसम[8]-च्छिण्ण[9]-प्पवन्त-महिहर-वक्खा ।
खुब्भन्ति खुहिअ-मअरा आवाआल-गहिरा समुद्दुद्देसा ॥ ३७ ॥
आअम्ब-रवि-अराहअ- दर-विहडिअ-धवल-कमल-मउल-च्छाअं ।
भमइ सर-पूरिअ-मुहं उग्घाडिअ[10]-पण्डुरोअरं सङ्ख-उलं ॥ ३८ ॥
वेवन्ति विहुअ-मच्छा सर-घाउक्खुडिअ[11]-मअर-दाढा-धवला ।
मणि-[12]भर-विसमोणामिअ- लुअ-विसहर-घोलिर[13]-प्फणा जल-णिवहा ॥३९॥
फुट्टन्त-विद्दुम-वण्णं[14] संखोहुव्वत्त-णिन्त-रअण-मऊहं ।
घोलइ वेलावडिअं[15] फेण-णिहुच्छलिअ[16]-मोत्तिअं उवहि[17]-जलं ॥ ४० ॥
जल-पव्वाडिअ[18]-मुक्का खण-मेत्त-त्थइअ-[19]पाअडिअ-वित्थारा ।
होन्ति पसण्ण-क्खुहिआ मूअल्लइअ[20]-मुहला[21] समुद्दावत्ता ॥ ४१[22] ॥
वलमाणुव्वत्तन्तो एक्कं चिर-आल-पीडिअं सिढिलेन्तो ।
वीएण[23] व पाआले पासेण णिमज्जिउं[24] पउत्तो उवही[25] ॥ ४२ ॥
सर-वेअ-गलत्थल्लिअ[26]- सुवेल-रुम्भन्त[27]-साअरद्ध-त्थइअं ।

---

1) उद्दत्थ° CS 2) °वा C 3) उत्खण्डिते R Uebers., °उक्खलिए C, स्खलिते K 4) छिण्ण C 5) °क्खित्त C 6) विद्दअ° C 7) so R'C alle Uebers., खु° R[II] 8) °मोग्ग° KS 9) °ग्गु° CS. °न्नोत्पतत् K 10) °लिअ C 11) पहरुक्खलिअ C 12) C scheint ह° aus भ° zu corrigieren 13) C stellt um. 14) लअं CS 15) °लिअं C 16) °क्खित्त CK 17) उअ° R'C 18) °लिअ CK 19) प° R 20) Conjectur: मूअल्लिअ edd. 21) अ ins. C 22) S om. diesen Vers. 23) विइए° C 24) णिमि° C. निपक्तुं KS 25) उअ° R C 26) so R[I]R[II] HHd. in R[I] ist °ल्ल° zufällig ausgefallen; गलहत्थिअ (nach dem Skrt zurecht gemacht) C und wahrscheinlich Correct. von 2Hd in R[II] 27) रुब्भ° C

---

33) ज्वलित für अद्ध 38) pratika आअंव 38) पाण्डुर 39) So K meistens 40) pratika खुट्टन्त = त्रुटितः

ओसरिअ-दाहिण-दिसं दीसइ उक्खणिडएक्क-पासं व णहं ॥ ४३ ॥
आइ-वराहेण वि जे अहिट्ठा मन्दरेण वि अणालिद्धा ।
खुहिआ ते वि भअअरा आवाआल-गहिरा समुद्दुद्देसा ॥ ४४ ॥
एक्केक्कम्मि वलन्तो बाण-प्पहर-विवरे णह-णिरालम्बे ।
खअ-कालाणल-भीओ पडइ रसन्तो रसाअले व्व समुद्दो ॥ ४५ ॥
दीसन्ति दिट्ठ-महणा पुट्ठि-पडिट्ठिअ-पलोट्ट-मन्दर-सिहरा ।
आमाइआमअ-रसा बाण-दढ-प्पहर-मुच्छिआ तिमि-मच्छा ॥ ४६ ॥
उक्खित्त-महावत्ता दर-दड्ढ-विवण्ण-विद्दुम-रअ-क्खउरा ।
आवाआल-वलन्ता दीसन्ति महा-भुअंग-णीसास-वहा ॥ ४७ ॥
वेवइ पेम्म-णिअलिअं सर-संदट्ट-धणिओवऊहण-सुहिअं ।
जीएण एक्कमेक्कं परिरक्खन्त-वलिअं भुअंगम-मिहुणं ॥ ४८ ॥
मोडिअ-विद्दुम-विडवा धावन्ति जलम्मि मणि-णिहंसण-णिसिआ ।
सिप्पि-उड-मज्झ-णिग्गअ- मुह-लग्ग-त्थोर-मुत्तिआ राम-सरा ॥ ४९ ॥
विस-वेओ व्व पसरिओ जं जं अहिलेइ वहल-धूमुप्पीडो ।
कज्जलइज्जइ तं तं रुहिरं व महोअहिस्स विद्दुम-वेढं ॥ ५० ॥
खुहिअ-समुद्दुप्पइआ वाणुक्खित्त-पडिएक्क-वित्थअ-वक्खा ।
विसम-भरोणअ-सिहरा णहद्ध-वन्थ-वलिआ पडन्ति महिहरा ॥ ५१ ॥
छिण्ण-विवइण्ण-भोआ कण्ठ-पडिट्ठविअ-जीविआगअ-रोसा ।
दिट्ठीहि बाण-णिवहे डहिऊण मुअन्ति जीविआइ भुअंगा ॥ ५२ ॥
आऊरेइ रसन्तो उक्खडिअ-भुअंग-भोअ-पब्भाराइं ।
सर-मुह-गलत्थणुक्खअ- सेल-ट्ठाण-विवरोअराइ हुअवहो ॥ ५३ ॥
भिण्णुव्वूढ-जलअरा दर-दिण्ण-महा-तरंग-गिरि-अड-घाआ ।

1) ओख° CK 2) अधिकमिदं ॥ C 3) एक्क° CK 4) णिराअ-वलम्बे und om. णह CKS 5) °ल° C 5') °ल R^b. °लम्मि (? i. e. Correct. aus °ल) व R^H 6) परि° CRUebers., प्रति° K 7) घाआ C 8) णिवहा C 9) ड° C 10) die codd. sprechen hier und an den anderen Stellen (V 64. XI 63. 71) mehr für °ट्ठु 11) मो° C 12) एओ R^b. वेश्र C 13) so R^{bb}, °किखत्त CR^H. उत्कृत्त RUebers., छत्त S: K corrupt. 14) °डि° C 15) so RK. परि° CRUebers. 16) जन्निऊण C. उहिऊण (sic) = ऊहित्वा R^{vl} 17) वलन्तो C 18) °लिअ C 19) गलहत्थु° (skrtisiert) R^H 20) भिण-व्वू° C

44b मिलिता: für गहिरा 46b मर्मन् für बाण 52a भिन्न für छि°: प्रकीर्ण für विव°

छिण्ण-पडिउद्ध-विद्धा फुडन्ति माअङ्ग-मअर-दन्त-प्फडिहा ॥ ५४ ॥
जालालोअ-विमुहिअं सलिल-तरंग-परिसक्कण-परिक्खलिअं ।
परिहरइ विद्दुम-वणं धूमाहअ-अम्ब-लोअणं मीण-उलं ॥ ५५ ॥
उव्वत्तोअर-धवला दर-णिग्गअ-डड्ढ-जमल-जीहा-णिवहा ।
संधेन्ति उप्पअन्ता घोर-तरंग-विअडन्तराइ भुअंगा ॥ ५६ ॥
दीसन्ति दरुत्तिणा हुआसणुत्तत्त-वाअ-मअ-णीमन्दा ।
पक्कग्गाह-णहङ्कुस- विसम-समुक्कत्त-मत्थआ करि-मअरा ॥ ५७ ॥
घोलइ गओणिअत्तं विसम-ट्ठिअ-मणि-सिला-अल-पलोट्टन्तं ।
झिज्जन्त-सलिल-विहलं वेला-पुलिण-गमणूसुअं मच्छ-उलं ॥ ५८ ॥
मुक्क-समुद्दुच्छङ्गा पक्ख-क्खेवेहि संभम-समुप्पइआ ।
अब्भुत्तेन्ति महिहरा एक्कक्कम-सिहर-संठिअं सिहि-णिवहं ॥ ५९ ॥
विहलुव्वत्त-भुअंगा छिण-महासुर-सिरुप्पअण-गम्भीरा ।
मूलुत्थङ्घिअ-रअणा णेन्ति रसन्ता रसाअल-जलुप्पीडा ॥ ६० ॥
वाण-णिहाउच्छित्ता हुअवह-जालाहउप्पवन्त-फेणा ।
अट्टन्ति णह-अले च्चिअ मारुअ-भिण-लहुआ सलिल-कल्लोला ॥ ६१ ॥
णिव्वूढ-विस-त्थवआ भोआअड्ढण-गलन्त-गमणुच्छाहा ।
तुङ्ग-तरंग-क्खलिआ विसमुव्वत्तोअरा वलन्ति भुअंगा ॥ ६२ ॥
वेवन्ति णिण्णआणं सर-णिवह-च्छिण-सङ्ग-विहडिअ-वलआ ।
हत्थ व्व उअहि-णिमिआ मुक्क-रवक्कन्द-णिवडिआण तरंगा ॥ ६३ ॥
हुअवह-भरिअ-णिअम्बा जलअर-संघट्ट-वक्ख-उड-पब्भारा ।

1) °ल्लि° R^{b}C 2) मुह (!) C 3) द्द° R^{b}C 4) °वत्ता C 5) °डोअराइ C 6) so R^{b}C. समक्कन्त R^{II} und darauf führt auch R^{b}. समाक्रान्त RUebers., समुत्कृत्त K = भिन्न S. Wegen des Consensus von CR^{b}KS und da zwischen न्त und त्त in der Nâgarî nie entschieden werden kann, habe ich angenommen, dass RUebers. auf falscher Lesung, R^{II} auf RUebers. beruht. 7) °ड्ढ° CR^{b} 8) व° R^{II}, °क्खु° CK 9) अब्भ° C, ebenso XV 58 10) एक्कि° R^{b}C 11) °वण C 12) so R^{b}C, °भ्भिअ R^{IIb} (R^{II} scheint ursprünglich °ड्ढ° gehabt zu haben) 13) °किवत्ता R^{b} 14) उत्तरत् KS 15) °न्त R^{II} 16) S hat diesen Vers als 73. 17) विगन्ति K = स्ववन्ति S 18) °त्थेव C 19) प° R^{II}

55b गड्ड für मीण Vers 61. 62 sind umgestellt. 61a आगत für आहअ 62a विन्द्व: für त्थवआ 64a विस्तारा: für पब्भारा

चिर-संणिरोह-मसिणा दुक्खेण णहं समुप्पअन्ति महिहरा ॥ ६४[1] ॥
जलइ जलन्त-जलअरं भमइ भमन्त-मणि[2]-विद्दुम-लआ-जालं।
रसइ रसन्तावत्तं भिज्जइ भिज्जन्त-पव्वअं उअहि-जलं ॥ ६५ ॥
आवत्त-विवर-भमिरो मलअ-मणि-सिला-अल-क्खलिअ-संचारो।
घोलिर-तरंग-विसमो जह दीसइ साअरो तहेअ हुअवहो ॥ ६६ ॥
रहस-[3]पलित्तुच्छलिओ जे च्चिअ पडिवेइ मलअ-वण-वित्थारे।
विज्झाअ-णिअत्तन्तो तें[4] च्चेअ पुणो वि विज्झवेइ समुद्दो ॥ ६७[5] ॥
उत्थम्भिअ[6]-मअरहरो मअर-वसामिस-विसह्वल-सिहा-णिवहो।
णिवह-णिसुद्ध-महिहरो महिहर-कूड-विअडो विअम्भइ जलणो ॥ ६८ ॥
जलणुत्थङ्घिअ-मूला वाणुक्खित्त[7]-पडिअत्तण[8]-णिसुम्भन्ता।
णिवडन्ति जलुप्पीडा [9]पडिलोमागअ-[10]पडन्त-विअडावत्ता ॥ ६९ ॥
धूमाइ जलइ विहडइ ठाणं सिढिलेइ मलइ[11] मलउच्छङ्गं[12]।
धीरस्स पढम-इणहं तह वि हु रअणाअरो ण भञ्जइ[13] पसरं ॥ ७० ॥
भुअइन्द-लोअणाणं फुट्टन्ताण अ तिमीण साअर-मज्झे।
संवत्त[14]-जलहराण व राम-सराणल-हआण णीहरइ रओ ॥ ७१ ॥
मुह-पुञ्जिअग्गि-णिवहा धूम-सिहा-णिह-णिराअ-[15]अड्ढिअ-सलिला।
णिवडन्ति णहुक्खित्ता[16] पलउक्का-दण्ड-मंणिहा णइ-सोत्ता ॥ ७२ ॥
अट्टन्त-सलिल-णिवहो थोअ-त्थोअ-पडिमुक्क-पुलिणुच्छङ्गो।
दीसइ ओसक्कन्तो मग्गाहुत्तो पअं पअं व समुद्दो ॥ ७३ ॥
जलण-णिवहम्मि सलिलं साणल-णिवहुच्छलन्त-सलिलम्मि णहं।
सलिल-णिवहोत्थअम्मि[17] अ अत्थाअइ णह-अले दस -दिसा-अक्कं ॥ ७४ ॥
सिहिणा पअविज्जन्ते आअट्टन्तम्मि[19] वित्थए जल-णिवहे।

---

1) C om. diesen Vers: wohl aus Versehen, da zugleich die Zählung um eine Nummer springt. 2) so auch K, °न्तुद्ग C, अशिप S selbständig 3) पडि° C 4) त R[II] 5) C stellt 67, 68 um. 6) °हुत्त K pratika 7) °क्खित्त C 8) परि° C und die Uebers. 9) परि° C 10) व° C 11) दरक्कलित (d. i. महह) K = भञ्जित S 12) so auch S, पुलिणु° CK 13) so RC, भिनत्ति SR[II]Uebers. Comm. 14) सव्वत्त C 15) क° C 16) °क्खित्ता C 17) °ह-त्थ° C 18) °ह C 19) आव° C

66a भरित: für भमिरो: मृदित für मलअ 67a hier उम्कलित: (cf. Note II 21b) 70b च für हु: मुद्यति für भञ्जइ 71 fehlt s. Anhang. 72a निर्भरायतविस्तृत für णिह-णिराअ-अड्ढिअ 73a स्तोकं विमु° für त्थोअ-पडिमु°

जाआ गिम्ह-विलम्बिअ-   रवि-रह-[2]चक्क-मसिणा समुद्दावत्ता ॥ ७५ ॥
णिव्वडिअ-धूम-णिवहो   उद्धाइअ-मरगअ-प्पहा-मिलिअ-सिहो ।
वित्थिण्णम्मि समुद्दे   सेआलोमइलिओ व्व घोलइ जलणो ॥ ७६ ॥
जलइ वलवाणलो विअ   फुट्टइ सेलो व्व राम-वाणाहिहओ ।
रसइ जलओ व्व उअही   खुहिओ लङ्घेइ मारुओ व्व णह-अलं ॥ ७७ ॥
होइ थिमिअम्मि थिमिओ   वलइ वलन्तम्मि विहडइ विसंघडिए ।
परिवड्ढिअम्मि वड्ढइ   सलिले झीणम्मि णवर झिज्जइ जलणो ॥ ७८ ॥
राम-सराणल-पज्जविअ-   झिज्जन्तोअहि-विहत्त-तड-विच्छेआ ।
ते च्चिअ तह-वित्थारा   तुङ्गा दीसन्ति दीव-मण्डलि-वन्धा ॥ ७९ ॥
इअ दाविअ-पाआलं   जलण-सिहावट्टमाण-जल-संघाअं ।
रामो दलिअ-महिहरं   खविअ-भुअंग-णिवहं खवेइ समुद्दं ॥ ८० ॥
जल-पब्भार-पलोट्टिअ-   भमन्त-सङ्ख-उल-विहल-मुक्कक्कन्दं ।
फुडिअ-वडवा-मुहाणल-   पलित्त-दर-दड्ढ-संचरन्त-विसहरं ॥ ८१ ॥
झिज्जन्त-जलालोइअ-   किरण-मुणिज्जन्त-रअण-पव्वअ-सिहरं ।
थोर-तरंग-कराहअ-   दिसा-लआ-भग्ग-पडिअ-जलहर-विडवं ॥ ८२ ॥
साणल-सर-णिद्दारिअ-   सकेसरुज्जलिअ-सीह-मअर-क्खन्धं ।
आसण्ण-भीअ-विसहर-   वेढिअ-करि-मअर-धवल-दन्त-प्फलिहं ॥ ८३ ॥
धुअ-पव्वअ-सिहर-पडन्त-मणि-सिला-भग्ग-विद्दुम-लआवेढं ।
दर-डड्ढ-विसहरुज्झिअ-   विस-पङ्क-क्खुत्त-विहल-करि-मअर-उलं ॥ ८४ ॥
रुन्दावत्त-पहोलिर-   वेलावडिएक्कमेक्क-भिण्ण-महिहरं ।
णह-अरु-विलग्ग-वेविर-   धूम-लआ-विसम-लङ्घिअ-दिसा-आलं ॥ ८५ ॥

---

1) ०द्द C 2) अ० C 3) C corrupt: scheint ०ह्रोद्दिमा gelesen zu haben. 4) ०रि R^c 5) मु० C 6) ०लि० C 7) वलआ C 8) ०द्दि० C 9) इ० C 10) so R^u2HdC. थू० R 11) ०रज्वलित KS 12) व० C 13) द्द० R^bC 14) ०द्धकिखत्त C 15) घूरा० R^c 16) वेआ० CKS. ०वलि० C

75b विजृम्भित für विलम्बिअ 76a उत्तिष्ठतीव für उद्धाइअ 76b शैवालित इव घूर्णित्वा हुतवहः 78a ज्वलति für होइ 79b विस्तीर्णाः für वित्थारा: निवहाः für वन्धा 80b त्रुटित (d. h. खलिअ oder खुडिअ) für खविअ 81b क्षुभित für फुडिअ Hinter 81 folgen 84. 82. 83. 85. etc. 85a उद्धावत् für रुन्दावत्त 85b आभोगं für आलं

पक्ख-परिक्खणुट्ठिअ- सर-णिवहाहअ-दिसा-पडख-महिहरं ।
फुडिअ-जल-मज्झ-णिग्गअ- फुड-रअणुज्जोअ-संधिउब्भड-विवरं ॥ ८६ ॥
हुअवह-पडित्त-णूमिअ- णिअ-णअणुम्हा-विसंठुल-मह-ग्गाहं ।
परिवड्ढिएक्कमेक्काणुराअ-सर-पहर-णिव्वलिअ-सह्व-उलं ॥ ८७ ॥ आदकुलअं ॥ ८ ॥

॥ इअ पञ्चमो आसासओ परिसमत्तो ॥

अह णिग्गओ जलन्तं दर-डड्ढ[1]-महा-भुअंग-पाअव-णिवहं ।
मोत्तूण धूम-भरिअं पाआल-वणं दिसा-गओ व्व समुद्दो ॥ १ ॥
मन्दर-दढ[2]-परिमट्ठं[3] पलअ-[4]विअम्भिअ-[5]वराह-दाढुल्लिहिअं ।
विसमं समुव्वहन्तो राम-सराघाअ-दूमिअं वच्छ-अडं ॥ २ ॥
गम्भीर-वणाहोए[6] दीहे देह-सरिसे भुए वहमाणो ।
अहिणव-चन्दण-गन्धे अणहुक्खित्ते[7] व्व मलअ-सरिआ-सोत्ते ॥ ३ ॥
लहुइअ-कोत्थुह-विरहं मन्दर-गिरि-महण-संभमे वि अमुक्कं ।
तारेक्कावलि[8]-रअणं ससि-मइरामअ-सहोअरं वहमाणो ॥ ४ ॥
गरुअं उव्वहमाणो हत्थ-प्फरिस-पडिसिद्ध-वण-वेअल्लं ।
रुहिरारुण-रोमञ्चं खलन्त-गङ्गावलम्बिअं वाम-भुअं ॥ ५ ॥ आदकुलकं ॥ ५ ॥
आलीणो अ रहुवइं णिअअ-च्छाआणुलित्त-मलअ-मणि-सिलं ।
संसिअ-सुहोअइव्वं[9] दुमं लआए[10] व्व जाणईअ विरहिअं ॥ ६ ॥
सर-घाअ[11]-रुहिर-कुसुमो[12] तिवहअ-वल्ली-पिणद्ध-मणि-रअण-फलो ।
राम-चरणेसु[13] उअही दढ-पवणाइद्ध-पाअओ[14] व्व णिवडिओ ॥ ७ ॥
पच्छा अ हित्थ-हिअआ जत्तो च्चिअ णिग्गआ विवल्हत्थ[15]-मुही ।
हरि-चरणम्मि तहिं चिअ कमलाअम्बम्मि तिवहआ वि णिवडिआ ॥ ८ ॥
अह मउअं पि[16] भर-सहं जम्पइ थोअं पि अत्थ-सारब्भहिअं ।
पणअं पि धीर-गरुअं थुइ-संवड्ढं[17] पि अणलिअं सलिलणिही ॥ ९ ॥
दुत्तारत्तण-गरुइं[18] थिर-धीर-परिग्गहं तुमे च्चिअ ठविअं ।
अणुवालन्तेण[19] थिइं[20] पिअं ति तुह विप्पिअं मए कह वि कअं ॥ १० ॥

1) ढ° R^{IIb} 2) अल C = तट K 3) °घृष्टं KS 4) विअड्ढिअ C 5) महा ins. CK 6) °भोए C 7) °क्खित्ते C 8) °रेआ° C 9) °होव° C 10) °इ C 11) om. CS 12) °म-णिवहो CS 13) चल° C 14) °वो C 15) वि पल्हत्थ° C 16) °अम्मि(?) R^{IIb} (°मपि Uebers.) 17) समुद्दं(!) C 18) °अं C 19) °वाण° C 20) ठि° $R^{I}R^{II}$2Hd

2a ल्लिखितं für उल्लि° 6a महीधरं für मणि-सिलं 7 s. Anhang.

विअसन्त-रअ-क्खउरं मअरन्द-रसुद्दुमाअ-मुहल-महुअरं।
उदुणा दुमाण दिज्जइ हीरइ ण उणो तमप्पण च्चिअ कुसुमं ॥ ११ ॥
किं पम्हट्ठ[1] म्हि अहं तुह चलणुप्पस्स-तिवहआ-पडिउरसं।
खअ-कालाणल-खविअं धरणि-अलुद्धरण-विलुलिअं अप्पाणं ॥ १२ ॥
चलणेहि[2] महु-विरोहे दाढाघाएहि धरणि-वेढुद्धरणे।
सोअ-किलिन्तेण तुमे इणिहं[3] दहमुह-वहे सरेहि विलुलिओ ॥ १३ ॥
[4]'णिअआवत्थाहि वि मे' एअं धीरेण विप्पिअं धीर कअं।
जं णेण पअइ-सोम्मा कह वि विसंवाइआ तुह मुह-च्छाआ ॥ १४ ॥
एअं तुह एआरिस- सुर-कज्ज-सहस्स-खेअ-वीसाम-सहं।
जअ-पद्धालण-जोग्गं परिरक्खसु पलअ-रक्खिअं जल-णिवहं ॥ १५ ॥
अपरिट्ठिअ[5]-मूल-अलं जत्तो गम्मइ तहिं दलन्त-महि-अलं।
ण हु सलिल-णिब्भरं[6] चिअ खविए वि समम्मि दुग्गमं पाआलं ॥ १६ ॥
तं कालस्स णिसम्मउ कह वि दरुक्खित्त-दसम-कण्ठ-कवलिअं[7]।
घडिअ[8]-गिरि-सेउ-बन्धं चिर-आलाउञ्चिअं दहमुहम्मि पअं ॥ १७ ॥
अह जअ[9]-दुप्परिअल्ले दहमुह-कुविएण पवअ-वइ-पच्चक्खं।
रहुणाहेण समुद्दे वालिम्मि व बाण-णिअमिअम्मि[10] पसन्ते ॥ १८ ॥
पवआहिवइ-विइण्णा रामाणत्ती पवंगमेसु विलग्गा।
सेस-प्फण-विच्छूढा तिहुअण-भार-गरुई महि व्व भुअंगे ॥ १९ ॥ जुग्गअं ॥
तो हरिस-पढम-तुलिए चलिआ फुट्टन्त-पम्ह-विसमूससिए[11]।
वेउक्खअ-सीमन्ते पवआ धुणिऊण केसर-सडुग्घाए ॥ २० ॥
पवअ-क्खोहिअ-महि-अल- धुअ-मलअ-पडन्त[12]-सिहर-मुक्क-कलअलो।
उद्धाइओ अणागअ- घडन्त-धरणिहर-संकमो व्व समुद्दो ॥ २१ ॥

---

1) so C, °ट्ठो R^{II} (aber ो von 2Hd). °ट्ठहि अम्हं R^{bb} (verdorben aus unsrer Lesart) 2) चर° C 3) ए° C; cf. XV 86. Hâla vl 32. 66. 151. 4) निजावस्था होयं KS 5) अप्रतिष्ठित K = अवेद्य S 6) णिब्भर च्चिअ R^{c}K 7) °क्कक्खलिअ CK (त्रुटित) und wahrscheinlich S 8) °लि° C 9) जसु (!) C 10) णिअमिम्मिए (lies °मिए) पा° C 11) विस्समुल्लसिए C (lies विस°) 12) °ल° C

11b अपि für तम्: hieraus folgt, dass K auch पुणो für उणो las. 12b जयदुष्कर·· नुचरं für खअ bis °विअं 13b स चाहं नाथ त्वया für सोअ bis तुमे 14a केवलं für धीर 16b सकल für सलिल 17a निपिद्धं für णिसम्मउ 19a प्लवंगमान् भुवि° (las also °मे सु°)

कम्पइ महेन्द-सेलो हरि-संखोहेण दलइ मेइणि-वेढं ।
सइ-दुद्दिण-तणाओ णवर ण उद्धाइ मलअ-वण-कुसुम-रओ ॥ २२ ॥
तो संचालिअ-सेलं कह वि तुलग्गेण सम-घडन्त-क्कम्पं ।
दूरं पवंगम-बलं णह-मुह-लग्ग-वसुहं णहं उप्पइअं ॥ २३ ॥
उप्पअणोणअ-महि-अल- णइ-मुह-पडिसोत्त-पत्थिओ सलिलणिही ।
जल-णिवहाहअ-सिढिले पवउच्छेवण-सहे करेइ महिहरे ॥ २४ ॥
फुरमाण-जलण-पिङ्गल- णिरन्तरुप्पइअ-पवअ-पेल्लिज्जन्तो ।
जत्तो दीसइ तत्तो णज्जइ धूम-णिवहो त्ति गअणुद्देसो ॥ २५ ॥
दीसइ दूरुप्पइअं उअहिम्मि अहोमुहोसरन्त-च्छाअं ।
पाआलं व अइन्तं धरणिहरुद्धरण-कड्ढिअं कइ-सेण्णं ॥ २६ ॥
अद्दिट्ठ-दिसा-णिवहं जाअं पवअ-वल-संणिरुद्धालोअं ।
विच्छिण्णाअव-कसणं दिअस-मुहे वि दिअसावसाणे व्व णहं ॥ २७ ॥
ओवइआ अ सरहसं तंस-ट्ठिअ-पुट्ठि-णीसरन्त-रवि-अरा ।
सेलेसु मुक्क-कलअल- पडिरव-भरिअ-कुहरोअरेसु पवंगा ॥ २८ ॥
वेओवइआण अ सिं जाअं दलिअ-महि-संधि-बन्धण-मुक्कं ।
उक्खलिअ-तुलेअव्वं कह वि भुअंग-धरिअ-ट्ठिअं गिरि-आलं ॥ २९ ॥
आढत्ता अ तुलेउं उर-पडिअ-विसट्ट-गाढ-सेलद्धन्ते ।
कुविअ-मइन्दोवग्गिअ- संखोह-प्फडिअ-वण-गए धरणिहरे ॥ ३० ॥
वच्छुत्थङ्घिअ-कडआ तो ते कडअ-पडिअट्टलिअ-वच्छ-अडा ।
सेलेसु सेल-गरुआ पवआ पवएसु महिहरा अ पहुत्ता ॥ ३१ ॥
पवअ-भुअ-णोल्लिआणिअ- महिहर- पडिपेल्लणोणउणअ-विसमा ।
जाआ पलोट्टिओअहि- वारं-वार-भरिआ महि-अलद्धन्ता ॥ ३२ ॥

---

1) उ° C 2) Conjectur; °पण R, °उक्खेण C 3) वल्ल ins. R 4) णज्जइ R^b S 5) दिष° C 6) °डिअ R^b, उम्मूलिअ C 7) तुलि° C 8) धरणि-अलं C 9) °लि° C 10) धरणि-वहे (so geteilt) C 11) वक्क C 12) ? so R^b Hd. °ट्ठु° aus °ट्टृ° corrig. 2Hd. °ठ्ठ° R^b (kann ट्टृ ट्टु ड्डु bedeuten). पडिघट्टिलिअ(?) R^b. पलिअट्टलिअ C. प्रतिघृष्ट R Uebers., परिघृ° K. संभावित S (es ist wohl पडिघट्टलिअ zu lesen) 13) so auch C 14) वि C 15) पे° C 16) पल्लि° C 17) पल्ल° C (cf. III 58)

22b उत्तिष्ठति für उद्धाइ (? Ms. corrupt) 25b इव für त्ति 27b व्युच्छिन्न für वि° 29b धारितं (= धरिअं) धराधरजालं ॥ 30b क्षुभित für कुविअ

विसहिअ-वज्ज-प्पहरा उक्खम्मन्ति खअ-मारुअ-[1]पडिक्खम्भा ।
अगणिअ-वराह-णिहसा पलअ-जलुत्थद्ध-पव्वला धरणिहरा ॥ ३३ ॥

जलओवट्ट[2]-विमुक्का अणन्तरोडण-सरअ-वन्थावडिआ[3] ।
एक्क-क्खेवुग्गाहिअ- दर-वसुआअ-विसआ विसट्टन्ति गिरी ॥ ३४ ॥

विहुणन्ति[4] विहुव्वन्ता वलेन्ति[5] सेला पवंगम-वलिज्जन्ता ।
णामेन्ति णमिज्जन्ता उक्खिप्पन्ता[6] अ उक्खिवेन्ति[7] महि-अलं[8] ॥ ३५ ॥

दलिअ-महि-वेढ-सिढिला मूलालग्ग-भुअइन्द-कड्ढिज्जन्ता ।
संचालिज्जन्त[9] च्चिअ अइन्ति गरुआ रसाअलं धरणिहरा ॥ ३६ ॥

णव-पल्लव-सच्छाआ जलओअर-सिसिर-मारुअ-विइज्जन्ता ।
वाअन्ति[10] तक्खणुक्खअ[11]- हरि-हत्थुक्खित्त-भेम्भला मलअ-दुमा ॥ ३७ ॥

कम्पिज्जन्त-धराहर- सिहर-ममाइद्ध[12]-जलहर-रउप्पित्था ।
गअ-सुह-वत्त-णिमणा वेवइ हंसो महस्सवत्त-णिसणा ॥ ३८ ॥

पवओवऊढ-कड्ढिअ- सेलब्भन्तर-भमन्त-विसम-क्खलिआ ।
गहिरं रसन्ति वित्थअ- वच्छ-त्थल-रुद्ध-णिग्गमा णइ-सोत्ता ॥ ३९ ॥

अद्धुक्खित्त[13]-पसिढिले[14] अद्ध-वह-भुअंग-कड्ढिअद्धत्थमिए ।
उम्मूलेन्ति रसाअल- पङ्क-क्खुत्त[15]-सरिआ-मुहे धरणिहरे[16] ॥ ४० ॥

उव्वेल्लइ[17] व णिराअं पासल्लन्तेसु सिहर-पडिमुच्चन्तं[18] ।
उक्खिप्पन्तेसु पुणो संवेल्लिज्जइ व महिहरेसु णह-अलं ॥ ४१ ॥

उम्मूलेन्ति पवंगा भुअ-सिहरारुहण-णिच्चल-परिग्गहिए ।
कडआवडणुत्थङ्घिअ- विसम-विवत्त-विवरं-मुहा धरणिहरे[19] ॥ ४२ ॥

हरि-भुअ-कड्ढिअ-मुक्का भुअंग-दढ-वेढणावलम्बण-धरिआ ।
भिज्जन्ता[20] वि महि-अले ओअल्लन्ति ण पडन्ति चन्दण-विडवा ॥ ४३ ॥

---

1) पल्लि° C 2) °ट्ट R^{IIb}C, zweifelhaft ob °ट्ट oder °ट्ठ R^{t}; s. aber IX 25. 3) °ल्लिआ C 4) °णेन्ति C 5) °लन्ति C 6) °व्वन्ता C 7) °वन्ति CR^{v}KS 8) नभस्तलं R^{vl} 9) °न्तं विअ(!) C 10) °वन्ति R^{b} 11) °गअ C 12) so R, °द्ध C: neben der Uebers. समाविद्ध (RKS) hat R auch समावृद्ध = सम+अवृद्ध 13) °क्खित्त C 14) सिढिलिए CK 15) पङ्कुक्खित्त C 16) धरणि-वहे C (s. VI 30) 17) °ल्लइ C 18) °मुंच° C 19) हर-णिवहे C 20) भ° CKS

33b पव्वला s. zu IV 25. 34a अभिवृष्ट für ओ° 34b उत्क्षेप für क्खेव 37a विधूयमानाः für विइज्जन्ता 41a परिमुच्यमानं 42a आश्लिष्ट für आरुहण 43b अवलम्बन्ते für ओअल्लन्ति

पडिसमइ णह-णिवडो चिरेण भरिअब्भ-णाअ-गम्भीरअरो[2] ।
हरि-भुअ-विक्कम-पिसुणो अअराइ-भज्जन्त-धरणिहर-णिग्घोसो ॥ ४४ ॥

पासल्लन्ति महिहरा जत्तो-हुत्ता पवंगम-भुअ-क्खित्ता ।
धुव्वन्त-धाउ-अम्बा तत्तो-हुत्ता वलन्ति सरिआ-सोत्ता ॥ ४५ ॥

दीसन्ति पवअ-वलिआ आवत्तेसु व महोअहिस्स वलन्ता ।
सरिआण घडिअ-पत्थिअ- वलन्त-सलिल-वलअन्तरेसु महिहरा ॥ ४६ ॥

मअरन्द-गरुअ-वक्खं पासोअल्लन्त-वण-लआ-विच्छूढं[4] ।
ण मुअइ कुसुम-ग्गोच्छं[5] आसाइअ-महु-रसं पि महुअर-मिहुणं ॥ ४७ ॥

उप्फुअ[7]-सुरहि-गन्ध[8]-मअरन्द-रञ्जिआइं
टिअ-परिलेन्त-भमिर-भमरोअरञ्जिआइं ।
कमल-वणाइं सूर-परिमास[9]-विअसिआइं
उच्छलिए सराण सलिलम्मि विअ[10]-सिआइं ॥ ४८ ॥

दढ-संदाणिअ-मूला वलन्ति वाणर-भुआवलम्बिअ-सिहरा ।
रोसुप्पित्थ-भुअंगम- विसमुद्ध-फणा[11]-पणोल्लिआ[12] धरणिहरा ॥ ४९ ॥

सरिआ[13] सरन्त-पवहा अणोण-महा-णइ-प्पवह-पल्हत्था[14] ।
खोहिअ-पङ्क-क्खउरा वलन्त-सेल-वलिआ मुहुत्तं वूढा ॥ ५० ॥

कड्ढिज्जन्ति समन्ता[15] विसमुव्वत्तन्त-धवल-कसण-च्छाआ ।
महिहर-मूलालग्गा रसाअलद्ध-पडिघोलिरा[16] भुअइन्दा ॥ ५१ ॥

गलइ सरसं पि कुसुमं वाइ अणालिद्ध-वन्धणं पि किसलअं ।
रहसुम्मूलिअ-महिहर- भअ-विवलाअ-वण-देवआण[17] लआणं ॥ ५२ ॥

---

1) पडिरमइ C 2) ०र-रओ C 3) वि० C. विमृत K 4) विकडुं C 5) so R^I C. ०ए० R^II: Conject., um das durch गो० gestörte Metrum herzustellen; cf. K. 6) गो० R 7) उदुअ CK 8) गन्धिअ C 9) ०मंस C 10) विअं० C 11) फण CK (lies प्फण) 12) ०क्किआ C^1. ०ल्लिआ C^2 13) सअ-अप्प-वहा C. doch wohl für सअअ-प्प०. aber was ist सअअ? सलिलप्रवाहा: K 14) पलुत्था C 15) समत्ता R^vl 16) परि० CKS 17) ०दाण C

44a प्रलयघन für भरिअब्भ 44b विभ्रम für विक्कम 46b भ्रमत् für वलन्त 47b नो मुञ्चति. aber Comm. नावामुञ्चत्: also las K णो मुअइ oder णोमुअइ und somit auch गोच्छं 48b स्थिर für स्थित Auf 48 folgen 50. 50* (s. Anhang) 49. 51 etc. 49a चरन्ति oder ०ल० für वलन्ति 49b क्षोभित für उप्पित्थ 51a च सन्तः (so 2mal) für समन्ता 52b भअ fehlt in der Uebers.: im Comm. ईषत् also wohl दर

उक्खिप्पन्ति जं दिसासुं धरा समत्ता
तेण खणेण णज्जइ वसुंधरा समत्ता ।
कीरइ महिहरेहि गअणं दि-साल-आणं
वड्ढइ जलअ-सिहर-पउणं[1] दिसा-लआणं ॥ ५३ ॥
एक्केक्केण[2] अ सेलं कर-अल-जुअल-धरिअं तुलन्तेण कअं ।
अद्धत्थमिअं[3] च[4] णहं अद्धुग्घाडिअ-रसाअलं च[4] महि-अलं ॥ ५४ ॥
सेल-णिअम्बालग्गा पविरल-णइ-मग्ग-पाअड-तड-च्छेआ ।
भुअइन्द-प्फण-धरिआ णहं विलग्गन्ति मेइणि-अलद्धन्ता ॥ ५५ ॥
धरणिहरेण[5] अ[6] चलिअं चलिअ-कन्दरेणं
फुट्टइ गअ-उलं अणालिद्ध-कं दरेणं ।
गिरि-सिहराइ सरस-हरिआल-वङ्किआइं[7]
सम-विसमं णमन्ति[8] हरि-आल-वङ्किआइं[9] ॥ ५६ ॥
पाअव-सिहरुत्तिणो मलअ-वण-पवित्त-पवण-रअ-वित्थरिओ ।
संझा-राओ व्व णहं अप्फुन्दइ मलिअ-रवि-अरं कुसुम-रओ ॥ ५७ ॥
कड्ढिअ-मूल-णिरन्तर- रसाअलुक्खित्त[10]-सलिल-कद्दम-घडिआ ।
वड्ढन्ति त्ति मुणिज्जइ णज्जइ ण मुअन्ति महि-अलं ति महिहरा ॥ ५८ ॥
सिहराइ णिआइ णहं महिन्द-लद्धाइं
मलअस्स अ [11]अडणिआइ महिं दलद्धाइं ।
विज्झ-णिअम्बाण कई[12] दप्पुण्णामाणं
सज्झ-अडाण अ[13] भरिआ धुअ-पुणामाणं ॥ ५९ ॥
सिहराण भुअ-सिरेहिं[15] कडआण अ[14] माविअं[16] उरेहि पमाणं ।
वण-विवरेहि दरीणं तुलिआ पवआण अग्ग-हत्थेहि गिरी ॥ ६०[17] ॥

1) पउणं CR^{v}KS 2) एक्क॰ R^{II} 3) त्थद्दअं CK 4) व CK 5) ॰धरेण C 6) om. CK 7) रंगिआइं C 8) ॰मे॰ C 9) ॰ड्डि॰ C 10) ॰ल-क्खि॰ C 11) अहि॰ C 12) कइ CK 13) ॰णा-आणं R 14) om. C 15) सिहरे॰ C 16) पमाद्दअं C 17) C stellt die Halbverse um.

53a उक्खम्मन्ति = उत्खन्यन्ते für उक्खिप्पन्ति 53c गजनदीसालदानं für गअणं etc. 56d stellt विषमसमं 57.58 sind umgestellt. 57a पर्यत्, erklärt durch परिवर्तमान, für पवित्त — ich vermute, dass परियत् zu lesen ist und K im Text परिअत्त fand. वश für रअ 59b मलयगिरेः für मलअस्स अ 59cd कपिभुजदर्पोन्नतानां und भुजगापूर्णानां also im Text: कइ-भुअ-अप्पुण्णआणं und भुअअप्पुण्णआणं 60a मुधा सितं für अ माविअं

पडिसन्त-कण-आलं ओवत्त-मुहं पसारिओलुग्ग-करं।
झाइ ण सोअ-णिमिल्लं वीसमइ ण भमिअ-णीसहं हत्थि-उलं ॥ ६१ ॥

पाअवा अ पासल्ल-सेल-विसमाणिआ
चुण्णिआ दलिज्जन्त-दलुब्बि-समाणिआ।
जलहरा अ विहडन्त-महिन्द-रवाविआ
वण-लआ अ घोलन्ति महिं दर-वाविआ ॥ ६२ ॥

टुट्टन्ता वि ससद्दं पवअ-भुअ-क्खेव-मूल-वलिअडन्ता।
भुअएहि मोअ-भारा सेल-भरक्कमइअ-प्फणेहि ण णाआ ॥ ६३ ॥

दर-दाविअ-पाआलं दर उक्खित्त-विहलोसरन्त-भुअंगं।
दीसइ हीरन्तं मिव कईहि दर-तुलिअ-महिहरं महि-वेढं ॥ ६४ ॥

मीण-उलाइ अवि अ सिढिलेन्ति जीविअं ण अ णदी-हराइं
विअसन्ते मुअन्ति धरणिहर-संभमे णअण-दीहराइं।
महिस-उलाण मणि-सिला-वेल्लिआण वण-चन्दणासिआणं
अवसेसो वि णत्थि तिमिरुग्गमाण जह चन्द-णासिआणं ॥ ६५ ॥

अद्धे अद्ध-प्फुडिआ अद्धे अद्ध-कडउक्खअ-सिला-वेढा।
पवअ-भुआहअ-विसढा अद्धे अद्ध-सिहरा पडन्ति महिहरा ॥ ६६ ॥

जस्स सिहरं विवज्जइ पडिअं फुडिओ अ जो धरिज्जइ सेलो।
सो च्चेअ विसज्जिज्जइ उक्खन्तूण वि अपूरमाणम्मि भरे ॥ ६७ ॥

लोअण-वत्तन्तरिए कणे रुअन्तीओ
धारेन्ति वाहमइए कणेरु-अन्तीओ।
मणेन्ति अ आसाअं विसं णव-अणस्स
विरहम्मि जूह-वइणो विसण-वअणस्स ॥ ६८ ॥

1) तालं C 2) ओअ° C 3) अनु° R^{II}K 4) विमट्टन्त C 5) खु° CK 6) भुव R^{II}, om. C 7) महि ins. C 8) दलि° C 9) °सअ C 10) विमहरं C 11) कइहिं C 12) S om. diesen Vers. 13) nur in C 14) सआण C 15) so K, फलिह ins. CR 16) dieser Vers ist in CS in 2 geteilt. 17) °ल्लि° C 18) रविज्जइ (sic) C, तुल्यंते KS 19) उत्तिप्य KS 20) °रिओ (?) C 21) °महलिए C (führt auf मलिए)

63a उत्क्षेपः für भुअ-क्खेव 64a रचित für दाविअ 65a मत्स्य für मीण: om. अवि अ 65d अवशेषं für °सो 66a उद्घात für उक्खअ in Uebers. und Comm.: diese vl findet sich noch einige mal, wird aber in der Regel von dem Comm. nicht bestätigt: ich halte sie in diesen Fällen für zweifelhaft und erwähne sie nicht. 66b शिथिलाः für विसढा 67a भार्यंते für धरिज्जइ

सेलुद्धरणारोसिअ- भुअइन्द-णिराअअ-प्फण-णिसम्मन्ती ।
जह जह संखोहिज्जइ तह तह कइ-देह-भर-सहा होइ मही ॥ ६९ ॥
संचालिअ-णिक्कम्पा भुआ-णिहाअ-विसमुक्खअ-सिला-वेढा[1] ।
खुडिआ सिहरद्धेसु अ पवएहि णिअम्ब-बन्धणेसु अ सेला[2] ॥ ७० ॥
उग्गामिअं मिव[3] णहं दूरं ओमारिआ विव[4] दिसाहोआ[5] ।
उम्मूलन्तेहि[6] धरे पसारिअं मिव पवंगमेहि महि-अलं ॥ ७१ ॥
दीसइ कइ-णिवहुक्खअ- धराहर-ट्ठाण-गहिर-विवरुत्तिण्णो ।
उप्पाआअव-अम्बो सेसाहि-प्फण-मणि-प्पहा-विच्छड्डो ॥ ७२ ॥
केलास-दिट्ठ-सारं गरुअं पि भुआ-वलं णिसाअर-वइणो ।
पवएहिं[7] पाडिएक्कं[8] एक्क-करुक्खित्त[9]-महिहरेहि लहुइअं[10] ॥ ७३ ॥
उक्खअ-गिरि-विवरोवइअ-दिणअराअव-मिलन्त-तम-संघाअं ।
जाअं पविरल-तिमिरं आवण्डुर-धूम-धूसरं पाआलं ॥ ७४ ॥
पवएहि अ णिरवेक्खं कओ करन्तेहि गिरिस -वामुद्धरणं ।
सामिअ-कज्जेक्क-रसो अअस-मुहे वि जस-भाअणं अप्पाणो ॥ ७५ ॥
होन्ति गरुआ वि लहुआ पवंग-भुअ-सिहर-णिमिअ-वित्थअ-मूला ।
रहमुद्धाइअ-मारुअ- [12]दूरुक्खित्तोज्झरा धराहर-णिवहा ॥ ७६ ॥
अह वेएण[13] पवंगा सअलं आअड्ढिऊण महिहर-णिवहं ।
ओवअणाहि वि लहुअं वीसज्जिअ-कलअलं णहं उप्पइआ ॥ ७७ ॥
चडुलेहि णिप्पअम्पा उप्पइअव्व-लहुएहि वित्थअ-गरुआ ।
एक्क-क्खेवेण णहं पक्खेहि[14] व महिहरा कईहि विलइआ ॥ ७८ ॥
पवअक्कन्त-विमुक्कं विसमुद्द[15] -प्फुडिअ-पत्थिअ-णिअत्तन्तं ।
घडिअं घडन्त-णइ-मुह- संदाणिअ-सेल-णिग्गमं महि-वेढं ॥ ७९ ॥

---

1) वेला C 2) कइसेणा(!) C 3) मिअ C 4) विअ C 5) °भोआ C 6) °लिन्तेहि R^b, °लेन्ति हि C 7) °गेहि C 8) °क्कं C 9) कर-क्खि° C 10) विअलिअं C 11) गिरि-स्ववासो° K = निजाश्रयो° S: diese lasen also गिरि-सवासु° 12) उक्खिप्पन्तो° C, क्षिप्यमाण K 13) °एहि C 14) °हिं प C 15) °मद्द CK^{cl}

69a निरुध्यमाना für णिसम्मन्ती 71b गिरीन् für धरे 74b जातमिव विरलविरलम्; आपाण्डर cf. zu V 38: °एडु° nur XI 54. 62. 93; निर्भरम् für धूसरं 75a om. अ und निरवशेषं für णिरवेक्खं 77a स्वाहृत्य (= सुट्ठु etc.) für आअ° 78b उत्क्षेपेण für क्खेवेण

हीरन्त-महिहराहिं मईहि भअ-हित्थ-पत्थिअ-णिअत्ताहिं ।
सोहन्ति खण-विवत्तिअ-ससंभमुम्मुह-पलोइआइ वणाइं ॥ ८० ॥
उम्मूलिआण खुडिआ उक्खिप्पन्ताण उज्जुअं ओसरिआ ।
णिज्जन्ताण णिराआ गिरीण मग्गेण पत्थिआ णइ-सोत्ता ॥ ८१ ॥
उम्मुह-सारङ्ग-अणं अप्फुन्दइ मलिअ-मेह-सारं गअणं ।
विवरब्भन्तर-विहअं गिरि-आलं सिहर-परिभमन्त-रवि-हअं ॥ ८२ ॥
अंस-ट्ठविअ-महिहरा उब्भिअ-दाहिण-करावलम्बिअ-सिहरा ।
उत्ताण-वाम-कर-अल-धरिअ-णिअम्ब-पसरा णिअत्तन्ति कई ॥ ८३ ॥
पत्थाण च्चिअ पढमं भुअ-मेत्त-पहाविआण जं ण पहुत्तं ।
कह तं चिअ ताणं चिअ पहुप्पइ कईण महिहराण अ गअणं ॥ ८४ ॥
वहइ पवंगम-लोओ सम-तुलिउक्खित्त-मिलिअ-मूलद्धन्ते ।
एक्कक्कम-सिहरुग्गम-णिहसुप्पुसिअ-मरिआ-मुहे धरणिहरे ॥ ८५ ॥
णिव्वणेऊण चिरं पवआ वोलेन्ति महिहर-भरक्कन्ता ।
साअर-पडिरूआइं पढमुक्खअ-विअड-महिहर-ट्ठाणाइं ॥ ८६ ॥
खण-संधिअ-मेह-अडा वेउक्खिप्पन्त-गिरि-णिराअ-ट्ठविआ ।
परिवड्ढन्ताआमा वहन्ति व णहङ्गणे महा-णइ-सोत्ता ॥ ८७ ॥
सेलेसु सेल-तुङ्गा णह-अल-मिलिएसु मिलिअ-दन्त-प्फलिहा ।
पवअ-विहुएसु विहुआ णिव्वडिएसु वि ण णिव्वलन्ति वण-गआ ॥ ८८ ॥
वेविर-पओहराणं दिसाण गिरि-विवर-दिट्ठ-तणु-मज्झाणं ।
कुसुम-रएण सुरहिणा अग्घाएण व णिमीलिआइ मुहाइं ॥ ८९ ॥
पवआ कर-अल-धरिए णह-मुह-णिब्भिण्ण-वेवमाण-विसहरे ।
गइ-वस-विसट्ट-सिहरे विइअ-करेहि परिसंठवेन्ति महिहरे ॥ ९० ॥

---

1) विअ° C 2) °संकमु° C 3) प्लय KS 4) steht in CK am Ende: जालं C 5) पडिब्भन्त C. परिभ्रान्त K 6) ट्ठिअ C 7) so C, cf. Hem. II 59: ऊर्मसिअ R. उत्क्रूत K 8) कराल° R[II] (aber °रावल° Uebers.): dies ist vielleicht kein blosser Fehler, sondern ein mislungener Versuch das in R gestörte Metrum herzustellen. 9) °णि CK pratika 10) so auch C 11) एक्कि° C 12) पडिरूवाइं (lies °इं) व R[I] 13) वेढ C 14) °आ C 15) °इन्ति C 16) वोअ C

80a महीधराणां. मृगीणां. निवृत्तानां für °हिं 87b अङ्कणे: so immer.

णह-अल-वेअ-पहाविअ- पवंग-हीरन्त-सेल-सिहर[1]-क्खलिआ ।
मग्गागअ-सेलाणं होन्ति मुहुत्तोज्झरा महा-णइ-सोत्ता ॥ ९१ ॥
वेउक्खअ-दुम-णिवहे तड-पब्भार-णिह-णिव्वलन्त-जलहरे ।
णेन्ति जरढाअवाहअ- दरि-विवर-णिसण्ण-गअ-उले धरणिहरे ॥ ९२ ॥
धावइ वेअ-पहाविअ- पवंग-हीरन्त-सेल-सिहरन्तरिओ ।
छाआणुमग्ग-लग्गो तुरिअं छिणाअओ[2] व्व मलउच्छङ्गो ॥ ९३ ॥
आलोइआ ण दिट्ठा सच्चविआ ण गहिआ समोवडिएहिं ।
उम्मूलिआ वि जेहिं तेहि ण उअहिं णिआ कईहि[3] महिहरा ॥ ९४ ॥
भग्ग-दुम-भङ्ग-भरिओ उक्खित्त-विसट्ट-पडिअ[4]-महिहर-विसमो ।
पवआण उअहि-लग्गो लक्खिज्जइ विइअ-संकमो[5] व्व गइ-वहो ॥ ९५ ॥
वेएण गहिअ-सेलं वेला-वोलेन्त[6]-पडिणिअत्तोवइअं ।
जाअं रामाहिमुहं अणुराउप्फुल्ल-लोअणं कइ-सेण्णं ॥ ९६ ॥

॥ इअ सिरि-पवरसेण-विरइए दहमुहवहे महाकव्वे
छट्ठओ आसासओ ॥

1) °रुक्ख° C 2) °व C 3) कईहिं C 4) °ल्लि° C 5) वीअ-संग° C 6) वोक्कन्त C

93a धावतीव, scheint auf धाइ व zu führen, das pratika aber hat धावइ; प्लवगकरोत्क्षिप्त für पवंग-हीरन्त 93b त्वरित für °अं 94b stellt उदधिं तैर्न

अह ते विक्कम-णिहसं दहवअण-पआव-लङ्घणग्ग-क्खन्धं ।
आढत्ता विरएउं सासअ-राम-जस-लञ्छणं सेउ-वहं ॥ १ ॥
णवरि अ महि-अल-धरिआ मुक्का उअहिम्मि वाणरेहि महिहरा ।
आइ-वराह-भुएहि व पलउव्वहण-दलिआ महि-अलद्धन्ता ॥ २ ॥
णिवडन्तम्मि ण दिट्ठो दूरोवइअम्मि कम्पिओ गिरि-णिवहे ।
खण-पडिअम्मि विलुलिओ अत्थमिअम्मि परिवड्ढिओ सलिलणिही ॥ 3 ॥
णिहउव्वत्त-जलअरं कड्ढिअ-काणण-भमन्त-भमिरुच्छङ्गं ।
जाअं कलुस-च्छाअं पढमुच्छलिआगअं महोअहि-सलिलं ॥ ४ ॥
सलिलत्थमिअ-महिहरो पुणो वि अदिट्ठ-मिलिअ-गिरि-संघाओ ।
तह-घडिअ-पव्वओ विअ दीसइ णह-साअरन्तरालुद्देसो ॥ ५ ॥
जणिअं पडिवक्ख-भअं तुलिआ सेला धुओ कईहि समुद्दो ।
ण हु णवर हिअअ-सारा आरम्भा वि गरुआ महा-लक्खाणं ॥ ६ ॥
जो दीसइ धरणिहरो णज्जइ एएण वज्झइ त्ति समुद्दो ।
उअहिम्मि उण वडन्ता कत्थ गअ त्ति सलिलेण णज्जन्ति धरा ॥ ७ ॥
सअल-महि-वेढ-विअडो सिहर-सहस्स-पडिरुद्ध-रइ-रह-मग्गो ।
इअ तुङ्गो वि महिहरो तिमिङ्गिलस्स वअणे तणं व पणट्ठो ॥ ८ ॥
पव्वअ-सिहरुच्छित्तं धावइ जं जं जलं णहङ्गण-हुत्तं ।
तं तं रअणेहि समं दीसइ णक्खत्त-मण्डलं व पडन्तं ॥ ९ ॥

---

1) णह CKS 2) हि° C 3) °अं पि(?) C 4) °ढ° codd.: trotz dieses Consensus und trotz Hem. III 16 Schol. ist diese Form auch hier zu verwerfen, metri c. und weil R^{b} °ड्ढ. R^{H} °ड्ढँ haben. 5) °णिवहो C 6) तेणेअ C 7) पउत्ता C (wohl für पडन्ता). पतन्तः Uebers. 7*) in S folgen hier 10. 8. 11. 8) °वि C 9) तसम्व alle R 10) मिव णट्ठो C 11) पवित्थो = प्रविष्टः R^{vl} 12) dieser Vers steht in C hinter 12; KS om.; doch hat K hier wohl eine Lücke.

2a भरिताः für ध° 4a भरित für भमिर Vers 8. 9 fehlen; da auch der Schluss und der ganze Comm. von 7 fehlt, ist hier vielleicht eine Lücke. Andrerseits ist zu beachten, dass 9 auch in S fehlt und die Reihenfolge der Verse in allen Recensionen verschieden ist.

वाणर-वेआइद्धा पिहुल[1]-वलन्त[2]-णिअओज्झर-परिक्खित्ता ।
अप्पत्त च्चिअ उअहिं भमन्ति आवत्त-मण्डलेसु व सेला ॥ १०[3] ॥
खण-[4]मेलिअ-[5]प्पविद्धो सिहरन्तर-णिन्त-रित्त-वाणर-लोओ ।
पच्छा पडइ समुद्दे अग्गो मिलइ पढमं णहे गिरि-णिवहो ॥ ११ ॥
दीहा वलन्त[6]-विअडा रमन्ति उअहिम्मि मारुअ[7]-भरिज्जन्ता ।
पाआलोअर-गहिरा रहसोविद्धाण[8] महिहराण गइ-वहा ॥ १२ ॥
उक्खित्त-विमुक्काइं[9] णहम्मि एक्केक्कमावडण-भिण्णाइं ।
वज्ज-भउप्पित्थाइ[10] व[11] [12]पडन्ति रअणाअरे[12] गिरि-सहस्साइं ॥ १३ ॥
भिण्ण-सिला-अल-सिहरा णिअअ-दुमोसरिअ-कुसुम-रअ-धूसरिआ ।
पढमं पडन्ति सेला पच्छा वाउद्धुआ महा-णइ-सोत्ता ॥ १४ ॥
णिम्मल-सलिलब्भन्तर- विहत्त-दीसन्त-विसम-गइ-संचारा ।
णामन्ति णिच्चल-ट्ठिअ- पवंगमालोइआ चिरेण महिहरा ॥ १५ ॥
फेण-कुसुमन्तरुत्तिण्ण-केसराआर-वेविर-मऊहाइं ।
सूएन्ति[14] पवत्ताइं मूलुक्खुहिअं[15] महोअहिं रअणाइं ॥ १६ ॥
विहुणइ वेलं व महिं भिन्दइ समअं व धरणिहर-संघाअं ।
गेण्हइ भअं व गअणं मुअइ महाअं[16] व साअरो पाआलं ॥ १७ ॥
पल्हत्थन्ति वलन्ता[17] चलं-विडवन्तर-णिअत्त-तरु-पारोहा ।
मूलुण्णामिअ-जलआ अहोमुहन्दोलिओज्झरा धरणिहरा[18] ॥ १८ ॥
अट्ठिअ-पडन्त-महिहर- दूरुट्ठिअ-जल-रअन्धआरत्थमिए ।
माहइ णवर पडन्ते [19]पक्खुहिअ-समुद्द-पडिरओ[20] धरणिहरे ॥ १९ ॥
दर-धोअ-केसर-सडा पाआलुम्ह-गिरि-धाउ-कद्दमिअ-मुहा ।
पडिसक्कन्ति[21] पवंगा पल्हत्थिअ-महिहरूसमन्त-कबन्धा ॥ २० ॥

---

1) विह्वल C. विपुल K. विशृङ्खल S 2) °डु° C 3) dieser Vers, der 9te in C, führt hier abermals die Zahl 8; vielleicht ein Zeichen, dass in dieser Partie ein secundärer Vers steckt. 4) °ह्नि° C 5) so CK. मेल्लिआप° (Uebers. °लिताप°) R 6) °डु° C 7) साअर C 8) °सावि° C 9) °क्काणं C 10) °इं codd. (R^{II} sogar °इत्थ) 11) चे(!) C 12) °रम्मि C, यान्ति रत्नाकरं KS (also अइन्ति) 13) °द्धआ C 14) °अ° C 15) °लुक्खलिअं C. °लचुभितं K. °लोत्खनितं S 16) °वं C 17) पडन्ता C (वलमानाः RUebers. K) 18) °धरा C 19) संचु° KS 20) °ओ C 21) परिसप्पन्ति C, परिसंक्रामन्ति K (cf. V 55. XIII 56, wo परिसक्कण von K mit परिसंक्रम übersetzt wird; ebenso V 73 ओसक्कन्तो mit अपसंक्रान्तः)

12b चिप्तानां für ओविद्धाण 13a विसृष्टानि für विमुक्काइं: एकैकानिपतन (wie im Prâkṛt?)

[1]विअलन्तोज्झर-लहुआ पवण-[2]विहुव्वन्त-पाअवुद्ध-पअम्मा[3] ।
पवएहि उद्ध-मुक्का सिहरेहि पडन्ति साअरम्मि महिहरा ॥ २१ ॥
अत्थमिअ-सेल-मग्गा भिण्ण-णिअत्तन्त-सलिल[4]-पुञ्जिअ-कुसुमा ।
होन्ति हरिआल-कविला दाण-सुअन्धुप्पवन्त-गअदुम-भङ्गा ॥ २२ ॥
अत्थाअन्ति सरोसा सलिल[5]-दरत्थमिअ-सेल-सिहरावडिआ[6] ।
एक्कावत्त-वलन्ता धुव्वन्ताअम्ब-लोअणा वण-महिसा ॥ २३ ॥
भिण्ण-मिलिअं पि भिज्जइ पुणो वि [7]एक्कक्कमावलोअण-सुहिअं ।
सेलत्थमण[8]-णउलअ- तरंग-हीरन्त-काअरं हरिण-उलं ॥ २४ ॥
दाढा-विभिण्ण-कुम्भा करि-मअराण थिर-हत्थ-कड्ढिज्जन्ता ।
सोत्ता-गब्भिण-सोणिअ- भरेन्त[9]-मुह-कन्दरा रसन्ति मइन्दा ॥ २५ ॥
उव्वत्तिअ-करि-मअरा पडन्ति पडिअ-गिरि-संभमुब्भड-रोसा ।
ओवइअ-मअर-णिद्दअ- लुअ-गत्तावर-विसंठुला माअङ्गा ॥ २६ ॥
विहुअ[10]-पवाल-किसलअं सेल[11]-दरत्थमिअ-दरि-मुह-वलन्तीहिं ।
आवेढ-पहुप्पन्तं वीईहि दुमेसु वण-लआहि व भमिअं ॥ २७ ॥
गिरि-णिवहेहि रसन्तं उक्खम्मन्तेहि णिवडिएहि[12] अ समअं ।
धरणीअ साअरस्स अ उग्घाडिज्जइ[13] णिरन्तरं पाआलं ॥ २८ ॥
वेआविद्ध[14]-वलन्ता मुहल-[15]वलन्तोज्झरावलि-परिक्खित्ता ।
संवेल्लिअ-घण-णिवहा [16]वलिअ-लआलिङ्गिआ [17]पडन्ति महिहरा ॥ २९ ॥
[18]एक्कक्कमावडन्ता णिअअ-भुअ-क्खेव-भिण्ण-सेलद्धन्ता ।
णेन्ति[19] धुअ-केसर-सडा गअणुच्छलिअ-सलिलोत्थआ कइ-णिवहा ॥ ३०[20] ॥
दीसइ वारं वारं गिरि-घाउक्खित्त[21]-सलिल-रेइअ[22]-भरिअं ।
पाआलं व णह-अलं णह-विवरं व विअडोअरं[23] पाआलं ॥ ३१ ॥

---

1) °इन्तो° C 2) so auch S, °णोज्झ° C, °नोद्रू° K 3) so C, पदग्गा RS, विलग्ना: K 4) विसम C 5) विअड CS 6) °लिआ C 7) एक्के° C 8) °मअ C 9) °र° C 10) °फल R[II] (aber विधुत die Uebers.) 11) सलिल CKS 12) °वलि° C 13) °ग्घालि° C 14) °इद्ध-वसन्ता C 15) वइ° C 16) so auch S, च° CK 17) व° C 18) एक्के° CK 19) ण° C 20) S om. diesen Vers. 21) °क्खित्त C 22) ए° C 23) विअलो° C

23a उत्पातिताः für आवडिआ Vers 26 folgt hinter 23. 28a धरणीर्धरम्मरभसं für गिरि etc. 29a für आवलि eine unleserliche Var. 29b संपीडित für संवे° 30a स्थगिताः für अइन्ता 30b समुद्रजलप्रक्षालिताः (corrupt) für सलिलो° bis Ende.

संखोह-भिण्ण-महि-अल- गलिअ-जलोलुग्ग-पङ्कअ-वणुच्छङ्गा ।
विहल[1]-गडन्दालम्बिअ[2]- फुडिअ-पडन्त-सिहरा पडन्ति महिहरा ॥ ३२ ॥
रसइ गिरि-घाअ-भिण्णो तीरं लङ्घेइ वलइ विसम-क्खलिओ ।
पावइ महणावत्थं[3] णवर ण णिहेइ साअरो अमअ-रसं ॥ ३३ ॥
उक्खअ-णिमुद्ध-सेलो संसइअ-समुद्द-घोर-मुक्कक्कन्दो ।
रक्खस-[4]पुरीअ कह आ[5] गमणोवाओ वि दारुण-समारम्भो ॥ ३४ ॥
वेउक्खलिउद्धाइअ- णह-भमिर-फुरन्त-कञ्चण-सिला-वेढं ।
कुसुम-सुअन्ध-रआलं पल्हत्थइ पवअ-णोल्लिअं धर-आलं ॥ ३५ ॥
वड्ढइ पवअ-कलअलो वलइ वलन्त-वलआ-मुहो सलिलणिही ।
पवण-णिराइअ-रुक्खा पडन्ति उद्ध[6]-ट्ठिओज्झरा धरणिहरा ॥ ३६ ॥
दूराइद्ध-णिअत्ता मोडिअ[7]-मलिअ-हरिअन्दण[8]-मडज्जन्ता ।
उअहिं रहसुक्खित्ता आमाएन्ति विरसं महा-णइ-मच्छा ॥ ३७ ॥
आसीविस-मणि-अम्बा पल्हत्थन्ति विहडन्त[9]-विसम-णिअम्बा ।
दुम-णिवहोवरि-हरिआ दरीसु सेला रवि-प्पहा-वरिहरिआ[10] ॥ ३८ ॥
धरिअं वेओवत्तं गिरि-घाउच्छित्त[11]-पाणिअम्मि समुद्दे ।
वलिऊण भुअअ-वइणा कह वि तुलग्ग-विसमाअअं[12] महि-वेढं ॥ ३९ ॥
वज्ज-भअं धरणिहरा आइ-वराह-खुर-पेल्लणाइ वसुमई ।
समअं चिअ[13] पम्हट्ठं संभरिओ[14] महण-संभमं च समुद्दो[14] ॥ ४० ॥
मलअ-चन्दण-लआ-हरे संभरमाणओ
णिअअ-महण-दुक्खं[15] मिव संभरमाणओ ।
रसइ सेल-सिहराहिहओ[16] सरिआ-वई
दहमुहस्स दोसेण समोसरिआवई ॥ ४१ ॥

---

1) °ड्ढ° C 2) °न्दाणं विअ C (so fälschlich geteilt). °न्द्दावल° KS 3) विसमाव° C 4) उ° C 5) वि ण C, आः S 6) so R^b CKR Uebers., °द्धु° R^IIb 7) °ल्लि° C 8) °चन्द° C 9) विअ° R^b C 10) so corrig. R^II aus प° R^b C; R^IIb lassen das Prākrt aus. 11) °क्खित्त R^II 12) °गअं C 13) चिर KS 14) °आ °द्दा C 15) °क्खमिव R 16) °हि° om. C

---

33. 34 रमतीत्यादिकसमगाढा (sic)-चतुष्टयस्य व्याख्यानं द्रष्टव्यं ॥ 35a hier उद्धावित. s. zu II 22. 37a मिलन्तः für मडज्जन्ता 41a गृहेषु भ्रियमाणः für हरे सं° 41d समुपसृत für समोसरिअ

जल-वट्ठत्थमिएसु अ उड्डाइ गिरीसु मलिअ-विद्दुम-अम्बो ।
आवलिअ-चुण्णिएन्तं धुअ-धाउ-रओ व्व मीहर-रउग्घाओ ॥ ४२ ॥

सेल-मिहर-संखोहिअ-कल्लोलन्तअं
गलिअ-धाउ-रस-राइअ-क-ल्लोलन्तअं ।
रसइ उअहि-मलिलं धरेसु वलमाणअं
भग्ग-चन्दण-रसोसहि-णिव्वलमाणअं ॥ ४३ ॥

गिरि-णिव्वलिअ-पडन्ता उद्धअ-जल-मूल-मिलिअ-पत्तल-विडवा ।
लहुअत्तणुप्पवन्ता गअणमणाअड्ढिआ वि लग्गन्ति दुमा ॥ ४४ ॥

पवअ-वलेहि राअ-संजाअ-मच्छरेहिं
गअण-णिराअ-भिण्ण-घण-भेसिअच्छरेहिं ।
फ़ुड-धवलग्ग-दन्त- पडिपेल्लिआहरेहिं
भिज्जइ साअरस्स सलिलं धराहरेहिं ॥ ४५ ॥

पवण-भरन्त-दरि-मुहं पवण-मुअक्कन्त-विहलिअ -मिला-वेढं ।
पडइ सिहरोज्झरुग्गअ - महिन्द-धणु-गब्भिणं महिन्द-क्खण्डं ॥ ४६ ॥

गअण-अलम्मि सेल-संघट्ट-वारिआणं
ओत्थरिअं रवेण जल-भरिअ-वारिआणं ।
वहमाणं लआ-हराइं सअन्दलाइं
किं पडिअं ण होइ सिहरं सअं दलाइं ॥ ४७ ॥

लक्खिज्जन्ति समुद्दे गिरि-घाउव्वत्त-मअर-विसमुक्कित्ता ।
छेअ-पसरन्त-रुहिरा फेण-मिलन्ता वि चमरि-वालद्धन्ता ॥ ४८ ॥

---

1) पट्ठि-त्थ° (?) C 2) सि° R[IIb]. मृदित Uebers. 3) °डिअ C 4) °अं व R[a], °अं व्व R[b] 5) पडिअ C 6) so zu teilen nach R = लोलकान्तं । पूर्वपातानियमात् 7) °णमाणअं C 8) °दु° C 9) °ल° C 10) उत्पतन्तः KS 11) अकड्ढिआ वि गअणं विल° C, ebenso, nur अनाकृष्टाः K; वि übersetzen R[IIb] mit अपि, R[b] mit विल°; im Comm. haben R[IIb] अपि und विल°, R[b] nur विल°: अकृष्यमाणा (Ms. आकृ°) अपि…गगनं व यान्ति S, was auf die Lesart von C führt. 12) संज्ञा (?) C 13) गअ-पि° R[vl] 14) °वअ R[IIb] (gegen die Uebers.) 15) °डिअ C 16) °ल° C 17) °रोग्ग° C 18) °ण° C 19) °उक्कित्त C 20) °क्कन्ता C

42a मध्य für वट्ठ: om. च hier und hat es an der entsprechenden Stelle in b 42b संघातः für उ° 43c पतत्सु für वलमाणअं (! durch den Comm. bestätigt; trotz dem ist, wegen des Reims, पतत् zu lesen und als Uebers. von वलमाणअं anzusehen) 44a चल für ज°: मृदित für मिलिअ (dies ist vielleicht keine Var.: s. Vers 42vl) 45a तीव्र für राअ 45b गमननिर्घात für गअण-णिराअ 46c stellt दलाय 47c ins. रुचिरं vor सकन्दलानि; Metrum!

सिद्ध-अणो भएण मुञ्चइ लआ-हराइं
सुरअ-विसेस-जाअ-सेओल्लआहराइं ।
गिरि-सरिआ-मुहाइ णासन्ति सासआइं
भमइ महोअहिस्स सलिलं दिसा-सआइं ॥ ४९ ॥
भमइ समुक्खित्त-करं गअ-वइ-वारिअ-पवित्त-पङ्कग्गाहं ।
विहलुत्थङ्घिअ-कलहं विअडावत्त-मुहमागअं गअ-जूहं ॥ ५० ॥
समुह-पडन्त-विअड-गिरि-सिहर-वेल्लिआणं
वीइ-परिक्खलन्त-पवण-वस-वेल्लिआणं ।
दिट्ठिं देइ राहवो कह वि जा णईणं
ता विरहेइ णवर हिअअम्मि जाणई णं ॥ ५१ ॥
दर-दड्ढ-विद्दुम-वणा उद्धाअन्ति सिहि-कज्जलिअ-सङ्ख-उला ।
पाआल-लग्ग-कड्ढिअ- राम-सरोलुग्ग-पन्नगा जल-णिवहा ॥ ५२ ॥
भीअ-णिसण्ण-जलअरं पल्लोट्ट-णिअअ-भर-भिण्ण-वक्ख-महिहरं ।
दीसइ विहिण्ण-सलिलं कुविउद्धाइअ-भुअंगमं पाआलं ॥ ५३ ॥
खुहिअ-समुद्दाहिमुहा तंस-ट्ठिअ-महिहरोसरन्त-क्खलिआ ।
करि-मअर-वद्ध-लक्खा करि-मअर-पडिच्छिआ पडन्ति गइन्दा ॥ ५४ ॥
ण वि तह पवआविद्धा विअड-णिअम्ब-गरुआ रसाअल-मूलं ।
जह उच्छलिउद्धाइअ- सलिल-भरोवाहिआ अइन्ति महिहरा ॥ ५५ ॥
उत्थङ्घिअ-दुम-णिवहा गिरि-घाउव्वत्त-मुच्छिअ-महा-मच्छा ।
वेला-सेल-क्खलिआ उद्धं भिज्जन्ति उअहि-जल-कल्लोला ॥ ५६ ॥
अइत्थमिअ-विसंदुल- गअ-जूहारूढ-सिहर-विहलस्स णहं ।
जीअं व झत्ति णज्जइ गिरिस्स कुहराहि उग्गअं सुर-मिहुणं ॥ ५७ ॥

---

1) हरिसोल्ल° R^1C; cf. K 2) so CK; सरिआण R (aber in der Uebers. सरिम्मु°) 3) S om. diesen Vers. 4) °रि° C (ist परिन्त zu lesen? s. K). समुत्पतत् S 5) °ओ C 6) लआ CK 7) °हं C 8) मइ° R^1 9) °उक्खित्त C 10) °द्दा CK 11) S hat diesen Vers hinter 58. 12) °वं C

49b हर्षवत्ताभराणि für सेओल्ल°: aus dem corrupten Comm. lässt sich feststellen, dass K हरिसाल्लआ (Abstr. zu हरिसाल्ल cf. Var. IV 25) las. 50a पर्यक् für पवित्त (ob für परियत = prk. परिन्त? s. VI 57 K) 50b उत्मंकित(?) für उत्थङ्घिअ: मुख-मापितं für मुहमागअं 52a उत्तिष्ठन्ति für उद्धाअन्ति 53a भग्न für भिण्ण 53b उद्धावित. s. zu VII 35. 55b wie eben. Vers 57.58 fehlen.

धरिआ भुएहि सेला सेलेहि दुमा दुमेहि घण-संघाआ ।
ण वि णज्जइ किं पवआ सेउं बन्धन्ति ओ मिणेन्ति णह-अलं ॥ ५८ ॥

रहस-विमज्जिएक्कमेक्का वलन्त-धुअ-पडिअ-मणि-मिला माअरम्मि णिवडन्ति
|धर-णिहाआ
मलिअ-महा-भुअंग-भग्ग-प्फणोअरोमरिअ-संपुडं रसाअलं दुम्मेन्ति धरणि-
|हाआ।

णामइ जं जलं साअरस्स चुणिअ-मणोसिला-अइ-पडन्त-सेल- मन्दारुणं फलन्तं
दरिअ-णिमाअरेन्द-हीरन्त-जाणई-वाह-णिब्भर-पुलोइअस्स किर दारुणं
सेल-सिलाहआ समुद्दोअरे मणोरणं |फलं तं ॥ ५९ ॥

चुणिज्जन्ति विन्थरा रअण-गामणीणं ।
भरइ णहङ्गणं अणिव्विण-मेह-लाणं
हंस-उलावलीण वण-राइ-मेहलाणं ॥ ६० ॥

रसइ रसाअलं दलइ मेइणी णिमुज्झन्ति जलअ-णिवहा परीइ गअणङ्गणे
|कवि-अणो
ओसुब्भन्ति महिहरा महिहराहिहओ साअरो वि सुदरं थलम्मि घोलइ अमुक्क-
|विअणो ।

कुसुम-पसाहणं मिव स-मुद्ध-पल्लवं साअरम्मि पडिआण विडव-लग्गं दुमावलीणं
जाअं भिण्ण-सिप्पि-उड-मज्झ-णिग्गअ-त्थार-धवल-मोत्ता-विद्दुमणं विद्दु-
अत्थमिआण महिहराण समच्छरेहिं |मावलीणं ॥ ६१ ॥

परिमलिआइ वण-गएहि समच्छरेहिं ।

---

1) °न्धि° C 2) °मे° C 3) °ड° C 4) व° C 5) so CKS, पडन्ति R 6) च ins. C 7) ट्टुमे° (i. e. दूमे°) C 8) समुद्दस्स CK 9) वुलि° C 10) °ल्ल CR^{u}RUebers. K. तट RComm. 11) so R^{u}R Uebers. (शैल-स्यन्दा°). मन्दारुणं S. vielleicht auch K (corrupt). सह्रा° R^{u}, सेलदा° R^{b}, सेदा° C 12) °चरे° R^{u} 13) ? °द्द R 14) °रं R^{u} (gegen die Uebers.), °रे C 15) प° C 16) सं ins. C 17) dieser Vers ist in K in 2 geteilt, in S durch 4 übersetzt. 18) °सुब्भ° C 19) °इ (! im Reim) C 20) °हि° om. C 21) वे° (! im Reim) C 22) °णम्मि und om. व C 23) °ल्ल C 24) थो° R 25) मु° R^{u} 26) in K in 2 Verse geteilt, in S durch 3 übersetzt. 27) °आइं R^{u}K

59a एकैकापतन (oder °पतत्) für एक्कमेक्का व° 59b om. भग्ग und उअरः अपहृत für ओसरिअ; add. पथं nach रसातल(?) 59c मणिशिला für मणो° 60a समुद्रोदरगाः für °अरे 61d संपुट für उड 62ab समं स्थलैः und समत्सरैः für समच्छरेहिं 62b परिमृदितानि für °मलिआइ

साहइ कुसुम-रेणुमइओ[1] धओ वणाइं[2]
अविरअ-णिम्महन्त[3]-महु-गन्ध-ओव्वणाइं ॥ ६२ ॥
वहइ पवंगम-लोओ पहुप्पइ णहङ्गणं पडिच्छइ उअही ।
देइ[4] मही वि महिहरे तह वि हु[5] दूर-विअडोअरं पाआलं ॥ ६३ ॥
इअ खोहेन्ति[6] पवंगा थोअ-विराअ-गिरि-पङ्क-णिव्वुअ-[7]महिसं ।
दुम-मिलिअ[8]-विद्दुम-वणं [9]थल-सावअ-मिलिअ-जलअरं मअरहरं ॥ ६४ ॥
वण-गअ-गन्धारोसिअ- जम्भाअन्त-पडिउद्ध-केसरि-मअरं ।
समूह-[10]पडन्त-धराहर- भीअ-वलन्त[11]-भुअइन्द-जणिआवत्तं[12] ॥ ६५ ॥
अत्थाअन्त-वण-त्थलि- परिणामोलुग्ग-पण्डु-वत्त-त्थइअं ।
मअण-दुम-भङ्ग-णिग्गअ- कसाअ-रस-मइअ-विहल-घोलिर-मच्छं ॥ ६६ ॥
धरणिहर[13]-भार-वेल्लिअ[14]- पल्लव-दल-मुद्ध-वेल्लिअ[15]-लआ-जालं ।
विसवणवाअवाहअ[16]- पव्वाअन्त-विसवण-वाअव[17]-कुसुमं ॥ ६७ ॥
आवत्त-भमिर-महिहर- सिहरोज्झर-सीहरन्धआरिअ-गअणं ।
पडिओमहि-गन्धाहअ- पाआल-समुच्छलन्त-विहल-विसहरं ॥ ६८ ॥
आवत्त-मण्डलोअर- वलन्त[18]-सेल-कडअ-प्पहामिज्जन्तं ।
णिन्त-रसाअल-विसहर- वित्थिण्ण-फणा-मणि-प्पहा-मिज्जन्तं ॥ ६९ ॥ कुलअं ॥
अव्वोच्छिण्ण-विसज्जिअ[19]- णिरन्तराआम-मिलिअ-पव्वअ-घडिओ[20] ।
दीसइ णह-णिम्माओ णासइ उअहिम्मि णिवडिओ[21] सेउ-वहो ॥ ७० ॥
तो घेप्पिउं[22] पउत्ता थोअ-त्थोअं परिस्समेण पवंगा ।
अणुराए व्व विराए लङ्काणत्थ-घडण-क्खमे सेउ-वहे ॥ ७१ ॥

॥ इअ समत्तो आसासओ ॥

---

1) मलिओ C 2) sic codd. (Rᵇ fälschlich व°) 3) °रल C 4) °न्तं C 5) देवि(!) C 6) अ Rᵇ (aber खलु Uebers.), च K 7) °हु° C 8) व° C 9) महा ins. R 10) मलिअ Rᵛˡ 11) ख° C 12) व° C 13) पड° C, वलमान die Ueberss. 14) °णिअ-विअडाव° C 15) so RK, धर-सि° CS 16) पे° RᵇC 17) वेविर C 18) oder विसवस-वा° K 19) पा° R 20) °ड° C 21) विस्स° C 22) मिलिओ C 23) °लि° C 24) so Rᴴ, घो° Rᵇ, घ° Rᵇ, घेप्पउं C

65a विजृम्भमाण für जम्भा° Vers 68 fehlt. 69b फण für °णा (also प्फण im Prâkṛt)

इअ जाहे णिवडन्ता सिहरोज्झर-धोअ-सुर-विमाण-धअ-वडा ।
अत्थाअन्ति समुद्दे वित्थारत्थमिअ-णह-अला वि महिहरा ॥ १ ॥
ताहे णिमुद्ध-सेसा वेवन्तुव्वत्त-कर-अलोसरिअ-अडा ।
ठविआ वेला-मूले खण-लक्खिअ-गारवा कईहि महिहरा ॥ २ ॥ जुग्गअ ॥
गिरि-संखोह-विमुक्का झीणा अप्पत्त-पढम-गमणोआमा ।
मन्दन्दोलण-मउआ गआगअ च्चिअ समुद्द-सलिलुप्पीडा ॥ ३ ॥
भिण्ण-घडन्तावत्तो आवत्तन्तर-भमन्त-भिण्ण-महिहरो ।
महिहर-संभम-विहुओ विहुअ-णिअत्त-सलिलो णिअत्तइ उअही ॥ ४ ॥
वोच्छिज्जन्त-कलअलं जहोइअ-ट्ठाण-दर-पअत्तावत्तं ।
दीसइ खण-दुल्लक्खं तं चिअ थिमिअ-सलिलत्तणं जलणिहिणो ॥ ५ ॥
मोत्ता-घडन्त-कुसुमं सम-मरगअ-वत्त-भङ्ग-भरिआवत्तं ।
विद्दुम-मिलिअ-किसलअं ससङ्ख-धवल-कमलं पसम्मइ सलिलं ॥ ६ ॥
दीसइ समोसिअन्ती खण-णिव्वलिउत्तरन्त-विलुलिअ-कुसुमा ।
भिज्जन्तारुण-अब्भा समुद्द-वट्टम्मि धाउ-पङ्क-च्छाआ ॥ ७ ॥
वण-गअ-गन्धुत्तिण्णा पुणो णिअत्तन्ति आअवाहअ-विहला ।
णिअअ-कर-सीहरोल्लिअ-णिव्वाअन्त-मुह-मण्डला करि-मअरा ॥ ८ ॥
दुम-भङ्ग-कलुसिआइं कमाअ-रस-भिण्ण-पण्डुर-प्फेणाइं ।
जाआइ णिण्णआणं उत्थल-वलण-रअ-धूसराइ मुहाइं ॥ ९ ॥
खुहिओअहि-विच्छूढा महिन्द-कडएसु मलअ-भित्ति-च्छेआ ।
घडिआ मलिअ-गअ-उला मलअ-अडेसु अ महिन्द-सेलद्धन्ता ॥ १० ॥

---

1) इय R 2) °र-त्थइअ CKS 3) -म्लान K = ग्लान्त S 4) °रन्त C 5) °आ C 6) °इंहि C
7) °वासा C 8) ट्ठिअ C 9) पअट्टा° C 10) °सो RSKC, °सरन्ती CK 11) वंक° C 12) व° RC
13) सीभ° C 14) °ड° C, वलन RC übers., पतन KS 15) णिव्वूढा C 16) सिहरद्ध° C

1b धरणिधराः für वि महि° 3b उत्कम्पाः für उप्पीडा 10b घटित für मलिअः कटक für सेल

दीसन्ति विअड-धवला थिमिअ-णिअत्तन्त-जल-तरंगिअ-वट्टा[1] ।
वासुइ-णिम्मोअ-णिहा णिरन्तरालग्ग-मोत्तिआ पुलिण-वहा ॥ ११ ॥
खोहेन्ति खुहिअ-णिहुअं उअहिं णह-वन्थ-पडिणिअत्तोवइआ ।
पव्वअ-घाउक्खित्ता[2] चिर-आलालोइआ सलिल-संघाआ ॥ १२ ॥
अह णल-विइण्ण-णअणो जम्पइ विहडन्त-मणि-सिलासण-वट्टो[4] ।
उव्वत्तिआअअ-ट्ठिअ-वाम-[6]अरारुहिअ-तिअ-भरो पवअ-वई ॥ १३ ॥
खविओ वाणर-लोओ दूर-ट्ठिअ-विरल-पव्वअं महि-वेढं ।
ण अ दीसइ सेउ-वहो मा हु णमेज्ज [7]गरुअं पुणो राम-धणुं ॥ १४ ॥
मइरा मुद्ध-मिअङ्को अमअं लच्छी सकोत्थुहं[8] दुम-रअणं ।
किं सेउ-वन्ध-लहुअं जं वोत्तूण रअणाअरेण ण दिण्णं[9] ॥ १५ ॥
धूमाअन्ति च्चिअ से अज्ज वि पाआल-रेह-दूरालग्गा ।
आअट्टन्त[10]-जलाहअ-समद्द[11]-विज्झविअ-हुअवहा राम-सरा ॥ १६ ॥
तं वन्धसु धीर तुमं सेउं अज्जेअ जाव दूरन्तरिआ ।
एक्कं मलअ-सुवेला होन्तु दुहा अ[12] विअडा समुद्दद्धन्ता[13] ॥ १७ ॥
ता पवअ-वलाहि फुडं विसाणासद्ध-णिव्वलन्त[14]-च्छाओ ।
पवअ-वइ-संभमुम्मुह-विइण्ण-भअ-हित्थ-लोअणो भणइ णलो ॥ १८ ॥
भणइ पवंग-पुरओ रहुणाहस्स अ पवंग-वइ वीसत्थं ।
तुह सेउ-वन्ध-जणिआ ममम्मि संभावणा ण होहिइ[16] अलिआ ॥ १९ ॥
खविओ पव्वअ[17]-णिवहो दलिअं व रसाअलं धुओ व्व समुद्दो ।
जीअं[18] व परिच्चत्तं अज्ज व[19] संभावणा तुहं णिव्वूढा ॥ २० ॥

---

1) प° R^b 2) पिहुरुक्खित्ता (lies सि°) C 3) कल्लोला C 4) °ट्टो R^{b}C: so ist vielleicht zu lesen trotz RUebers. पृष्ठ:: पीठः S 5) so ist mit R und den Uebers. zu lesen: in R^{IIb}C ist व्व entstellt. 6) करा° R^bC 7) गु° R^b, गगु° (i. e. ग° corr. zu गु°) R^b 8) °अं R^bC 9) दूणं C 10) so R^{II}2HdR^b, आव° R^bC wahrscheinlich R^{II}1Hd 11) समुद्द R^b 12) व C 13) °द्दुद्देसा C 14) °इन्त R^b 15) भणइ R^b, भणति RUebers. Comm. 16) so R^{II}2Hd. होहि R^{II}1HdR^b, होइइ C. होइ R^b, भविष्यति Uebers. in R^{II}KS. भवति in R^b 17) व्व सेल CK 18) °वं C 19) वि C

11a धवलविकटाः 13a तत्प्रतिष्ठ für आसण-वट्टो 14a पर्वतनिवहः für वाणर-लोओ; पादपं für पव्वअं 17a तावत् für जाव 18a उत्साहः für च्छाओ 20b जीवितं परित्यक्तं वा

तं पेक्खसु महि-विअलं महि-वट्ठम्मि व महं महोअहि-वट्ठे ।
घडिअं घडन्त-महिहर- घडिअ-सुवेल-मलअन्तरं सेउ-वहं ॥ २१ ॥
किं उत्तरउ णिरन्तर- घडन्त-धरणिहर-संकमेण समुद्दं ।
ओ बोलेउ धुओअहि- थोउत्तिण-महि-मण्डलेण कड-वलं ॥ २२ ॥
तं पेच्छह मलओ च्चिअ पत्थन्तो पडिगअं गओ व्व सुवेलं ।
मह भुअ-दढ-संरुद्धो आडद्धं धुणउ मुह-वडं व समुद्दं ॥ २३ ॥
ओ विरएमि णह-अले तुरिअ-पहाविअ-पवंग-संचरण-सहं ।
अणुपरिवाडि-परिट्ठिअ- घण-कूड-घडन्त-महिहरं सेउ-वहं ॥ २४ ॥
ओ माअरोअरब्भन्तराणिओवरि-परिट्ठविअ-णिप्फन्दा ।
जलहर-लम्बिअ-वक्खा घडेन्तु लङ्का-वहं रमाअल-सेला ॥ २५ ॥
तं मह मग्गालग्गा विरएह जहा-णिओअ-मुक्क-महिहरा ।
अणुवाअ-दिट्ठ-दोसं अइरा-होन्त-सुह-वन्धणं सेउ-वहं ॥ २६ ॥
इअ णल-वअण-हरिसिअं गलिअ-परिस्सम-णिराअ-मुक्क-कलअलं ।
चलिअं तुलिअ-धराहर- कअ-णिब्भर-दस-दिसं पवंगम-सेण्णं ॥ २७ ॥
अह णेण सुह-प्फरिसे पिउणो सलिलम्मि मज्जिऊण सणिअमं ।
राम-चरणाण पढमं पच्छा काऊण रवि-सुअस्स पणामं ॥ २८ ॥
तो कणअ-धाउ-अम्बो सपल्लवासोअ-विडव-भरिअ-दरि-मुहो ।
पढमं णलेण णिमिओ मङ्गल-कलसो व्व जलणिहिम्मि महिहरो ॥ २९ ॥ जुगलअं॥
तह पढमं चिअ मुक्को वेला-अड-संठिओ णलेण महिहरो ।
जह दीसिउं पउत्तं लङ्काणत्थस्स सेउ-वन्धस्स मुहं ॥ ३० ॥
भमिओ अ तह धराहर- पहरुच्छित्त-सलिलो णहम्मि समुद्दो ।
महिहर-रअ-मइलाइं जह धोआइ समअं दिसाण मुहाइं ॥ ३१ ॥

1) °ह्व° C 2) °इं CR^b 3) पुट्ठि auch K: मध्ये R Übers., मज्झे R^b 211d am Rand 4) °लि° C 5) खो° C 6) °उक्खित्त CKS 7) ओ R^bCKS 8) पत्थ KS 9) °डि° R^b 10) °डन्त C 11) तो CK 12) तेण C 13) चल्ल° C 14) पुरओ C 15) S om. diesen Vers. 16) °म च्चिअ C 17) सोचओ C (lies संचिओ? cf. V 17 vl). संश्रित: K, गत: S 18) °अत्तं C 19) वहस्स C 20) मइलिआइं C

21a पश्यत für पेक्खसु: वेष्टे für वट्ठम्मि 23b = III 61 25a प्रतिष्ठापित für परि°: निष्कम्पाः für णिप्फन्दा 25b घटन्तां लङ्कापथे für घडेन्तु °वह 27b चलित für तुलिअ: भर für कअ und dieses als vl 28 pratika णेह für णेण 29 pratika अह 31a उच्चलित für उक्कित्त

जल-तणाअ-घडन्त-   अविभाविज्जन्त-घडण-मग्गोआसा ।
ण मुअन्ति एक्कमेक्कं   खुहिअ-समुद्द-विसमाहआ वि महिहरा ॥ ३२ ॥
पडिवह-पत्थिअ-सलिला   वेला-अड-पडिअ-महिहर-समक्कन्ता ।
जे च्चिअ अहिगम-मग्गा   जाआ ते चेअ णिग्गमा वि णईणं ॥ ३३ ॥
णिवडन्ति तुङ्ग-सिहरा   पवअ-विमुक्का अहोमुहा वि णल-वहे ।
भमिऊण मूल-गरुआ   जहेअ उम्मूलिआ तहेअ महिहरा ॥ ३४ ॥
विहुणेन्ति विहुव्वन्ता   करि-मअर-मुहाइ थिर-णिहित्त-णह-मुहा ।
मुह-पज्जत्त-दढुक्खअ-   कुम्भ-अड-भमन्त-केसरा केसरिणो ॥ ३५ ॥
पडिगअ-गन्ध-पसारिअ-   करि-मअर-च्छिण्ण-गलिअ-कर-पब्भारे ।
जाणन्ति णवर कुविआ   लवण-जलालिद्ध-वण-मुहे वण-हत्थी ॥ ३६ ॥
दर-घडिअ-सेउ-बन्धा   उप्पइऊण पवआ समुद्दुप्पइए ।
कड्ढन्ति जमल-कर-अल-   संदाणिअ-वक्ख-संपुडे धरणिहरे ॥ ३७ ॥
बन्धइ णलो वि तक्खण-   विसमुच्छलिअ-चल-केसर-सडुग्घाओ ।
तिअ-वलिअ-कर-पसारिअ-   हरि-हत्थुक्खित्त-महिहरो सेउ-वहं ॥ ३८ ॥
जं बहु-पव्वअ-जणिअं   विच्छूढ-समुद्द-पाअडं महि-विवरं ।
तं एक्को पडिरुम्भइ   वित्थारब्भहिअ-संठिओ धरणिहरो ॥ ३९ ॥
माअर-लद्ध-त्थाहं   णिमेन्ति जं जं धराहरं कइ-णिवहा ।
वज्झइ पुरओ-हुत्तो   काऊण पअं तहिं तहिं सेउ-वहो ॥ ४० ॥
समअं पवअ-विमुक्के   सेउ-वहम्मि समअं अभाअ-पडन्ते ।
परिपेल्लेइ रएइ अ   समअं च णलो पडिच्छिऊण महिहरे ॥ ४१ ॥
अवलम्बइ णल-घडिए   अभाअ-वलिआणिए घडेइ महिहरे ।
सेउ-वहस्स समुद्दो   उव्वेल्लन्त-सलिलो पवड्ढइ पुरओ ॥ ४२ ॥

---

1) °विहा° C 2) च्चि° C 3) °ण्णिन्ति C 4) दढ CS 5) प्रधावित R[d] 6) प° C 7) व° C 8) °मं R[s] (und R[s] fälschlich im Text). स्थाघं (sic) RUebers., स्थामानं K. गाधं S 9) ण° C 10) °हा° C 11) °ल्लइ अ R[II] (diese Worte, wie der gröste Teil des Verses von 2Hd am Rand, अ von 3Hd hinein corrigiert und von der Uebers. nicht bestätigt); पडिपेल्लइ C. प्रति° RUebers. 12) वद्दएइ (lies द°) C 13) so CRUebers.K. व R[d], aber R fälschlich auch im Text. 14) पडिआ° C. पतिता° K

36b मुखाः für मुहे 38a वज्र für चल 38b प्रसारण für °रिअ; आक्षिप्त für उ° 42b प्रलुठति für पवड्ढइ

जं जं आणेइ गिरिं रइ-रह-अक्क-परिमट्ठ-सिहरं हणुमा ।
तं तं लीलाइ णलो वाम-करुत्थङ्घिअं रएइ समुद्दे ॥ ४३ ॥

वित्थअ-सर-कमल-सिरे सेले दर-घडिअ-सेउ-संकन्त-लसिरे ।
जलणिहि-सेआ-लग्गा पाआल-धरा धरेन्ति सेआलग्गा ॥ ४४ ॥

वेला-अड-संवद्धा गओणिअत्तन्त-जल-रअ-विहुव्वन्ती ।
हल्लन्त-किरण-विडवा अन्दोलइ मरगअ-प्पहा वण-राई ॥ ४५ ॥

दन्तेसु वलिअ-लग्गा खोहुप्पित्थ-गअ-संपहारुक्खित्ता ।
करि-मअराण भुअंगा पडन्ति कालास-मण्डल-पडिच्छन्दा ॥ ४६ ॥

पव्वअ-वडणाइद्धो जो च्चिअ उअहिस्स पडिणिअत्तइ पढमं ।
सो च्चिअ सलिलद्धन्तो अणो-हुत्त-विसमं वलेइ णल-वहं ॥ ४७ ॥

खुहिअ-समुद्दत्थमिआ खुडेन्ति अक्खुडिअ-मअ-जलोज्झर-पसरा ।
चलणालग्ग-भुअंगे पासे व्व णिराअ-कड्ढिए माअङ्गा ॥ ४८ ॥

रअण-च्छवि-विमलअरा फल-रस-भरिअ-दर-भिण्ण-मरगअ-णिवहा ।
ओधुव्वन्ति तरंगा चुण्णिअ-मङ्ग-उल-पण्डुरअर-प्फेणा ॥ ४९ ॥

घडमाणेहि अ समअं भिज्जइ सेलेहि जेत्तिअं चिअ उअही ।
उच्छलइ तेत्तिअं चिअ उत्थङ्घिअ-मूल-सलिल-परिपूरन्तो ॥ ५० ॥

उद्ध-प्फुडिअ-णइ-मुहा णिअअ-ट्ठाण-सिढिलोसरन्त-महिहरा ।
अन्दोलन्त-समुद्दा अन्दोलन्ति व णहं धरणि-संखोहा ॥ ५१ ॥

अद्धुट्ठिअ-सेउ-वहं होइ खणं अद्ध-दिण्ण-हरि-हिअअ-सुहं ।
अद्धोवडअ-महिहरं अद्धोसारिअ-रसाअलं उअहि-जलं ॥ ५२ ॥

णिम्माओ त्ति सुणिज्जइ दूराइद्धम्मि साअरे सेउ-वहो ।
सो च्चिअ सलिल-भरन्तो थाआरद्धो व्व दीसइ णिअत्तन्ते ॥ ५३ ॥

---

1) च° C. 2) परिहट्टुग-महं R[B]C. 3) णो° C. 4) अर° C. 5) °म्भिअं R. 6) समुद्दा C. 7) अर C. 8) °रुक्कन्निआ C. 9) °लाअस R[?], °लायम C. 10) परि° R[B]. 11) प° C. 12) अग-अह° C, अन्यत. Ueberss. 13) वि ins. C. 14) चर° R. 15) ? so R, हु° CR[B]... हरित Ueberss. S. bei. 16) ओहु° C. 17) so C, °त्थंभि° R[?], °त्थंवि° R[B]. 18) पडिरू° C. 19) °द्दु° C. 20) CKS stellen 53 ... 52. 21) अद्व R[B] (gegen die Uebers.). 22) °द्व C.

---

43 steht vor 39. 49a हरिततर für भरिअ-दर. 49b अवकुभ्यन्ति für ओधुव्वन्ति. 50a अपि für अ. 50b उत्प्लवति für उच्छलइ. 51a अर्ध für उद्ध.

अवि पूरइ पाआलं ण अ[1] कुविअ-दिसा-गइन्द-गमण-विहाआ।
उअहि-विइसोआसा[2] पूरेन्ति महा-वराह-पअ-[3]णिक्खेवा ॥ ५४ ॥
जाअं महिहर-महिअं धाउ-अइ[4]-क्खलण[5]-सरस-पल्लव-राअं।
दुम-भङ्ग-तुवर-सुरहिं उप्पज्जन्त-मइरं व साअर-सलिलं ॥ ५५ ॥
संचालेइ समुद्दो जह जह विरल-ट्ठिअं धराहर[6]-णिवहं।
तह तह विराअ-सिहरो पूरिअ-विवर-त्थिरो घडइ सेउ-वहो ॥ ५६ ॥
पडइ ण णह-अल-घडिओ कड्ढिज्जइ ण मलआहि चिर-णिम्माओ।
घडइ ण समुद्द-सलिले घडिओ णेइ ण रसाअलाहि णल-वहो ॥ ५७ ॥
गअणम्मि उअहि-सलिलं सलिल-विमुक्के रसाअलम्मि णह-अलं।
दीसइ तीसु[7] वि समअं णह-सलिल-रसाअलेसु पव्वअ-जालं ॥ ५८ ॥
वेलालाण-णिअलिओ रसिऊण रसाअल-ट्ठिअं पि समुद्दो।
चालेइ सेउ-वन्धं खम्भं आरण-कुञ्जरो व्व वलन्तो ॥ ५९ ॥
पेल्लिज्जन्ति दढअरं जह जह पवणेहि खुहिअ-जल-[8]तणाआ।
ओहट्टन्ताआमा तह तह एक्कक्कमं[9] अडन्ति महिहरा ॥ ६० ॥
पवअ-भुअ[10]-गलत्थल्लिआ विप्पइण्ण-रअणा
धरणिहरा पडन्ति भअ-चुण्ण[11]-इंणर-अणा।
खुहिओ[12] साअरो[13] रसइ उण्णअं ण ईणं
मोअन्तो[14] व्व तिव्व-भअ-उण्णअं णईणं ॥ ६१ ॥
भरइ व दूराइद्धो धुव्वइ व पडन्त-धरणिहर-कद्दमिओ।
रुम्भइ व पडिणिअत्तो भिण्णो घडइ व मणि-प्पहाहि समुद्दो ॥ ६२ ॥
करि-मअराण खुहिअ-साअर-विसामिआणं
सेउ-वहम्मि पडिअ-गिरि-णिवह[15]-विसामिआणं।

---

1) ह् C 2) °वासा C 3) वि° C 4) so auch C 5) °इ° C 6) °धर R^b 7) °स R^{bb} 8) उणाअं C 9) एक्कि° C 10) °आ C 11) उम CK (da er पूर्ण übersetzt) 12) °अ C 13) समुद्दो C 14) मोव्वन्तो C 15) om. C

59a सलिलनिधिः für पि समुद्दो 60b अपवर्तमान für ओहट्टन्त (ob Var.? RUebers. अपसरत्) 63ab विपि श्रितानां und विश्रमितानां für विसामिआणं 63b रव für णिवह

समअं वण-गआण णिवहा[1] धरोमिआणं
[2]समुहं [3]आवडन्ति मअ-गन्ध-रोमिआणं ॥ ६३ ॥
उत्थङ्घिअ-दुम-णिवहा सुइरं परिमलिअ-सेउ-वह-पासल्ला ।
धाउ-कलङ्क-क्खउरा दूरं गन्तूण उव्वमन्ति तरंगा ॥ ६४ ॥
दीसइ मअ-उलेहि उअही णालो अणेहिं
समअं सेल-पडण-भअ-उण[4]-लोअणेहिं ।
जं खलिअं अईइ सलिलं णईण ऊरं
तं उद्धाइ पवअ-कलअल-विइण्ण-ऊरं ॥ ६५ ॥
इअ सअल-महि-अलुक्खअ- महिहर-संघाअ-णिम्मिअ-महारम्भं ।
णिअअ-च्छाआ-वडअर- सामलइअ[5]-साअरोअर-जलद्धन्तं ॥ ६६ ॥
विसमोसरिअ[6]-सिला-अल- दढ-घाउक्खित्त[7]-मच्छ-पच्छिम-भाअं ।
मज्झ-च्छिण्ण-भुअंगम- वेढुप्पीडण-विआरिअ-सिला-वेढं ॥ ६७ ॥
सेलुम्मूलण-संभम- गहिअ-प्फलिअ[9]-गअ-मग्ग-धाइअ[10]-सीहं ।
गिरि-सिहर-णिसण्णाणिअ- गिरि-पेल्लिअ-णिन्त-मुहल-जलहर-सलिलं ॥ ६८ ॥
पासल्ल-पडिअ-वण-गअ- रुद्ध-[11]महोज्झर-दुहा-पहाविअ-सलिलं ।
[12]धरणिहरन्तरिअ-ट्ठिअ- चन्दण-वण-मुणिअ-मलअ-सिहर-क्खण्डं ॥ ६९ ॥
वीई-पडिऊलाहअ[13]- थोउव्वेल्लिअ-दुमावलम्बन्त-लअं ।
विसम[14]-सिहरन्तरागअ- संवेल्लिअ[15]-साअरं घडेन्ति णल-वहं ॥ ७० ॥ कुलअं ॥
वित्थरइ सेउ-बन्धो विहुव्वइ धराहराहओ सलिलणिही ।
दिट्ठ-सुवेलुच्छङ्गं रसइ दिसा-इण्ण[16]-पडिरवं कइ-सेण्णं ॥ ७१ ॥
दीसन्ति भिण्ण-सलिले समुद्द-मज्झम्मि सेउ-बन्धक्कन्ता ।
संभम-कड्ढण-लुग्गा[17] भअ-चुण्ण[18]-पलाअ-सेल-पक्खद्धन्ता ॥ ७२ ॥

---

1) °हो C 2) °म्मु° R¹C 3) माव° C 4) वु° C 5) Conjectur. सामलिअ codd. 6) °मोवइअ C 7) °उक्खलिअ C = उच्चुटित K und खण्डित S 8) विमा° C 9) so C. भट्ट R: da भ्रंश् als simplex in diesem Gedicht sonst nicht vorkommt, aber nach Hem. IV 177 und bei K (allerdings nicht bei R) die regelrechte Uebers. von फिड् ist, erscheint diese Lesart als Skrticismus. 10) धारि° C (lies °वि°) 11) मु° CKS 12) °णिध° C 13) °ऊणा° C 14) विरल CK 15) संपीडिअ CS 16) कीर्ण RUebers. = तत S; दिम CK 17) अवरुग्णाः R¹¹¹ Uebers. (aus dem Comm. eingedrungen) 18) पु° R¹K

65a गज für मअ 65b घूर्ण für उण 65c वलित für खलिअं 67b विलीन für विआरिअ (so übersetzt K विराअ: aber Metr.) 72b लूनाः für लुग्गा

महिहर-पहर-क्खोहिअ- सलिल-परिक्खअ-विराअ-मूल-महिहरं ।
थोअ-त्थोओसरिअं बन्धेन्ति पवंगमा पुणो वि णल-वहं ॥ ७३ ॥

जह जह अच्चासण्णो उअहिं जेऊण होइ सेउ-वह-वरो ।
उच्छलइ धराहिहअं दूरं थोअत्तणेण तह तह सलिलं ॥ ७४ ॥

महिहर-पहरुच्छित्ता उअरिं सेउस्स जे पडन्ति खलन्ता ।
ते च्चिअ सलिलुप्पीडा होन्ति वलन्त-विसमा महा-णइ-सोत्ता ॥ ७५ ॥

देइ समत्त-च्छाअं दर-मिलिअ-सुवेल-महिहर-तडद्धन्तो ।
वीओआस-पहाविअ- तिमि-पूरिअ-साअरन्तरो सेउ-वहो ॥ ७६ ॥

जाहे सेउ-णिवद्धं धुणइ णलो विसम-संठिअ-महा-सेलं ।
ताहे चिरेण सअलो सअलक्कन्त-वसुहो णिअत्तइ उअही ॥ ७७ ॥

लहुइअ-पेसण-हरिसिअ- कइ-णिवह-णिसुद्ध-सेल-पहर-वलन्तो ।
णइ-सोत्तो व्व समुद्दो सेउ-सुवेलन्तरे मुहुत्तं वूढो ॥ ७८ ॥

जह जह णिम्माविज्जइ वाणर-वसहेहि सेउ-संकम-सिहरं ।
तह तह दहमुह-हिअअं फाडिज्जइ साअरस्स सलिलेण समं ॥ ७९ ॥

पाआल-मिलिअ-मूलो अव्वोच्छिण्ण-पसरन्त-सरिआ-सोत्तो ।
ठाण-ट्ठिओ वि पडिओ मुहम्मि धरणिहर-संकमस्स सुवेलो ॥ ८० ॥

मलउच्छङ्ग-गएण वि रहुवइ-पास-ट्ठिएण वाणर-वइणा ।
कइ-कलअलेण णाओ णिप्पच्छिम-सेल-पूरिओ सेउ-वहो ॥ ८१ ॥

आरम्भन्ते सअलो तिहाअ-विसमो दरट्ठिअम्मि णल-वहे ।
होइ दुहा अ समत्ते सो च्चिअ अण्णो पुणो पुणो वि समुद्दो ॥ ८२ ॥

मलउच्छङ्ग-पउत्तो चलन्त-वाणर-भरोणओ सेउ-वहो ।
गरुओ तिऊड-गिरिणा पल्हत्थन्तो दुमो दुमेण व धरिओ ॥ ८३ ॥

दीसइ सेउ-महा-वह- दोहाइअ-पुव्व-पच्छिम-दिसा-भाअं ।

---

1) पक्खु० C 2) सेउ C 3) om. C 4) ०क्खित्ता Rᵇ 5) ०ड० C 6) ०ड० C 7) वीअद्धन्त CK 8) सलिल० KS 9) ०इज्ज० C 10) कइ-वर C 11) फालि० C 12) ०लि० C 13) व्व CKS 14) मलअ-णिअम्बोसरिओ CKS 15) गु० Rᵇ

73a पतन für पहर 74a तटः für वरो 74b विस्तीर्यते (i. e. वित्थरइ) für उच्छलइ; स्तोकत्वे पि für थोअत्तणेण 78a चलन् für व० 79 fehlt. 80b मुख इव für मुहम्मि 82a सेतु für णल

ओव्वत्तोहअ-पासं [2]मज्झुक्खित्त-विसमं[3] णमन्तं व णहं ॥ ८४ ॥
मलअ-सुवेलालग्गो [4]पडिट्ठिओ णह-णिहम्मि साअर-सलिले ।
उअअत्थमण-णिराओ रवि-रह-मग्गो व्व पाअडो सेउ-वहो ॥ ८५ ॥
दीसइ पवण-विहुव्वन्त[6]-साअरोअर-परिट्ठिअ-महा-मिहरो ।
विअड-[7]पसारिअ-वक्खो उप्पअमाणो व्व महिहरो सेउ-वहो ॥ ८६[8] ॥
अरई थोऊसासा णिद्दा-णासो विवण्णदा दोव्वल्लं ।
सेउम्मि रइज्जन्ते रामादो रावणम्मि संकन्ताइं ॥ ८७ ॥
अह थोर-तुङ्ग-विअडो णेउं णिहणं [9]सवन्धवं दहवअणं[10] ।
दोहाइअ-सलिलणिही कअन्त-हत्थो व्व पसरिओ सेउ-वहो ॥ ८८ ॥
विसमेण पअइ-विसमं महिहर-गरुएण समर-साहस-गरुअं ।
दूरत्थेण वि भिसं[11] सूलेण व सेउणा दसाणण-हिअअं ॥ ८९ ॥
दीसन्ति खुहिअ-साअर- सलिलोल्लिअ-कुसुम-णिवह-लग्ग-महुअरा ।
सेउस्स पास-महिहर- [12]पअडन्तोव्वत्त-किसलआ कडअ-दुमा ॥ ९० ॥
थिमिओअहि-सच्छाआ कत्थ वि दीसन्ति महिहरन्तर-वडिआ[13] ।
फलिह[14]-सिला-अल-घडिआ मज्झ[15]-च्छिण्ण व्व सेउ-वन्धाआसा ॥ ९१ ॥
हिम-[16]पडणोत्थइआइं घडिआइ वि णल-वहम्मि णज्जन्ति फुडं ।
सिहराइ मिहरि[17]-वइणो मलअस्स अ मलिअ-चन्दण-सुअन्धाइं ॥ ९२ ॥
जाआ फुड-वित्थारा गओणिअत्तन्त-जल-रअ[18]-विहुव्वन्ता ।
पक्कग्गाह-समग्गा[19] सेउम्मि वि साअरस्स वेला-मग्गा ॥ ९३ ॥
सेलाइञ्छण[20]-पडिआ[21] सलिलोल्लिअ[22]-गरुअ-केसर-भरक्कन्ता ।
दीसन्ति दरुत्तिण्णा संकम-पासल्ल-संठिआ केसरिणो ॥ ९४ ॥

1) ओवत्तोभअ-वा° C 2) मज्झ C, ममु° (verlesen für मज्झु°) R^a und danach ममु° R^c (auch in der Uebers. ममुत्थि°, aber richtig im Comm.) 3) °समो° C 4) परि° CRUebers. 5) C stellt Vers 85, 86 um; K s. u. 6) विहिज्जन्त C 7) व° C 8) fehlt auch in S. 9) सं°(?) R^{1b} 10) दस° C 11) हि° C (und nicht etwa mit वि componiert) 12) पअल° C, प्रचलत् K, cf. zu IX 76. 13) °लि° C 14) °अ C 15) °द्धु° C (wohl für °ज्झु° 16) व° C, पटल KS (da sie जाल übersetzt) 17) °र CR^b (auch in der Uebers., aber richtig im Comm.) 18) °अर R^d 19) सगर्भाः KS 20) °इंचण C 21) वलि° C 22) °मिअ C

84b प्रवृत्त für ओ° 85–87 fehlen. 90b अपवृत्त für उद्वृत्त (ob Var.? da s. VIII 84 — अपवृत्त zu ओव्वत्त werden kann, ist auch diese Uebers. mit unsrer Lesart verträglich.) 92a अ-वगुण्ठितानि für ओत्थइआइं

[1]पुव्वावरोअहि-गआ दट्ठुं पुव्वावरोअहि-समुप्पण्णा ।
सेउ-पडिसिद्ध-पसरा पुणो ण पेच्छन्ति कुल-हराइ जलआरा ॥ ९५ ॥
दीसन्ति धाउ-अम्बा मारुअ-विहुअ-[2]धवलोज्झर-पडद्धन्ता ।
सेउस्स तुङ्ग-सिहरा उहअ-तल[3]-परिट्ठिआ धअ[4] व्व महिहरा ॥ ९६ ॥
अह णिम्मिअ-सेउ-वहं सेउ-वहब्भहिअ-थल-पइण्ण-महिहरं ।
चलिअं चलन्त-राहव- हिअअ-णिहिप्पन्त-रण-सुहं कइ-सेण्णं ॥ ९७ ॥
[5]पेच्छन्ति अ बोलन्ता संकम-दोहाइअ[6]-क्खविअ-वित्थारं ।
वलआ[7]-मुह-णिट्ठविएक्क-पास-वोच्छिण्ण-पाणिअं मअरहरं ॥ ९८ ॥
सङ्क-उल-धवल-कमले फुड-मरगअ-हरिअ-वत्त[8]-भङ्ग-णिहाए ।
विद्दुम-मिलिअ-किसलए उहअ-तडावद्ध-संकमम्मि णल-वहे ॥ ९९ ॥
संचरइ वाणर-वलं णमइ विसट्टन्त-महिहरो सेउ-वहो ।
ओआहिअ-पाआलं सव्व-त्थाम-गरुअं धरेइ समुद्दो ॥ १०० ॥ जुगलअं ॥
संचालेइ णिअम्बं धरेइ उअरिं तरंग-कर-पब्भारं ।
खम्भम्मि वण-गओ विअ आवद्धो सेउ[9]-संकमम्मि[10] समुद्दो ॥ १०१[11] ॥
उत्तिण्णा अ पवंगा सेल-[12]भरुव्वहण[13]-जणिअ-सेअ-तुसारा[14] ।
धाउ-मइले कर-अले पास-ट्ठिअ-महिहरोज्झरेसु धुवन्ता ॥ १०२ ॥
पत्ता अ दहमुहाणिअ- णन्दण-वण-पाअवोइअ-वणुद्देसं ।
जल-भर[15]-णिसण्ण-जलहर- भर-मोडिअ[16]-वण-लअं सुवेलुच्छङ्गं ॥ १०३ ॥
सोऊण समुत्तिण्णं [17]उअहिमविहविअ-विक्कमं कइ-सेण्णं ।
जाओ रक्खस-लोओ रक्खस[18]-णाहस्स पेलवाणत्ति-अरो ॥ १०४ ॥
जाव अ महोअहि-अडे[19] आवास-ग्गहण-वावडं कइ-सेण्णं ।
ताव[20] कअन्तेण कओ रावण-सीसम्मि वाम-हत्थ-प्फंसो ॥ १०५ ॥

---

1) पूर्वापरावर्तिगताः KS (da sie व्यत्यगात् übersetzt) 2) विअडो° C 3) ०ड R^bC 4) ०ओ(!) C 5) वोलन्ति अ पेक्कन्ता C 6) ०विअ C 7) ०डु° R^b. ०डुवा C 8) प° C 9) ०ल C 10) ०कमे व्व C 11) KS om. diesen Vers. 12) भरो° R^{II}2Hd 13) ०ल C 14) तुषारान् KS 15) ह° C 16) ०लि° C 17) उअहिं अ° C 18) लङ्का C 19) अले (aus ०लं corr.) C 20) अ ins. C

96a परिक्षिप्ताः für पडद्धन्ता 96b प्रतिष्ठिताः 98b नीयमाण für वोच्छिण्ण 99a युत für उल 100b द्विधाकृत für ओआहिअ 101a आश्चर्य für अविहविअ (also auch उअहिं) 101b गलितप्रतापजृम्भितः für पेलवा° etc. 105 fehlt.

रामस्स रावणस्स अ   लोआलोअन्तराल-णीसामण्णे ।
वड्ढन्त-णिअत्तन्ते   पाआरन्तर-दुहाइअम्मि पआवे ॥ १०६ ॥
जाआ लच्छीअ समं   सोहा महिअस्स साअरस्स पसण्णा ।
तिअस-जणिआणुराए   उत्तिण्णम्मि मअलञ्छणम्मि व रामे ॥ १०७ ॥

॥ इअ सिरि-पवरसेण-विरइए दहमुहवहे
अट्ठमो आसासओ ॥

107b. लञ्छिते für लञ्छणम्मि

अह पेच्छन्ति पवंगा सअल-जअक्कमण[1]-वड्ढिअ-महा-सिहरं।
णिट्ठविअ-दाहिण-दिसं सेस-दिसा-मुह-[2]वहाविअं व सुवेलं ॥ १ ॥
भुवणस्स[3] व महुमहणं भुवण[4]-भर-ज्झीण-महुमहस्स व सेसं।
सेसस्स व सलिलणिहिं सरिआ-वइणो विसम्भिअव्व-भर-सहं ॥ २ ॥
धरणि-[5]हरेअव्व-सहं उअहि-भरेअव्व-पव्वल-णइ-प्पवहं।
णह-माअव्व-समत्थं खअ-मारुअ-रुम्भिअव्व-जोग्ग-णिअम्बं ॥ ३ ॥
दूर-परिपेल्लिअ-दिसं दूरोणामिअ[6]-समत्थ[7]-पाआल-अलं।
[8]दूरअरुक्खित्त-णहं णवर करासण[9]-पाअव-प्फल-कुसुमं ॥ ४ ॥
पासल्लागअ[10]-सरिअं अमुक्क-पाआल-माअर-जलुच्छङ्गं।
आइ-वराहुव्वत्तण- खण-[11]पडिउद्ध-ट्ठिअं व मेइणि-वेढं ॥ ५ ॥
पाआल-भरिअ-मूलं वज्ज-मुहाओडण[12]-ट्ठविअ-णिक्कम्पं।
आलाण-क्खम्भं मिव सुर-हत्थि-क्खन्ध-णिहस-मसिणिअ-पासं ॥ ६ ॥
विमलिअ-रसाअलेण वि विसहर-वइणा अदिट्ठ[13]-मूल[14]-च्छेअं।
अप्पत्त-तुङ्ग-सिहरं तिहुअण-[15]हरण-परिवड्ढिएण[16] वि हरिणा ॥ ७ ॥
विच्छूढोअहि-सलिलं कडअ-भमन्त-भुअइन्द-दिण्णावेढं।
पास-ट्ठिएण रइणा करेहि हरिण[17] व्व मन्दरं उवऊढं ॥ ८ ॥
सेस-सिर-रअण-घट्टिअ- मणि-मूलुज्जोअ-हअ-रसाअल-तिमिरं।
विसमुद्ध-सिहर-संकड- पणट्ठ-रवि[18]-मण्डलन्धआरिअ-गअणं ॥ ९ ॥

---

1) oder जअ-क्क°: so nach der 2ten Erklärung bei R (= जयाय क्रमणं) 2) प्प° R 3) भुअ° R^{b} 4) भुअ° C 5) ध° C 6) °णामिअ R^{II} (Uebers. अवना°) 7) °त्त R^{h} 8) दूरुक्खित्त-णह-अलं C und wahrscheinlich S 9) °रालिद्ध C 10) °ल्लाअअ R^{b} und darauf führt R^{h} 11) वलिउ° CK 12) °ह C 13) °ट्ठ° C 14) मूलु° C. °लुच्छङ्गं R^{vl} 15) भ° R^{II}2Hd 16) °रिट्ठिए° C 17) °णेव्व C 18) °इ R^{h}

2a आसीण für ज्झीण 2b निपत्तव्य (i. e. णिसम्भिअव्व) für विसम्भिअव्व (? Ms. corrupt) 3a पव्वल. s. zu IV 25. 4a प्रतिपीडित für परिपेल्लिअ 7a विलुलित für विमलिअ; so immer s. IX 25, 83, cf. auch VII 62.

ससि-बिम्ब-पास-णिहसण- कमण-सिला-भित्ति-पमरिआमअ-लेहं ।
जोण्हा-जल-पक्खालिअ- विसमुम्हाअन्त-मुणिअ-रवि-रह-मग्गं ॥ १० ॥
सिहरालीण-मिअङ्कं विरल-ट्ठिअ-गहिअ-सलिल-जलअ-क्खण्डं ।
खुडिउव्वूढ-मुणालं णिमासु विसम-हिअ-कद्दमं व सुर-गअं ॥ ११ ॥
हरिअ-वण-राइ-पिसुणिअ- दूरअरालोअ-सिहर-सरिआ-मग्गं ।
पवणुक्खुडिअ-किलामिअ- मिअङ्क-पुट्ठि-पडिऊससन्त-किसलअं ॥ १२ ॥
दूरुद्धाडअ-सिहरं जलणिहि-जल-दिट्ठ-विअड-पाअड-पडिमं ।
उप्पाआसणि-पहअं उद्ध-प्फुडिअ-पडिएक्क-पासं व ठिअं ॥ १३ ॥
गुरु-भर-सेसाहि-प्फणा- वारं-वार-पडिरुद्ध-मूलुच्छङ्गं ।
खअ-मारुउक्खआणिअ- तुङ्ग-अडाअडिअ-भिण्ण-मेस-महिहरं ॥ १४ ॥
गहिअ-जल-मेह-पेल्लिअ- णिव्वाअन्त-णिहुअ-ट्ठिअ-महा-महिसं ।
णिहअ-गअ-कुम्भ-लोहिअ- सिला-अलोमुक्क-वद्ध-मुत्ता-वडलं ॥ १५ ॥
लवण-जल-सीहराहअ- दरुव्वमन्त-दुम-मुद्ध-पल्लव-राअं ।
सीह-रव-भीअ-पत्थिअ- णिउञ्चिएक्क-चलण-ट्ठिउक्कण-मअं ॥ १६ ॥
कडअ-परिपेल्लिआणं रड-अर-पाअडिअ-कन्दरा-भरिआणं ।
अब्भन्तर-ट्ठिआणं परिल्ल-पास-परिसंठिअं व दिसाणं ॥ १७ ॥
रअणिआमु दूरुग्गअ-सिह-रअणं तअं
सुह-णिमण-मअ-खण्डिअ-सिहर-अणन्तअं ।
कुविअ-राम-भिण्णोअहि-दढ-सर-णोल्लिअं
सिहर-लग्ग-ससि-मण्डल-णीमरणोल्लिअं ॥ १८ ॥

---

1) °रब्बो° C 2) °डिअ R^b (gegen die Uebers.) 3) so nur R^B (da R^B hier das Prâkṛt auslässt) und RUebers., °माहि° R^{Bb}, संगहिअ-दुमं C. K corrupt. 4) °कखलिअ C 5) °ल्लिमअ R^b 6) परि° CRUebers., प्रति° Comm., पतित (also पडि°) KS (da sie पृष्ठमङ्गोच्छ्रुसत् übersetzt) 7) मज्झ ins. C 8) om. C 9) °द्धु° C 10) पुल्लिणु° C 11) मारुअ-उकखाणिअ C 12) so auch C 13) मो° R^bC 14) C stellt Vers 15. 16 um. 15) मोअरा° R^b 16) so auch K. पडि° R^bCRUebers. 17) °व C 18) °ल्लिअ C 19) °आ° ist in R^B getilgt. 20) दि° C

10a निकम्पितशिखर für णिहसण-कमण 10b प्रक्षालित für पक्खालिअ 12b त्रुटन für उकखुडिअ (die Var. nur in dem Suffix, da K unser Verbum mit त्रुट् übersetzt) 13a उद्धावित, s. zu VII 35. 17b für परिल्ल eine corrupte Var., cf. IX 60. 18a राजतमुदूर für रअणिआमु दूर 18ab शिखरानन्तरं und शिखरतं ततं (! Reim) für सिह etc.

दूरोवाहिअ-मूलं   रवि-अर[1]-बोलीण-सिहर-णट्ठालोअं ।
अद्धत्थमिआआमं   जहेअ उअहि-सलिले[2] तहेअ णह-अले ॥ १९ ॥
पवणन्दोलिअ-चन्दण-   संघट्टुट्ठिअ[3]-सुअन्धि[4]-धूमुप्पीडं ।
दर-पीओअहि-गरुडअ-   सेसद्धन्त-जलआवलम्बिअ-सिहरं ॥ २० ॥
तल[5]-पडिहअ-साअरअं   उद्धोज्झर-विहुअ-सीह-रोमाअरअं ।
गह-माला-मेलिअअं   सिहर[6]-ट्ठिअ-चन्द-मण्डलामेलिअअं ॥ २१[7] ॥
ससि-पुरओ पसरिअअं   कुहरेसु णिवाअ-णिप्पअम्प-सरिअअं ।
मणिमअ-पासुत्तमअं   कणअ[9]-सिलासीण-सुहिअ-पासुत्त-मअं ॥ २२ ॥
[10]भिण्णुक्खित्त-परंमुह-   वलन्त-सद्दूल-गहिअ-गअ-कुम्भ-अडं ।
विल-पासुत्त-भुअंगम-   जल-धाराआर-णिग्गअ-मणि-च्छाअं ॥ २३ ॥
[11]अट्ठिअ-समुद्द-सीहर-   [12]दुप्परिमास-णिह-कराटअन्त-मणि-अडं ।
णह-लग्ग-मोत्तिआ-फल[13]-   गअ-सीसारूढ-णीहरन्त-मइन्दं ॥ २४ ॥
ओवट्ट[14]-कोमलाइं   वहमाणं मेह-विमलिअ-विमुक्काइं ।
कप्प-लआ-वसुआइअ-   पवणुद्धुअ-[15]धवल-अंसुआइ[15] वणाइं ॥ २५ ॥
आरूढोअहि-सलिले   अद्धुक्खअ-सरस-विसम-पासल्ल-दुमे ।
कुसुम-भरिए वहन्तं   फलिह-अडुत्ताण-पत्थिए णइ-सोत्ते ॥ २६ ॥
रवि-रह-तुरंगमाणं   [16]वाआइद्ध-सिहरोज्झरेहि[16] धुवन्तं[17] ।
थोओल्ल[18]-पग्गहाइं   लाला-फेण-लव-गब्भिणाइ[19] मुहाइं ॥ २७ ॥
दीहर-सिहरालग्गं   पज्जलिओसहि-सिहाहअं वहमाणं ।

---

1) रह CK 2) जले C 3) °घट्ट C (und R^{b} gegen die Uebers., also Fehler) 4) °न्ध C 5) so R^{IIb}RUebers., °डु R^{b}CK 6) °न्हु° C 7) S om. diesen Vers; C stellt 21. 22 um; K stellt 22.23.21. 8) °रा° CKS 9) कअण(!) R^{IIb}, कसण C, संनिकाप S 10) भिण C 11) so auch S (अग्रान्त), उट्ठि° C; K s. u. 12) दुप्फ° R^{II}2Hd 13) °अ-प्फ° C 14) °ट्ट R, °ट्ठ auch K pratika 15) °वलंसु° C, धअ-वडंसुआइ ($R^{bb}R^{II}$1Hd °णि!) R^{I}RUebers. (aber nicht Comm.) 16) so CK, वाउद्दुअ-सिहर-णिज्झ° R (णिज्झर ist Skrticismus, उद्दुअ Conject. zur Herstellung des Metr.) 17) धुअ° R^{b} 18) °उल्ल R^{b} (undeutlich) 19) °ब्भिआइ(?) R

19b hier नभस्तले (s. Note zu I 17b) 21a नित्य für उद्ध: शब्द für विहुअ 21b गणप्रमेलितं für माला-मेलिअअं; यत्त für चन्द 24 pratika अट्टअ (oder अट्ठिअ? Ms. corrupt) = शुष्क 24b निस्सरत् für णीहरन्त 25a विमलिअ s. zu 7a 25b उत्थापितविमल für उद्दुअ-धवल (im Text also °णुट्ठविअ-विमलंसु°: eine offenbare Conject., um den Bruch des saṃdhi zu beseitigen; cf. K zu I 52. IX 77. XI 74) 26a मूल für सरस 27a °रोद्धावन्तं für °रेहि धु°

पाअडिअ-मअ-कलङ्कं णिसासु कज्जलइओअरं व मिअङ्कं ॥ २८ ॥
उद्धरिअ-धरणि-विअडं आइ-वराह-हिअ-[3]वङ्क-दूरोआढं ।
णइ-सोत्तेहि भरन्तं खअ-रइ-संताव-सोसिअं मअर-हरं ॥ २९ ॥
अणाआगमण-दिसे पुरओ-[4]पडिसह-भेसिअ-णिअत्त-मए ।
विवर-भरिए वहन्तं उक्कणिअ-वण-गए मइन्द-णिणाए ॥ ३० ॥
तामरस-रआअम्बं सरेसु सुव्वन्त-महुर-मर-आअम्बं ।
गहिआमिस-हरि-अडअं[6] वेलाणिल-[7]सीहरोल्ल-वण-हरिअडअं ॥ ३१ ॥
मिलिअ-समुद्दद्धन्ते पाअड-णह-मण्डले पहुत्त-दम[8]-दिसे ।
उअत्थमिअ-दिणअरे भुवण[9]-विहाए व्व कन्दरे वहमाणं ॥ ३२ ॥
उच्छलिओअहि-भरिए थोअ-त्थोओसरन्त-णिव्वूढ-जले ।
आइ-महुरे वहन्तं पुरओ-हुत्त-लवणे मिहर-णीसन्दे ॥ ३३ ॥
रअण-च्छवि-हुव्वन्तं वलन्त-सेस-[11]पिहुल-प्फण-विहुव्वन्तं ।
सर-परिवड्ढिअ-कमलं कडअ-लआ-लग्ग-सूर-रह-[12]अक्क-मलं ॥ ३४ ॥
णह-णीले वहमाणं उम्हाहअ-महिस-मग्गिओवरण[13]-वहे ।
पास-पसरन्त-किरणे मअ-तण्हावेढिए सरे व्व मणि-अडे[14] ॥ ३५[15] ॥
गअ-मलिअ-तमाल-वणं सीह-मुहोरुद्ध-रअअ-सिहर-क्खण्डं ।
महिसाहअ-कसण-सिलं अणुरुअ-ट्ठाण-मुक्क-वणअर-रोसं ॥ ३६ ॥
केसरि-[16]चलण-[17]तलाहअ- भिण्ण-पडण-गअ-कुम्भ-[18]मोत्ता-रअणं ।
वण-दव-भीअ-पहाविअ- गअ-उल-मलिअ-णइ-संगमोत्तार-अणं ॥ ३७ ॥
कडअ-वलन्त[19]-रवि-रहं तल[20]-वण-राइ-[21]पडिघोलिरुब्भड-तारं ।
पासल्ल-णिसमणस्स[22] वि उअरिं वीअ-[23]भुअणस्स व णिसम्मन्तं ॥ ३८ ॥

---

1) ०ल्लिअ C 2) ०लिओ० R^b 3) प० C 4) परि० C 5) भी० R^b 6) दहअं C 7) सीभ० C, सीअ० R^b 8) ०ह C 9) ०अ० C 10) वि० C 11) तडा० C 12) च० C 13) ०ओअर० C 14) so auch C 15) S om. diesen Vers. 16) ०र० C 17) तडा० R^b (तला० Uebers.) 18) मु० R^U 19) ०डु० C 20) so R^bb, तड R^U CKS, तरु R^B, ताल(?) RUebers. Comm. 21) पलि० C 22) परिसंठिअस्स C 23) भुव० R^b

---

29b पूरयन्तं für भरन्तं; so auch IX 51 2mal; da भर् „füllen, voll sein" sonst von K in der Uebers. durchaus beibehalten, aber oft durch पूर् glossiert wird, liegt hier wohl nur eine eingedrungene Glosse vor. 30b आकर्ण(sic! corrupt) -वनचरान् für उक्कणिअ-वण-गए 33a सलिलान् für भरिए 34a विपुल für पिहुल; dieses Wort scheint den südl. Mss. überhaupt fremd zu sein: s. K zu IV 52. VII 10. XII 92 (III 50 ist das Ms. verstümmelt). Hâla 313 vl. 36 steht hinter 10. 36a नखक्षिप्त für मुहोरुद्ध 38b एव (? corrupt) त्रिभुवनस्य für वीअ-भु०

अद्ध[1]-च्छिण्ण-रवि-अरे असमत्त-पहुत्त-सअल-चन्द-मऊहे ।
छिण्ण-कडए वहन्तं उद्धाअ[2]-णिअत्त-गरुड-मग्गिअ-सिहरे[3] ॥ ३९ ॥
सुर-वहूण हिअअ-ट्ठिअ-रअ-णव-सारअं
साअरस्स रइअं मिव[4] रअण-वसारअं ।
णलिणि-वत्त-उड[5]-जाअ-महुर-सामोअअं
वउल-वण-णिम्महन्त-महु-रसामोअअं ॥ ४०[6] ॥
तिव्व-जरढाअवाहअ- हरिआलामोअ-विम्हराइअ-हरिणं ।
संखाओअहि-सीभर- लवण-रसासाअ-महिस-लिअन्त-सिलं ॥ ४१ ॥
तुङ्ग-रअअ-सिहरुग्गमेहि तारं गअं
सीह-णिहअ-गअ-लोहिअ-मोत्ता-रङ्गअं ।
गरुअ-धीर-णिव्वाहिअ-वहु-जुअ-संखअं
उअहि-सलिल-संकन्त-मरुज्जुअ-मङ्खअं ॥ ४२ ॥
पणि-[7]पहम्म-सामोअअं मणिप[8]-हम्म-सामोअअं ।
सरस-रण-णिद्दावअं सर-मरण-णिद्दा-वअं ॥ ४३ ॥
दरिअ-रक्खसामोअअं दरि-अरक्ख-सामोअअं ।
विसअ-रुप्प-हाअन्तअं विस-अरु-प्पहाअन्तअं ॥ ४४ ॥
जरढ-विसोसहि-वेढिअ- भुअंग[9]-परिहरिअ-चन्दण-दुम-क्खन्धं ।
वोलन्त-विसहर-प्फण- मणि-प्पहाहअ-विराइअ-दुम-च्छाअं ॥ ४५ ॥
फडिह[10]-किरण-णिवहेहि धरणि-धवलाअअं[11]
मुव्वमाण-सुर-सुन्दरि-मुद्ध[12]-वलाअअं[13] ।
पलअ-समअ-सलिलेण वि असअल-धोअअं
विवर-णिन्त-णव-चन्द-सरिस-अलधोअअं ॥ ४६ ॥

---

1) °द्धो° C 2) उप्पद्दअ $R^{v}C$ 3) °रं C 4) मिअ $R^{b}C$ 5) °ल C 6) KS lassen hier Vers 41 folgen. 7) so $R^{fb}K$ (pratika), प्प° °प्प $R^{b}C$ 8) °ह ह° C 9) विसहर C 10) °लि° C 11) धरणावअं C 12) °ह(?) C 13) °वअं R^{b}, पलावअं C

39b भिन्न für छि°: अज्ञात für उद्धाअ 42a रत्न für रअअ 42ab ताराग्रं (? corrupt) und लग्नं (also तालग्गअं und °त्ता-लग्गअं) für तारं गअं und रङ्गअं 42d सरिद्युत für मरुज्जुअ 44b पातं und आर्तं (? corrupt) im Reim (also °अत्तअं) 45b विलीन für विराइअ (also विराअ, aber Metr. cf. zu VIII 67)

रम्म-अन्द-राअ-च्छअं रम्म-अन्दरा-अच्छअं ।
मग्ग-ग्गह-णिसा-मग्गअं मग्ग-ग्गहणि-सामग्गअं ॥ ४७ ॥
पङ्कुत्तरन्त-लङ्घिअ- परिवत्त-वराह-वञ्चिआहअ-मीहं ।
सर-सलिलोअर-णिवडिअ- णिअअ-भरत्थमिअ-कणअ-पल्लव-गोच्छं ॥ ४८ ॥
णह-सिरिं सअल-णील-मेह-लावण्णिअं
वद्ध-जोइसाउव्व-मेहला-वणिअं ।
सिहरेहिं वाहूहि व पच्छाअन्तअं
मणुअं दिसाणं मिव पच्छाअन्तअं ॥ ४९ ॥
अ-सुर-वन्दि-साहारणं असुरवं दिसा-हारणं ।
सूरअं तम-णिवालअं सूर-अन्त-मणि-वालअं ॥ ५० ॥
हरिणा वलि-महि-हरणे समए जलएहि जलणिहोहि जुअन्ते ।
जं ण चइअं भरेउं तं देहेण भुअणं भरेऊण ठिअं ॥ ५१ ॥
अत्थाअं व वहन्तं जालन्तर-णिग्गउद्ध-अब्भ-मऊहं ।
आसण्ण-सिहर-वण-दव- वोलीण-पणट्ठ-मण्डलं दिअसअरं ॥ ५२ ॥
वडवा-मुह-संतावे भिण्ण-अडे अ गरुए तरंग-प्पहरे ।
अविरहिअ-कुल-हराण व सरिआण कएण साअरस्स महन्तं ॥ ५३ ॥
रअणेसु उव्वहन्तं एक्कक्काअम्ब-मणि-सिला-संकन्तं ।
मुद्ध-मिअङ्क-च्छाअं खुर-मुह-मग्गं व रइ-तुरंगाण ठिअं ॥ ५४ ॥
विसम-परिसंठिएहिं विसमुद्धाइअ-लआ-हरोत्थइएहिं ।
कञ्चण-सिला-अलेहिं छिण्णाअव-मण्डलेहि व परिक्खित्तं ॥ ५५ ॥
अप्पत्त-दिणअराइं आअव-भअ-सिहर-संठिअ-भुअंगाइं ।
कडएहि उव्वहन्तं वणाइ उद्ध-परिवड्ढिअ-च्छाआइं ॥ ५६ ॥

---

1) णो° °णो R 2) °अन्त C 3) °लोवरि C 4) णु° R^{B} (von 211d am Rande, wie der grösste Teil dieses Verses) 5) °जल C 6) om. R 7) मुद्ध C 8) oder °हि °हिं 9) वामअ KS (nämlich निवासं und पार्श्वं) 10) °वं C 11) so auch C 12) °गम R^{3b} (gegen die Uebers.) 13) °ण om. C 14) जलणिहिस्स C 15) एक्क° C 16) °व C 17) हर-त्थ° CK 18) °रिट्ठिअ C

49a सेक für णील 50 stellt die Halbverse um. 51b पूरयितुं, °यित्वा, s. zu IX 29. 52. 53 sind umgestellt. 53a कटकान् für अडे 55a उद्दावित, s. zu VII 35.

तुङ्गत्तण-पज्जत्ते वित्थअ-विक्खम्भ-सिट्ठ-मुह-वित्थारे।
तिअस-गआण वहन्तं दन्त-प्फलिह-ज्जुअलङ्किए कडअ-अडे[1] ॥ ५७ ॥
तिअस-गआण वहन्तं हत्थुम्हाहअ-किलन्त[2]-पल्लव-राए।
कड-परिघोलण[3]-कविले चिर-वूढ-विमुक्क-पारिआअअ[4]-विडवे ॥ ५८ ॥
पासाअअं[5] वहन्तं मणि-कडअ-मऊह-धवलिअ-मअ-च्छाअं।
पुट्ठोवइअ[6]-महोज्झर- जल-घाउव्वत्त-मण्डलं व मिअङ्कं ॥ ५९ ॥
सलिल-दर-धोअ-कुसुमं दीसन्तोवरि-परिल्ल-जरढालोअं।
मअरहरस्स वहन्तं अब्भामब्भहिअ-सामलं वण-राइं ॥ ६० ॥
तिअस-गआण वहन्तं दूरुण्णिअ[7]-मग्ग-णह-णिअत्त-महुअरे।
ओवअण-पअत्तन्ते उप्पअण-पणट्ठ-णिग्गमे गइ-मग्गे ॥ ६१ ॥
[8]थोआहअ-तिमिराइं वहमाणं थोअ-णिग्गअ-मऊहाइं।
णिन्तग्गि-गब्भिणाइ व थोउत्तिण[9]-रअणङ्कुर-ट्ठाणाइं ॥ ६२ ॥
मोडिअ[10]-पव्वाअ-दुमे उव्वेल्लावेढ-भग्ग-पुञ्जइअ[11]-लए।
वण-गअ-जुज्झ-परिमले वहमाणं पहर-पडिअ[12]-दन्त-प्फडिहे[13] ॥ ६३ ॥
मन्दर-पहरुच्छलिए अज्ज वि वित्थिण्ण-मणि-[14]पहम्म-णिहित्ते।
जलणिहि-जल-वोच्छेए अणिग्गआमअ-रसे समुव्वहमाणं ॥ ६४ ॥
जल[15]-संखोहालग्गं[16] वहमाणं विसम-भग्ग-पत्तण-णिवहं।
राहव-सर-संघाअं वज्ज-मुह-क्खुडिअ[17]-पक्ख-सेसं व ठिअं ॥ ६५ ॥
कुम्भोवग्गण-णिवडिअ- करि-हत्थुक्खुडिअ[18]-सीह-केसर-भारं।
महअरि-[19]विरुआअण्ण- वलन्त[20]-भमर[21]-परिवत्तिअ[22]-लआ-कुसुमं ॥ ६६ ॥
हिम-सीअले वहन्तं पवणोमास-विसमोससिअ[23]-सेआले[24]।
दिअसासार-क्खुडिए[25] दर-वसुआअ-सलिले ससि-मणि-प्पवहे ॥ ६७ ॥

1) so auch C 2) °लि° C 3) पडि° R^b (Uebers. परि°). पडिओडण corr. in पडिवो° C 4) °रिआअ R^bC (R^b auch in der Uebers. °जात gegen °जातक der andern). in R^{II} scheint das °अ wieder getilgt. 5) °गअं R^b (ein entschiedener Fehler, da RUebers. पार्श्वागतं पार्श्वायितं वा hat), अङ्काअअं C 6) पुट्ठा° CKS 7) °ल्लिअ C 8) थोरा° C 9) °ब्भिण CKS 10) °लि° C 11) पुञ्जिअ(!) C 12) वल्लिअ C 13) °लि° C 14) प्प° C 15) झर KS 16) °ग्गे C 17) उत्खण्डित RUebers. 18) हस्तख° RUebers. 19) वि° om. R^b (auch in der Uebers.) 20) °ड° C 21) °मि° C 22) °अत्तिअ C 23) °मूस° C 24) °वा° C 25) °लि° C

57b जतान् कनक für अङ्किए कडअ 58b मूढ für वू° 60a परिवृत्त für परिल्ल 61a अन्वित für उण्णिअ 64b विस्कंदान् für वो° 65b बाणसमूहं für सर-संघाअं 67a आघात für ओमास

विसमुल्ललिअ-परिमले कमलिणि-वत्त-[1]परिघोलिर-जल-च्छाए ।
मरगअ-सिला-अलोवरि- पवित्त[2]-पारअ-रसे समुव्वहमाणं ॥ ६८ ॥
आरुहइ व दिवस[3]-मुहे उद्धाअन्तुद्ध[4]-मण्डलाउर[5]-तुरओ ।
सम-मण्डल-वोलीणो ओअरइ व जं दिणावसाणम्मि रई[6] ॥ ६९ ॥
छुन्दन्ति जत्थ वन्थे[7] णिसासु विसम-परिहार-परिअत्तन्ता ।
कडएसु कउज्जोआ पुरओ-बोलन्त[8]-तारआहि[9] वणअरा ॥ ७० ॥
पिअअम-विओइआणं जत्थ अ सिहर-मिलिअं [10]चिलाअ-वहूणं ।
वोलेइ याह-मइलिअ- कुसुमञ्जलि-समुह[11]-ताडिअं[12] ससि-विम्बं ॥ ७१ ॥
णह-अलं[13] व गह-सोहिअं सविमाणअं
सिहर-रुद्ध-खअ-मारुअ-रहस-विमाणअं ।
रअण-सिहर-किरणुग्गमेहि घण-राअअं
दरि-मुहेसु गुप्पन्त-सीह-घण-राअअं ॥ ७२ ॥
जम्मि समत्त व्व दिसा झीण व्व मही कआवसाणं व णहं ।
अत्थमिओ व्व समुद्दो णट्ठं व रसाअलं णिसण्णं व जअं ॥ ७३ ॥
जस्स सिहरेसु वहुसो वलन्ति वलमाण-जुअ-वलन्त-क्खन्धा ।
भीआरुण-परिवत्तिअ[14]- घोणा-घोलन्त-चामरा रइ[14*]-तुरआ ॥ ७४ ॥
दीसन्ति जोइस-वहे णिसासु वोढूण कुसुम-णिवहं व जहिं ।
गहिअ-पढमुच्चआइ[15] व पहाअ-वोच्छिण्ण-तारआइ वणाइं ॥ ७५ ॥
जत्थ अ गमेन्ति णिद्दं णिसासु णीसास-विहुअ-पेलव-जलआ ।
चन्द-[16]परिमास-पअडिअ- ससि-मणि-सलिलोज्झराहआ वण-महिसा ॥ ७६ ॥

---

1) पलि° C 2) परिन्त C: kann natürlich auch परित्त gelesen werden, aber K hat पर्यंत und im Comm. परियत् 3) °अ° R^b 4) °अणद्व C 5) °गुल C (lies °उल) 6) °वी C 7) sic codd. 8) °ले° C 9) °र्णहि C 10) Conjectur; वि° R^b, कि° die andern 11) विसम C 12) °लि° C 13) अल व्व R^{IIb} 14) °अत्तिअ C 14*) °वि C 15) °मोच्च° C, °मापच° K 16) मति° RUebers.

68a म्लवीन् für च्छाए (Ms. scheinbar म्लविं gegen Metr.: da aber ि und े in Telugu-Mss. nicht geschieden werden, und da K statt न्न constant म schreibt, ist meine Lesung sicher.) 70a प्रचार für परिहार 75b विभात für प° (so immer, auch oben V 11): विच्छिन्न für वो° 76 steht nach 60. 76b विगलित für पअडिअ: निर्यत् S beruht entweder auf dieser Lesart oder auf der Auffassung von पअडिअ als प्रचलित oder °गलित. KS erkennen nämlich die von R als Formen von प्रकट् gefassten Bildungen, welche den Vocal der ersten Silbe nicht dehnen, nicht als solche an: s. VIII 90 (S lässt hier पअडन्त unübersetzt) X 44.

जत्थ अ सिहरावडिअं वलइ सिला-भित्ति-विसम-पासल्लइअं ।
भुअइन्द-मणि-णिहंसण- पणट्ठ-उज्जोअ-संचअं ससि-बिम्बं ॥ ७७[1] ॥
आमोइअ-पाआलो जस्स खउप्पाअ-कम्प-णिद्दअ-विहुओ ।
पव्वालेइ महि-अलं अवलिच्छिअ[2]-सेस-साअरो मअरहरो ॥ ७८ ॥
जत्थ भमन्ति णहङ्कुस- सिहर-समासण्ण-मुहल[3]-कड्ढिअ-जलआ ।
मुह-पडिअ[4]-विज्जु-मण्डल- दर-पज्जलिअ-धुअ-केसरा केसरिणो ॥ ७९ ॥
ओज्झर-मज्जण-सुहिआ जत्थ पुणो वि दिवसाअव-किलिम्मन्ता ।
णिव्वाअन्ति णिसण्णा खन्धुग्घुट्ठ[5]-हरिअन्दण[5a]-दुमेसु गआ ॥ ८० ॥
जत्थ अ भमिर[6]-महुअरं कडअ-लआ-लग्ग-धवल-चामर-पम्हं ।
ससिउद्धुअ-कुसुम-रअं णज्जइ तुरिआण[7] रइ-तुरंगाण गअं ॥ ८१ ॥
अञ्जण-राएण सइ धूसरन्तआइं
गण्ड-अलेसु खलिअ-विसमासरन्तआइं ।
सुर-वन्दीण णअण-गलिआइं अंसुआइं
कप्प-लआण जत्थ मइलेन्ति[8] अंसुआइं ॥ ८२ ॥
एक्क-सिहरे समप्पइ जस्स अ मासविअ[9]-मलिअ-दुम-संघाओ ।
सइ दक्खिणुत्तराअण- णह-गमणागमण-विलुलिओ रइ[10]-वन्धो ॥ ८३ ॥
जेण भर-भिण्ण-वसुहं अप्फुण[11]-रसाअलं समोत्थइअ-णहं ।
सव्व-दिसा-विच्छूढं परिवड्ढन्तेण वड्ढिअं व तिहुअणं ॥ ८४ ॥
गन्धावइ[12]-महुअरा वसन्ति जत्थ समअं सुर-[13]अणाणुगआ ।
अण्णाण्ण-पडिऊला एक्क-क्खम्भल्लिआ[14] सुर-गअ व्व उदृ ॥ ८५ ॥

---

1) S hat diesen Vers nach 80. 2) अवडिटिअ C 3) विसम C 4) वलिअ C 5) खुंडु° C. °घुट्ठ codd. 5a) °चन्द° C 6) °मिअ R^b (gegen die Uebers.) 7) तुरआण C 8) मलिणेन्ति C 9) सोसिअ R^b 10) °वि C 11) अप्पु° R^B 1 Hd R^b, °प्फुल्ल C^1 2 Hd C^2 12) गन्धाअन्त (oder °न्त) C 13) गणा° C 14) so stelle ich metri c. her aus स्तंभालीना: K und क्खंभ-णिअलिआ (i. e. अलिआ, corrigiert aus, oder glossiert durch, णिअलिआ) C: die Gruppe ल्लि war in der Vorlage von C unleserlich; in C^1 ist sie mechanisch nachgemalt und gleicht einigermassen ज्ञि; in C^2 wird sie direct so gelesen. Zu der Form अल्लिअ cf. अल्लिअइ etc. (Hem. und unser Index) und वोलिअ (Hâla). क्खंभ-णिअलिअ- (= „gefesselt") R gegen Metr.; स्तंभावरुद्धा: S entscheidet nichts, da auch आलीना: von K mit नियमिता: glossiert wird.

77a बन्ध für विसम und dieses als vl 77b संवन्ध für पणट्ठ, s. zu IX 25. 78 pratika उम्मोइअ 84a अवघूर्णं für अप्फुण: °स्थगित für °त्थइअ 85a अनुचरा: für अणुगआ

दीसइ विवलाअन्तो जत्थ समासण्ण-दहमुह-भआविग्गो[1] ।
सिहरन्तराल-[2]पडिलग्ग-मोइआणिक्क[3]-मण्डलो दिअसअरो ॥ ८६ ॥

जत्थ अ मआण मणहर- किंणर-[4]गीअ-सुहिआणिमिल्लच्छाणं ।
विसमिअ-रोमन्थाणं एइ विउद्धं चिरेण रोमं थाणं ॥ ८७ ॥

तीर-परिन्त[5]-मुहल-कलहंस-रोअएसुं[6]
कुविअ-गइन्द-वद्ध-कलहं सरोअएसुं[7] ।
कुमुअ-वणाण जत्थ णह-अन्द-लग्गआणं
रवि[8]-अर-दंसणे वि ण हअं दलग्गआणं ॥ ८८[9] ॥

वलमाणम्मि महुमहे जत्थ अ पाउच्छलन्त-रअणुज्जोअं ।
विअडं फण-पब्भारं गाढ-भरुत्ताणिअं णिमेइ अणन्तो ॥ ८९ ॥

दीसइ कडअल्लीणो जस्स अ विवर-[10]सरिसुब्भड-मअ-च्छाओ ।
अवहोवास[11]-मऊहो सिहरुज्झर[12]-भिण्ण-मण्डलो व्व मिअङ्को ॥ ९० ॥

मज्झ-करालाइ जहिं तिण्णि वि समअं णिरन्तर-पहुत्ताइं ।
थोरुण्णए हरि-भुए वलआइ व भुअण-मण्डलाइ ठिआइं ॥ ९१ ॥

सोसिअ-दुमा रइ[13]-वहा णव-वण-राइ-सुह-सीअरा[14] ससि-वन्था ।
जत्थ वणन्तर-तणुआ णवर ण णज्जन्ति तारआ-गइ-मग्गा ॥ ९२ ॥

अलअ-[15]पडिलग्ग-गन्धं तिअस-वहूणं मिला-अलोत्थअ-मलिअं ।
अक्खिवइ जत्थ पवणो [16]ओसुक्खन्त-[17]सुरहिं तमाल[18]-किसलअं ॥ ९३ ॥

पवणाहअ-पल्हत्था दरीसु जस्स[19] अ पुणो वि[20]लग्गन्ति णहं ।
पडिसोत्त-पत्थिउम्मुह- मुहुत्त-पीअ-[21]सलिलोज्झरा सलिलहरा ॥ ९४ ॥

---

1) ०ओवि० C 2) परि० CR^b (Uebers. प्रति०) 3) ०अणिक्क R^a (auch im Comm.), ०इअ-आ० R^b 211d 4) ०रुगी० C 5) so C, पर्यत (i. e. परियत्: so der Comm.) K, पविक्त R^b, पअत्त R^a (cf. VI 57, VII 50, IX 68, XIV 57) 6) ०एअं C 7) ०इ R^b 8) oder -आणं 9) S om. diesen Vers. 10) विसमु० C 11) ०आस R^b 12) so R^{ab}, ०रोज्झर R C 13) ०वि C 14) ०ला C 15) पलि० C 16) सल्लिलं C 17) ओसुंभ० C 18) सुर-हित्त-मणि(?) C 19) जत्थ C 20) oder विन्न०: so CK und wahrscheinlich S 21) सिहरो० CKS

87a गोति für गोअ 89b निनिपति für णिमेइ (wohl keine Var., da bei der Uebertragung dieses Verbums beide Uebers., wie auch Hem. IV 199. 258 zwischen mehreren Wörtern schwanken.) 93a वहू für वहूणं und ins. अन्तर hinter तन

अहिट्ठ-गअ-पणोल्लिअ- पडन्त-तड-घाअ-मुच्छिउट्ठिअ-सीहे ।
सद्दूल-रव-विसंठुल- णिवडिअ-अण्णोण्ण-लग्ग[1]-किंणर-मिहुणे ॥ ९५[2] ॥
तुङ्ग-अडोज्झर-मुहले जस्स अ कसण-मणि-गण्ड-सेलच्छन्ते ।
सेवन्तीण ण पत्तो तिअस-वहूण सिढिलत्तणं अणुराओ ॥ ९६ ॥ जुग्गअं ॥

॥ इअ सिरि-पवरसेण-विरइए दहमुहवहे महाकव्वे
सुवेलवण्णणो णवमो आसासओ ॥

1) विहल्ल C 2) KS om. diesen Vers.

अह णिअअ-महिहरेसु[1] व सुवेल-सिहरेसु णिव्वडिअ-वीसत्थं।
परिसंठिअं हअम्मि[2] व अहअम्मि वि[3] दहमुहे पवंगम-सेण्णं ॥ १ ॥
रइणा वि अणच्छुणा[4] वीसत्थं मारुएण वि अणालिद्धा।
तिअसेहि वि परिहरिआ पवंगमेहि मलिआ सुवेलुच्छङ्गा ॥ २ ॥
रिउ-णअरि त्ति सरोसं जणअ-सुआ एत्थ णिवसइ त्ति सहरिसं।
पहुणा लङ्काहिमुही उहअ-रसन्दोलिआ विइण्णा दिट्ठी ॥ ३ ॥
तो सुअ-रामागमणो पवअक्कन्त-सिहरेण जाआमरिसो।
रोसेण गलिअ[5]-धीरो समं सुवेलेण कम्पिओ दहवअणो ॥ ४ ॥
ताव अ आसण-ट्ठिअ- कइ-वल-णिग्घोस-कलुमिअस्स भअअरं।
दहवअणस्स समोसरिअ-परिअणं मुअइ दिट्ठि-वाअं दिअसो[6] ॥ ५ ॥
सुर-गअ-णहस्स रइणो कड्ढन्तस्स णलिणिं व दिअस[7]-च्छाअं।
वलइ हरिआल-कविलो कमल-रअ-क्खउरिओ व्व कर-पब्भारो ॥ ६ ॥
ओलुग्ग[8]-प्फरिसाणं[9] [10]झिज्जन्त-पसारिआअव-णिराआणं।
आआमिज्जन्तीण[11] व जाअं तलिणत्तणं[12] दुम-च्छाआणं ॥ ७ ॥
दीसइ विद्दुम-अम्बं सिन्दूराहअ-गइन्द-कुम्भ-च्छाअं।
मन्दर-धाउ-कलङ्किअ- वासुइ-मण्डल-णिअक्कलं[13] रइ-बिम्बं ॥ ८ ॥
मउलेन्ति दिसाहोआ[14] छाआ-सामलइओआरं महि-वेढं।
दिअसो[15] कलावसेसो सिहरालग्ग-तणुआअवा धरणिहरा ॥ ९ ॥

---

1) महि-अलेसु C 2) °म्मिअ C 3) अ C 4) so C³. अणु° RC⁵ (अनुत्सुका: RUebers.), अनवद्धु° (Uebers.) oder अनु° (Comm.) K 5) °मि° C 6) °हो C 7) °ह C 8) °रु° R¹K pratika 9) फरिसआणं C 10) खि° C 11) °न्ताण R C 12) तडिअत्तणं C 13) so R¹C. नअक्क° R⁵. णिक्क° C (beides nur verschrieben für unsre Lesart). णिचक्क° R¹¹. वर्तुलं S 14) °भोआ C 15) °हो C

1a विस्रब्धं für वीसत्थं: so 7mal, nämlich ausser hier X 2. 55. 80. XII 19. XIV 17. 71, gegen 2mal विश्वस्त VIII 19. XI 137 (V 31 Lücke). 3 steht als XII 26. 3a अत्र मम वसति प्रियतमेति für जणअ bis त्ति 3b आवद्धोभयरसा für उहअ-रसन्दोलिआ 5b पार्श्वं für वाअं 8b सदृशं für णिअक्कलं

अत्थ-णिअम्ब-परिणए हिआअव-रअम्मि मुर-गअम्मि[1] व दिअसे[2] ।
दीसइ पल्हत्थन्तं विहडिअ[3]-धाउ-सिहरं व दिणअर-बिम्बं ॥ १० ॥

कमलाण दिअस[4]-विगमे[5] संवज्झन्ति[6] गलिआअव-किलिन्ताइं[7] ।
मअरन्द-मत्त-महुअर- चल-[8]पक्खुप्पुसिअ-महु-रसाइ दलाइं ॥ ११ ॥

दीसन्ति दो वि सरिसा कइ-चलणाइद्ध-महि-रअ-समक्कन्ता ।
अत्थाअन्तो अ रई आसण्ण-विणास-णिप्पहो दहवअणो ॥ १२ ॥

अइत्थमिअ-दिणअरो तुङ्गोवास[9]-परिसंठिआअव-सेसो ।
गअणे मुक्क-महि-अलो परिप्पवन्त-तलिणो किलिम्मइ[10] दिअसो[11] ॥ १३ ॥

दिअसेण[12] वण-गएण व परंमुहाइद्ध[13]-पाअवस्स व रविणो[14] ।
दीसइ घोर-करालो उद्धो मूल-णिवहो व्व कर-पब्भारो ॥ १४ ॥

णवरि अ दिणअर-बिम्बं संझामइअम्मि[15] णिअअ-रुहिर-प्पङ्के ।
दहवअणस्स भअअरं पढम-सिर-च्छेअ-मण्डलं व णिउड्डं[16] ॥ १५ ॥

[17]भमर-भरोवत्ताइं परिणअ-केसर-पलोट्ट-रअ-गरुआइं ।
रवि-विरह-मिलन्ताइ वि होन्ति करालाइ पङ्कआण दलाइं ॥ १६ ॥

अवर-दिसा-वित्थिण्णो दीह-मऊह-विसम[18]-प्पहा[19]-संघाओ ।
रअ-णिब्भरो व्व दीसइ काल-मुह-क्खित्त-दिअस[20]-कड्ढण-मग्गो ॥ १७ ॥

उद्धोवअन्त[21]-बिम्बे वेएण महिं व दिणअरम्मि अइगए ।
उच्छलिआअव-अम्बा संझा-राअ-मिहिआ णहम्मि णिहित्ता ॥ १८ ॥

अत्थ-सिहरम्मि दीसइ मेरु-[22]अड्डुग्घुट्ठ-कणअ-कद्दम-अम्बो ।
वल्माण-तुरिअ-रवि[23]-रह- पडिउट्ठिअ-धअ-वडो व्व संझा-राओ ॥ १९ ॥

---

1) °म्मिअ C 2) °हे C 3) so Rb. °लिअ C. विअडिअ RIIIb (cf. विअडन्त VII 38 vl. कोत्थुअ VIII 15 vl. पडिअट्टलिअ VI 31) 4) °ह C 5) °अ° Rb. °र° K == उपरते दिवसे S 6) मुज्झन्ति (lies मुज्झिज्जन्ति) C. cf. die zu II 46 citierten Stellen. 7) मिलन्ता° (von म्ला) C 8) व° C 9) °आस Rb 10) विलंबइ C 11) °हो C 12) °हेण C 13) °विद्ध C 14) °ह° C 15) °आसमअम्मि C 16) °वु° RII. णिमग्ग C 17) भमिर-भमरोवरत्ताइं C (wohl nur entstellt aus unsrer Lesart) 18) °मः KS 19) °हो C 20) °ह C 21) ? so lese ich C, weil K अवपतत् hat: man kann natürlich auch °वअन्त lesen und so liest R und übersetzt अपवृत्त(!): च्युत S entscheidet nichts. 22) त° Rb 23) °इ C

13b परिवर्तमान für परिप्पवन्त (wohl Glosse) 16b om. वि. las also wohl मिलन्ताइं (und übersetzt म्लायन्ति statt मिलन्ति RS; diese Differenz hängt offenbar mit der Var. zusammen, da nur bei der Uebers. von RS वि notwendig ist) 19a उन्मृष्ट für उग्घुट्ठ 19b वलितस्थित für पडिउट्ठिअ

विअसइ धवलाअम्बं गअ-रुहिरालिद्ध-केसरि-सड-च्छाअं ।
पवणन्दोलण-चडुलं संझा-रज्जन्त-केसरं कुमुअ-वणं ॥ २० ॥
होइ अपाअड-दीहा दर-वोच्छिज्जन्त-विसम-संझा-राआ ।
ओधूसरिअ-दस[1]-दिसा अवड्ड[2]-तिमिरा दिणावसाण-च्छाआ ॥ २१ ॥
संझाअव-मुच्चन्तं जलिअ-पसम्मन्त-हुअवह-ट्ठाण-णिहं ।
दूरत्थमिअ-दिणअरं जाअं संवत्त[3]-सरिस-रूअं गअणं ॥ २२ ॥
संझा-राअ-त्थइआ दर-संरूढन्धआर-कअ-पर-भाआ ।
दिअस-च्छवि-परिसेसे झिज्जन्ते णिव्वलन्ति दीवुज्जोआ ॥ २३ ॥
विहडन्त[4]-राअ-णिअलं उहअ-तड-ट्ठिअ-मिलन्त-दिट्ठि-रइ-मुहं ।
अवसं चक्काअ-जुअं हुंकाराअत्त[5]-जीविअं वोच्छिण्णं ॥ २४ ॥
ताव अ[6] तमाल-कसणो कञ्चण-कडअं व बहल-संझा-राअं ।
[7]परिपेल्लिऊण अ तमो हिअ-कद्दम-सुर-गइन्द-णिहसो व्व ठिओ ॥ २५ ॥
आसण्णम्मि पविरलं बहलं थोअन्तरम्मि दूरम्मि घणं ।
ओभग्ग[8]-दिट्ठि-पसरं सव्वत्थ[9] सम-ट्ठिअं पि दीसइ तिमिरं ॥ २६ ॥
घण-विडव-ट्ठिअ-तिमिरा तिमिरालिद्ध-[10]मइलन्त-मुद्ध-किसलआ ।
किसलअ-णिसण्ण-कुसुमा कुसुमामोएण णवर णज्जन्ति दुमा ॥ २७ ॥
मेलाविअ-सव्व-दिसं आसण्णम्मि वि पणट्ठ-णअणालोअं ।
सूएअव्व-महि-अलं जाअं सूर-[11]वडणाणुरूअं तिमिरं ॥ २८ ॥
[12]ओक्खण्डिअव्व-दढो पसरइ उक्खम्भिअव्व[13]-बहलुग्घाओ ।

---

1) °ह C 2) अवरुद्ध C (aus unsrer Lesart und einer Variante oder Glosse अरुद्ध entstanden) 3) so auch S. सव्वत्त C. सव्वत्थ (°व्थ codd.) R^{d}, सर्वत्र K 4) °लन्त C 5) °क्रत्त C 6) एव RUebers. Comm. 7) पडि° C. प्रति° die Uebers. 8) °भु° C 9) °त्त R^{b}C 10) मिल्ल°(?) C 11) प° R^{b}C 12) so R^{b}K pratika R^{u}2Hd, ओख° die andern 13) °कवसि° R^{u}1Hd, °णि° ist getilgt, die Correctur fehlt aber.

---

20) pratika दीसइ 21a दीप für दीहा: अपि उच्छेद्यमान für वोच्छि°: metri c. und nach der Analogie der Parallelstellen ist dies als Fehler für व्युच्छिद्यमान anzusehen, und da K वोच्छिद् mit व्युच्छिद् zu übersetzen pflegt, liegt hier wohl keine Var. vor. 23a अस्तमित für त्थइअ; दूरारूढ für दर-संरूढ 24b विच्छिन्नं für वो° 25a बकुल für °ह° 26a wie eben. 26b अथ भग (also wohl ओ भग्ग) für ओभ° 27a scheint मउलन्त für मइ° zu lesen (Ms. corrupt). 28b अनुसदृशं für अणुरूअं 29. 30) sind umgestellt. 29a उत्तम्भयितव्य für उक्खम्भिअव्व (? Ms. corrupt); बकुल für °ह°

अवलम्बिअव्व-जोग्गो समिणा[1] भेत्तव्व[1']-संघओ[2] तम-णिवहो ॥ २९ ॥
वहइ व महि-अल-भरिओ णोल्लेइ[3] व पच्छओ धरेइ व पुरओ ।
पेल्लेइ व पास-गओ[4] गरुआइ व उवरि-मंठिओ तम-णिवहो ॥ ३० ॥
दीसइ अ तिमिर-मिलिओ[5] कसण-सिला-भिण्ण-सलिल-सीभर-धवलो ।
थोउब्भिज्जन्त-दिसो उअअन्तरिअ-तणुओ ससि-अरुज्जोओ ॥ ३१ ॥
दीसइ जुअ-क्खअम्मि[6] व महि-अल-पर-भाअ-ससि-[7]अराहअ-तिमिरा ।
णिव्वडिअ-धूम-हुअवह- डज्झन्त-समुद्द-संणिहा पुव्व-दिसा ॥ ३२ ॥
णवरि अ अच्छालोआ उअअ-गिरि-क्खलिअ-वहल-जोण्हा-णिवहा ।
जाआ पणट्ठ-तिमिरा मुद्ध-मिअङ्क-परिपण्डुला[8] पुव्व-दिसा ॥ ३३ ॥
णव-कमलोअर-अम्बं केसर-सोमार[9]-संगलन्त-मऊहं ।
विरलेइ ममामणं णीमेसेइ तिमिरं ण ता ससि-बिम्बं ॥ ३४ ॥
तो उअअ-सिहर-मिलिअं जाअं उप्पुसिअ[10]-तिमिर-धवल-च्छाअं ।
इअ-हुत्त-ट्ठिअ-सुर-गअ- दन्त-च्छेअ-परिमण्डलं[11] ससि-बिम्बं ॥ ३५ ॥
णवरि अ ससि-अर-णिसुढिअ- विवलाइअ[12]-तिमिर-कलुस-तारा-णिवहं[13] ।
जाअं वहु-कुसुमोत्थअ- सिला-अलाआर-संणिहं गअण-अलं ॥ ३६ ॥
दर-मिलिअ-चन्द-किरणा दर-धुव्वन्त-तिमिर-[14]क्खउरिआलोआ ।
दर-पाअड-तणु-विडवा दर-वद्ध-च्छाहि[15]-मण्डला होन्ति दुमा ॥ ३७ ॥
होइ णह-लङ्घण-सहं जाअ-त्थाम-किरणाहउक्खअ-तिमिरं ।
विअलिअ-मुद्ध-सहाअं[16] जरढाअन्त-धवलं णिसाअर-बिम्बं ॥ ३८ ॥
तह-परिसंठिअ-सेलं वित्थिण्ण-दिसं तहुज्जुअ-णइ-प्पवहं ।
खन्तूण[17] व उक्खिण्णं[18] समिणा तम-संचअं पुणो वि महि-अलं ॥ ३९ ॥

---

1) °णो C 1') so C. भेअव्व R^{IIb}, भेओव्व R^{b}, भेत्तव्य Uebers. 2) °हु° R^{b}; R^{IIb} in der Uebers. fälschlich संघत: gegen den Comm. 3) °णिद्द C 4) ठिओ C 5) णिवहो C 6) °म्भिअ C 7) क° C 8) °रा $R^{II}C$ 9) सुउमार R^{b}, कुसुमाव (lies सुकुमार) C 10) उक्खित्त C 11) परिगअं C 12) विर° C 13) णिअरं C 14) so CK = आहतदर्शना: S. परिपण्डुरालोआ(?) R 15) so $R^{II}C$, °आ R^{b}, °या R^{b} 16) °वं C 17) °णू° C 18) उक्खित्तं CK; S frei.

29b सान्द्र: für जोग्गो 30a मार्गत: für पच्छओ 32a महीधर für महि-अल 33a वकुल für °हु° 33b प्रेपित für पणट्ठ 35a निहितं für मिलिअं 35b परिपाण्डुरं für परिमण्डलं 36 fehlt; 35, 37 sind umgestellt; s. u. zu 13. 37a scheint णिमिअ für मिलिअ zu lesen.

वहलम्मि वि तम-णिवहे णिव्वालेऊण सच्चविअ-रूवाओ ।
अणुवन्धन्ति ससि-अरा घेत्तुं ण चअन्ति पाअव-च्छाआओ ॥ ४० ॥
णवर करालेइ ससी मुह-परिहट्टण-समूससन्त-दल-उडं ।
अवडिच्छिएक्कमेक्का विसअं फालेन्ति महुअर च्चिअ कुमुअं ॥ ४१ ॥
पुसिओ णु णिरवसेसं समअं घोर-कर-पेल्लिओ णु विराओ ।
ओत्थइओ णु समत्तो ससिणा पीओ णु णिहअं तम-णिवहो ॥ ४२ ॥
मंसल-चिक्खिल्ल-णिहं हत्थ-ग्गेज्झं व मइलिअ-दिसा-अक्कं ।
खन्तूण व तम-णिवहं चन्दुज्जोएण खउरिअं व णह-अलं ॥ ४३ ॥
भिण्ण-तम-दुद्दिणाइं विडवन्तर-विरल-पडिअ-चन्द- कराइं ।
घोअ-सुहालोआइं पअडन्ति व मुद्ध-पल्लवाइ वणाइं ॥ ४४ ॥
परिमलिअ-दुदुम-कुसुमा उअहुत्त -दिसा-गइन्द-मअ-णीसन्दा ।
णिव्विट्ठ-पङ्कअ-वणा ओवग्गन्ति कुमुओअराइ महुअरा ॥ ४५ ॥
होइ णिराअअ -लम्बो गवक्ख-पडिओ दिसा-गअस्स व ससिणो ।
कसण-मणि-कुट्टिम-अले गेण्हन्तो सर-जलं व कर-पब्भारो ॥ ४६ ॥
दीसन्ति गअ-उल-णिहे ससि-धवल-मइन्द-विद्दुए तम-णिवहे ।
भवण-च्छाहि-समूहा दीहा णीसरिअ-कद्दम-पअ-च्छाआ ॥ ४७ ॥
तंसुण्णमन्त-विम्बो जालन्तर-णिग्गओसरन्त-मऊहो ।
भिण्ण-विवरन्धआरो भग्ग-च्छाहि-पसरो विलग्गइ चन्दो ॥ ४८ ॥
विच्छड्डिअ[17]-चुण्ण-णिहा आवीअंसुअ-विसेसिअब्भ -च्छाआ ।
विअड-गवक्खोवडआ दीवुज्जोअ-मिलिआ किलिम्मइ जोण्हा ॥ ४९ ॥
परिणाम-दरुम्मिल्लं[20] ओवत्तेअव्व-वहल-जोण्हा-भरिअं ।

---

1) ◦आओ C 2) ◦न्धेन्ति R^{II}2Hd 3) ◦त्तू R^{b} 4) वज्झन्ति R^{b} (entstanden aus unsrer Lesart mit undentl. ◦अ◦). अएन्ति C (durch Misverständnis abgeteilt अ एन्ति) 5) ◦लं C 6) ◦क्कं CK 7) कुसुमं C 8) so RK. समन्ता CR^{d} 9) steht in CS nach 36; fehlt in K. cf. K zu 36. 10) अ◦C 11) ◦ल्लन्ति C. प्रचल्लन्ति प्रज्वल्लन्ति वा K. प्रगल्लति S. प्रकव्यन्ते RÜbers., so oder प्रकटयन्ति oder प्रगल्लन्ति RComm.: cf. zu IX 76. 12) ◦हुत (?) R^{II} 13) ◦राअ-वल◦ CK 14) ◦म(?) C 15) S om. diesen Vers. 16) वज्जगइ(?) C 17) प्रसारित K. परिसरत S 18) पीअं◦ (verschrieben für आपी◦) C 19) ◦क्क CR^{d} 20) ◦म्मील्लं R 21) णिवहं C

15a निष्प्रभाः für णीसन्दा 47a stellt मृगेन्द्रधवलशशिवि◦ 48a मुग्धाकृष्ट für अन्तर-णिग्गअ 50a बहुल für ◦हु◦

थोअ-त्थोअ-मउलिअं भर-वित्थारिअ-दलं व वेवइ कुमुअं ॥ ५० ॥
पवणाअम्पिअ-सिहरा गओणिअत्तन्त-विडव-विहुअ-च्छाआ ।
[1]ससि-किरण-परिक्खन्ता[1] जोण्हा-वेअ-वडिआ[2] पवन्ति[3] व रुक्खा ॥ ५१ ॥
घरमणि-मऊह-भिण्णो सलिलाहअ-बहल-चन्दण-रस-च्छाओ ।
उद्देसुल्ललिअ[4]-तमो दीसइ विवर-विसमो व्व जोण्हा-णिवहो ॥ ५२ ॥
विअलिअ-णिअअ-च्छाअं जाअं जोण्हा-परिप्पवन्त-मिअङ्कं ।
विच्छूढव्व-मऊहं अविभाविअ[5]-सण्ह-तारअं गअण-अलं ॥ ५३ ॥
णिव्वडिअ-तुङ्ग-सिहरा धवला दीसन्ति दिट्ठ-महि-अल-बन्धा ।
णह-मज्झ[6]-ट्ठिअ-ससहर[7]- वोच्छिण्ण-च्छाहि-मण्डला धरणिहरा ॥ ५४ ॥
विवरं ति परिहरिज्जइ बहल-दुम-च्छाहि-मण्डलागअ-तिमिरं ।
[8]ओच्छुन्दइ वीसत्थं जोण्हा-णिवह-भरिअं थलं मिव विवरं ॥ ५५ ॥
इअ वम्मह[9]-जग्गाविअ- तीर-विसूरन्त[10]-णिव्वलिअ-चक्काए ।
जाअम्मि मउलिउप्पल- दुक्ख-पहुप्पन्त-महुअरम्मि पओसे ॥ ५६ ॥
वम्मह-परव्वसाइं रामागमण-परिवड्ढिआवेआइं ।
अहिलक्खन्ति मुअन्ति अ रइ-वावारं विलासिणी-हिअआइं ॥ ५७ ॥ जुग्गअं ॥
लद्ध-गलन्तासाअं आवेअ-विहिण्ण-वम्महुल्ललिअ[11]-सुहं ।
छिण्ण-घडिज्जन्त-रसं णावज्झइ दइअ-चुम्बणं [12]जुवईणं ॥ ५८ ॥
वेवइ ससइ किलिम्मइ सअणे आमुअइ णीसहो अङ्गाइं ।
ण [13]विणज्जइ किं भीओ ओ मअण-परव्वसो विलासिणि-सत्थो ॥ ५९ ॥
पिअअम-वच्छेसु वणे ओवइअ-दिसा-गइन्द-दन्तुल्लिहिए[14] ।
वेवइ दट्ठूण चिरं संभाविअ-समर-काअरो जुअइ[15]-जणो ॥ ६० ॥

---

1) so RS, ससि-कर-परिक्खिप्पन्ता C (gegen das Metr.), किरणपरिक्षिप्यमाणाः (ohne शशि) K 2) °ल्लि° C 3) °ल° C, भ्रमन्ति K, तरन्ति S 4) °मिश्र C 5) °हावि° C 6) so CKRUebers., मग्ग R (R^h unleserlich), वत्स S (für वर्त्म-?) 7) ससि-अर CKS 8) आफु° C 9) °म्ह° R^{IIb}, cf. I 29 vl 10) °वन्त C 11) °सिअ C 12) जुअ° C 13) रि° C 14) °न्त-कखुडिए C 15) °व° R^b

---

50b मृदूकृत für मउलिअं (K scheint entweder थोअ-त्थोअं मउइअ- oder थोअ-त्थोअ-मउअइअ- gelesen zu haben); प्रवेपते für व वेवइ 52a wie zu 50a 53b शशिकरं für मऊहं 54b विच्छिन्न für वो° 55a इव für ति 57b für अहिलक्खन्ति eine corrupte Var., die wahrscheinlich auf अहिलंघन्ति (s. Hem. IV 192) führt. 58b भिन्न für छि° 60a स्तनान् für वणे; om. दिसा und मार्गस्खलितान् für उल्लिहिए 60b संभृत (also संभारिअ) für संभाविअ; cf. XII 51. XIV 65.

सुरअ-मुहद्ध-मउलिअं भमर-दरक्कन्त-मालई[1]-मउल-णिहं ।
साहइ समरुप्पेसं उप्पित्थुम्मिल्ल-तारअं णअण-जुअं ॥ ६१ ॥
अह ससि-जणिआमोए मअ-परिवड्ढिअ-पिआहिसारण-सोक्खे ।
मअणुम्मूलिअ-माणे राअ-पराहीण-रइ-सुहम्मि पओसे ॥ ६२ ॥
वलइ अ[2] दूमिअ-कुविओ अवसाइअ-हिरिसिओ अईइ सरीरं ।
ससइ अ[2] चुम्बिअ-मुहिओ मअ-पाअडिअ-हिअओ विलासिणि-सत्थो ॥ ६३ ॥ जुग्गअं ॥
रोस-पुसिआहराणं दइअ-वलामोलि-चुम्बण-परुणाणं ।
णिव्वलिअ-मण्णु-गरुअं हरइ परा-हुत्त-जम्पिअं जुअईणं ॥ ६४ ॥
अहिसारणं ण गेण्हइ ण संठवेइ अलअं ण पुच्छइ दूइं ।
चन्दालोअ-पडिहओ वेवइ मूढ-हिअओ विलासिणि-सत्थो ॥ ६५ ॥
अवमणिअ-राम-कहं जहा-पुर-पअट्ट-जुअइ-जण-वावारं ।
सोहइ रअणिअराणं आसङ्किअ-दहमुहं पओसागमणं ॥ ६६ ॥
पिअ-पासाहि णिअत्तो समुहं अलिअं पि जं भणइ दूइ-जणो ।
तं चिअ कामिणि-सत्थो दूमेन्तिं पि बहुसो णिअत्तेइ कहं ॥ ६७ ॥
सअणेसु पणअ-कलहे समुह-णिसण्ण-पिअ-वेलविज्जन्तीहिं ।
परिवत्तिउं ण चइअं णवरं णअणेसु विअलिअं वाह-जलं ॥ ६८ ॥
अणुणअ-खण-लद्ध-सुहे पुणो वि संभरिअ-मण्णु-दूमिअ-विहले ।
हिअए माणवईणं चिरेण पणअ-गरुओ पसम्मइ रोसो ॥ ६९ ॥
अलअं छिवइ विलक्खो पडिसारेइ वलअं जमेइ णिअत्थं ।
मोहं आलवइ सहिं दइआलोअ-णडिओ विलासिणि-सत्थो ॥ ७० ॥

---

1) °इ C 2) so teilt CRUebers., so oder अदू° अचु° RComm., अदू° अचु° S, च दू° अचु° K, kennt aber im Comm. auch die Auffassung अदू°. 3) °रअ C 3ᵃ) ह° R^B C 4) °लिअ C 5) °ड R^b 6) °म्बिअ CK 7) पराहीण C 8) जुह°(?) C 9) अ ins. C 10) पलि° C 11) जह-पुव्व C 12) पउत्त R^B am Rand, पअत्त C 13) °व° C 14) आल° C 15) पलिअंप C 16) दुम्म° C 17) so R^{Bb}K (im Comm. zu XI 1 bei Citierung dieses Verses). णिवसणं R^bC und die Uebers. 18) ललिओ C, S?

61a कुसुम für मउल 63a प्रियतमान् für सरीरं 64a स्फुरित für पुसिअ 66 steht nach 62. 68b घूर्णितं für विअलिअं Auf 68 folgen 70. 72. 69. 71. 73 etc. 69a सोढो पि पुनर्मुचिरं für खण bis वि 70b पतितः für णडिओ

अब्भुट्ठण[1]-तुरिआणं सोहइ दइओवऊहण-[2]विराआणं ।
असमत्त-मण्डणाणं तहेअ सअण-गमणं विलासवईणं ॥ ७१[3] ॥
अवसाइअ-दिण्ण-सुहो[4] सहीहि थिर-दिट्ठि-णिहुअ-वारिअ-विडिओ ।
हित्थ-हिअओ मुणिज्जइ पिएहि अलिअ-कुविओ विलासिणि-सत्थो ॥ ७२ ॥
सह वड्ढिअं सहिं मिव वड्ढन्तिं[5] पिअअमाहिसारण[6]-विग्घे ।
वारेइ चिरेण मओ लज्जं विच्छुहइ[7] वम्महो च्चिअ पढमं ॥ ७३ ॥
सहि-अण-हत्थाहि मुहं दर-रइअ-विसेसअं समक्खेत्तूण[8] ।
[9]जुवईहि वलिअ-विसमं[10] अप्पाहिज्जइ ससंभमं दूइ-जणो ॥ ७४ ॥
अणं सहि-अण-पुरओ अप्पाहेन्तो[11] अ अस्सहा दूइ-जणं ।
जम्पइ विमुक्क-धीरं अणं चिअ दइअ-दंसणे जुवइ[9]-जणो ॥ ७५ ॥
कह वि समुहाणिअङ्के कह कह वि [12]वलन्त-चुम्बिओवत्त-मुहे ।
देइ खलन्तुल्लावे णव-वहु-सत्थे विमूरिअ-रअं पि[13] धिइं ॥ ७६ ॥
सासइ[14] विमुक्क-माणो बहलुब्भिण्ण-पुलउग्गमेण पिआणं ।
[15]पुरओ-हुत्त-णिसण्णो [16]गओणिअत्त-हिअओ विलासिणि-सत्थो ॥ ७७ ॥
ण पिअइ दिण्णं पि मुहं ण पणामेइ अहरं ण मोएइ वला ।
कह वि पडिवज्जइ रअं पढम-समागम-परंमुहो[17] जुवइ[9]-जणो ॥ ७८ ॥
अवलम्बिज्जउ धीरं ण अ[18] सो एहिइ डहुग्गए[19] वि पओसे ।
इअ दूईहि तुलिज्जइ पढमाणिअ-पिअअमो विलासिणि-सत्थो ॥ ७९ ॥
देइ विलासवईणं सुहे अ दुक्खे अ पाअडिअ[20]-सब्भावा ।

---

1) अंभ° C 2) णि° C 3) C hat von hier ab die Reihenfolge: 73. 74. 72. 4) so auch S, मु° CKR[vl] 5) वट्टन्तिं KR[vl] 6) °माभि° R[b] 7) °कूढ° C 8) °क्खिघूण(?) C 9) जुअ° C 10) विसम-वलिअं C 11) °हन्तो C 12) वि° C 13) वि C 14) सोहइ C 15) परत: K = विपरिणीतमुखः S 16) इतोनि° K = अभिमुखीकृत S 17) परम्मुहो CKR[vl] 18) जु C 19) °उगमे R[b] (auch in der Uebers. aber gegen den Comm.). अइग्गए C vielleicht = अतिगते पि विधौ S, इह गते (das ware इहं गए? Ms. corrupt) K 20) °लिअ C

72b हृदयः für °ओ (also auch णज्जइ für मुणिज्जइ) 73b विक्षोभयति für विच्छुहइ, wohl keine Var., sondern eine falsche Uebers.; ebenso übersetzt, Hâla 214, Kulanâtha विच्छोह fälschlich mit विक्षोभ, während T im Skt richtig विक्षेप. aber im Pkt das secundär aus der Uebers. entstandene विच्छेव hat; cf. oben IV 17. 18. 74a समुद्गृह्य (also समुग्घेत्तूण) für समक्खेत्तूण 78a गृहीतं für अहरं.

अणवेक्खिअ-लज्जाइं सहि व्व वीसत्थ-जम्पिआइ पसणा ॥ ८० ॥

चन्दुज्जोएण मओ मएण चन्दाअवो ण वड्ढिअ-पसरो ।
दोहि[1] वि तेहि ण[1] मअणो मअणेण ण दो वि ते णिआ अइभूमिं ॥ ८१ ॥

चन्द-अरेण[2] पओसे णिज्जइ मअणेण महु-मएण अ[3] समअं ।
दूरं दूरारूढो [4]जुवईण पिएसु[4] वहु-रसो अणुराओ ॥ ८२ ॥

॥ इअ दसमो आसासओ ॥

---

1) दोहिं पि und om. ण C 2) °रेहिं CK 3) वि C 4) जुअ° C; CK stellen पि° जु°

80b अनालक्षित für अणवेक्खिअ, 2mal, aber Metrum! liegt hier eine falsche Uebers. von अणलक्खिअ = अलक्षित (cf. Hem. II 190) vor?

इअ पडिसारिअ-[1]चन्दे दूरुक्खुडिअ-णिसा-पअत्त-विरामे ।
चित्तविअ[2]-कामिणि-[3]अणे जाम-च्छेअ-विसमं गअम्मि पओसे ॥ १ ॥
दीहं रक्खस-वइणा चिन्ता-रेअविअ[4]-धीर-दाविअ-हिअअं ।
[5]दसहि वि[5] मुहेहि समअं आलोइअ-सुण्ण-दस[6]-दिसं णीससिअं ॥ २ ॥ जुग्गअं ॥
चिन्तेइ ससइ जूरइ[7] बाहुं परिपुसइ[8] धुणइ मुह-संघाअं ।
हसइ परिओस-सुण्णं सीआ-णिप्पसर-वम्महो दहवअणो ॥ ३ ॥
वहु-मण्ड वच्छ-अडं हीरन्तुव्वत्त-जणअ-तणआलिद्धं[9] ।
णिन्दइ अ वअण-णिवहं अप्पत्त-पिआ-मुहामअ-रसासाअं ॥ ४[10] ॥
पडिरुम्भन्तस्स[11] वि से भग्ग-णिअत्त-परिसंठविअ-भिज्जन्ते ।
विसमुद्धाइअ-कम्पे हिअए उल्ललइ अलहुअम्मि वि धीरं ॥ ५ ॥
तो से विसमुव्वत्तिअ- विरल-पसारिअ-कराङ्गुलि-दर-त्थइअं ।
खलिअं अंसम्मि मुहं विअम्भिआआस-गलिअ-वाहुप्पीडं ॥ ६ ॥
विसमुग्गाहिअ-महुरं दूमिअ-दन्त-व्वणाहर-[12]परिक्खलिअं ।
आअण्णेइ पिआणं वलन्त-हिअआवहीरिअं जअ-सद्दं ॥ ७ ॥
आमुअइ महइ सअणं मग्गइ रअणि-विरमं [13]जुउच्छइ दिअसं[14] ।
णीइ णिअत्तेइ पुणो रइ-लम्भोवाअ-मग्गणाउर-हिअओ ॥ ८ ॥
पच्छाअन्तस्स वि से वहुसो हिअअ-ट्ठिओ पिआए वि पुरओ ।
समअं मुह-णिवहम्मि वि सीआमइओ पअट्टइ समुल्लावो ॥ ९ ॥

---

1) अ° R^b 2) so RK^{vl} = परितोषित S (da K चित्तविअ mit निर्वृत erklärt); जूरविअ C, चिन्तित (also चिन्तविअ) K 3) ज° R^bC 4) रेइअ R^b, वेइअ C 5) दहहिं पि C 6) °ह C 7) कुप्पइ R^{vl} 8) °मूसइ C 9) °इद्धं C 10) dieser Vers steht in CKS als 8. 11) °रुंध° C 12) पडि° C (scheint aus °रि° corr.), परि° Uebers. 13) जुगु° R^b 14) °हं R^bC

1a अवखण्डित für उ° 5a भज्यमानं für भिज्जन्ते 8a अयति für महइ 9b एव für वि (? Ms. corrupt; Wortstellung unsicher)

तं पुलइअम्मि पेच्छइ उल्लावन्तो[1] अ तीअ गेण्हइ गोत्तं ।
[2]ठाइ अ तस्स समअणे अण्णम्मि वि चिन्तिअम्मि स च्चिअ हिअए ॥ १० ॥
साहइ से संतावं वास-हरद्धन्त-विसम-पुञ्जिअ-कुसुमो ।
आअअ[3]-णीसास-हओ किलिन्त[4]-सग्ग-[5]तरु-पल्लवो [6]उवआरो ॥ ११ ॥
देह-परिणाह-विअडे वलइ भरोव्वत्त-दलिअ-पासद्धन्ते ।
दूरोणामिअ-मज्झे विसमं भूमि-सअणे पहोलिर-हत्थो ॥ १२ ॥
दक्खिण्ण-मेत्त-दिण्णो जणअ-सुआ-हुत्त-हिअअ-दिण्णुक्कण्ठो ।
उल्ललइ खण-विलक्खो णिअअन्तेउर-मुहेसु से मुह-णिवहो ॥ १३ ॥
जा अण्णेण हसन्तो गमेइ उम्मच्छरं विलासिणि-सत्थं ।
ता दूसह-संतावं[7] अण्णं से सोअ-दुम्मणं होइ मुहं ॥ १४ ॥
णिउण-हसिआणुविद्धं सीआ-लम्भावहारण-विसंवाअं ।
सुणइ ण लक्खेइ फुडं अण्ण-विइण्ण-हिअओ पिआण दहमुहो ॥ १५ ॥
ईसा-मच्छर-गरुए साहिक्खेव-परिवड्ढिओवालम्भे ।
कह कह वि गमेइ खणं विलक्ख-हसिएहि कामिणि-समुल्लावे ॥ १६ ॥
तस्स पडिरुद्ध[8]-सेसं वाहोत्थअ-कण्ठ-विसम-पअ-णिक्खेवं ।
सङ्किज्जइ विमणाहिं फुडं ण णज्जइ पिआहि गोत्त-क्खलिअं[9] ॥ १७ ॥
कह वि टवेइ[10] दहमुहो किं ति अणालविअ[11]-मोह-दिणालावं[12] ।
दइआहि गलिअ-वाहं रोस-णिरुत्तर-[13]पुलोइअं अप्पाणं ॥ १८ ॥
[14]अणहिअओ वि पिआणं उम्मच्छ[15]-पसारिअग्घविअ-हुंकारं ।
अहिणन्दइ दहवअणो [16]समत्त-[17]णिव्वेल्लिआहरोट्ठ-पुलइअं ॥ १९ ॥
दुच्चिन्तिआवएसं[18] पिआहि उम्मच्छ-संभम-कआलोअं ।
हसइ खणं अप्पाणं अणहिअअ-विसज्जिआसण-णिअत्तन्तं[19] ॥ २० ॥
तह स[20] गओ अडभूमिं जह ण विणिज्जन्तणं पिआहि ण णाओ ।

1) °वेन्तो C 2) स ins. C 3) अणण C 4) °न्न° C 5) अ° C 6) उअ° C 7) णीसासं CKS 8) °वद्ध CKS 9) °लणं C 10) यापर्यति K = निनाय S 11) °न्नत्त C 12) °मुल्लवं C 13) प° C 14) so $R^{IIIb}C^2$Kpratika, अणु° R^bC^1 15) °र add. C 16) °त्थ C 17) °व्वोल्लि° R^h, °व्वोल्लि° C 18) °न्तिओव° R^{vl} 19) निसम्मन्तं R^{vl} 20) अ CK

12a अपवृत्त für उद्वृत्त (ob Var.? s. zu VIII 90) 15a अवधीरण für अवहारण 15b शून्य für अण्ण 19a चर्पित für अग्घविअ

ण अ णाऊण ण हसिओ   ण अ हसिऊण अणुसोइउं[1] ण अ तिण्णो ॥ २१ ॥
चिन्तेउं च पउत्तो   अवहोवास-पसरन्त-णीसास-हअं ।
दोसु णिमेऊण समं   एक्कं आसण्ण-मुह-कवोलेसु करं ॥ २२ ॥
अङ्कागअं सहिज्जइ   पओस-रइ-विग्घ-सङ्किएण कइ-बलं ।
तं कस्स वि[2] सोअत्थं   वलइ अलद्ध-सुरअं महं चिअ हिअअं ॥ २३ ॥
किं भुअ-विवर-पहोलिर-   संखोह-प्फिडिअ[3]-गहिअ-कड्ढिअ-णिहअं[4] ।
[5]अत्थक्कासण्ण-ठिअं   णिप्फल-चडुल-मुहलं मलेमि कइ-बलं ॥ २४ ॥
ओ ससि-[6]कराहउम्मिल्ल-लोअणन्दोलमाण-बाह-तरंगं ।
आसाएमि कअ-ग्गह-   णिरुत्तरुत्ताणिआणणं जणअ-सुअं ॥ २५ ॥
कह विरह-[7]प्पडिऊला   होहिइ समुह-हिअआ पइम्मि उवगए ।
णेच्छइ इअरा वि ससिं   किं उण दिट्ठम्मि दिणअरम्मि कमलिणी ॥ २६ ॥
अब्भत्थणं ण गेण्हइ   तीरइ तिहुअण-सिरीअ वि ण लोहेउं ।
ण गणेइ सरीर-वहं   कह मण्णे होज्ज जाणई साणुणआ ॥ २७ ॥
पइ-माहप्प-णिसण्णा   अवमणिअ-सेस-सप्पुरिस-सोडीरा ।
जइ णवर[9] होज्ज[10] व[11] वसा[12]   लुअ-राहव-सीस-दंसणा जणअ-सुआ ॥ २८ ॥
अदिट्ठ-लज्जणिज्जो   भग्ग-परित्ताण-[13]विअलिआसा-बन्धो ।
अवसो अबन्धु-लहुओ   भएण ठिइ-भङ्ग-साहसं कुणइ जणो ॥ २९ ॥
णवरि अ णं खेआलस-   [14]जिम्भाअन्त-वलिउद्ध-मुह-संघाअं ।
भुमआ-भङ्गाणत्तो   समअं[15] पासेसु परिअणो अल्लीणो ॥ ३० ॥
तो एक्क-हिअअ-गुणिअं   दसहि वि समअं मुहेहि अप्पाहेउं ।
ण पहुप्पइ दहवअणो   चिर-कङ्खिअ-लम्भ-गब्भिणक्खर-गरुअं ॥ ३१ ॥

1) °हिउं(?) R^b   2) so trennt RUebers., विसो° C. RComm. lässt die Wahl, K s. u.   3) °लि° C   4) निभृतं K = मन्दं S   5) अत्थे° C   6) अरा° C   7) प्पलि° C   8) भअं CKS   9) °रं C   10) इयात् KS   11) om. CKS   12) वशं KS   13) विहडि° C, विघुटित K, चयित S   14) ज° C   15) °भ° CKS

21b अनुकम्पितुमपि न दत्तः für अणुसोइउं etc. (च नानुकम्पनीयः S passt gleichermassen zu beiden Lesarten)   22b निधाय für णिमेऊण   23b स्वास्थ्यं für सोअत्थं   24a वल्ग (i. e. उत्पत्य) für प्फिडिअ   24b स्थित für ठिअं (also ट्ठिअ)   25a अन्दोलगलित für अन्दोलमाण   25b अभिभूत (i. e. ओवग्गिअ) für उत्ताणिअ   28b दर्शने für °णा   31a add. वचनं hinter der Cäsur und om. समअं

अण्णेण समारद्धं वअणं अण्णेण हरिस-गहिअ-प्फिडिअं[1] ।
अण्णेण अद्ध-भणिअं मुहेण अण्णेण से[2] कह वि णिम्मविअं ॥ ३२ ॥
तो उग्गाहिअ-सोअं तेण भणन्तेण मुह-पहोलिर-धूमं ।
संताविएक्क-हिअअं दस-कण्ठ-क्खलिअ-पलहुअं णीससिअं ॥ ३३ ॥
आहासइ अ [3]णिसिअरे आणा-सम-[4]काल-दिण्ण-पडिसंलावे[5] ।
महि-णिमिओहअ-कर-अल- तंस-ट्ठिअ-तिअ-भरुण्णमिअ-देहद्धे ॥ ३४ ॥
तं माआ-णिम्मविअं रिउ-दंसण-विसम[6]-वलिअ[6]-णिच्चल-णअणं ।
दावेह कण्ठ-रहिअं सीआइ विओअ-पण्डुरं राम-सिरं ॥ ३५ ॥
तो अमरिस[7]-मेलाविअ- भुमउग्गाहिअ-तरंगिअ-णिलाड[8]-अडं ।
छिण्णाणिअं व तं चिअ ताहे च्चिअ तेहि णिम्मिअं राम-सिरं ॥ ३६ ॥
संपत्थिआ [9]अ संभम[9]- [10]चलणोवडण-विसमुट्ठिआ[10] पमअ-वणं ।
कह वि समत्तप्पाहिअ- दहवअणाणत्ति-वावडा रअणिअरा ॥ ३७ ॥
पत्ता अ फुडिअ[11]-मणि-अड- विवरुट्ठिअ[12]-सलिल-बद्ध-पङ्कअ-मउलं ।
पवण-सुअ-भग्ग-पाअव- भङ्गुग्गअ-वाल-किसलअं पमअ-वणं ॥ ३८ ॥
पेच्छन्ति अ सइ-संठिअ- वअण-विसंवडिअ[13]-थण-णिसण्ण-कर-अलं ।
दहवअणागम-सङ्किअ- पअ-सद्दुप्पित्थ-लोअणं जणअ-सुअं ॥ ३९ ॥
पिअअम-सहत्थ-पेसिअ- मणि-मुण्डअ-सिढिलद्ध[14]-वेणी-बन्धं ।
धोअ-कलधोअ-पण्डुर- पडन्त-वाह-[15]पहउण्णअ-त्थण[15]-अलसं ॥ ४० ॥
अजमिअ-पम्हल-वेणिं वाह-[16]जल-पहाविआलओत्थइअ-मुहिं ।
रसणा-सुण्ण-णिअम्बं विच्छड्डिअ-मण्डणग्घविअ-लावण्णं ॥ ४१ ॥

1) °लि° C 2) steht in C hinter कह वि 3) णत्थि-अरे(!) C 4) आ° C 5) °संला° R, पडिला° C, was auf पडिसंला° führt; die richtige Schreibung der aus ˚ल entstehenden Gruppe ist zweifelhaft: s. I 29. II 39. XIV 37. 6) CK stellen um. 7) अमअ-विस(!) C 8) °ल C 9) सुसं° C 10) चरण-समुप्पअण-णिवडिआ C, चरणावनतनिपतितोत्थिता: K, प्रणताङ्गा विषमोत्थिता: S 11) फलिह CKS 12) °र-स्थित KS 13) विस-मुद्दअ(?) C 14) °द्ध fehlt in C, °लिक K, छून S 15) त्थवअ-उणअ-थण C 16) जलोमद्दलिआ° CS

33b फलित für कवलिअ 34b अवनमित für उण्ण° 36a गृहीत (i.e. metri c. und nach Analogie mehrerer Parallelstellen °ग्गाहिअ) für उग्गाहिअ 39a वितीर्ण für णिसण्ण 41a धूमरदीर्घतरालक (Ms. 2mal °रलक) für वाह bis अलअ (corrupt)

थोअ-[1]मउआअअ-ट्ठिअ- पिअअम-गअ-हिअअ-सुण्ण-णिच्चल-णअणं ।
कइ-बल-सद्दाअण्ण- बाह-तरंग-परिघोलमाण-पहरिसं ॥ ४२ ॥
ईसि[2]-रअ-भिण्ण-पाडल[3]- वसुआअ-प्फरुस-बाह-विन्दु-ट्ठाणं ।
विच्छड्डिअ-परिधूसर- णिअअ-सहाव-परिसंठिआहर-राअं ॥ ४३ ॥
वअणं समुव्वहन्तिं ओलुग्ग-कओल[4]-णिव्वलन्ताआमं ।
असमत्त-कला-दीहं कइ-दिअहासण्ण-पुरिअव्वं[5] व ससिं ॥ ४४ ॥
देह-च्छवि-णिव्वलिए भिण्ण-दरुव्वत्त-रोअणा-सच्छाए ।
भूसण-बन्धण-मग्गे लक्खिज्जन्त-तलिणत्तणे वहमाणं ॥ ४५ ॥
दट्ठव्व-चडुल-णअणं [6]उवऊहण-लालस-प्फुरिअ-बाहु-लअं ।
आसण्ण-ट्ठिअ-दइअं रसेण एक्क-सअणम्मि व विसूरन्तिं ॥ ४६ ॥
दूसह-मिअङ्क-दंसण- दुउणअरुक्कण्ठ[7]-णीसह-णिसण्णङ्गिं ।
गअ-जीविअ-परिसङ्किअ- णिसिअरि-हत्थ-परिमट्ठ-णिच्चल-हिअअं ॥ ४७ ॥
हत्थेण बाह-गरुइअ- दूर-पलम्बालओत्थएण वहन्तिं ।
पिअ-पेसिअङ्गुलीअअ[8]- मणि-प्पहा-[9]पाअडेक्क-[10]पासं व मुहं ॥ ४८ ॥
आसण्ण-जुज्झ-विमणं राम-भुआसङ्ग-णिट्ठविअ-संतावं ।
हिअआवलिअ[11]-दहमुहं किं[12] मण्णे होहिइ त्ति विमुहिज्जन्तिं ॥ ४९ ॥
समुहालोअण-विडिअं विडिअ-णिमिल्ल-पिअ-दंसणूसुअ-हिअअं ।
ऊसुअ-हिअउम्मिल्लं उम्मिल्लोसरिअ-पइ-मुह-किलिम्मन्तिं ॥ ५० ॥ आइकुलअं ॥
दट्ठूण अ णं दूमिअ- हिअअ-पहोलन्त-संभरिअ[13]-काअव्वा ।
अल्लीणा माआमअ- राम-सिरुल्लअण-काअरा रअणिअरा ॥ ५१ ॥

---

1) so R^{IIb} (Uebers. मुकुला°), मउला° R^bC 2) °स C 3) पाअड CR^{vl} 4) °वो° R^bC 5) °अम्वं R^{IIb}, °अंवं R^b (also war hier im Archetypus R die Doppelung nach der Art der Telugu-Mss. bezeichnet) 6) अ° C 7) विउणअरुककण्ठ C 8) °रीअअ C 9) so RCS, पाविए° (= प्रावृतै°)$R^{vl}K$ 10) वा° C 11) °डिअ R^b 12) कथं KS (der Consensus kann Zufall sein) 13) विम्हइअ C

42a मुकुलीकृत für मउआअअ 43b चालितव्य für विच्छड्डिअ 44b कतिपयाहासन्न für कइ-दिअहा° 45a दत्त für भिण्ण; म्लान für उव्वत्त 45b तलिनास्थितान् für °त्तणे 46a लोलप्रस्फुटित für लालस-प्फुरिअ 49b मुह्यन्ती (i. e. मुज्झिज्जन्तिं) für विमु°: cf. zu II 46. 50b रतिसुख für पइ-मुह 51b आनयन für उल्लअण

अह तेहि तीअ पुरओ छेअ-समुव्वत्त-मास-दिणावेढं ।
ठविअं राहव-वअणं लुअ-मज्झ-विलग्ग-वाम-हत्थं[1] च धणुं ॥ ५२ ॥
आलोइए विसण्णा [2]उवणिज्जन्तम्मि वेविउं आढत्ता ।
सीआ रअणिअरेहिं[3] राम-सिरं ति भणिए गआ च्चिअ मोहं ॥ ५३ ॥
पडिआ अ हत्थ-सिढिलिअ- णिरोह-पण्डर[4]-समूससन्त-कवोला ।
पेल्लिअ-वाम-पओहर- विसमुण्णअ-दाहिण-त्थणी[5] जणअ-सुआ ॥ ५४ ॥
मरणम्मि बन्धवाणं जणस्स किं होइ बन्धवो च्चिअ मरणं ।
तह गुरु-सोअ-कवलिआ धरम्मि पडिआ विमुच्छिआ धरणि-सुआ ॥ ५५[6] ॥
ण कओ वाह-विमुक्खो[7] णिव्वणेउं पि ण चइअं राम-सिरं ।
णवर[8] पडिवण्ण-मोहा गअ-जीविअ-णीसहा महिम्मि[9] णिमण्णा ॥ ५६ ॥
खण-णिच्चल-णीसासं जाअं मोहन्धआर-साम-च्छाअं ।
विरल-मिलिअच्छि-वत्तं मुच्छा-हीरन्त-तारअं तीअ मुहं ॥ ५७ ॥
विसरिअ[10]-विओअ-दुक्खं तक्खण-पब्भट्ठ[11]-राम-मरणाआसं ।
जणअ-तणआइ णवरं लद्धं मुच्छा-णिमीलिअच्छीअ मुहं ॥ ५८ ॥
थण-परिणाहोत्थइए[12] तीए[13] हिअअम्मि पअणुअं पि ण दिट्ठं ।
दीहं पि[14] समूससिअं मूइज्जइ णवर वेविरे अहरोट्ठे ॥ ५९ ॥
अपरिप्फुड-णीसासा तो मा मोह-विरमे वि णीमह-पडिआ ।
अणुवज्झ[15]-वाह-गरुइअ- दुक्ख-समूढ-तारअं उम्मिल्ला ॥ ६० ॥
पेच्छइ अ सरहसोहरिअ[16]-मण्डलग्गाहिघाअ-विसम-च्छिण्णं[17] ।
दूर-धणु-संधिअञ्चिअ[18]- सर-पुङ्खालिद्ध-मामलइआवङ्कं ॥ ६१ ॥

---

1) राहवत्थं(?) C 2) तरलिज्ज° C 3) °टेहिं C 4) °ाड्डु° C (K s. u.) 5) °न्नी C 6) dieser Vers nur in R 7) °मो° C 8) °र C 9) °हि-अलम्मि(? C 10) विअलिअ (K, S? 11) °म्ह° C = प्रमुषित K; S? (cf. XIV 12. XV 7) 12) °ह-त्थ° (KS 13) °अ C 14) च C. विषमो° K 15) वज्झन्त (K, S? 16) °सोवद्द्अ C 17) °मुक्कि° C 18) °धआअड्ढिअ (? C. °हिताभिकृष्ट S (cf. Hem. IV 187) 19) °लअआवङ्कं R

52b आलग्न für वि° 53b इव für च्चिअ 54a विरहापाण्डुर für णिरोह-पण्डर 57b für वत्तं eine Var., wahrscheinlich पम्हं 58a वेगं für दुक्खं 58b लब्धमनन्तरं für णवरं ल° (also णवरि अ, was von K mehrfach durch blosses अनन्तरं übersetzt wird) 61b संधानर्जूकृत (Ms. °नच्छ°!) für संधिअञ्चिअ, und उद्गत als vl für ऋजूकृत (also etwa संधणुज्जुअ und °णुज्जअ? cf. K XIV 59)

णिव्वूढ-रुहिर-पण्डुर[1]- मउलन्त-च्छेअ-मास[2]-पेल्लिअ-विवरं ।
[3]भज्जन्त-पडिअ-पहरण- कण्ठ-च्छेअ-दर-लग्ग-धारा-चुण्णं ॥ ६२ ॥
णिहअ-संदट्टाहर- मूलुक्खित्त-दर-दिट्ठ-दाढा-हीरं ।
संखाअ[4]-सोणिअ-[5]प्पङ्क-[6]पडल-पूरेन्त[6]-कसण-कण्ठ-च्छेअं ॥ ६३ ॥
णिसिअर-कअ[7]-ग्गहाणिअ- णिलाड[8]-अड-णट्ठ[9]-भिउडि[8]-भुमआ-भङ्गं ।
गलिअ-रुहिरद्ध-लहुअं अणहिअउम्मिल्ल-तारअं राम-सिरं ॥ ६४ ॥ कुलअं ॥ ४ ॥
तह णिमिअ च्चिअ दिट्ठी मुक्क-कवोल-विहुरो उर च्चिअ[10] हत्थो[10] ।
गअ-जीविअ-णिच्चेट्ठा णवरं सा महि-अलं थण-[11]भरेण गआ ॥ ६५ ॥
तो मुच्छिउट्ठिआए किं एअं ति गअणे दिसासु अ[12] समअं[13] ।
सुण्ण-परिघोलिअच्छं[14] [15]जाअं मूढ-परिदेविअं तीअ मुहं ॥ ६६ ॥
णिव्वणेऊण अ णं तत्तो-हुत्त-ट्ठिओसिअन्त-णिसण्णो ।
कड्ढन्तीअ ण पत्तो वअणं मरणं च से[16] कह वि अप्पाणो ॥ ६७ ॥
णवरि अ पसारिअङ्गी रअ-भरिउप्पह-पइण्ण-वेणी-बन्धा ।
पडिआ उर-संदाणिअ- महि-अल-चक्कलइअ-त्थणी जणअ-सुआ ॥ ६८ ॥
सव्वङ्ग-णिसण्णाअ[17] वि णीसेस-क्खविअ[18]-वलि-विभङ्ग-णिराओ ।
तीए मज्झ-पएसो थण-[19]जहण-करालिओ ण पावइ वसुहं ॥ ६९ ॥
सहसालोअ-विराअं दइअ-मुहे तम्मि साणुसअ[20]-दट्ठव्वे ।
मोहं गन्तूण चिरं समअं बाहेण आगअं से हिअअं ॥ ७० ॥
तो कह वि लद्ध-सण्णा बाहोवग्गिअ[21]-कवोल-अल-संदट्टं ।
मग्गइ संगोवेउं अलअं तीअ [22]विहलो ण पावइ हत्थो ॥ ७१ ॥

1) व० C; R scheint ursprünglich ०ण्डु० gehabt zu haben. 2) मं० C 3) भि० C 4) वहल ins. C 5) प० C (fälschlich auch R[b]) 6) विसूरंत C und om. पडल 7) so (= कच) SR im Comm. in allen, im Text R[bh], in der Uebers. R[II] u. unsicher R[b] (nämlich करच i. e. कच corr. aus कर); कर CKR[II]Text R[b]Uebers. 8) ०ल ०लि C 9) वद्ध C 10) चेअ करो CK, S? 11) ह० C 12) वि C 13) ०ग०(!) C 14) पडिघोल्लिर० C 15) आ०(!) C 16) steht in C hinter कह वि 17) ०ट्ट C 18) ०ल्लि० C 19) रग०(!) C 20) सानुनय KS 21) ०रगअ C 22) व० C

62b तर्जयत् (Ms. 2mal ०यन्) für भज्जन्त; प्रति० für दर 63a मग्न (i. e. कखुत्त oder उक्खुत्त) für उक्खित्त 64b प्रलघुकं für अद्ध-ल०; अनधिक wird als पाठ für अहृदय citiert: mit Unrecht, da es nur eine andere – und zwar falsche – Uebers. derselben Lesart ist. 67a उत्थितावसीदन्त्या: कर: für ट्ठिओ० etc.: dieser Var. entsprechend wird वअणं = वदनं gefasst gegenüber वचनं RS 68a प्रविद्ध für पइण्ण 70b stellt बाष्पेण सममागतं(Ms. 2mal समाग०), also wohl बाहेणं समअमागअं 71b संस्थापयितुं für संगोवेउं

आवेअ-समुक्खित्तं तो मे खेआगमोसिअन्तोवत्तं[1] ।
पडिअं णिअउच्छङ्गे अप्पत्तं[3] चिअ पओहरे कर-जुअलं ॥ ७२ ॥
मूढ-हिअआइ दट्ठुं अचअन्तीअ समुहं कह वि राम-सिरं ।
तंसोणमन्त-णीसह- वअण-च्छन्द-वलिआलआइ[4] पुलइअं ॥ ७३ ॥
[5]परिदेविउं पउत्ता [6]णिअअ-सरीर-[4']पडिमुक्क-राहव-दुक्खं[7] ।
कर-मग्गुट्ठिअ-सोणिअ- विवण-उणअ-पओहरा जणअ-सुआ ॥ ७४ ॥
आवाअ-भअअरं[8] चिअ ण होइ दुक्खस्स दारुणं णिव्वहणं ।
जं महिला-वीहच्छं दिट्ठं सहिअं च[9] तुह[10] मए[10] अवसाणं ॥ ७५ ॥
वाहुणहं तुज्झ उरे जं मोच्छिहिमि[11] त्ति संठिअं[12] मह हिअए ।
घर-णिग्गमण-पअत्तं[13] माहसु[14] तं[14] कम्मि णिव्वविज्जउ[15] दुक्खं ॥ ७६ ॥
विरहम्मि तुज्झ धरिअं इच्छामि तुमं ति जीविअं कह वि मए ।
तं एस मए दिट्ठो फलिआ[16] वि मणोरहा ण पूरेन्ति महं ॥ ७७ ॥
पुहवीअ होहिइ पई वहु-पुरिस-विसेस-चञ्चला राअ-सिरी ।
कह ता महं चिअ इमं णीसामण्णं उअत्थिअं[17] वेहव्वं ॥ ७८ ॥
किं एअं ति पलत्तं [18]विसउम्मिल्लेहि लोअणेहि अ दिट्ठं ।
विअलिअ-लज्जाइ मए होइ फुडं णाह तुह मुहं ति परुण्णं ॥ ७९ ॥
सहिओ तुज्झ विओओ रअणिअरीहि समअं सहीहि व [19]वुत्थं ।
दट्ठुं तुमं[20] ति होन्तं जइ एत्ताहे[21] वि जीविअं विअलन्तं ॥ ८० ॥
जाए पर-लोअ-गए तुमम्मि ववसाअ-मेत्त-सुह-दट्ठव्वे ।
हरिस-ट्ठाणे वि महं डज्झइ अदिट्ठ-दहमुह-वहं हिअअं ॥ ८१ ॥

---

1) so C = पत्तं S. °त्तावत्तं R. aber अपवृ° Uebers., अप्रवृ° K 2) °प° R 3) अप्पाणं(!) R[III] (aber wie wir in der Uebers.) 4) so RComm. R[b]Uebers. K = भिन्नालकया S: गरुआल° C. वलिआणणाइ RText R[IIb]Uebers. 4') पडि° R[b] 5) तो ins. C 6) so auch S. पडि° om. C. °रीरे विमु° K 7) दुःखा KS 8) भअरं alle R 9) अ(!) R[b] 10) C stellt um gegen Metr. 11) °म्म(!) R 12) अच्छिअं C. अर्पितं K, S frei 13) °उ° C 14) RUebers. stellt um. 15) °लिज्ज° C 16) फलिहआ C (i. e. °लिआ corr. aus °लिह; ist फि blosser Fehler für फ?) 17) उवट्ठिअं C 18) = विषम RUebers. K. so oder विशद RComm., प्रविपाद S 19) उ° C 20) °मेत्ति(!) R[II] 21) °त्ताहिं (i. e. °त्ताहे) C

73b उन्नमत् für ओण°: चन्द्र (i. e. metri c. चन्द. cf. प्पङ्क X 15. X 163. क्रम्प VI 23 etc. Hem. II 97 Schol.) für च्छन्द 74b विस्तीर्ण für विवण. cf. zu IX 25. 75a दुःखानां für दुक्खस्स 75b अवमानं für °साणं 76a मुञ्चिहिद = मूर्छिष्यति für मोच्छिहिमि 77b त्वमेवमसि मे दृष्टः für तं etc. 80a वृत्तं für वुत्थं. und उषितं (cf. C) als vl 82b कथं तावच्चिन्त्यमानं für णवरि etc.

बाहं ण धरेइ मुहं   आसा-बन्धो वि मे ण रुम्भइ हिअअं।
णवरि अ चिन्तिज्जन्ते   ण विणज्जइ केण जीविअं [1]संरुद्धं ॥ ८२ ॥
वोलीणो[2] मअरहरो   मज्झ कएण मरणं पि दे [3]पडिवक्खं।
णिव्वूढं णाह तुमे   अज्ज वि धरइ अकअण्णुअं मह हिअअं ॥ ८३ ॥
उग्गाहिइ[4] राम तुमं   गुणे गणेऊण पुरिसमइओ[5] त्ति जणो।
गलिअ-महिला-सहावं   संभरिऊण अ ममं[6] णिअत्तिहिइ कहं ॥ ८४ ॥
तुह बाणुक्खअ-णिहअं[7]   दच्छिमि[8] दहकण्ठ[9]-मुह-णिहाअं ति कआ।
मह भाअधेअ-वलिआ   विवरा-हुत्ता मणोरहा पल्हत्था ॥ ८५ ॥
जं तणुअम्मि वि विरहे   पेम्मावन्धेण सङ्कइ जणस्स जणो।
तं जाअं णवर इमं   [10]पेच्छन्तीए अ[10] तारिसं मज्झ फलं ॥ ८६ ॥
तो विलविअ-णिप्फन्दं[11]   गलन्त-हिअअ-परिसुण्ण-लोअण-जुअलं।
महुरं आसासन्ती   हत्थुण्णामिअ-मुही भणइ णं तिअडा ॥ ८७ ॥
अवरिगलिओ[12] विसाओ   अखण्डिआ[13] मुद्धआ ण पेच्छइ पेम्मं।
मूढो जुवइ[14]-सहाओ[15]   तिमिराहि वि दिणअरस्स चिन्तेइ भअं ॥ ८८ ॥
तिहुअण-मूलाहारं[16]   विसढ-महिन्द-[17]पडिमुक्क-वूढ-रण-धुरं।
जाणन्ती कीस तुमं   तुलेसि मेस-पुरिसाणुमाणेण पइं ॥ ८९ ॥
अमिलिअ-साअर-सलिला   अणह-ट्ठिअ-महिहरा अणुवत्त-अला।
रामस्स छिण्ण-पडिअं[18]   कह पत्तिअसि धरणी धरेइ त्ति सिरं ॥ ९० ॥
मारुअ-मोडिअ[19]-विडवं   मिअङ्क-किरण-[20]पडिमास-मउलिअ-कमलं।
कह होइ राम-वइणो[21]   इअ णिच्छाअं दसाणण-[22]घरुज्जाणं ॥ ९१ ॥

---

1) परि° C   2) वो° K pratika   3) परि° C   4) °हइ C   5) °अ C   6) मं R^bC, महं R^{vl} 7) पडिअं CK, S?   8) दच्छिहिमि R^bC (च्छि fehlt in R^bHd aus Versehen und ist hinein corr.)   9) इ°?) R^b, दस° C   10) पच्चक्खं तस्स CKS   11) निस्थामानं K = असहा S   12) अप° C, अपरिगणिओ R^{vl} = अविचारविमर्शितः S, अपरिगणकः K   13) so RC, अपण्डिआ R^{vl}KS   14) °अ° C   15) °वो C   16) °धारं C   17) परि° CK   18) °रि° C   19) °लि° C   20) परि° C   21) प° C   22) ह° C

88a जानाति für पेच्छइ   89a निर्व्यूढभरं für वूढ etc.   90a पर्वता für महिहरा; अनुद्रुतलता für अणुवत्त-अला   90b भिन्न für छिण्ण°

मा रुअसु पुससु बाहं [1]उअऊहेऊण अंस-परिअत्त-मुहं ।
संभरिअ[2] विरह-दुक्खं रोत्तव्वं दे[3] पुणो पइस्स वि अङ्के ॥ ९२ ॥
अइरा अ[4] दच्छिहि[5] तुमं तुह विरहोलुग्ग-पण्डुर-मुह-च्छाअं ।
गअ-रोस-सुहालोअं ओआरिअ-चाव-णिव्वुअं[6] दासरहिं ॥ ९३ ॥
पत्तिहि[7] अमरिस-भरिअं हरेण वि अपत्थणिज्ज-कण्ठ[8]-च्छेअं ।
फुट्टन्तं जइ होन्तं छिण्णं पि कअ-ग्गहुग्गअं[9] राम-सिरं ॥ ९४ ॥
किं ति समाससिअव्वे मुज्झसि [10]दहवअण-दप्प-भङ्गुप्फालं ।
पेच्छन्ती पमअ-वणं रामाणत्ति-अर-पवअ-आविद्ध-दुमं ॥ ९५ ॥
णिहउक्खअ-सुर-लोअं दरिअ-णिसाअर-णिहाअ-पल्हत्थन्तं ।
कह तेण खणं मि[11] विणा धरेइ जस्स भुअणं भुअ-ववट्ठम्भं ॥ ९६ ॥
तह तं सि गआ मोहं[12] मुच्छा-गअ-पडिअ-णीसह-[13]विसण्णङ्गी ।
रक्खस-माएत्ति[14] फुडं जाणन्ती जह इमं अहं पि विसण्णा ॥ ९७ ॥
मिलिअ-णिसाअर-पुरओ सुवेल-मलअन्तराल-णिम्मविअ-वहे ।
पेल्लिअ-तिऊड-सिहरे अज्ज वि किं[15] तुज्झ[16] राहवे अग्गहणं ॥ ९८ ॥
मलिआ[17] मलअ-णिअम्बा थले व्व चङ्कम्मिअं महोअहि-सलिले ।
वुत्थं सुवेल-सिहरे अज्ज वि किं तुज्झ राहवे अग्गहणं ॥ ९९[18] ॥
तो अगहिओवएसा गओणिअत्तन्त-जीविअ-सुहिज्जन्ती ।
तिअडाअ जणअ-तणआ सहि-सब्भाव-सरिसं उरम्मि णिसण्णा ॥ १०० ॥
लोअण-वइअर-लग्गं तंस-णिसण्णाअ[20] तीअ तिअडा-वच्छे ।

---

1) अवगू° C 2) so. = संस्मृत्य. nach R: = संस्मृत. also °रिअ-. KS 3) ति C 4) om. CKS 5) so R^b, दट्ठि° R^II, in R^b ist die mittle Silbe zweifelhaft; दक्खिहिसि C und sicher K, da er अ weg lässt; für S folgt aus dieser Weglassung nichts sicheres. 6) °ट्टं C 7) पत्तिअ C 8) कंठ R^II 9) ग्गह-धुअं C, °हावधूतं K, कम्पित S: also wohl °ह्रोधुअं 10) दम° C 11) so R^bb, वि R^II, पि C: cf. VI 9 et मउअं मि, wie als unzweifelhaft ursprüngliche Lesart von R in den Text hätte gesetzt werden sollen. 12) सोअं C 13) णि° CR^I KS 14) माअ त्ति C 15) om. C 16) तह C also etwa किं ति तुह? 17) मि° R^b, aber nicht R^I 18) dieser Vers nur in R 19) °डाइ C: °डाइअ R, i. e., metri c. und weil Uebers. kein च hat, °डाअ corr. aus °डाइ schon im Archetypus R: da der oblique Feminineasus auf आअ höchst selten und Var. V 23 sogar verboten ist, die doctior lectio. 20) °णाइ C

95a च für ति 95b प्रविद्ध i. e. पविद्ध für आविद्ध cf. zu IX 25. 97a आगम für गअ 98a पुरे (i. e. पुरए) für पुरओ 100a जोव-विमु° für जीविअ मु°

गलिअं कओल[1]-पेल्लण- पीडिज्जन्तालउग्गअं बाह-जलं ॥ १०१ ॥
तो जम्पिउं पउत्ता पुणो वि अत्थेक्क-उट्ठिअ-समूससिआ[2] ।
[3]उर-घोलिर-वेणी-मुह- [4]थण-लग्गुग्घुट्ठ[5]-महि-रआ जणअ-सुआ ॥ १०२ ॥
साहसु ज च्चिअ पढमं दट्ठूण अहं[6] इमं[6] महिम्मि[7] णिसण्णा ।
स च्चिअ मोहुम्मिल्ला पेच्छामि अ णं पुणो धरेमि अ जीअं ॥ १०३ ॥
सहिआ रक्खस-वसही दिट्ठं तुह णाह एरिसं अवसाणं ।
अज्ज वि वअणिज्ज-हअं धूमाइ च्चिअ ण पज्जलइ मे हिअअं ॥ १०४ ॥
पुरिस-सरिसं तुह इमं रक्खस-सरिसं कअं णिसाअर-वइणा ।
कह ता चिन्तिअ-सुलहं महिला-सरिसं ण संपडइ मे मरणं ॥ १०५ ॥
पवण-सुअ-सिट्ठ-तुरिअं इह[8] एन्तस्स अवलम्बिउं मह जीअं ।
विरह-लहुअं पि राहव मए जिअन्तीअ जीविअं तुज्झ हिअं ॥ १०६[9] ॥
अलअन्धआरिअ-मुही समुहागअ-कण्ठ-भमिअ[10]-वेणी-बन्धा ।
मोह-पडिवण्ण-हिअआ दर-जम्पिअ-णीसहं पुणो वि णिसण्णा ॥ १०७ ॥
तो फुडिअ-वेणि-बन्धण- भङ्गुग्गअ-विसम-केस-पल्हत्थरणे[11] ।
पडिआ[12] रामोर-त्थल- सअण-णिरास-हिअआ महि-अलुच्छङ्गे ॥ १०८ ॥
तीअ णव-पल्लवेण व पहराअम्ब-विहलेण हत्थेण मुहं ।
परिमज्जिउं ण चइअं एक्क-कवोल-[13]मिलिआलअं कह वि कअं ॥ १०९ ॥
समुह-मिलिअं पि जाहे रूअं वाह-विहला[14] ण गेण्हइ[15] दिट्ठी ।
ताहे कह कह वि कअं उहअ-करुप्पुसिअ[16]-लोअणं तीअ मुहं ॥ ११० ॥
तो सा भमन्त-मारुअ- विसम-पइणालउप्पुसिअ-वाह-जला[17] ।
पेच्छइ राहव-वअणं [18]णिसाअरोच्छुण्ण-महि-अल-पहोलन्तं ॥ १११ ॥

---

1) °वो° C 2) समो° C 3) दर C 4) थणु(?) R^{bb} 5) °घुट्ठ R (°ग्घु° R^{II}2IId). cf. IX 80. 6) C stellt um. 7) महोअ C 8) तुह C 9) S stellt 106. 107 um. 10) °मिर C 11) पल्ल° CK 12) °ल्ल° C 13) णिमिआ° C 14) so R^{II}C. °कु° R^{bb}. विकला RUebers. S. विह्वला RComm. K 15) °ल्हू° R^{IIb} 16) °रफुसि° C 17) लवा C 18) रअणिअ° C: K s. u.

101b वेल्लन für पे°; उद्गमं für उग्गअं 102b मुखा für °ह- (also वेणि für °णी); स्फुट (= बद्ध Comm.) für उग्घुट्ठ (also wohl प्फुड-मही-) 103ab वदनं यदेव ·· तदेव für साहसु ज च्चिअ ·· स च्चिअ 105b चिन्त्यमानं für चिन्तिअ-सुलहं, und citiert eine corrupte vl, vielleicht unsere; संप्रति für संपडइ(?) 106a दृष्ट für सिट्ठ. cf. V 28. 107a मुखं für °ही 108a शिथिल für फुडिअ 109b केवलं für कह वि 110a मिलिता für °अं 110b बाष्पं für लोअणं 111a प्रविद्ध für पइण्ण 111b रजोनिकरच्छन्न für णिसा° (cf. C); प्रलुठत् (i. e. पलोट्टन्तं) für पहोलन्तं

लक्खिज्जन्त-विसाआ अब्भहिउम्मिल्ल-णिच्चल-ट्ठिअ-णअणा ।
राम-सिर-वद्ध-लक्खा धुव्वइ वाहेण से ण रुम्भइ दिट्ठी ॥ ११२ ॥
तो तं दट्ठूण पुणो मरणेक्क-रसाइ वाह-णीसारच्छं ।
आउच्छसु मं ति कअं तिअडा-गअ-लोअणाइ दीण-विहसिअं ॥ ११३ ॥
सहिअम्मि राम-विरहे दारुण-हिअअ-प्पडिच्छिए वेहव्वे ।
सहसु गअ-णेह-लहुअं मह णिव्वज्ज-मरणं इमं ति परुण्णा ॥ ११४ ॥
सव्वस्स अ[1] एस गई ण उणो माणुसआण [2]इममवसाणं ।
अणुसरिसं ति भणन्ती आहन्तूण पडिआ थिरं[3] थण-अलसं ॥ ११५ ॥
तह जीव-लज्जिआए[4] विलवन्तीअ वि विसाअ-णीसह-मउअं ।
दासरहि त्ति पलत्तं पिअ[5] त्ति सीआइ[6] ण चइअं वाहत्तुं ॥ ११६ ॥
अणुसोइउं ण इच्छइ ण देइ अङ्गम्मि सा परम्मि व पहरं ।
वाहं मुअइ ण रुम्भइ मरिअव्वे लद्ध-पच्चअं से हिअअं ॥ ११७ ॥
तो तं मरण-णिमित्ते अणिअत्तन्त-हिअअं पअत्ता वोत्तुं[7] ।
तिअडा धुअग्ग-कर-अल- दर-पडिअ-पडिच्छिअङ्ग-विसमोअणं[8] ॥ ११८ ॥
जाणइ सिणेह-भणिअं[9] मा रअणिअरि त्ति मे[10] जुउच्छसु[10] वअणं ।
उज्जाणम्मि वणम्मि अ[11] जं सुरहिं तं लआण गेण्हइ[12] कुसुमं ॥ ११९[13] ॥ जुग्गअं[14] ॥
किमु जीअन्तीअ तुमे जइ अलिअं महि ण होज्ज[15] राहव-मरणं ।
अण्णे उण रहुणाहे तुह मे मरण-विहुरं किलम्मइ[16] हिअअं ॥ १२० ॥
चिन्तेउं पि ण लब्भइ[17] जह संभावेमि तह इमं जइ होन्तं ।
तो दाणि किं जणम्मि व तुमम्मि संठावणा महं अणुरूवा[18] ॥ १२१ ॥

1) वि CK, cf. Hem. III 85. 2) इअव° C (für इअ-अव°?) 3) °र-त्थ° C 4) जीविअ-लज्जाए C 5) so C und KS, da sie प्रियेति (Voc.) übersetzen; पिओ R; da aber nach dem Comm. die Auffassung als Voc. auch bei R als die ursprüngliche erscheint, ist diese Lesart secundär. 6) सि°(?) R 7) so C, व° R 8) °ऊं C 9) भरिअं R° und fälschlich auch im Text. 10) CK stellen um gegen Metr. 11) व = वा R°, वि C 12 गृह्यते!) RUebers. K, उपाददीत विद्ध: richtig S 13) steht in KS nach 121. 14) so C, falso 15) होइज्ज (i. e. होज्ज corr. aus होइ) C, भवति K 16) किलिम्मइ (lies °म्मइ) C 17) तीरइ CKS 18) °आ C

113a णिब्भरनयनं für णीसारच्छं 113b विलोकितं für विहसिअं 115a मानोन्नतजातेरयमवमान: für ण etc. 115b युगलं für अलसं; hat für अणुसरिसं eine Var. und citiert eine vl, die durch Corruption des Ms. nicht erkennbar sind. 116b stellt सीतया प्रियेति 117a शीर्षे सा उरसि च für अङ्गम्मि bis व 117b stellt न मुञ्चति 118a परिवर्तमान für अणि° 119 pratika जाणसु für जाणइ 120 pratika किं व (also जिअन्तीअ) 121b तदानीं für तो दाणि (Fehler?)

सअला णिसाअर-पुरी[1] घर-परिवाडि[2]-सम-णीहरिअ-रुण्ण-रवा।
एक्केण कआ कइणा कह होहिइ अणह-रक्खसं[3] रहु-वडणं[4] ॥ १२२ ॥
णत्थि [5]णिहम्मइ[5] रामो अइरा होहिइ अरक्खसं तेल्लोक्कं।
दिट्ठं त्ति भणामि फुडं पत्तिअ कस्स वि[6] पिओ कुलस्स विणासो ॥ १२३ ॥
उट्ठेसु मुअसु मोअं पुस एअं बाह-मइलिअं थण-वट्टं[7]।
सुणसु सउणे[8] ण वट्टइ समराहिमुहे पइम्मि अंसु-णिवाओ ॥ १२४ ॥
मोत्तूण अ रहुणाहं लज्जागअ-सेअ-विन्दुइज्जन्त-मुहो।
केण व अणेण कओ पाआरन्तरिअ-णिप्पहो दहवअणो ॥ १२५ ॥
अइरा अ दे रहु-सुओ [9]तणाअन्तग्ग-हत्थ-मउडअ[10]-पम्हं।
मोच्छिहि[11] वेवन्तङ्गुलि- गुप्पन्तुक्खित्त[12]-विसम-भाअं वेणिं ॥ १२६ ॥
विअलिअ-लज्जा-लहुअं एअ करन्तस्स रहुवइम्मि धरन्ते।
ण अ तह दुक्खामि तुमे जह [13]परिवत्तम्मि दहमुहस्स[13] सहावे ॥ १२७ ॥
वालि-वह-दिट्ठ-सारं बाण-गलत्थिअ[14]-समुद्द-दिण्ण-थल-वहं।
रोहिअ-लङ्का-वलअं[15] मा लहुअं पेच्छ राहवस्स भुअ-वलं ॥ १२८ ॥
दिट्ठा सि मए सिविणे मसि-मूरालिहण-सोहिउम्मुह-पडिमा।
[16]खन्धुट्ठिअ-सुर-गअ-कण्ण-आल-विहुअ-धवलंसुअ-दसद्धन्ता ॥ १२९ ॥
दिट्ठो अ मे दहमुहो दह-मुह-[17]परिवाडि-विअड-कड्ढण-मग्गो।
काल-दढ-[18]पास-कड्ढिअ- दर-घडिउग्घडिअ[19]-खलिअ[20]-मुह-संघाओ ॥ १३० ॥
तं अवलम्बसु धीरं णामउ संपइ अमङ्गलं जाव इमं।

1) उरो C 2) °ल्लि C 3) °सो रामवधः KS 4) ण हु° R[b]KS 5) °णइ C 6) व C 7) so R[b]. पुट्टुं R[b]. पृष्ठं R Uebers., वट्टं C und undeutlich R[B]. युगलं K, युग्मं S 8) so auch S. सअणे C 9) तएहाअ° R[b] (aber in der Uebers. आर्द्रायमाण). ओल्लाअ° C 10) so R = मुकुलित (? cf. XI 42), कोमलीकृतां S (beruht auf derselben Lesart, = मृदूकृत gefasst). मइलिअ C. मोचित K 11) °हिइ C (? ist das °हि corr. zu °इ? cf. IV 49 vl) 12) °न्तक्खि° CK 13) परिअत्ते (Ms. °अत्तंत्ते i. e. °त्तं corr. zu °त्ते, दहवअणस्स C gegen Metr. 14) गलहत्थिअ R[b] 15) म° KS 16) अद्धुट्ठि° C 17) पड्ड° C 18) वा° C 19) °उघ° CK, °उघा° (dem sonstigen Gebrauch und Hem. IV 33 entsprechend, aber gegen Metr.) R, auch in Uebers. Comm.: उग्घाडि R[B] (gegen Uebers.) ist wohl eher Fehler, als Conject. zur Herstellung des Metr. 20) पडिअ C

122a स्फुटनिर्ह्रादिरु° für सम° etc. 124b स्वप्ने पि निवर्तते für सउणे etc. 125a विन्दुचीयमान für विन्दुइज्जन्त (vielleicht bloss eine falsche Uebers. unsrer Lesart) 125b अन्येनापि केन कृतः für केण etc. 126a पतिः für सुओ 127b अपि für अ: प्रतापे für महावे 129b स्थित für उ° und scheint सुरगजस्कन्धस्थित zu stellen (? corrupt): पट für दमा 130b मुखर für खलिअ 131a तावत् für जा°

मुणिअ-परमत्थ लहुई अवहीरिअ[2]-णिप्फला णिअत्तउ माआ ॥ १३१ ॥
होन्तं जइ राम-सिरं एआवत्थं पि तो समूससमाणं ।
अमअं मिव[3] णाअ-रसं आसाएऊण तुह कर-[4]प्फरिस-सुहं ॥ १३२ ॥
इअ राम-पेम्म-कित्तण- दूमह-वज्जाहिघाअ[5]-दूमिअ-हिअआ ।
संभरिअ मुक्क-कण्ठं अणमअं मरण-णिच्चआ वि परुण्णा ॥ १३३ ॥
तो तिअडा-वअणेहि वि ण मंठिआ जाव तीअ पवअ-कलअलो ।
रण-[6]संणाह-गभीरो[7] ण सुओ राहव-पहाअ-मङ्गल-पडहो ॥ १३४ ॥
अह वहुविह-संठावण- पच्चाणिज्जन्त-जीविआसा-वन्धं ।
तीअ गअ-सोअ-विसअं [8]दूरुणामिअ-पओहरं णीससिअं ॥ १३५ ॥
तो आसामिअ-सुहिए तीए पुणरुत्त-सच्चविअ-वीसत्थे ।
विहडिअ[10]-वेहव्व-भए पुणो वि संघडइ विरह-दुक्खं हिअए ॥ १३६ ॥
माआ-मोहम्मि गए सुए अ पवआण समर-संणाह-रवे ।
जणअ-तणआइ दिट्ठुं[11] तिअडा-णेहाणुराअ-भणिअस्स फलं ॥ १३७ ॥

॥ इअ एआरहो आसासओ परिसमत्तो ॥

1) °दृ°(!) R^b (ज्ञात Uebers.) 2) °हारिअ CS 3) मिअ C 4) so CR^{II}1Hd, प्फु° R^{II}2HdR^h, प्पु° R^{bl} (फ oft für पु und vice versa) 5) °हाअ C 6) सणा-गभीरो R^{bl} 7) °हो° corr. R^b2Hd 8) °रोणामि° C 9) S stellt 135. 136 um. 10) so R, auch Uebers., विअलिअ CKRComm. = गत S 11) लद्धं C

132b तलस्पर्श० für प्फरिस-सुहं 135 pratika इअ 135b विषमं für विसअं: wohl keine Var., da auch III 55. XI 79 विसअ von einigen so verstanden wird; उत्क्वसितं für णी° 136b संगलति für संघडइ

ताव अ दर-दलिउप्पल- पलोट्ट-धूलि-मइलन्त-कलहंस-उलो ।
जाओ दर-संमीलिअ- हरिआअन्त-कुमुआअरो पच्चूसो ॥ १ ॥
अरुणाअम्ब-च्छाओ णव-सलिलाकलुस-चन्दिमाहअ-मूलो ।
धाउ-कलङ्क-क्खउरो ओसरइ तडो व्व रअणि-पच्छिम-भाओ ॥ २ ॥
णिव्वणिज्जइ रूअं अरुण-सिहोलुग्ग-चन्दिमम्मि महि-अले ।
[1]ओव्वत्त-धूसराणं णवर चलन्तीण पाअव-च्छाआणं ॥ ३ ॥
संमीलइ[2] कुमुअ-वणं अइत्थमिअ-गलिअ-प्पहं ससि-बिम्बं ।
विअलइ रअणि-च्छाआ अरुणाहअ-मुद्ध[3]-तारआ पुव्व-दिसा ॥ ४ ॥
दीसइ अ तिमिर-रेइअ- पल्लव-अम्ब-तरुणारुणाहअ-सिहिअं ।
विसम-विहिण्ण-[4]मणसिला- भङ्ग-[5]प्फरुस-मणि-पव्वअड्ढं व णहं ॥ ५ ॥
ताव अ अत्थ-णिअम्बं णव-सलिलाउण-गअ-पअ-च्छवि-कलुसो ।
पत्तो अरुणुण्णामिअ- पासल्लन्त-गअणोसरन्तो व्व ससी ॥ ६ ॥
होन्ति पवणाहआइं फुड-महुर-विहंग-[6]णीहरन्त-रुआइं ।
गुञ्जन्त[7]-महुअराइं धुअ-सिल्हा[8]-लहुअ-किसलआइ वणाइं ॥ ७ ॥
अरुणक्कन्त-विअलिअं णिअअङ्काणुगअ[9]-वहल-जोण्हा-भरिअं[10] ।
अत्थ-सिहराहि पडिअं उक्खडिअ[11]-करावलम्बणं ससि-बिम्बं ॥ ८ ॥
पिअअम-विओअ-दुक्खं कह वि गमेऊण जामिणीअ पहाए ।
अणुधाइ[12] पडिरुअन्ती अब्भुट्ठाउं[13] व सहअरी चक्काअं ॥ ९[14] ॥

---

1) so R^{IIb}. ओव° R^{b}. उव्व° CK, cf. VIII 81. 2) उम्मीलिअ C 3) मन्द CK, S? 4) मणि-सि° C 5) प्पु° R^{Ib}, cf. XI 132. 6) णोल्ह° C 7) गुञ्ज° R^{bb} 8) °ण्हा C 9) °अंगाणु° C 10) गरुअं CKS 11) °लिअ C 12) °वाति (so, skt) R^{vl} 13) अब्भट्ठाणं C 14) steht als 10 in CS, fehlt in K.

2a अर्धान्तः für छाओ 5a तलिन für तरुण 5b शिलातल für मणसिला; पर्वतमिव नभस्तलं (so gegen die Note zu I 17) für पव्वअ° etc. 7a श्रुत für फुड 7b भ्रमत् für गुञ्जन्त; ज्योत्स्ना für सिल्हा 8a कलुषितं für विअलिअं: वकुल 8b शिखरे für °राहि

जाअं समल्लिअन्ते[1] अब्भहिओसहि-सिहा-करालिअ-पासं ।
अत्थ-सिहरं मिअङ्के अणमअ-पअट्ट[2]-चन्द-मणि-णीसन्दं ॥ १० ॥
दूरोणअ-णक्खत्तं अरुण-सिहाहअ-गलत्थिओणअ-जोण्हं ।
अत्थमइ व[3] ससि-सहिअं उट्टेइ व उअअ-पव्वआहि णह-अलं ॥ ११ ॥
पइ[4]-लम्भेण पओसो जाओ दिण-प्फलो रइ-सुहेण णिसा ।
आणिअ-विरहुक्कण्ठो गलइ अणिव्विण-वम्महो पच्चूसो ॥ १२ ॥
वीसम्भ-वड्ढिअ-रसं अइराअ-क्खलिअ-सेस-संठिअ-रमणं ।
विअलिअ-मएण णिउणं पच्चूस-रअं पओस-दूरब्भहिअं ॥ १३ ॥
संकन्ताहर-राअं थोअ[8]-सुरा-संठिउप्पलद्ध-त्थइअं ।
चसअं कामिणि-मुक्कं किलिन्त-वउल-तणुओ ण मुञ्चइ गन्धो ॥ १४ ॥
पसिढिल-केस-कलाओ[9] उव्वत्तिअ-मेहलावरुद्ध-णिअम्बो ।
छाआ-लग्ग-परिमलो पिअअम-मुक्क-तणुओ विलासिणि-सत्थो ॥ १५ ॥
दुणिमिअ-वाम-चलणं[10] वलन्त-पीणोरु-विसम-पाउद्धारं ।
दुक्खेण संठविज्जइ पिअ-हुत्त[11]-णिअत्त-पत्थिअं जुवईहिं[12] ॥ १६ ॥
संखोहिअ-कमल-सरो संझाअव-अम्ब-धाउ-कद्दमिअ-मुहो ।
ठाण-प्फिप्फाडिओ[13] व्व गओ रत्तिं भमिऊण पडिणिअत्तो दिअसो[14] ॥ १७ ॥
अरुण-पडिवोहिआए अब्भुत्थन्तीअ[15] आअअं व दिणअरं ।
साहेन्ति[16] विहडिआइं[17] णिमिअं कमलाइ दिअस-लच्छीअ पअं ॥ १८ ॥
एक्केक्कम-वोच्छिण्णं पओस-वीसत्थ-विहडिअं उअहि-जले ।
जणणिं व चन्द-पडिमं अल्लिअइ विहाअ-काअरं मह्व-उलं ॥ १९[18] ॥
होइ कमलाअराणं समूससन्ताण चिर-णिरोहेक्कमुहो ।
संचालिअ[19]-महु-महुरो मारुअ-भिण्णो वि मंसलो च्चिअ गन्धो ॥ २० ॥

---

1) ममणि॰ C, cf. XIII 18, 23, XV 55. 2) ॰ल्लो॰ C 3) ॰मइअ CR[b] (gegen Uebers.) 4) पिअ CKS 5) ॰राउक्कण्ठ॰ C 6) व॰ R[d] 7) दूरन्तरिअं R[d] 8) ॰र C 9) ॰वो C 10) ॰र॰ C 11) हि॰(?) R[b] 12) जुअ॰ C 13) ॰ल्लि॰ C 14) ॰हो C 15) अब्भट्ट॰ C 16) ॰ह॰ C 17) ॰ए R[b] (gegen Uebers.) 18) S om. diesen Vers. 19) ॰रिअ C

12a जाता दत्तफला 13a रति für अइ॰ 15a निवसनः für णिअम्बो 15b भुक्त für मु॰ (nach dem Comm. vielleicht Fehler) 16a स्वलत् für व॰ 16b युवतीनां 18, 19 sind umgestellt. 18a om. व. und दिवसकरं für दिण॰ 18b विकसितानि für विहडिआइं 19a विश्लिष्टं für वो॰; विचलितं für विहडिअं

जं चिअ कामिणि-सत्थं   आउच्छन्ताण मुक्क-बाह-त्थवअं ।
रक्खस-भडाण तं चिअ   जाअं णिप्पच्छिमोवऊहण-सोक्खं ॥ २१ ॥
अह समरत्तरिअ-मुहो   दहमुह-वेर-पडिमुञ्चणाअअ[1]-दिअहो ।
लद्धामरिसावसरो   अलद्ध-णिद्दो वि राहओ[2] पडिउद्धो[3] ॥ २२ ॥
सीआ-विओअ-दुक्खं   विसहन्तस्स चउ-जाम-मेत्तन्तरिअं ।
दीहो अ गओ कालो   ण समा एक्का अ सा णिसा रहुवइणो ॥ २३ ॥
उम्मिल्लन्ति च्चिअ से   णिद्दा-सेसोणअच्छि-वत्त-क्खलिआ ।
[4]गरुओलइअ-रण-भरे   दिट्ठी दिट्ठ-समरे धणुम्मि णिसण्णा ॥ २४ ॥
मुअइ अ किलिन्त[5]-कुसुमं   अवहोवास-[6]मलिओवहाणद्धन्तं ।
सइ-परिअत्तण[7]-विसमं   हिअआवेअ-पिसुणं सिला-सअणीअं ॥ २५ ॥
तो सेल-सार-गरुअं   अइरा-होन्त-दइआ-समागम-पिसुणं ।
अहिणन्दिऊण सुइरं   फुरमाणब्भहिअ-पीवरं [8]वाम-भुअं ॥ २६ ॥
खण-संमाणिअ-धम्मो[9]   धणु-कड्ढण-मग्ग-मोइअ-परिट्ठविअं ।
बन्धइ मलिअ-विसज्जिअ-   तमाल-सअण[10]-सुरहिं जडा-पब्भारं ॥ २७ ॥ जुग्गअं ॥
दाऊण गलिअ-वाहं   चिर-धरिआऊरमाण-रोसाअम्बं ।
दिट्ठिं लङ्काहिमुहिं   समत्थ-णिव्वडिअ-तारआ-दुप्पेच्छं ॥ २८ ॥
गेण्हइ गहिअ-त्थामं   सीआ-सुमइअ-सअण-मग्ग[11]-ट्ठविअं ।
बहुमो विरहुक्कण्ठिअ-   णमिअ-मुहोरुण्ण-मइअ[12]-कोडिं चावं ॥ २९ ॥ जुग्गअं ॥
तो[13] तं महि-अल[14]-णिविअं[15]   वाम-करावेढ-णिद्दुर-परिग्गहिअं ।
दाहिण-हत्थेण कअं   वलन्त-देह-भर-णामिअं सज्जीअं ॥ ३० ॥
काऊण ससिअ-मन्थर-   गरुअ-सिरो-अम्प-तज्जिअं [16]पडिवक्खं ।
चलिओ चलन्त-पव्वअ-   विलइअ-धणु-मेत्त-साहणो रहुणाहो ॥ ३१ ॥

---

1) °मोअणागअ CK 2) °वो C 3) °वुद्धो C 4) गु° R^{B} 5) °ल° C 6) मि° C 7) °वत्तण C 8) so R! णिअअ CK, दच्चिणं S 9) णिअमो CK, S? 10) वट्ट C 11) मज्झ C, भाग K, अंश S 12) so R = मृदित; मइल CKS 13) om. CK 14) °लद्ध CK 15) so R = निवेशितं (womit R sonst णिमिअ übers.). °मि° C 16) व°(!) C

21a बिन्दु für त्थवअं 22b प्राप्त für लद्ध 23b stellt गतश्च 27a निर्मित (i. e. णिम्माविअ) für संमाणिअ; प्रतिष्ठापितं für परि° 29b stellt मुखनि° 29* s. X 3.

चलिअं च तुलिअ-पव्वअ- मिलन्त-सिहर-णह-णिम्मिएक्क-महिहरं ।
अणुहूअ-भुअ-परिट्ठिअ- विडव-मुणिज्जन्त-पाअवं कइ-सेण्णं ॥ ३२ ॥
संणज्झन्ति कुउरिसा संणाह-भरेण किं करेन्ति समत्था ।
णिअअ-वलं चिअ कवअं कईण अप्पडिहआ भुआ अ पहरणं ॥ ३३ ॥
णाअ-णिसाअर-सारं माआ-णिक्कलुस-जुज्झ-गइ-पव्वुद्धं[1] ।
अग्ग-क्खन्धम्मि कअं लङ्का-मग्ग-णिउणं विहीसण-सेण्णं ॥ ३४ ॥
समर-तुरिअस्स सुकअं कह मोत्तव्वं ति [2]दूमिओ सुग्गीवो[3] ।
गहिआउहम्मि रामे सोअइ अ विहीसणो णिसाअर-वंसं ॥ ३५ ॥
अप्फालिए धणुम्मि अ खोहिअ-गिरि-विहुअ-माअरे रहुवइणा ।
कम्पिअ-घर-पाआरा[4] अङ्ग-क्खिवण[5]-विसमं व वेवइ लङ्का ॥ ३६ ॥
झीण-पुलआइअङ्गी[6] अउव्व-हरिस-[7]मिलिआणणा जणअ-सुआ ।
सोऊण समासत्था पढमुल्लावं व राहवस्स धणु-रवं ॥ ३७ ॥
मुच्छाविअ[8]-जुवइ-जणो रक्खस-वइ-हिअअ-महिहरासणि-घाओ[9] ।
वामोहेइ [10]पुरि-अणं सीआ-कण्ण-सुहओ पवंग-कलअलो ॥ ३८ ॥
कइ-वर-रहसुड्डाइअ[11]- धुअ-समअ-पहाविओअहि-समक्कन्तो[12] ।
सलिल-भरेन्त[13]-दरि-मुहो रसइ पसम्मन्त[14]-पडिरवं धरणिहरो ॥ ३९ ॥
णिज्जिअ-सेस[15]-कलअलो पढमप्फालिअ-रसन्त-धणु-णिग्घोसो ।
सामरिस-[16]विम्भिआणण- दहवअणाअणिओ चिरेण पसन्तो ॥ ४० ॥
ताव अ रक्खस-णाहो पाआरन्तरिअ-कडइअं[17] कइ-सेण्णं ।
रण-महिअं अगणेन्तो णिअए णिद्दा-परिक्खअम्मि विउद्धो ॥ ४१ ॥

---

1) पवट्टं C, Lücke K (erklärt समर्थं). कोविदां S 2) दुम्मि° C 3) °ओ C 4) °रं C 5) क्खेव R^{b} (gegen Uebers.) 6) °लओचिअ° C 7) म° C 8) °दूअ C 9) वाओ C = पात: K 10) परि° C 11) °रिअ (lies °विअ) C 12) समु° R^{bb} (gegen Uebers.) 13) °र° C 14) so auch S, °प्पन्त C, K s. u. 15) = अशेष RUebers.S! 16) so stelle ich her aus विस्मिता° K = सम्मेर S, und विअम्भिआ° RC (gegen Metr.); cf. vl zu Urv. 29..; zu म्भ für म्ह cf. Hem. II 60, II 74 Schol., संभर् = संस्मर्, रुम्भ् für रुम्ह् etc., GN 1871, 471. 17) कन्न° C

35a कथमस्य प्रतिमो° für सुकअं कह मो° 36a विवर für विहुअ 36b प्रवेपते für व वे° 39a बल für वर; अवपतित für पहाविअ 39b नदी für दरि; प्रतिहन्यमान (lies पह° i. e. पहम्मन्त) für पसम्मन्त

वहइ विवलाअ-णिद्दं विइओवास-परिअत्तणावद्ध-सुहं ।
विसम-सुअ-मङ्गल-रवं[2] [3]ओहीअन्त-पअलाइअं दहवअणो ॥ ४२ ॥
तो महु-[4]मअ-[5]मुच्चन्तामसिणोहीरन्त[6]-लोहिअच्छि-णिहाअं ।
धणु-सद्दामरिस-हअं णिद्दा-सेसं [7]दसाणणस्स विअलिअं ॥ ४३ ॥
तुङ्ग-मणि-तोरणाइ व [8]एक्कक्कम-लद्धिअङ्गुलि-करालाइं ।
उद्धं भुअ-जुअलाइं मुअइ वलेऊण णिअअ-सअणुच्छङ्गे ॥ ४४ ॥
अह भअ-चलिएरावण- भज्जन्त-क्खम्भ-दिस-सुर-संखोहं ।
आहम्मिउं[9] पअत्तं रण-संणाह[10]-पिसुणं [11]दसाणण-तूरं ॥ ४५ ॥
रण-[12]सणा-पडिउद्धा[12] गहिअ-जहासण्ण-पहरणा रअणिअरा ।
मीलन्त[13]-कण्ठ-लग्गं थोअं घेत्तूण णिग्गआ जुवइ-जणं ॥ ४६ ॥
आउच्छमाण-गहिआ सुअम्मि अत्थेक्क-समर-सणा-वडहे[14] ।
जुअइ-मुहाहि पिआणं णेन्ति[15] अमुक्क-सिढिल-ट्ठिआ अहरोट्ठा ॥ ४७ ॥
पिअअम-कण्ठोलइअं[16] [17]जुअईण सुअम्मि[17] समर-संणाह-रवे ।
ईसि-णिहं णवर भअं सुरअ-क्खेएण गलइ बाहा-जुअलं ॥ ४८ ॥
सुअ-सणा-रव-तुरिआ पडिवण्णाउह-विहत्थ-वलिअ[18]-कर-अला ।
उव्वेल्लन्ति णिसिअरा वच्छ-वलन्त-त्थणं पिआवेढ-सुहं ॥ ४९ ॥
रुम्भन्तीण[19] पिअअमे अक्कअ-उव्वे वि पणअ-भङ्गम्मि कए ।
जुअईण चिर-परूढो भअ-हित्थम्मि हिअए ण लग्गइ माणो ॥ ५० ॥
जह जह पिआइ[20] रुम्भइ[21] संभाविअ[22]-सामिआवमाणब्भहिअं ।
तह तह भडस्स[20] वड्ढइ संमाणिअ-मच्छरेण समरुच्छाहो ॥ ५१ ॥

---

1) वीओ° C 2) °अं R^{b} 3) so auch S. ओहीर° CK 4) °द R^{bb} 5) °च्चन्तं म° $CR^{v}KS$ 6) °हीअन्त R^{b} 7) दहा° C 8) एक्क° C 9) आहन्तुं~ C (s. ZDMG 28, 493) 10) °णहण C 11) दहा° C 12) so auch S, संणाह-विउ° CK 13) so auch K, भअ-हित्थ C = कम्पित S 14) प° C 15) णि° C 16) °ण्ठि ल्ल° C (= S?), °ण्ठाल° K 17) so stelle ich her aus जु° सुए C = यु° श्रुते K = S (da sie जु° mit नितम्बिनी- übersetzt): सुअम्मि अत्थेक्क R ist fälschliche Wiederholung aus dem vorigen Vers. 18) °ड्ड° C 19) so CR^{II}1Hd, रुब्भ° die andern (auch R^{II}2HdKpratika), रुन्धतीनां Uebers. 20) प्रियाभिः भटानां K = प्रियागणैः, वीरजनः S 21) so R^{II}, रुंभ° R^{bb}C. रुंद्ध° R^{b} 22) संभृत K (s. zu X 60) = स्मृत S

48b वितीर्णरण- für णिहं णवर 49a गलितकरतलं für वलिअ etc. 51b मत्सरणां für °रेण

दइआ-करेहि धरिआ खलिआ पणएण पेम्म-राएण हिआ ।
माणेण ववट्ठविआ रण-परिओसेण णिग्गआ रअणिअरा ॥ ५२ ॥
सुर-समरुच्च-च्छन्दा कइ-ममभीम-लहुआइअम्मि रण-भरे[1] ।
लज्जन्ति अ संणहिउं ण अ विसहन्ति पसरं परस्स णिसिअरा ॥ ५३ ॥
वण[2]-विवरेसु करालं वण-वेढसु मुहलं[3] खलन्तद्धन्तं ।
होइ उर-त्थल-विसमं पुट्ठि-णिराअ-ट्ठिअं महोअर-कवअं ॥ ५४ ॥
सुर-समर-दिट्ठ-सारो रक्खस-णाहस्स जङ्गमो पाआरो[4] ।
सर-मोक्खेसु सुहत्थो संणज्झइ हरिमिओ कमेण पहत्थो ॥ ५५[5] ॥
तिसिरस्स समुक्खित्तो वहु-कण्ठन्तर-करालिओ संणाहो ।
सिढिलं चिअ ओसरिओ एक्कमुहुक्खित्त[6]-हत्थ-तणुअम्मि उरे ॥ ५६[7] ॥
दिस-महि-अम्प-गरुअं संचालेन्ते[8] महोअरे अप्पाणं ।
वच्छ-त्थल-पुञ्जइओ[9] ओसरइ भरेण अप्पणो संणाहो ॥ ५७ ॥
णीसरिएरावण-दन्त-मुसल[10]-दीसन्त-ममिण-णिहस-च्छाअं ।
कवअं मज्झ-करालं उत्तम्भिज्जइ उर-त्थले इन्दइणो ॥ ५८ ॥
अइकाअस्स वि कवए[11] चिरेण ऊरूसु ठिअ-पलम्बोसारे[12] ।
देह-प्पहा-विमुक्कं[13] जाअं वोच्छिण्ण-कमण-मिहिअं व णहं ॥ ५९ ॥
समर-तुरिओ विसूरइ उर-त्थलुव्वत्त-दाविअंसोवासं ।
आवन्धिऊण कवअं वज्ज-मुह-च्छिण्ण-वन्धणं धुम्मक्खो ॥ ६० ॥
रोसेण चिर-पहद्धे फुडिए असणिप्पहस्स वण-संघाए ।
कवअ-विवरेहि गलिअं सुइरं उप्पाअ-जलहरस्स व रुहिरं ॥ ६१ ॥
उक्खिप्पन्त-णिराआ अमरिस-वेअ-वलिए णिउम्भस्स उरे ।
फुड-दाविअ-सीमन्ता विअलिअ[14]-लोह-वलआ विसट्टइ माढी ॥ ६२ ॥

---

1) मुहे C 2) र॰ C 3) ॰ल C (Fehler? oder lies ॰ल-कव॰ 4) ॰वो Rv1 5) steht als 60 in S, fehlt in K. 6) ॰ह-विव॰ C 7) S stellt 56, 57 um. 8) ॰लेइ C (ein nur aus dem Einfluss der chāyā erklärbarer Fehler) 9) पुज्ज॰ Rv1 Rv Lücke? 10) ॰हू॰ C 11) ॰ऋं. ॰र् CS 12) so auch K, प्पहाणुविद्धं CRvS 13) ॰डि॰ C 14) विह॰ CKS 15) विहला C

52b निर्णीताः für णिग्गआ ? Ms. corrupt. 53a लधुतागते für लहुआइअम्मि (Ms. लघुका॰, aber लघुत्वेनागते Comm.) 57a अकम्पने für महोअरे 58a लोह für णिहस 59a ऊर्ध्व für ऊरूसु 59b देहं für ॰ह; विच्छिन्न für वो॰ 62a आक्षि॰ für उ॰ 62b 2mal माढी (Fehler?)

सुर-पहरण-घाअ-सहं सुओ वि सुपरिच्छअं णिवन्धइ कवअं ।
समुह[1]-ट्ठिअं ण आणइ पुरओ दुव्वार-राम-सर-दुज्जाअं ॥ ६३ ॥
तुरिआउच्छिअ-कामिणि- वलन्त-धणिओवऊहणाहिलासाणं ।
घण-परिमलं दअन्तो णीइ च्चिअ सारणो ण बन्धइ कवअं ॥ ६४ ॥
जुत्ता कुम्भस्स रहे माआ-वद्ध-मुहलन्धआर-धअ-वडे ।
सुर-रुहिर-दट्ठ-केसर- गुप्पन्त-भुअंग-पग्गहा केसरिणो ॥ ६५ ॥
णिम्माएइ[2] अमरिसं पडिहत्थेइ गरुअं पि सामिअ-सुकअं ।
विहुणइ पराहिमाणं णिमिओ[3] मुट्ठिम्मि मण्डलग्गस्स करो ॥ ६६ ॥
संणज्झन्ति समत्था ण सहिज्जइ कलअलो विसूरइ हिअअं ।
विरएइ सुर-वहु-जणो[4] विमाण-तोरण-गआगओ[4*] णेवच्छं ॥ ६७ ॥
इअ जा[5] समर-[5]सअण्हो संणज्झइ हरिमिओ णिसाअर-लोओ ।
ता रहुवइ-दीसन्तं अल्लीणं चिअ समन्तओ कइ-सेण्णं ॥ ६८ ॥
भग्गाराम-विओलं[6] दलिउज्जाण-भवणोवणिग्गम-लहुइं[7] ।
ओवग्गन्ति पवंगा सोहा-विणिअंसणं णिसाअर-णअरिं ॥ ६९ ॥
अड्ढाअअ[8]-रअणिअरं धीराअन्त-पवआहिव[9]-धरिज्जन्तं ।
रसइ विसमाअअ[10]-पअं रोमुद्धाइअ-परिट्ठिअं [11]पवअ-वलं[11] ॥ ७० ॥
रहसल्लिअन्त-गव्विअ- कइ-सेण्ण-च्छन्द[12]-णह-अलल्लीण-सुरं ।
वन्दित्तण-दट्ठव्वं पेच्छइ सुर-वहु-जणो[13] णिसाअर-णअरिं ॥ ७१ ॥
रण-रहस-पत्थिआणं[14] उरु[15]-वेअ-विसट्ट-सेल-सिहर-क्खलिआ ।
पवआण पढम-भग्गा पडन्ति समइच्छिआण[16] मग्गेण दुमा ॥ ७२ ॥
णह-अल-समुट्ठिएहिं[17] पाआरन्तरिअ-धअ-वडेहि पवंगा ।
सूएन्ति गुडिअ[18]-वारण[19]- रइअ-घडा-बन्ध-संठिए रअणिअरे ॥ ७३ ॥

1) समुप° KS 2) °वेइ C, °णेइ K pratika 3) मिलियो R[v1] 4) अ° C 4*) °अं C 5) जाअ und om. स C; तृष्ण: auch K, aber सतृ° im Comm., also unsicher; S frei. 6) so; विलोलां Ueberss. 7) °अं C 8) °गअ R[b]C 9) °हिवइ CK (trotz dieses Consensus ein Fehler) 10) °गअ C 11) कइ-सेण्णं C 12) °च्छन्न KS 13) अ° R[b]C 14) °ण अ CK 15) so = ऊरु R, उर = उरः CKS 16) °इंचि° C 17) समुच्छिएहिं C, समुच्छ्रितैश्च K, S frei. 18) °लि° C 19) रावण(!) R, auch Uebers. gegen Comm.

63a सुपरीक्षितं für सुपरिच्छअं 65a बहल für मु° 65b दिग्ध für दट्ठु 66b निहित: für णिमिओ 69a मृदित für दलिअ 70b प्रधावितं für परिट्ठिअं

भमइ पवणाणुसारी पवअ-[1]वलस्स खलिउट्ठिअ-पउच्छलिओ[2]।
दुम-भङ्ग-सद्द-विसमो महि-णीहरिअ-गरुओ समुल्लवण-रओ[3] ॥ ७४ ॥

णिद्दलिअ-मणि-अडाणं देन्ति जहासण[4]-विवर-पल्हत्थाणं।
विहडिअ[5]-सुवेल-लम्बिअ- दिसा-वलन्तोज्झरत्तणं फडिहाणं[6] ॥ ७५ ॥

जे चिर-आल-पस्दा समराइञ्छिअ[7]-महिन्द-पअ-णिक्खेवा[8]।
ते णवर[9] गोउरन्तर- विहडण[10]-चडुलेहि वाणरेहि विहडिआ[11] ॥ ७६ ॥

जाआ णिसाअर-पुरी[12] पाआरब्भन्तरावसेस-धअ-वडा।
खण-वाणर-संवेल्लिअ- फलिहा-विज्झविअ-रक्खसेन्द-पआवा ॥ ७७ ॥

विअड-गिरि-ऊड-संणिह- णिरन्तरासण्ण-वाणर-परिक्खित्ता।
जाआ[13] पाआरोहअ- मज्झ-ब्बूढ[14]-फडिह[15] व्व रक्खस-णअरी ॥ ७८ ॥

तो[16] तं वलन्त-विअडं वाणर-सेणं विहत्त-दाराहोअं।
जाअं णिवह-णिरन्तर- लङ्का-पाआर-घडिअ-मण्डलि-वन्धं ॥ ७९ ॥

[17]विडओअहि-गम्भीरे फलिहावत्तम्मि[18] विडअ-वद्ध-गिरि-वहा।
आढत्ता लङ्घेउं विडअ-सुवेलं व वाणरा पाआरं ॥ ८० ॥

णवरि अ मुक्क-कलअलं वाणर-तुलिअम्मि दहमुहाहिट्ठाणे।
चलिअं रअणिअर-वलं खअग्गि-विहुए[19] व्व महि-अले उअहि-जलं ॥ ८१ ॥

आरूढो णीड रहं आसण्ण-गइन्द-लङ्घण-वलन्तेहिं।
सरहेहि समर-तुलिओ[20] जुत्तं जुअ-भग्ग[21]-केसरेहि णिउम्भो ॥ ८२ ॥

कह वि पडिवद्ध-कवओ समरासङ्घिअ-समत्थ-वाणर-लोओ।
णीड धणु-कोडि-ताडण- तूरविअ-तुरंगमो रहेण पअद्दो ॥ ८३ ॥

चडुल-वडाआ[22]-णिवहो कञ्चण-घर-भित्ति-विअड-कूवर-वन्धो।
इन्दइणो वि पसरिओ एक्कुद्देसो व्व रक्खस-उरीअ रहो ॥ ८४ ॥

1) वल-कवलिअ-उ° C 2) °विओ (lies °रिओ) C 3) °वो C 4) जहा-लद्द C, यथादृष्ट K, यथाकृत S 5) °लिअ C 6) प° R^{bB}, फलि° C 7) °रोवग्गिअ C, °रोत्खण्डित K, S? 8) वि° C 9) so auch K, णअर- CS 10) so auch K, °रण CS 11) °लिआ C 12) उ° C 13) दोमद CKS 14) किवत्त C 15) °रि° C 16) ता C 17) वोओ R^bC, वोओ K pratika 18) so R, womit nur आवर्ते gemeint sein kann, aber पृष्ठे Uebers., वेष्टे Comm.; वट्टम्मि C, वन्धे K, S frei. 19) °अं व C 20) so (= त्वरित:) R^{1b}, °रि° R^1C 21) भुग्न KS 22) पआआ(?) C

77b संपीडित für संवे° 78a निपण für आ° 82b महित: für तुलिओ 83a आसादित (? corrupt) für आसङ्घिअ

खण-परिअत्त-मइन्दा खण-लक्खिअ-कुञ्जरा खणन्तर-महिसा ।
तस्स खण-मेत्त-मेहा रहं वहन्ति खण-पव्वआ अ[1] तुरंगा ॥ ८५ ॥
अविमज्जिअ-णिक्कन्ते अत्थाण[2]-क्खोह-[3]हलहलुट्ठिअ-मुहले ।
दहवअणस्स मुहावइ आणा-भङ्गो वि तक्खणं णिअअ-बले ॥ ८६ ॥
गुडिअ-गुडिज्जन्त-भडं सोहइ रण-तुरिअ-जुत्त-जुज्जन्त-रहं ।
घडिअ-घडेन्त[4]-गअ-घडं चलिअ-चलन्त-तुरअं णिसाअर-सेण्णं ॥ ८७ ॥
हत्थि-गअ-वरिअ-रामं रह-गअ-सच्चविअ-पवअ-वइ-सोमेत्तिं[5] ।
आस-गअ-वरिअ-हणुमं भूमी[6]-गअ-वरिअ-कइ-वलं णेइ बलं ॥ ८८ ॥
रह-संघट्ट-क्खलिअं गोउर-मुह-पुञ्जइज्जमाण-गअ-घडं ।
भवणन्तर-गुप्पन्तं [7]अघडेन्तेक्कमुह-णिग्गमं वलइ[8] बलं ॥ ८९ ॥
दुक्खेण[9] गोउराइं वलन्त-जुअ-कोडि-विहडिअ[10]-कवाडाइं[11] ।
बोलन्ति[12] रक्खस-रहा तंसोणामिअ-धआहओवरि-तडिमा[13] ॥ ९० ॥
णिसुढिअ-दिसा-गइन्दं भग्ग-भुअंग-प्फणं दलिअ-पाआलं ।
गरुअं पि रक्खसाणं अइरा-होन्त-लहुअं भरं सहइ मही ॥ ९१ ॥
अग्ग-क्खन्धावडिअं[14] मज्झे दार-मुह-रुद्ध-पुञ्जिअ-पिहुलं ।
[15]ऊसासिअ-साहि-मुहं [16]कूलाभरिअ-भवणङ्गणं णेइ बलं ॥ ९२ ॥
इअ दार-कअ-त्थम्भं णेइ विहिण्ण-विअडं णिसाअर-सेण्णं ।
एक्कमुह-दरि-विणिग्गअ- सम-त्थलुत्ताण-पत्थिअ-णइ-च्छाअं ॥ ९३ ॥
जाआइ तं मुहुत्तं पुण-झीण-सरिआ-पुलिण-सोहाइं ।
रक्खस-घरङ्गणाइं गअ-समराहिमुह-जोह-पइरिक्काइं ॥ ९४ ॥
लङ्का-वेढण-तुरिओ आलोइअ-दार[17]-णिन्त-रक्खस-लोओ ।
रसिऊण पवअ-णिवहो खर-पवणाइद्ध-वण-दओ[18] व्व पचलिओ[18] ॥ ९५ ॥

---

1) वि C 2) °ट्ठा° C 3) so auch K. कलअलु° C, S? 4) °डु° C 5) so R^{bb}, °मि° R^{H}C 6) °मि C (Fehler) 7) अघडु° C 8) भ्रमति KS 9) °हिं C 10) °लिअ C 11) करालाइं C (beruht vielleicht bloss auf Verwechslung von र und व) 12) °लिं° C 13) °लि° C 14) °लिअं C 15) ओ°(!) R^{b} 16) कूडा° C 17) मुह ins. C (Glosse) 18) °वो विअ चलिओ C. चचाल S

88b परीयमाणवानरं für वरिअ-कइ-वलं 90a धनुः für जुअ; विलिखित für विहडिअ 91a फणान्तरित für प्फणं दलिअ 92a त्रिकूलं für पिहुलं. cf. zu IX 34. 92b रमति für णेइ 93a उत्तम्भं für त्थम्भं 93b दर für दरि 95b तरुः für दओ; विचलितः für प°

पहरुज्जुअ-पाइक्कं परिवड्ढइ पक्ख-पसरिआसारोहं ।
मुक्कङ्कुस-माअङ्गं सिढिलिअ-रह-पग्गहं णिसाअर-सेण्णं ॥ ९६ ॥
तो एक्काअअ[2]-वेअं [3]एक्कक्कम-दिण-[4]महि-अलब्भहिअ[4]-पअं ।
ठाइ अणोहीण-भडं तह परिमण्डल[5]-पहाविअं कइ-सेण्णं ॥ ९७ ॥
पत्थन्ति जाअ-रोसा पत्थिज्जन्ति अ महग्घ-रण-सोडीरा ।
णिहणन्ति णिहम्मन्ति अ अणुराएण णवरं ण भज्जन्ति भडा ॥ ९८ ॥

॥ इअ सिरि-पवरसेण-विरइए दहमुहवहे महाकव्वे
बारहो आसासओ ॥

---

1) ०रोद्यत K = प्रहर्तुमुद्यत् S 2) ०गअ C 3) एक्किक्क C (lies ०क्कम) 4) रण-रहस C
5) ०लि C

97a नसोढ für महि-अल (also दिण-णमहिअब्भ०) 97b धावति गृहीतानुरागं für ठाइ bis भडं (eine Fälschung, um अनुराग in den Schlussvers zu bringen) 98 steht als XIII 67.

अह णिग्गअ-मिलिएहिं अल्लीण-समागएहि अ विमुक्क-रवं।
रअणिअर-वाणरेहिं दिण्णं सहिअं च गरुअ-रण-पत्थाणं[1] ॥ १ ॥
तह अ पुरिल्ल-णिवाइअ[2]- देहोवरि-णिमिअ-चलण[3]-पत्थण[4]-तुरिआ।
[5]एक्कक्कमं [6]अहिगआ थोअं जह पहर-लालसा ओसरिआ ॥ २ ॥
जह हिअएहि ववसिअं रअ-कलुसेहि णअणेहि जह सच्चविअं।
[7]रअणिअरेहि रण-मुहे[7] तह [8]पडिवक्खम्मि पहरणं ओहरिअं[8*] ॥ ३ ॥
पअ-लम्भब्भहिअ-जवा मुट्ठि-परिट्ठविअ-णिप्पअम्प-क्खग्गा।
सच्चविअ-लद्ध-लक्खा पढम-पहार[9]-विसआ[10] ण भज्जन्ति भडा[11] ॥ ४ ॥
विहुणन्ति[12] चलिअ-विडवे मुह-मण्डल-घोलणुप्पुसिअ-सिन्दूरे।
पवअ-स-हत्थाइद्धे[13] कुम्भ-[14]अडुक्खुत्त-पाअवे माअङ्गा ॥ ५ ॥
रोसस्स दासरहिणो मअणस्स अ दूसहस्स रक्खस-वइणो।
समअं चिअ अड्डुत्तो दोण्ह वि अणुरूअ-दारुणो परिणामो ॥ ६ ॥
णिहणन्ति गएहि गए तुरएहि तुरंगमे रहेहि अ रहिणो।
जाअं पवंगमाणं पडिवक्खो पहरणं च रक्खस-सेण्णं ॥ ७ ॥
सर-विक्खित्त[16]-महिहरा सर-विहडिअ-सेस-[17]मुग्गराहअ-सेला।
पहरण-मग्गाइञ्चिअ[18]- भुअ-चुणिअ-पव्वआ[19] भमन्ति णिसिअरा ॥ ८ ॥
[20]भाअ-पडिओ वि [20]विहत्थअ- गिरि-परिणाह-विअडे पवंग-क्खन्धे।
अपहुप्पन्तावेढो उल्ललइ गअस्स [21]थोर-कर-पब्भारो ॥ ९ ॥

1) °रं C 2) °लिअ C 3) °र° C 4) पत्थिअ CK, S? 5) एक्कि° C 6) अइ° C, अभि° RUebers., अति° KS, cf. XIII 12, XIV 6 7) रअणिअर-वाणरेहिं CS 8) पलि° C 8*) ओस° CK, पातित: S 9) प्पहर C 10) = विषया: oder विशदा: R, = विशदा: KS, विसमा C 11) भुआ (°वा R^{II}) R^{vj}K 12) विहडन्ति C 13) °विद्धे C 14) अड-क्खु R^{II} 15) so R^{I}, अडुंतो R^{b}, आडुत्तो R^{IIb}, आढ° C 16) निर्भिन्न K = भिन्न S (der Consensus kann Zufall sein) 17) मो° C 18) °इंछिअ R^{vl} 19) महिहरा C 20) भ°, विहत्थअ C 21) थे° C

2 pratika अह 4a प्रतिष्ठा° für परि°

रअणिअरोर-त्थल-चुण्णिअस्स कइ-रोस-पेसिअस्स सिहरिणो ।
उड्ढं उड्डाइ रओ ओसरइ अहोमुहो सिला-संघाओ ॥ १० ॥
रिउ-बल-मज्झ-णिराआ णिहअ-णिरन्तर-णिमुद्ध-णज्जन्त-भडा ।
विक्कम-णीसामण्णा दट्ठुं पि भडाण दुक्करा गइ-मग्गा ॥ ११ ॥
णिव्वुब्भइ सोडीरं [2]अप्पडिहत्थ-लहुओ हसिज्जइ पहरो ।
वड्ढइ वेराबन्धो [3]अइसंधिज्जन्ति साहसेसु समत्था ॥ १२ ॥
ण पडइ पडिए वि सिरे मूल-विहिणं पि णेअ भिज्जइ[4] हिअअं ।
दुप्परिइअं ण लग्गइ लाविज्जन्तं पि पडिभडाण[5] रण[6]-भअं ॥ १३ ॥
महइ[7] पहरेसु दप्पो दप्प-ट्ठाणेसु सहइ पुरिसासङ्घो ।
[8]णिद्दोसेसु भडाणं ओसारेसु वि ण ओसरइ रोस-रसो ॥ १४ ॥
रिउ-गअ-भिण्णुक्खित्ता रोस-विहुव्वन्त-चडुल[9]-केसर-णिवहा ।
दढ-दट्ठ-दन्त-मूला रसिऊण समच्छरं णिमिल्लन्ति[10] कई ॥ १५ ॥
[11]अवहीरणा ण किज्जइ सुमरिज्जइ[12] संसए वि सामिअ-सुकअं ।
ण गणिज्जइ विणिवाओ दिट्ठे वि भअम्मि संभरिज्जइ लज्जा ॥ १६ ॥
[13]पढुमाणिआहि सुइरं जे जीविअ-संसअम्मि वि परिच्छूढा[14] ।
ते च्चिअ अहिमुह-णिहआ सुर-वन्दीहि[15] अहिसारिआ रअणिअरा ॥ १७ ॥
रअणिअर-बद्ध-लक्खो [16]अवद्ध-रुहिर-परिपण्डुरङ्ग[17]-च्छेओ ।
अगणिअ[18]-वण[19]-संतावो उण्ह-पहार-सरसो समल्लिअइ[20] कई ॥ १८ ॥
ण पडिक्खन्ति अवसरं ओच्छुन्दन्ति[21] जणिअं परेण पआवं ।
वोलेन्ति जहा-भणिअं साहुक्कार-पुरओ अइन्ति समत्था ॥ १९ ॥
इअ ताण तं विअम्भइ सुरङ्गणा-सुरअ-लम्भ-संकेअ-हरं ।
भग्ग-जम-लोअ-वन्थं महेन्द-भवणुज्जुआइअ[22]-वहं जुज्झं ॥ २० ॥

---

1) °रा° C 2) अप्फलि° C 3) अहि° C 4) भ° R gegen Uebers. Comm. 5) सुउरिसाण C 6) णवर(!) C 7) हसंति KS 8) णिद्दोसं सुह° C 9) रलिअ C (lies व°) 10) णिसिदन्ति C 11) अवधारणा न भज्यते K = भिद्यते न च विनिर्णयवुद्धिः S 12) चिंतिज्जइ CKS 13) so auch R. पढ° K pratika R[II]214d 14) अविकू° C 15) सुंदरीहिं C (Glosse) 16) °छू° C, cf. X 21. 17) अङ्ग auch S, °र-वण C, °रभुज K 18) °हिअ C 19) र° C 20) समणि° C 21) °छुद° C (lies °छुं°) 22) °विअ C

14a प्रहारस्थानेषु (i. e. पहर°) für दप्प- 14b stellt निर्दोषेषु. अपसारेषु um. 15b दर für दढ; सुमला: für मूला 16a om. वि (also संसअम्मि, oder Fehler?)

कइ-वच्छ-त्थल-परिणअ- णिअअ-मुहत्थमिअ-दन्ति-दन्त-प्फलिहं ।
णिहअ-भड-महिअ-णिवडिअ[1]- सुर-वहु-चल[2]-वलअ-मुहल-पवअ-गइ-वहं ॥ २१ ॥
ओवअणोमुद्ध-रहं उप्पअणोच्छित्त[3]-विहडमाण[4]-गइन्दं ।
गहिअ-प्फिडिअ[5]-तुरंगं अणुधाविअ-पवअ[6]-णिहअ-रक्खस-जोहं ॥ २२ ॥
रस-णिव्वाओर-त्थल- सुह-विमहिज्जन्त-चन्दण-दुम-प्पहरं ।
कलअल[7]-लोहुग्घाडिअ[8]- मुह-वोलीण-सर-मग्ग-णिन्त-णिणाअं ॥ २३ ॥
भिण्ण-घडिज्जन्त-घडं[9] [10]पडिरुद्धोसरिअ-चक्कलिअ-पाइक्कं ।
रुहिरोहिण[11]-रह-वहं मुह-सुक्ख-प्फेण-णिहुअ-हेसिअ-तुरअं ॥ २४ ॥
रिउ-पहरण-परिओसिअ- माहुक्कार-रव-गब्भिण-पडन्त-सिरं ।
णिब्भिण्ण-पहर-मुच्छिअ- वअणब्भन्तर-[12]विराअ-[13]भड-चुक्कारं[13] ॥ २५ ॥
सेल-पहरुव्विआइअ[14]- दुक्ख-ववट्ठविअ-हत्थि-पत्थिअ-जोहं ।
भग्ग-धअ-चिण्ह[15]-विमुहिअ- पणट्ठ-णिअअ-भड-दुक्ख-णज्जन्त-रहं ॥ २६ ॥
गिरि-पेल्लिअ-रह-कड्ढण- विहल-[16]वमारिअ-मुह-त्थणन्त[17]-तुरंगं ।
महि-अल-पलोट्ट-महिहर- रअअ-रसोमलिअ[18]-भिण्ण-पण्डुर-रुहिरं ॥ २७ ॥
कड-मुक्क-चुणिअ-ट्ठिअ- सेल-मुणिज्जन्त-सरस-सरिआ-मग्गं ।
[19]ओहरिअ-वच्चिआइच्चिआसि[19]-मग्गोवडन्त[20]-वाणर-जोहं ॥ २८ ॥
अहिधावन्त-पवंगम- मुक्कंस-णिराअ-केसर-मडुग्घाअं ।
मज्झन्त-भाअ-णिवडिअ- [21]दण्डाउह-भिण्ण-महि-[22]अलोविद्ध-भडं ॥ २९ ॥
गहिअ-सिर-दट्ठ-वाणर- णिसाअरोर-त्थलद्ध-रोविअ-दाढं[23] ।
णह-धरिअ-पव्वओज्झर- सोभर-तणाअ[24]-गरुडओमग्ग-रअं ॥ ३० ॥

1) ॰लिअ C 2) कर-अल C (entstanden aus कर-चल i. e. कर mit der Var. oder Corr. चल) 3) ॰णुक्खित्त C 4) ॰हल॰ C 5) प्फलिअ C 6) रुद्द CK 7) ॰कल R[bb] 8) ॰लिअ C 9) रहं C 10) परि॰ R[II] gegen Uebers.) 11) aus ॰धरघूर्ण KComm. (Uebers. fehlt) -पूर्ण S ergibt sich ॰राउण als wahrscheinliche Lesart von KS. 12) so R[b] und darauf führen विडाअ R[h], विराय R[I], विलीन K: विसट्ट R[II]C: विशीर्ण RUebers. passt auf beide, S frei. 13) घूत्कारं (2mal) K, वोक्कार-रवं C 14) so R[b], ॰रुक्कि॰ R[IIbl] (क्क oft für व्व), उद्वेदित RUebers., उद्वेजित K, पहारुव्वेइअ C 15) दू॰ C 16) प॰ C 17) ॰ल॰ C 18) रजआवली K = प्रचय S 19) ॰रिओवहर्अचिअ-असि C (corrupt) 20) ॰ग्गावलन्त C 21) दन्ता॰ C 22) अला॰ C 23) आ॰ C 24) गाउल्लाअ (i. e. तणाअ mit der Var. oder Glosse उल्लाअ = उणाअ: cf. vl VI 22. VIII 60)

21a हस्ति- für दन्ति- 23b निनद für लोह 24a प्रतिविद्ध für ॰रुद्ध (der Comm., Uebers. fehlt) 28a स्रोतः für मग्गं 28b अपसृत für ओहरिअ 29b पर्याप्तफाल für मज्झन्त-भाअ; निपातित (i. e. wahrscheinlich ओमुद्ध) für ओविद्ध

सारहि-हत्थ-अलाहअ- मुह-पडिउट्टिअ-तुरंग-णिव्वूढ-रहं ।
सर-घाअ-चुण्णिओवइअ-पव्वआवीअ-रुहिर-सरिआ-सोत्तं ॥ ३१ ॥ आइकुलअं ॥१२॥

अट्टन्ति[2] असहणाइं[3] खण्डिज्जन्त-पडिसारिअद्धन्ताइं ।
वोच्छिज्जन्त-मुहाइं[4] भिज्जन्तोसरिअ-पडिभडाइ बलाइं ॥ ३२ ॥

वाणर-पहरुक्खुडिआ[5] अणिरूविअ-लक्ख-पेसिआसि-पहरणा ।
मुच्छा-णिमीलिअच्छा ओहीरन्ता वि अहिअन्ति णिसिअरा ॥ ३३ ॥

चुण्णिअ-गरुअ-पडिभडो फुरइ अणन्नीण-रक्खसाहअ-विहलो ।
खण्डिज्जन्त-पअट्टो ओलि-च्छिण्ण-पडिओ पवंगम-जोहो ॥ ३४ ॥

सोडीरेण पआवो छाआ पहरेहि विक्कमेहि परिअणो ।
जीएण अ अहिमाणो रक्खिज्जइ अ गरुओ सरीरेण जसो ॥ ३५ ॥

भिज्जइ उरो ण हिअअं गिरिणा भज्जइ रहो ण उण उच्छाहो ।
[8]छिज्जन्ति सिर-णिहाआ तुङ्गा ण उण रण-दोहला सुहडाणं[9] ॥ ३६ ॥

सेलोज्झरेहि गअणे धुअ-[10]लोहिअ-सीभरेहि[10] धारा-मग्गे ।
मअ-सलिलेहि[11] घडासु अ वोच्छिज्जइ पसरिअं[12] महि-रउट्ठाणं ॥ ३७ ॥

विसहिअ-खग्ग-प्पहरा गइन्द-दन्त-लिहिअग्गला-पडिरूआ[13] ।
सेलाइञ्छण[14]-वलिआ विसमं[15] भज्जन्ति पवअ-वाहु-प्फडिहा[16] ॥ ३८ ॥

तण्हाइओ[17] वि सुइरं[18] संणाह-च्छेअ-गब्भिणम्मि[19] वण[20]-मुहे ।
णिव्वलिअ-लोह-विरसं ण पिअइ आमुअइ चक्खिऊण विहंगो ॥ ३९ ॥

वेवइ पडिओ[21] वि भुओ [22]ओमुद्धम्मि वअणम्मि धरइ अमरिसो[22] ।
लुअ-सीसं पि कवन्धं धावइ[23] उक्खित्त-कण्ठ-लोहिअ-धारं ॥ ४० ॥

---

1) ७३ C 2) = आवर्तन्ते R Uebers., अट्यते S, नोयन्ते K und अद्यन्ति pratika: sicher falsch, aber ob für unsre Lesart? 3) समुहन्नाइं C 4) so CK, मु° R (R[II] zwar मु°, aber ohne Autorität, da der Text nur von 21 1d am Rand und Uebers. Comm. danach corr. scheinen); S frei. 5) °क्खलिआ C cf. स्खलिताः K 6) अणि° C 7) so auch S, °ण CK 8) भि° C 9) सुभ° C 10) शीकरलोहितेन K wohl = शीकरितास्रैः S 11) °ण CKS 12) विरयअं C 13) पलि° C 14) °इंचण C 15) °अं C, विशदं K 16) °लिआ (lies °हा) C 17) तणा° K pratika, तृषित: Uebers., उण्हाइदो C (lies °ओ und cf. Vers 50 vl) 18) सहिरं CS (K Lücke) 19) °ण पि C 20) रह C (für रण i. e. वण, cf. vl XII 54, XIII 18) 21) °लि° C 22) निपातितो पि (i. e. ओसुद्धो वि) K, आलुग्गं पि वअणं धरेइ अमरिसं CS 23) ठाइ रउ° lasen KS (रअ = रय K, nicht = रेणु i. e. रजस् S)

32a प्रतिधावित für °सारिअ 32b विच्छिद्यमान; नीयमाण für भि° 35a प्रहारेण für °हि 37b विच्छिद्यमानविरलं für वोच्छिज्जइ पसरिअं 38b उत्पीडा: (= समूहा: Comm.) für प्फडिहा 39b add. न vor आमुञ्चति

देइ रसं रिउ-पहरो वहइ धुरं विक्कमस्स वेरावन्धो ।
आअड्ढिअ-रण-रहसो दप्पं वड्ढेइ आअओ अइभारो ॥ ४१ ॥
साहेइ रिउं व जसं ण सहइ आआरिअं व काल-क्खेवं ।
लहइ [1]सुहं मिव णासं[1] जीअं मुअइ समुहं पहरणं व भडो ॥ ४२ ॥
विसहिअ-खग्ग-प्पहरा विअलिअ-लोहिअ-किलिग्त[2]-णीसार-भुआ ।
[3]मुच्छिज्जन्तोअल्ला [4]अक्कन्ता णिअअ-महिहरेहि पवंगा ॥ ४३ ॥
दअइ कुसुअं[5] व माणं वड्ढन्तं पि अणहं ण पत्तिअइ[6] जसं ।
ण करेइ लोअ-गरुए जीअ च्चिअ णवर आअरं भड-सत्थो ॥ ४४ ॥
णिहआलक्खिअ-जोहे जाए लहुअम्मि णिअअ-धारा-मग्गे ।
परिवड्ढन्ताइ[7]-भरं गरुअं पर-संकुलं अइन्ति समत्था ॥ ४५[8] ॥
धारेन्ति जसस्स धुरं एन्तं ण महन्ति विक्कमस्स परिहवं ।
रोसस्स करेन्ति[9] धिइं माणं वड्ढेन्ति साहसस्स समत्था ॥ ४६ ॥
पहरासाइअ-हरिसं खण-मुच्छा-गलिअ-रण-मणोरह-सोक्खं ।
जीअ-[10]विढत्तच्छरसं सिर-परिवत्तिअ-जसं विअम्भइ समरं ॥ ४७ ॥
संदेहेसु हसिज्जइ रज्जिज्जइ साहसे रमिज्जइ वसणे ।
मुच्छासु वीसमिज्जइ णिव्वूढं ति णवरं गणिज्जइ मरणे ॥ ४८ ॥
चलिओ अ चरण-पहओ अउव्व-दिस-रइ[11]-मण्डल-गहासङ्को ।
अत्थेक्क-[12]कड्ढिअ-णिसो अभाअ[13]-भग्ग-दिअसो[14] महि-रउग्घाओ ॥ ४९ ॥
मूले बहलुग्घाओ मज्झोआसे[15] पसारिअत्तण-तडिणो[16] ।
णह-पुञ्जिअ-वित्थरिओ पडइ दिसासु गरुअत्तणेण महि-रओ ॥ ५० ॥
मुअइ भरेइ[17] णु[17] वसुहं णीइ दिसाहिं[18] थएइ णु दिसा-अक्कं ।
अहिट्ठ-णिग्गम-वहो पडइ णहाहि गअणं विलग्गइ णु रओ ॥ ५१ ॥

1) मुहूर्तमिव मानं K. नाम चापि सुखवत् S 2) °ल° R^bC 3) सु°(!) C 4) मु°(!) C 5) so R^{IIb}, °मं R^bC 6) पत्तेद् C 7) so zu trennen wenn = आजिभरं, wie RComm. R^{bI}Uebers. wollen; $R^b R^{II}$1HdUebers. K haben अतिभरं 8) S om. 9) °र° C 10) विढंत°(!) R^b, cf. Vers 74. 11) °वि C 12) व° C 13) °हा° C 14) °हो C 15) °वासे C 16) °ति° C 17) °रेण(!) C und stellt um. 18) °हि (R^b °इ gegen Uebers.) ह्थ° codd., cf. XIV 39.

41b citiert vl आकर्षति für आहृष्ट 42a आकारकं für °रिअं (so 3mal statt °णं, auch in dem Citat Haläy. I 154) 46a यश इव für जसस्स 47a क्षपित für गलिअ 47b विभक्त für विढत्त 49b 50a उत्खातः (resp. °तं) für उग्घाओ

दीसइ रअणिअर-वलं पवंग-जोहेहि [1]मासल-रअन्तरिअं ।
ओसाअ-हअस्स ठिअं पुरआ मणि-पव्वअस्स व हअ-च्छाअं ॥ ५२ ॥

ओधूसरिअ-धअ-वडो पसरइ मइलिअ-तुरंगम-मुह-प्फेणो ।
कसण-मिहिअ व्व तणुओ णहम्मि सामलइआअवो रअ-णिवहो ॥ ५३ ॥

वाणर-रहस-विसज्जिअ- णहङ्गणोवइअ-सेल-मग्ग-णिराओ ।
रइणो कलुस[2]-च्छाओ पडइ पणालोज्झरा[3] व्व किरणुज्जोओ ॥ ५४ ॥

कुविओहरिअ-णिसाअर- पवअ-दढ-कखन्ध-पूरिअइन्तासुं ।
मंसल-महु-कोस-णिहो वज्झइ [4]वद्ध-रुहिरासि[5]-धारासु रओ ॥ ५५ ॥

रण-परिसक्कण-विहला रइ[6]-किरणाहअ-किलिन्त[7]-मउलिअ-णअणा ।
णिव्वाअन्ति गइन्दा सीभर-संवलिअ-रेणु-कद्दमिअ-मुहा ॥ ५६ ॥

मूलाहोअ-कराला साणिअ-सोत्त-णिवहन्तराल-पसरिआ ।
एक्कक्कमेण समअं संवज्झन्ति उअरिं महि-[8]लउप्पोडा ॥ ५७ ॥

णिव्वालेऊण णहे गअ-सुक्कारिअ-वलन्त[9]-धअ-वड-तणुइं ।
पवणो कड्ढइ[10] विसमं छाआ-वह-पट्ठ[11]-धूसरं रअ-लेहं ॥ ५८ ॥

संरुम्भइ दिट्ठि-वहं गआण अहिमुह-पहाविआण[12] रण-मुहे ।
मारुअ-कम्पिज्जन्तो वअणब्भासम्मि मुह-वडो[13] व्व महि-रओ ॥ ५९ ॥

णवरि अ भड-वच्छ-त्थल- वण-[14]मग्ग-णिराअ[14]-पत्थिउच्छलिआए ।
रुहिर-णईअ महि-रओ उम्मूलिअ-[15]कूल-पाअवो व्व णिमुद्धो ॥ ६० ॥

पलहुअ-णीहार-णिहं संघाइअ[16] -कमल-णाल-तन्तु[17]-च्छाअं ।
घोलइ दर-वोच्छिण्णं मारुअ-भिण्ण-तलिण-ट्ठिअं रअ-सेसं ॥ ६१ ॥

[18]रुम्भन्तुज्जुअ-मग्गं धराहरन्तर-वलन्त-णइ-सोत्त-णिहं ।
वलइ वलन्त-धअ-वडं पडिअ-गइन्द-णिवहन्तरालेसु वलं ॥ ६२ ॥

---

1) सामल (gegen Uebers.) R[5b]. स्सस° corr. zu मस्स° R[II]. मंस° C 2) कसण C 3) ०र C 4) रु° C (cf. Vers 18) 5) ०रासु R[III] (gegen Uebers.) C 6) ०वि C 7) ०लिम्मन्त C (verschrieben) 8) र° C 9) ०ड° C 10) ०ण C 11) वद्ध C 12) धावि° C 13) ०ड C 14) मुखपर्यन्त K = मुखादभिनिर्यत् S 15) मू° C 16) so R = संघातित K; संघटित R Uebers.! संवलिअ C. परिभुग्न S 17) तण C 18) so auch K pratika

---

53b मतनुकः für व्व त° 62a वहत् für वलन्त

दूसह-सहिअ-प्पहरा दुव्वोज्झ-विलग्ग-समर-णिव्वूढ-भरा ।
ओच्छुण्ण-दुग्गम-पहा[1] कअ-दुक्कर-पेसणा पडन्ति पवंगा ॥ ६३ ॥
बन्धु-वह-बद्ध-वेरं सहस्स-पूरण-कवन्ध-जणिआमोअं ।
वड्डइ भड-[2]दिण्ण-रसं भुज[3]-पब्बल[4]-पहुअ[5]-वीर-पडणं जुज्झं ॥ ६४ ॥
मणिबन्धागअ-पुञ्जिअ- संणाह-च्छेअ-वलअ-दिण्णावेढं ।
णेउं[6] ण चएइ[7] सिआ मूलुच्छिण्ण-गरुअं णिसिअरस्स भुअं ॥ ६५ ॥
आवत्तन्तर-वलिआ रुहिर-णिहाएसु[8] पास-बद्ध-प्फेणा ।
ओसण्णन्त-पम्ह-गरुआ अत्थाअन्ति पडिऊण[9] चमरुप्पीडा ॥ ६६ ॥
उद्ध-मुह-मुक्क-णाआ पुव्वद्ध-भरोसिअन्त-पच्छिम-भाआ ।
कुम्भे पवअ-सिलाहअ- खुप्पन्तुद्धङ्कुसे धुणन्ति गइन्दा ॥ ६७ ॥
अह पवअ-भरुब्भन्ता[10] पहरुज्जुअ[11]-तिअस-भङ्ग-दाण-समुइआ[12] ।
जाआ रक्खस-जोहा पढमुग्गअ[13]-दुक्करं पडिवहाहिमुहा ॥ ६८ ॥
भग्गोणिअत्तिअ[14]-गअं भमिअं ठाण-[15]परिवत्तिओभग्ग-रहं ।
एक्क-पअ-वलिअ-जोहं मण्डलि-दिण्ण-तुरअं णिसाअर-सेण्णं ॥ ६९ ॥
अमरिस-वित्थक्कन्ता विवलाअन्ति भमिऊण गलिआमरिसा ।
ईसि-विअत्त[16]-च्छूढा[17] णिब्भीअल्लीण-वाणरा रअणिअरा ॥ ७० ॥
रह-संदाणिअ-तुरअं तुरंगमोरत्थल[18]-क्खलिअ-पाइक्कं ।
पाइक्कावलिअ-गअं गअ-भज्जन्त-रह-संकुलं वलइ बलं ॥ ७१ ॥
ससइ विसमुद्ध-कम्पं[19] गरुआअन्त-भुअ-लम्बिओभग्ग[20]-दुमं ।
[21]विहलोसरिअ-पडिभडं [22]सणोवाहिअ-णिसाअरं[22] पवअ-वलं ॥ ७२ ॥

1) व° C 2) so RK = भावितहर्षं S; भिण्ण CK[v1] (C fälschlich °उब्भि° st. °ड-भि°) 3) so R, °अ C 4) प्रत्यय K (cf. zu IV 25), पर्वत S 5) so (= प्रभूत!) R, बहुल C, लघु K; S hat हतारववीरं: auf welche Lesart führt आरव? (oder अ°?) 6) हर्तुं KS 7) सक्कइ R[II]211d 8) °ए सुवा°!) C 9) भमिऊण C = विघूर्ण्य S 10) परुंभंता C, बलाक्रान्ताः K, साध्वसचमत्कृतिमूढाः S 11) °रोवत KS 12) so auch K, समत्था CS 13) °मुव्वअ C, °माश्रय K, S? 14) °ग्ग-विणि° C 15) परिअ° C 16) विअंत (? = विवृत्त) R[IIb], दिवत्त (lies वि°) C 17) छू° C 18) तुरगोपरिसंस्थित KS 19) अ° C 20) °भुग्ग C 21) विहडो° C 22) अणुवं⁻भग्ग-णिसिअरं C, cf. सानुबन्धपरियातनिशाटं S: अन्योन्यविभिन्ननिशाचरं K; bedeutet die unleserliche Silbe ⁻ in C धो? RK wohl secundär.

64b रवं für रसं, auch in der vl 65b छेद für उच्छिण्ण 67* = XII 98, und damit schliesst der Açv., indem 68–99 den 14ten bilden. 69b भिन्न für दि° 70a अवसराः für अमरिसा 70b निवृत्ताचमुखाः für विअत्तच्छूढा 71b दलति für वलइ

अक्खणिडअ-मोडीरा पवआणिअ-पढम-माण-भङ्गावसरा ।
भग्गा वि भमन्ति पुणो णीसेसं रक्खमा ण गेण्हन्ति भअं ॥ ७३ ॥
तह वि अ दर-परिवत्तिअ- [1]चक्कलइज्जन्त-गरुअ-चक्क[2]-रह[2]-वहं ।
वित्थक्कन्त[3]-पहाविअ- समत्थ-संठावणा-विढत्त[4]-रण-जसं ॥ ७४ ॥
वाणर-परंमुहोणामिअद्ध-मोडिअ-णिलाड[5]-वट्ट-णिसिअरं ।
पर-सेण-कलअलाहित्थ- [6]पडिणिअत्तन्त-गअ-विओलारोहं ॥ ७५ ॥
चल-वाणराणुधाविअ- वाल-धरिज्जन्त-णिच्चल[7]-ट्ठिअ-तुरअं ।
णिहअ-भड-पडिअ-सारहि- पवंग-भेसिअ-तुरंग-हीरन्त-रहं ॥ ७६ ॥
धारा-मग्ग-णिवाइअ- वल-पडिहअ-विरल-वाणरुणिअ[8]-मग्गं ।
भग्गं गलन्त-पहरण- मुणइओहअ-भुअं णिसाअर-सेण्णं ॥ ७७ ॥ [9]अन्त्यकुलकं ॥४॥
अह हिअ-मच्छर-लहुआ [10]एक्कक्कम-चक्खु-रक्खणाहिअ-हिअआ ।
हिअआवडिअ[11]-दहमुहा वलिआ[12] पडिमुक्क-रण-भआ रअणिअरा ॥ ७८ ॥
वोच्छिण्ण-संधिअ-जसा होन्ति णिअत्त-समुह-ट्ठविअ-मोडीरा ।
कइ-वल-दुप्परिअल्ला सिढिलिअ-पडिवण्ण-रण-धुरा रअणिअरा ॥ ७९ ॥
तो भङ्ग-लज्जिआणं परिवड्ढिअ-पसर-हरिसिआण अ गरुअं ।
रअणिअर-वाणराणं वरिआआरिअ[13]-भडं पवट्टइ[14] जुज्झं ॥ ८० ॥
सुग्गीवेण पअड्ढो सत्तच्छअ-पाअवेण दिण्ण-रण-मुहो ।
वण-गअ-दाण-सुरहिणा वच्छुच्छलिअ-कुसुमट्टहासेण हओ ॥ ८१ ॥
दिविआहअस्स समरे सुरहिं उर-पडिअ-सरस-चन्दण-गन्धं ।
असणिप्पहस्स जीअं अग्घाअन्त-मुहिओणिमिल्लस्स गअं ॥ ८२ ॥
हन्तूण वज्जमुट्ठिं हसइ मइन्दो वि मुट्ठि-घाअ-णिसुद्धं ।
आहित्थ-दिट्ठि-णिग्गअ- जलण-[15]सिहाअम्व-[15]फुडिअ[16]-लोअण-जुअलं ॥ ८३ ॥

1) चक्कण° C 2) CKS stellen um. 3) वित्थि° C 4) विढंत R[IIb] 5) °ल्लि°, °ल्ल, पल्लि° C 6) °इ R[b] 7) °ल्लिअ C 8) °र्गगाअ C = अन्वित K = अनुग S 9) अंत्य° C 10) एक्कि° C 11) °इ(?) C 12) भमिआ CK, S? 13) °कारिअ C 14) पअत्त C, प्रवृद्ध K, आस S 15) शिखामार्गपतित KS 16) °ल्लि° C

73b घटन्ते für भमन्ति (S?) 74b विपक्क für विढत्त 77b भग्न- für भग्गं (also प्पहरण) 75a आतुर vl für आहित 78b धुरा: für भआ 82a मधुं für सुरहिं 82b जीवितं für जीअं

कुविएण विज्जुमाली चिर-जुज्झिअ-हरिसिओ सुसेणेण कओ ।
चलण[1]-जुअलावलम्बिअ- [2]णक्खुक्खित्त- [3]खुडिओहअ-भुअ-प्फडिहो[4] ॥ ८४ ॥
महिअ-पहरं णलेण वि तवणस्स[5] तलाहिघाअ-मोडिअ[6]-कण्ठं ।
णिहिअं[7] देहम्मि सिरं देहो अद्ध-णिमिओ[8] महि-अलम्मि कओ[8] ॥ ८५ ॥
हन्तूण जम्बुमालिं झत्ति[9] विहिणो अडम्बिओ पवण-सुओ ।
मअल-तल[10]-गाढ[11]-ताडण- [12]भिण्णुच्छलिअ-सिर[12]-मेअ-सित्त-दस[13]-दिसं ॥ ८६ ॥
अह गेण्हइ अइभूमिं इन्दइ-वालि-तणआण रण-सोडीरं ।
णिहएक्कमेक्क-परिअण- स-हत्थ-[14]पडिवण्ण-संमअ-तुलारोहं ॥ ८७ ॥
वाणन्धआरिअ-दिसं धणु-मण्डल-परिगअं विमेसेइ परं ।
आलोइउक्खआणिअ- मुक्क-पडन्तेहि गिरि-सहस्सेहि कई ॥ ८८ ॥
णिवडन्ति कुसुम-णिब्भर- मिलिअ-वलन्त[15]-विडवोवऊढ[16]-महुअरा ।
विवडण-प्फल-लहुआ धुअ-मज्झ-क्खुडिअ[17]-पल्लवा दुम-णिवहा ॥ ८९ ॥
वालि-तणअं ण पावइ गअणे गुप्पइ दुमेहि[18] सर-संघाओ ।
छिज्जन्ति अद्ध-वन्थे[19] एन्ता दहमुह-सुअं ण लङ्घन्ति[20] दुमा ॥ ९० ॥
विक्खित्त-लोद्ध-कुसुमं सर-दलिउद्धाअमाण-चन्दण-गन्धं ।
उद्धुअ-मन्दार-रअं सरस-लवङ्ग-दल[21]-गब्भिणं होइ णहं ॥ ९१ ॥
इअ तं सम-पडिहत्थं वारं-वार-वल-दिण्ण-साहुक्कारं ।
इन्दइ-वालि-सुआणं परं पमाणं गअं पि वड्डइ जुज्झं ॥ ९२ ॥
दुम-कुसुम-मज्झ-णिग्गअ- सर-पुह्लालग्ग-[22]णिज्जमाण-महुअरं ।
णिव्वावारोमरिअ[23]- ट्ठिओहआविग्ग-सेण-विम्हअ-दिट्ठं ॥ ९३ ॥
दहमुह-तणअ-विसज्जिअ- सर-भरिअ-णहङ्गणुप्पइअ-वालि-सुअं ।
वालि-सुअ-[24]रोस-पेम्मिअ[24]- साल-सिला-सेल-रुद्ध-दहमुह-तणअं ॥ ९४ ॥

---

1) °र° C 2) क° CKS 3) खं° C 4) °ल्लि° C 5) तप°(!) R 6) °मि° C 7) °हि° C 8) ठिओ CK 9) झक्ति- KS 10) कर C 11) मग्ग C (Ms. मग्गुत्ता°!). मन्द KS 12) C stellt भिण्ण-सिरुच्छ° 13) °ह C 14) वलिव° C 15) °डु° C 16) °डवा° C 17) उत्खव° R (Uebers., cf. V35, IX65, wohl bloss eine Ungenauigkeit der Uebers. 18) °सु C = अनोकहपुञ्जे S 19) °त्थे R 20) °कख° C 21) लव CK 22) ण° CR1 23) °सारिअ-ठि° C 24) वेअ-रोसिअ C

85a लता für तल 85b ऊर्ध्व für अद्ध 90b भिद्यन्ते für छि° 91a उत्थित-तमाल für उद्धाअमाण 92a प्रतिपक्षं für °हत्थं 92b विजृम्भते für पि वड्डइ 94a अवपातित für उ°

णिसिअर-सर-णिद्दारिअ- वाणर-देह-रुहिरारुण-दिसाहोअं ।
वाणर-पहर-पअत्तिअ- रक्खस- रुहिरोह-कद्दमिअ-भूमि-अलं ॥ ९५ ॥
रिउ-मूल-'दूमिओहीरमाण-वालि-सुअ-दिण्ण-वाणर-सोअं ।
सेलाहिघाअ-मुच्छिअ- दहमुह-तणअ-भअ-भिण्ण-रअणिअर-वलं ॥ ९६ ॥
तारा-तणअ-विसेसिअ- रअणिअर-पअत्त-पवअ-सेण-कलअलं ।
मन्दोदरि-सुअ-दूमिअ- वाणर-परिओस-मुहल-रक्खस-लोअं ॥ ९७ ॥
भुअ-पडिअ-णिप्फल-प्फलिह-भङ्ग-हेला-हसन्त-वाणर-जोहं ।
उर-भिण्ण-सिला-अल-मेहणाअ-मुक्कट्टहास-पण्डुरिअ-णहं ॥ ९८ ॥ आदकुलअं ॥ ७ ॥
अह इन्दइम्मि वालि-तणएण समराणुराअ-भग्गुच्छाहे ।
णिहओ त्ति हसन्ति कई माआइ ठिअ त्ति हरिसिआ रअणिअरा ॥ ९९ ॥

॥ इअ तेरहो आसासओ परिसमत्तो ॥

---

1) णहाभोअं (Ms. ०होभा०) CK, wahrscheinlich S (अभं) 2) ०ट्टिअ C 3) देह ins. R! (auch Uebers. Comm.) 4) दारिओ० C 5) दोन. संन्यं KS 6) सेणं CS, योधं K 7) ०लि० C 8) त० C 9) ०ओ C

95b दर für ओह 97a सवंग[सन्य?]मुक्तकलकलं für पअत्त etc. 99a भिन्न für भग्ग

अह णिप्फल-गअ-दिअसो[1]   जहिच्छिआसंपडन्त[1*]-दहमुह-लम्भो ।
जूरइ[2] लङ्काहिमुहो   अलसाअन्त-हअ-रक्खसो रहुणाहो ॥ १ ॥
एएसु सुह-णिसण्णो   ण णीइ समरं दसाणणो त्ति गणेन्तो ।
इच्छइ दिणाआसे   रअणिअरेसु पडिमुञ्चिउं[3] सर-णिवहे ॥ २ ॥
दिट्ठम्मि पत्थिअम्मि अ   आवडिअम्मि अ परे सर-णिसुम्भन्ते ।
समरम्मि विसूरन्ता   मोहुक्करिसिअ-दुमा भमन्ति पवंगा ॥ ३ ॥
भेत्तूण तुरिअ-मुक्के   अणुलोम-पहाविए सिला-संघाए ।
पढमं साहेन्ति परं   विहडिअ-वाणर-मणोरहा राम-सरा ॥ ४ ॥
छिज्जइ करेण[4] समअं   पवए णल्लिअइ रक्खसाण पहरणं ।
पावइ तुरिअ-विमुक्कं   अणहं[5] ण अ रक्खसं[5] पवंग-पहरणं ॥ ५ ॥
भिण्णे वच्छम्मि सिला   गिरि-सिहरं छिण्ण-पाडिअ[6]-सिर-ट्ठाणे ।
णिवडइ[6] सराहिसंधिअ[7]-   परक्कमेहि पवएहि रोस-विमुक्कं ॥ ६ ॥
सइ संधिओ च्चिअ सरो   रहुणाहस्स सइ चक्कलइअं च धणुं ।
अच्छिज्जइ[8] अ सराहअ-   सइ-पल्हत्थन्त-रक्खस-सिरेहि मही ॥ ७ ॥
विसमालग्ग-हुअवहा   विसहर-रेअविअ[9]-विल-मुह-पडिच्छन्दा ।
दीसन्ति वाण-मग्गा   रक्खस-देहेसु से ण दीसन्ति सरा ॥ ८ ॥
उक्करिसन्तस्स करे   पत्थन्तस्स हिअए रसन्तस्स मुहे ।
दीसन्ति णवर पडिआ   णिवड्ढ[10]-सिर-पडण-सूइआ राम-सरा ॥ ९ ॥

---

1) °हो C   1*) so RC, aber यदृच्छयासंपद्यमान (2 Fehler!) RUebers.; प्रतीर्चिता[सं]पतत् (also पडिच्छि°) KS   2) झू° corr. R^II 2Hd   3) °उंचिउं C   4) सिलाहि R^vl (शि° codd.), शरैः KS   5) °हे °से C   6) °लि° °लद् C   7) शराभिसंहित RUebers. = संभावित S; aber वञ्चित erklärt RComm., was auf अतिसं° K führt.   8) ओ° CR^b (aber nicht R^b'). आच्छाद्यते RUebers., आस्तीर्यते KS   9) रेविअ (°चि°?) R^b, विद्दअ C. cf. XI 2.   10) °सु° C

2b निश्वासान् für सर-णिवहे   4a तुलित für °रिअ   5a भिद्यते für छि°   5b प्लवंगमप्रहारः ॥

जो जत्थ च्चिअ दिट्ठो मुओ जहिं जस्स विअलिओ[1] वि[2] णिणाओ।
चलिओ अ[3] जो जहिं चिअ तस्स तहिं चेअ णिवडिआ[4] राम-सरा ॥ १० ॥
हअ-हत्थि-भड-तुरंगा दीहा दीसन्ति तम्मि रक्खस-सेणे।
अग्ग-क्खन्ध-पअत्ता कूलं भेत्तूण णिग्गआ राम-सरा ॥ ११ ॥
जं चिअ उअलद्ध-भअं काहिइ[5] समअं [6]पडाइअव्वारम्भं।
तं राम-सराहिहअं दिट्ठं णवर पडिअं णिसाअर-सेण्णं ॥ १२ ॥
इअ तं वाणुक्कित्तं[7] पडन्त-सम-काल[8]-दिट्ठ-सिर-संघाअं।
मुअ-साररणावसेसं खणेण रक्खस-वलं कअं रहुवइणा ॥ १३ ॥
ताव अ सलोहिआरुण- रक्खस-वल-णिव्विसेस-संझा-तिमिरो।
परमत्थओ चिरस्स व णिव्वाओ गलिअ-रक्खस-भओ दिअहो ॥ १४ ॥
अह उग्गाहिअ-चाओ[9] एक्को वालि-मुअ-मोडिअ-रहुप्पइओ[11]।
संचरइ मेहणाओ णिअअ-च्छवि-मेलिअन्धआरम्मि णहे ॥ १५ ॥
तो णिट्ठविअ-णिमिअरा इन्दइणा गरुअ-वेर-मूलाहारा[12]।
समअं चिअ सच्चविआ अहिट्ठेण विहिणेव्व[13] दहरह-तणआ ॥ १६ ॥
मुअइ अ सअंभु-दिसे ताण भूअंग-मुह-णिग्गआणल[14]-जीहे।
णीसेस-णिहअ-रक्खस- वीमत्थ-पलम्बिओहअ-भुआण सरे ॥ १७ ॥
तो भिण्णङ्ग-देसा णिद्दारिअ-वीअ[16]-वाहु-पाअडिअ[17]-मुहा।
राहव-देहम्मि ठिआ तिअ[18]-संदाणिअ-भुआ भुअंगम-वाणा ॥ १८ ॥
णिद्दोआअस-णीला णिन्ति[19] विसाणल-फुलिङ्ग-पज्जलिअ-मुहा।
धणु-संधाण-विमुक्का अउव्व-णाराअ-विब्भमा भुअइन्दा ॥ १९ ॥
णिवडन्ति[20] विज्जु-सूहला तार[21]-ममब्भहिअ-लोह-लट्ठि-च्छाआ।
कसण-जलओअराहि व रक्खस-माअन्धआरिअ-णहाहि सरा ॥ २० ॥

---

1) विलु॰ C. अविह्वलः K. सुविभ्वलः (भ्व = ह्व mehrfach) S 2) वा KS 3) ॰ल्लिआ C 4) ॰इं C 5) काह्रिह R 6) so R^b. पल्ला॰ C. R^{III} zweifelhaft. 7) ॰क्कन्त्तं C. उत्कृष्ट S 8) आल C 9) ॰वो C 10) ॰ल्लि॰ C 11) रहो॰ R^b 12) ॰धारा C 13) ॰इं C 14) so codd. 15) ॰ण C 16) विद्द्ध C 17) ॰ल्लिअ C 18) णि॰ C 19) दृशाननसुतस्य विह्वलमुखाः K. cf. ज्वलन्मुखा राक्षसराजसूनोः S; metri c. und wegen S scheint विह्वल falsch. 20) ॰न्नन्ति C 21) ताव CKS

11a केवलं für तम्मि 12a समरे für समअं 14a रागः für तिमिरो 14b अपि für व 18b देहयोः für ॰हे 19b संस्थाननिवन्धाः für संधाण-विमुक्का

पढुमं[1] रवि[2]-बिम्ब-णिहा[3] [4]पलउक्का[5]-संणिहा णहद्ध[6]-पडन्ता[4] ।
भिन्दन्ता होन्ति सरा दर-णिब्भिण्ण-भमिआ[7] भुआसु भुअंगा ॥ २१ ॥
[8]वज्झन्ति दहरह-सुआ दर-भग्ग-मणोरहा किलिम्मन्ति सुरा ।
अद्दिट्ठ-मेहणाआ उक्खामिअ-पव्वआ[9] भमन्ति पवंगा ॥ २२ ॥
रसइ णहम्मि णिसिअरो [10]भिण्णमभिण्ण[10]-हिअअं दिसासु कइ-बलं ।
भिज्जन्तो वि ण भिज्जइ रिउ-दंसण-दिण्ण-लोअणो दासरही ॥ २३ ॥
रोसाणल-पज्जलिअं जलन्त-वडवा[11]-मुहाणल-[12]पडिच्छन्दं ।
अङ्गेसु लद्ध-पसरा हिअअं से णवर परिहरन्ति भुअंगा ॥ २४ ॥
ताण भुअंग-परिगआ दुक्ख-पहुप्पन्त-विअड-[13]भोगावेढा ।
जाआ [14]थिर-णिक्कम्पा मलअ-अडुप्पण्ण-चन्दण-दुम व्व भुआ ॥ २५ ॥
तह पडिवक्ख-धणु-सरा सर-णिब्भिज्जन्त[15]-णिच्चल-[16]भुअ-प्फलिहा[16] ।
दट्ठोट्ठ-मेत्त-लक्खिअ- णिप्फल-रोस-लहुआ कआ रहु-तणआ ॥ २६ ॥
सर-णिब्भिण्ण-सरीरा जाआ आलोअ-मग्गिअव्वावअवा ।
दर-दिट्ठ-पत्तणन्तर- णिहित्त-संखाअ-लोहिआ रहु-तणआ ॥ २७[17] ॥
सर-सीविओरु-जुअलं संकीलिअ-विहल[18]-णिच्चल-ट्ठिअ-चलणं ।
णिअलिअ[19]-देहावअवं[20] संचरिअव्वं पि रहु-सुआण अवहअं[21] ॥ २८ ॥
तो सुर-हिअएहि समं पडिअं[22] विहलन्त[23]-पढम-संठिअ[24]-बाणं ।
अद्दिट्ठ-रिउ-विसज्जिअ- सर-पहरङ्कुसिअ-[25]वाम-हत्थाहि धणुं ॥ २९ ॥
उड्डाइओ अ सहसा विवलाअ-विमाण-तडिम[22]-पच्छिम-देसे ।
सुर-वहु-विसमक्कन्दो एक्कमुहाहअ-रसन्त-तन्ति-च्छाओ ॥ ३० ॥

---

1) so nach R^{h}C (beide °दु°); °ठ°, °ट° (i. e. °ढ°) $R^{bl}R^{H}$2Hd; R^{H}1Hd unleserlich, war wohl °ढु° 2) °इ R^{b} 3) °भा R^{h} 4) उल्का — नभोर्धपथपतन्तः K = नभोर्धवर्त्मापतिता इवोल्काः S 5) दंड ins. C (cf. V 72) 6) °हम्मि C 7) °मिरा (Ms. °म्मि°) C, cf. भ्रमणशीलाः RUebers. 8) उ° C, वि° K 9) महिहरा C 10) °हिण्ण C, भिद्यते भिन्न K = विभिन्नचित्ताः कपयो हरित्सु S 11) °ल° C, °आ R^{h} 12) पलि° C 13) भोआ° C 14) चि° C, स्थित KS 15) सीव्यमान KS 16) स्थापितभुजा KS 17) S om. 18) व° C 19) °मिअ CK, S? 20) °हवं C 21) पडिहअ° C, अवगतं K, न चासीत् S 22) °लि° C 23) विगलत् KS 24) °धि° CKS 25) रा° CK

23b कम्पते für भिज्जइ 27b दृष्ट für दि° 30a उड्डावितः, s. zu VII 35.

तो पडिओ रहुणाहो भञ्जन्तो तिहुवणस्स आसा-वन्धं ।
सीह-णहङ्कुस-पहओ तुङ्गं आसण्ण-पाअवं व वण-गओ ॥ ३१ ॥
पडिअस्स अ रहुवइणो पडिओ अणुमग्गअं सुमित्ता-तणओ ।
ऊढ-ट्ठिअस्स पणओ पल्हत्थस्स व दुमस्स छाआ-णिवहो ॥ ३२ ॥
धरणि-पडिएसु तेसु अ णिव्वणन्त-समुहोणअ-भरुव्वत्ता ।
उत्ताणिएक्क-चक्का सुराण तंस-तडिमा चिरं आसि रहा ॥ ३३ ॥
हिअअ-पडणे व्व मूढं रइ-पडणे व्व सहसा तमम्मि णिवडिअं ।
राम-पडणम्मि जाअं सिर-पडणे व्व गअ-जीविअं तेल्लोक्कं ॥ ३४ ॥
अह राम-परित्ताणं सुण्ण-दिसा-मुह-पलोअण-णिरुच्छाहं ।
भअ-णिच्चल-पुञ्जइअं ण मुअइ पडिअं पि राहवं कइ-सेण्णं ॥ ३५ ॥
दीणं भग्गुच्छाहं उव्विग्ग-मणं विसाअ-पेल्लिअ-हिअअं ।
राहव-विइण्ण-णअणं आलेक्ख-गअं व संठिअं कइ-सेण्णं ॥ ३६ ॥
पडिअस्स वि रहुवइणो दीसन्तो देइ पवअ-वइ-संलावं ।
अविसाअ-महग्घविओ सासअ-धीर-धरिओ सुहस्स पमाओ ॥ ३७ ॥
णवरि अ विहीसण-जलाहअच्छिणा वाणराहिवेण णह-अरो ।
पासम्मि धणु-सहाओ दिट्ठो कअ-पेसणो दसाणण-तणओ ॥ ३८ ॥
तो रोस-तुलिअ-पव्वअ-सहसुद्धाइअ-पहाविओ सुग्गीओ ।
लद्धं भअ-विवलाअं अहिलेऊण णवरं ठिओ रअणिअरं ॥ ३९ ॥
इन्दइणा विणिवेइअ-राहव-णिहण-सुहिओ णिसाअर-णाहो ।
आसाइअ-जणअ-सुआ-समागमोवाअ-णिव्वुओ ऊससिओ ॥ ४० ॥
अह णिसिअरीहि दहमुह-वअणाणिअ-दिट्ठ-सरस-खण-वेहव्वा ।

1) ०ज्ज० R[II]2HdR[I]C. ०ज० R[b] 2) ०ऊअ० C 3) णि० C. प्रहत: K. विद्ध: S 4) वि C. Uebers. om. 5) ०ओ CK 6) ०लि० C 7) ०व C 8) निमग्नं KS 9) पुञ्ज० R[bII], पुंजिअअं C 10) in S nach 37; CK om. 11) वल CKS 12) Lücke K. अभयं Comm., अभीतिं S 13) निशिचर: K; auf diese pleonastische Lesart führt wohl auch S, indem sie das Wort nicht übersetzt. 14) ०विअ. ०वो C 15) ०णेऊण C, अतिनीय K. प्रणीय S 16) ०र ट्ठि० R[II], ०र ट्ठि० R[bI]C. अथ (i. e. णवरि अ) K und wahrscheinlich S 17) कओ खण-मेत्तं C 18) ०गमाणुवंध-णिवेध (i. e. ०गम-णिवंध?) C cf. प्रवन्ध S 19) दहवअणो C

31 pratika अह 32b वनगज- für पणओ 33a आगतभयाविग्ना:(?) für ओणअ etc. 33b चणं für चिरं (aus Comm., Uebers. verstümmelt) 35a हत- für अह (auch Comm., aber अह das pratîka) 39a शैल: für पव्वअ

मुक्कक्कन्द-विसंठुल- दर-विलविअ-मुच्छिआ कआ जणअ-सुआ ॥ ४१ ॥
तो गअ-मोहुम्मिल्लो पेच्छन्तो राहवो सुमित्ता-तणअं।
परिदेविउं पउत्तो तक्खण-पब्भट्ठ[1]-सअल-सीआ-दुक्खो ॥ ४२ ॥
जस्स सअलं तिहुअणं आरुहइ[2] धणुम्मि[3] संसअं[4] आरूढे।
सो वि हओ[5] सोमित्ती णत्थि वणो[6] जं ण एइ विहि-परिणामो ॥ ४३ ॥
अह वाअं कअ-कज्जो मज्झ कए मुक्क-जीविओ सोमित्ती।
णिप्फल-वूढ-भुअ-भरो णवर मए च्चेअ लहुइओ अप्पाणो ॥ ४४ ॥
अह जम्पइ सुग्गीवं महुरं उच्छाह-दाविअ-परिच्छेअं।
वअणं सहसोवत्थिअ- मरणावत्था-ववट्ठविअ-गम्भीरं ॥ ४५ ॥
णिव्वूढं धीर तुमे इमो वि उअहुत्त-भुअ-वलो कइ-लोओ।
कम्मं[7] इमेण वि कअं जअ-णिव्वडिअ-जस-दुक्करं मारुइणा ॥ ४६ ॥
आवद्ध-वन्धु-वेरं जं मे[8] ण णिआ विभीसणं[9] राअ-सिरी।
दुक्खेण [10]एण [11]अ महं[11] अविहाविअ-वाण-[12]वेअण-रसं[12] हिअअं ॥ ४७ ॥
ता वच्चसु मा मुज्झसु तुरिअं तणेअ सेउ-वन्धेण तुमं।
पेच्छसु वन्धव-वग्गं दुक्खं कालस्स जाणिउं परिणामं[13] ॥ ४८ ॥
तो[14] तिव्व-रोस-लङ्घिअ- विहुआणण-दुक्ख-धरिअ-वाहुप्पीडो।
रहुवइणो पडिवअणं भणइ अदाऊण वाणरे[15] पवअ-वई ॥ ४९ ॥
वच्चह लक्खण-महिअं णव-पल्लव-रइअ-वीर-सअणत्थरणं।
पावेह वाणर-उरिं अविहाविअ-बाण-वेअणं रहुणाहं ॥ ५० ॥
अहअं पि विज्जु-पडणाडरित्त[16]-संपाअ-गहिअ-पव्विद्ध[17]-धणुं।
[18]अद्धोहरिआसाइअ- वलिअ-भुअक्खित्त-मोडिअ[20]-गआ-विहलं ॥ ५१ ॥

---

1) °म्हु° C = प्रमुषित K = विस्मृत्य S   2–4) C stellt 2. 4. 3, K 3. 2. 4.   5) गतः KS   6) so Hem. II 206, cf. मन्ये S; जए RC, जनः K   7) कज्जं CK: S?   8) से C   9) विही° C   10) तें° C   11) उज्झइ CS   12) वेअणं म (lies मह oder मे) CS   13) °मः K = दैवस्य तावत्परिणामसंख्यां विज्ञातुमीशः कतमो जनः स्यात् S   14) अह CKS   15) पवआण(?) C   16) °क्क C   17) so C = प्रविद्ध KS, प्पविद्ध (= प्रवृद्ध Uebers.) R, gegen Metr.   18) °द्धोसरि° C   19) उहअ C   20) °लि° C

44a छतेन गत für कए मुक्क   46a उपयुक्त für °हुत्तः S?   47a stellt न नीता यन्मे   47b दुःखायते तेन मम für दु° bis महं: मरण für वाण; हतं (verschrieben, wofür? अतिशयं Comm.) für रसं   51b आकारित oder अवारित (Comm. lässt die Wahl) für आसाइअ

खन्धद्वन्तोवाहिअ- कर-जुअलोलुग्ग[1]-चन्दहास-क्खग्गं ।
अक्कन्त-चलण[2]-ताडिअ- दलिअ-रहाहोमुहोसरन्त-पहरणं[3] ॥ ५२ ॥
भग्ग-पुरिल्ल-विसंदुल- भुअ-जुअलुक्खुडिअ[4]-सेस-णिप्फल-वाहुं ।
वज्ज-णिह-हत्थ[5]-णिवडन्त-[6]दिण[7]-दढ-मुट्ठि-भिण्ण-वच्छद्वन्तं ॥ ५३ ॥
भुअ-[8]णिव्वालिअ[9]-कड्ढिअ[10]- खुडिअक्केक्क[11]-विसरन्त[12]-पव्विद्ध-सिरं ।
णिप्फल-सीआ-संधिअ- णक्खुक्खुडिअ[13]-हिअअं करेमि दहमुहं ॥५४॥ अन्यकुलअं॥
इअ अज्जं चेअ मए णिहअम्मि दसाणणे णिआ किक्किन्धं[14] ।
अणुमरिहिइ व मरन्तं दच्छिहि[15] व जिअन्त-राहवं जणअ-सुआ ॥ ५५ ॥
विसहर-वाण त्ति इमे विहीसणेण विणिवारिए सुग्गीए[16] ।
आढत्तो चिन्तेउं मन्तं हिअएण गारुडं रहुणाहो ॥ ५६ ॥
णवरि अ सहसुच्छिप्पन्त[17]-साअरद्धन्त-धुव्वमाण-सुवेलं ।
जाअं खर-वाआहअ- किरन्त[18]-रक्खस-कलेवरं धरणि-अलं ॥ ५७ ॥
पेच्छइ अ कणअ[19]-पेहुण- [20]वहलुज्जोअ-पडिसारिअ[21]-महा[22]-तिमिरं ।
[23]णव-पिञ्छ[24]-मऊअ-पम्हं[25] थिर-[26]पित्थि-णिहित्त-महुमहासण-मग्गं ॥ ५८ ॥
दुव्वार-वासवाउह- घाअ-विमुक्केक्क-पिञ्छ-पाअड-वच्छं ।
रामो[27] पाआलञ्छिअ[28]- कण्ठ-वलन्त-ट्ठिओरअ-धरं गरुडं ॥ ५९ ॥ जुग्गअं ॥
तो कअ-राम-पणामे गरुडे ओवइअ-समुह-संठिअ[29]-दिट्ठे ।
दोण्ह वि मुक्क-सरीरा ण विणज्जइ ते कहिं गआ सर-णिवहा ॥ ६० ॥

---

1) ०भग्न C (K s. u.), S? 2) ०र० C 3) पम०(!) C 4) ०र्लीकवत्त C, ०लम्बलित K, S? 5) om. C (Fehler) 6) गरुअ CK 7) घोर ins. C (Glosse zu गरुअ) 8) ०णिअ R[b] 9) णिव्वलिआअ-ड्ढिअ CS, निष्पाटितहृत (so! lies ०कृष्ट?) K 10) मंत्त एक्केक्क(? C 11) रसत् KS 12) ०कावलिअ C 13) so C und darauf führen ०ध्क० R[IIb], ०कि० R[b] 14) ०हिद् R 15) जी० R 16) ०वे C 17) so CR[I], ०त्तिप्प० R[IIbb] 18) so fälschlich R (कीर्यमाण Uebers.!) = प्रकीर्यमाण S; परिन्त C = पर्यंत् (i. e. परियत्) K; cf. zu IX 88 und ZDMG 32, 110 ff. 19) कमण C 20) वहु० R[b] (gegen Uebers.) 21) = निःसारित् S; परिसामिअ C, प्रशमित K 22) om. C, निशा K = तमो S 23) हृतपिञ्छपत्मप्रकट KS 24) पिछ R[b]C 25) पु० C 26) पिछ C 27) वामो C (2 Schreibfehler) 28) = ०लाञ्छित R Uebers., ०लञ्छिअ C, पदाभिमृष्ट S (lies ०कृष्ट, cf. XI 61) 29) ०ठविअ(!) C

52a स्तिमितविकीर्ण (Metrum!) für अवन्तोवाहिअ: चरणावभग्नहत für कर-जुअलोलुग्ग 52b वलित für द० 53a स्फुरत् für पुरिल्ल (das verstümmelte pratika zeigt, dass auch in K hier ein auf ०रिल्ल endendes Wort stand) 53b मुखसार्थ für णिह-हत्थ 54 pratika भुअ 54b संस्थित für ०धि० 57a चाल्यमाण für धुव्वमाण (Glosse?) 59b अर्जित für ओहित्र: वरं für धरं 60a निहित für सं०

अह सर-बन्ध-विमुक्को विणआ-तणओवऊहण-कलअ-रहिओ ।
अप्पाहिअत्थ[1]-मन्तो जाओ गअ-गरुड-दारुणो रहुणाहो ॥ ६१[2] ॥
अह सर-बन्ध-विमुक्के सोऊण णिसाअराहिवो रहुणाहे ।
आअअ[3]-गरुडासङ्को धुम्मक्खम्मि सअलं णिमेइ रण-भरं ॥ ६२ ॥
सो रोसेण रहेण व उच्छाहेण व णिसाअर-बलेण समं ।
णीइ भुअं व पहरिसं वहमाणो विक्कमं[4] व वेरावन्धं ॥ ६३ ॥
तो सो रक्खस-णिवहो सह धुम्मक्खेण साअरद्धन्त-णिहो ।
वडवा-मुहाणलस्स व संचरण-[5]पहम्मि मारुअ-सुअस्स ठिओ ॥ ६४ ॥
अह दारुणावमाणे कइ-रक्खस-सेण्ण-वइअरम्मि पअत्ते ।
[6]संभारिअक्ख-णिहणो ओत्थरइ सरेहि मारुइं धुम्मक्खो ॥ ६५ ॥
तो तस्स सर-णिघाए[7] रोमन्तर-लग्ग-णिप्फले धुअमाणो ।
अक्कमण-मोडिअ-रहो हिअ-धुम्मक्ख-धणु-संठिओ हसइ कई ॥ ६६ ॥
भग्गो भुअम्मि फलिहो वच्छुच्छलिअ-दलिअं ण दट्ठुं[8] मुसलं ।
धुम्मक्ख-रोस-मुक्कं पवअस्स जहिं तहिं विराइ पहरणं ॥ ६७ ॥
तो दोह-वाम-कर-अल- [9]पडिवण्णावेढणोणअ-गलुद्देसं ।
[10]रुम्भन्त[11]-जीव[12]-णिग्गम[10]- वच्छब्भन्तर[13]-भमन्त-सीह-णिणाअं ॥ ६८ ॥
खण-वावारि[14]-विसंदुल- गलन्त-पहरण-पलम्बिओहअ-हत्थं ।
कुणइ पभञ्जण-तणओ उद्धुट्ठिअ[15]-मुक्क-जीविअं धुम्मक्खं ॥ ६९ ॥ जुग्गअं ॥
अह पडिए[16] धुम्मक्खे हअ-सेसम्मि अ गए णिसाअर-सेण्णे ।
दहमुह-समुहाणत्तं णिन्तं पेच्छइ [17]अकम्पणं पवण-सुओ ॥ ७० ॥
तं पि [18]विइण्णोर-त्थल- वीसत्थोहरिअ-णिट्ठिआउह-णिवहं ।
ओसुम्भइ हणुमन्तो[19] एक्केक्क-क्खुडिअ[20]-विप्पइण्णावअवं ॥ ७१ ॥

1) °अप्प C, आभापितव्य K (i. e. अप्पाहिअव्व. da आभाप् bei K dieses Verbum übersetzt.) 2) S om. 3) °ग° C 4) पहरणं CS 5) व° C 6) संभावि° C 7) °हा° CK (da er निकायान् übers.) 8) so (= दृष्टं) R^{b}, und darauf führt दट्ठुं R^{b}; दि° R^{II}C 9) व° R^{b}, °न्नापोडनाव° KS 10) चोयमाणतलिनर्निगत KS 11) °व्भ° R^{b} 12) °अ C 13) °ब्भन्तर R^{IIbb}, °ब्भन्त° R^{I} 14) वा-वारिअ CK, S? 15) °द्ध-ट्ठि° CKS 16) णिहए C 17) पअंप° C (lies अअं°) 18) पइ° C 19) पवण-सुओ C 20) °लि° C

61b शान्तः für मन्तो; गरल für गरुड und dieses als vl 62a तनयौ für णाहे 62b निदधाति für णिमेइ 63b ध्वजं für भुअं 70b आयान्तं (i. e. एन्तं) für णिन्तं

अह दहमुह-संदिट्ठो हणुमन्ताघाअ-मम-तुलग्ग-प्फिडिओ ।
पडिओ णीलस्स मुहे अलद्ध-समर-सुह-दूमिअस्स पहत्थो ॥ ७२ ॥
णवरि अ पत्थाणे च्चिअ वाणो कालाअमो पहत्थ-विमुक्को ।
पडिओ णीलस्स उरे वण-पडिभिण्ण-रुहिरुग्गमेण पिसुणिओ ॥ ७३ ॥
वेओवत्तिअ-विडवं मुअइ कई वि सुर-हत्थि-परिमल-सुरहिं ।
गइ-मग्ग-लग्ग-भसलं पडिसोत्त-पसारिअंसुअं कप्प-दुमं ॥ ७४ ॥
बोलन्त-जलहरस्स व तो से आसार-जल-लव-त्थवअ-णिहो ।
आगम-मग्गम्मि ठिओ धुअ-विडव-क्खलिअ-मोत्तिआ-फल-णिवहो ॥ ७५ ॥
तो तस्स भुअ-विमुक्को भग्गो वण-भरिअ-मोत्तिअ-प्फल-वअरो ।
भज्जन्त-विडव-विअलिअ- मिअंसुआवीअ-पहर-रुहिरम्मि उरे ॥ ७६ ॥
समअं वञ्चेइ सरे थएइ समअं कई दुमेहि णह-अलं ।
समअं तेण विमुक्को चउद्दिसं पाअडो सिला-संघाओ ॥ ७७ ॥
विअलन्त-दुम-च्छेआ सर-घाअ-दलन्त-विअलिअ-सिला-णिवहा ।
दीसन्ति दलिअ-पव्वअ- वोच्छिज्जन्तोज्झरा णह-अलुद्देसा ॥ ७८ ॥
गिरि-धाउ-रअ-क्खउरो अंस-विपल्हत्थ-बहल-केसर-णिवहो ।
संझाअव-विच्छुरिओ सजलो व्व घणो णहम्मि दीसइ णीलो ॥ ७९ ॥
णवरि अ गअणद्धन्ते ओवडणक्खित्त-धणु-णिअत्त-त्थिमिओ ।
तह धरिओ विअ दीसइ पढम-विमुक्केहि सर-समूहेहि कई ॥ ८० ॥
अह णिसिअरेण मुसलं णीलस्स ललाट-वट्ट-पच्चुप्फलिअं ।
मज्झम्मि धरेन्त-रवं समुहागअ-तुरिअ-वञ्चिअं पडिवण्णं ॥ ८१ ॥
गेण्हइ अ जलण-तणओ सुवेल-सिहरद्ध-लग्ग-मेह-च्छाअं ।
विअड-पहत्थोर-त्थल- सम-वित्थार-कढिणत्तणं कसण-सिलं ॥ ८२ ॥

---

0) °ल्लि° C 1) °ण C 2) °र-सिरग्ग° C 3) °स° R[b], °सरं C 4) वो° K pratika, cf. aber I 57, III 25, XI 83. 5) °अ प्फ° CK 6) णिअरो C, प्रकर: K, S? 7) प° C 8) °डन्त C 9) विह° CK, S? 10) वेढा CK, S? 11) °अ° C 12) ओवअ° C 13) धृत auch K, aber कादित im Comm.; भ° C, वृत S 14) °हं R[b] 15) °र° C

73a प्रस्थानसमं für °णे च्चिअ 74b प्रतिपथ für °सोत्त 75a स्कंद für त्थवअ 77a शरं für °रे 78a दर für दलन्त (? Metrum) 78b विच्छिक्° für वो° 79b शैल इव नभः पुनर्नभसि दृश्यते निलो-नः ॥ (!) für सजलो etc. 81a मुक्तमत्युद्दृष्ट (i. e. °रिप्फडिअं) für वट्ट etc.

दूर-समुप्पइएण अ णीलेण सिला-अलोत्थअम्मि दिणअरे।
जाओ णहम्मि दिअसो[1] तक्खण-वद्ध-तिमिरा महि-अलम्मि णिसा ॥ ८३ ॥
अह णीलस्स पहत्थो रणाणुराएण सहिअ-गाढ-प्पहरो।
घाअब्भन्तर-[2]भिण्णो गलन्त-जीअ-रुहिरो[2] गओ धरणि-अलं ॥ ८४ ॥

॥ इअ सिरि-पवरसेण-विरइए दहमुहवहे महाकव्वे
चउद्दहो आसासओ ॥

1) °हो C 2) संचोभभिन्नगलितहृद्यो K = व्यथनविपोथितायतोरःपीठः S

अह णिहअम्मि पहत्थे वन्धु-वहामरिस-णिन्त-वाहुप्पीडो ।
चलिओ सिहि-पज्जुग्गअ- हुंकार-भरेन्त-दस-दिसो दहवअणो ॥ १ ॥
तह कुविएण पहसिअं कराल-मुह-कन्दरा-भरेन्त-दस-दिसं ।
जह से भअ-तुण्हिक्को भवण-क्खम्भेसु परिअणो वि णिलुक्को ॥ २ ॥
तो रक्खस-परिवारं णिअ-पाअ-भरोणमन्त-पच्छिम-तडिमं ।
सारहिणा रुम्भन्तं चडुल-तुरंगम-धअं रहं आरूढो ॥ ३ ॥
हुंकारेण सहाए खुहिअ-महा-कलअलेण लङ्का-मज्झे ।
पुर[10]-सेण्ण-कलअलेण अ णाओ चलिओ त्ति वाणरेहि दहमुहो ॥ ४ ॥
णवरि अ मुह-णिवहोवरि दुक्ख-पहुत्त-धवलाअवत्त-च्छाओ ।
णिग्गन्तूण पुरीओ भञ्जइ भग्ग-रण-मच्छरं कइ-सेण्णं ॥ ५ ॥
तो मुह-मेत्त-वलन्ता[12] पच्छिम-केसर-सडाहअग्ग-क्खन्धा ।
भग्गाणुमग्ग-लग्गा[13] पेच्छन्ति दसाणणं पवंगम-णिवहा ॥ ६ ॥
तो ते भिण्ण-पअट्टे[14] दहवअणक्कन्त-दिण-विहविअ-पए ।
पम्हट्ठ-जहा-भणिए भणइ समुप्पण्ण-रण-भए जलण-सुओ ॥ ७ ॥
मा मुञ्चह समर-धुरं एस समुक्खित्त-मलअ-सिहरद्धन्तो ।
जस्स कएण पडाअह तं चिअ वो हरइ जीविअं पवअ-वई ॥ ८ ॥
सीआहिअ-हिअएण अ अह सो त्ति दसाणणेण मारुहि-सिट्ठो ।
ण वि तह रामो त्ति चिरं जह तीअ पिओ त्ति मच्छरमाणं दिट्ठो ॥ ९ ॥

---

1) ०र० C 2) वि० C, हसितं K und ins. च hinter तथा 3) ०ह C 4) अल्लीणो C, निलीनः (ohne अपि) K 5) ०ल्लि० C 6) रुंब्भ० C 7) वहल C 8) स० CK 9) हलिण C (lies हल्लह०) 10) = पूर्ण R(Uebers.) पुरि CKS 11) ०प्पन्त C = प्रभवत् K 12) ०इ० C 13) ०ग्गं CKS 14) ०त्ते C 15) C om. दिण, und गद्-वहे (lies metri c. वन्धि?) für पए, wohl = विपन्नपद्धतीन् S 16) ०ब्भ० R[b] 17) गॅल K = गिरि S 18) पल्ला० C 19) steht in K nach 6, in S nach 61.

3a भरभुग्न für पाअ-भर (? corrupt) 3b सारथिसंरुध्यमानं 5a सकल für धवल 6a महा für अग्ग 7a विधूत für विहविअ (Metr.) 8b stellt जीवित हरति 9b स्फुटं für चिरं

अह राम-सराहिहओ पवएहि परंमुहोहसिज्जन्त[1]-रहो ।
छिण्ण-[2]पडिआअवत्तो लङ्काहिमुहो गओ णिसाअर-णाहो ॥ १० ॥
तो तेण लहुइअ-जसं पत्त-विणासेण मुक्क-सोडीर-पअं[3] ।
पडिवोहणं[4] अआले मुहोवसुत्तस्स कुम्भअण्णस्स कअं ॥ ११ ॥
[5]सो वि अ[5] जम्भाअन्तो अआल-पडिवोह-गरुइअ-सिरद्धन्तो ।
णीइ हसिऊण सुइरं लहुअं सोऊण राम-वह-संदेसं ॥ १२ ॥
[6]ओच्छुण्ण-रइ[7]-रह-वहो जाओ देहस्स से कणअ-पाआरो ।
ऊरु-पएसालग्गो दर-खलिओ[8] व्व तवणिज्ज-राअ-परिअरो ॥ १३ ॥
लङ्घिअ-पाआरस्स अ तो से विवलाअ[9]-मअर[10]-पक्कग्गाहा[11] ।
जाणु-प्पमाण-सलिला जाआ फडिहा[12]-गआ समुद्दद्धन्ता ॥ १४ ॥
तो तं पेच्छन्त च्चिअ [13]पच्छाहुत्ता णिअत्त-रण-वावारा ।
हत्थ-पडन्त-धराहर- विसमक्कन्ता पडाइआ[14] कइ-णिवहा ॥ १५ ॥
अह सेलेहि तरूहि अ फलिहेहि अ[15] मोग्गरेहि हन्तूण दढं[16] ।
दढ-दण्डाउह-मग्गण- [17]मुसलेहि खणेण वाणर-वलं सअलं ॥ १६[18] ॥
तो[19] पवआइ गआइं तुरआइ अ रक्खसाइ लोहिअ[20]-मत्तो ।
राम-सराघाअ-धुओ णिअअ-वले पर-वले पअत्तो[21] खत्तुं[22] ॥ १७[18] ॥
चिर-जुज्झिअस्स तो से दोण्ह वि राम-धणु-णिग्गअ-सराहिहआ[23] ।
पढमं धरणीअ भुआ पच्छा छेअ-रुहिरोज्झरा पल्हत्था ॥ १८ ॥
एक्को रुद्ध[24]-णइ-मुहो अणुवेलं णिवडिओ सुवेलो व्व भुओ ।
साअर-लद्ध-त्थामो[25] वीओ से[26] वीअ-सेउ-वन्ध[27] व्व ठिओ ॥ १९ ॥
आअण-[28]कड्ढिएण अ तो से चक्कलिअ-सिहि-सिहेण रण-मुहे ।
रहुवइ-सरेण तुङ्गं चक्केण व राहुणो सिरं उक्खुडिअं[29] ॥ २० ॥

1) उपहस्यमान RUebers.! 2) वलिआ° C 3) धुरं CKS 4) पडिओ° C 5) अह सो C 6) उ° R[II], द्द° R[bb], आक्रान्त RUebers., ओक्क° CK pratika. अवचुण KUebers. 7) °वि C 8) गलिओ (Ms. णिग्गलिओ) CK, S? 9) °अमाण R (entstanden aus der falschen Uebers. विपलायमान, die sich noch einmal, XII 42, findet) 10) °क° R 11) पग्गाह C 12) पणिहा(!) C 13) मग्गाहु° CK, S? 14) पहाविआ CK. S? 15) समो° C 16) चिरं C 17) मण्डल-अग्गेहिं C 18) KS om. 19) सो C 20) मोद्दअ C 21) °ट्टो C 22) जुज्झं C (lies °ज्झुं? cf. जुज्झ neben °ज्झिअ) 23) °हिअआ R. °हिआ C. °भिहर्ता Uebers. 24) रुंध C 25) °हो C 26) om. R, auch Uebers. 27) °न्धो C 28) अ° C 29) उक्खलिअं C

10b भिन्न für छि° 11b प्रसुप्तस्य für उव°

गअणुण्णएण तेण अ पवण-भरेन्त-मुह-कन्दरा-मुहलेणं ।
छिण्ण-पडिएण[1] वि कओ चउत्थ-तुङ्ग-सिहरुग्गमो व्व तिऊडो ॥ २१ ॥
पडिए अ कुम्भअण्णे दूर-पलाअ-दर-भग्ग-पङ्कग्गाहो ।
देह-भरन्तुच्छङ्गो पञ्चालेइ [2]वडवा-मुहं मअरहरो ॥ २२ ॥
तो कुम्भअण्ण-णिहणं सोऊण दमाणणो पहत्थब्भहिअं ।
रोसाअव-रज्जन्तं पुणो वि हसिऊण धुणइ मुह-संघाअं ॥ २३ ॥
णिन्तस्स अ तं वेलं अमरिस-परिवड्ढिअस्स भवणुच्छङ्गे ।
खम्भन्तर-वित्थारा ते च्चिअ वच्छ-त्थलस्स से ण पहुत्ता ॥ २४ ॥
दर-णिग्गअस्स णवरि अ उग्घाडिअ-वच्छ-भरिअ-भवणुच्छङ्गो ।
जाणु-पडिउट्ठिओ से जम्पइ हसिऊण मेहणाओ त्ति सुओ ॥ २५ ॥
णिम्माविअम्मि[6] कज्जे साहस-गरुए वि अप्पण च्चिअ गुरुणा ।
पुत्तेण पुत्त-सरिसं पुत्त-प्फरिसं ण पाविओ होइ पिआ ॥ २६ ॥
कीस ममम्मि धरेन्ते[9] माणुस-मेत्तस्स दहरह-सुअस्स कए ।
इअ णीसि[10] अप्पण च्चिअ लहुअन्तो अम्ह रक्खस-उलस्स जसं ॥ २७ ॥
उक्खअ-भुअंग-रअणं णिसुढिअ-णन्दण-वणं पलोट्टिअ-सेलं ।
अप्पाणं व[11] ण आणसि समं समत्थस्स तिहुअणस्स भर-सहं ॥ २८ ॥
किं [12]णिहणेमि रण-मुहे सरेक्क-सोमविअ-साअरं रहुणाहं ।
ओ सत्त वि अज्जं चिअ वलन्त-वडवा-मुहे सलेमि समुद्दे ॥ २९ ॥
इअ विणविअ-दहमुहो पच्छिम-सारहि-कर-ट्ठविअ-सीसक्को ।
आवद्ध-कवअ-मन्थर-पअ-विक्कम-भर-णमन्त-वित्थअ-तडिमं ॥ ३० ॥
धअ-सिहर-ट्ठिअ-जलहर-मुच्चन्तासणि-पडिप्फलिअ-सूर-करं ।
समर-तुरिओ विलग्गइ रहं सुआसण्ण-राम-धणु-णिग्घोसो ॥ ३१ ॥ जुग्गअं ॥

---

1) ०र० C 2) ०वेण ? R¹¹ 3) भअ C 4) ०ल०, ०लि०, पलि० C 5) दकवागअ C, ऊत्त्वायत K, S? 6) ०टुअम्मि C 7) गरुअम्मि CK (da er kein अपि hat) 8) कज्जारंभं C 9) ०र० C 10) ०ह C 11) पि C 12) ण ह० C 13) अ० C

21b भिन्न für छि०; जातः für वि कओ 22a रुग्ण für भग्ग 22b प्रज्वाययति (i. e. पञ्चाएइ) für पञ्चालेइ 23 pratika अह 23b रोपेण भ्रियमाणः für रो० bis ०न्तं 26b पुत्रः für ०त्तेण 27a ध्रमति für धरेन्ते 27b निर्याय für णीसि (corrupt): लघुयन्तः für लहुअन्तो 28b जानीथ für आणसि 29a तनयं für णाहं 30b निर्गम für विक्कम 31a पात्यमान (also wohl सुभन्त oder ०ब्भ०) für मुच्चन्त

इअ वारिअ-दहवअणो दहवअणाणत्ति [1]विलडउक्खित्त-भरो ।
णीइ रहं आरूढो रक्खस-परिवारिओ दसाणण-तणओ ॥ ३२ ॥
जो दहमुहग्ग-दारे तुरिअ-पहाविअ-रहस्स जो णअरि-मुहे ।
खोहेन्तस्स[2] कइ-बलं सो च्चिअ[3] वेओ अ से पअत्त-हलहलो ॥ ३३[4] ॥
अह राम-बद्ध-लक्खो पढमुड्डाइअ-पवंगम-क्खविअ[5]-बलो ।
वाणर-जोहेहि समं जलण-सुएण वरिओ[6] दसाणण-तणओ ॥ ३४ ॥
णीलेण गण्ड-सेलं दिविएण दुमं सिला-अलं मारुइणा ।
दारेइ सरेहिँ[7] समं णलेण मुक्कं च मलअ-सिहर-क्खण्डं[8] ॥ ३५ ॥
तो भग्ग-पवअ-सेण्णं णिउम्भिला[9]-हुत्त-[10]सच्चविअ-पत्थाणं ।
वारेह[11] मेहणाअं विभीसणेण[12] भणिओ सुमित्ता-तणओ ॥ ३६ ॥
तो माआहि सरेहि अ सेलेहिँ[13] अ जुज्झिअस्स रक्खस-सरिसं ।
सोमित्तिणा णिसुद्धं पिआमहत्थेण मेहणाअस्स सिरं ॥ ३७ ॥
सोऊण इन्दइ-वहं मुअइ सरोसं दसाणणो वाह-जलं ।
अब्भुत्तिअ[14]-दीवाणं [15]णिवडइ तुप्पं[15] व तक्खणं सहुआसं ॥ ३८ ॥
णिहए अ मेहणाए परिअत्तन्तेण तक्खणं च्चिअ विहिणा ।
रोम-विसाएहि[16] समं हत्थेहि व दोहि आहओ[17] दहवअणो ॥ ३९ ॥
णीसेस-णिहअ-बन्धू तो सो एक्को वि वहु-भुआ-दुप्पेच्छो ।
भीसण-मुह-संघाओ रक्खस-लोओ व्व णिग्गओ[17] दहवअणो ॥ ४० ॥
णवरि अ पवण-पणोल्लिअ- कसण-पलाआ-[18]दरन्धआरिअ-सूरं[18] ।
परिणअ-मत्तेरावण- मअ-पङ्कालिअ-तुरंग-केसर-भारं ॥ ४१ ॥
चक्क-मल-मइलिओअर- धअ-वड-पुसिअ-ससि-विम्ब-पच्छिम-भाअं ।
धणअ-गआ-भङ्गग्गअ- सिहि-जालालुद्धिअं रहं आरूढो ॥ ४२ ॥ जुग्गअं ॥

---

1) °लंगि° C 2) खोह° C 3) चेत्र C 4) S om. 5) so C. क्षपित RUebers. K, °ल्लि° R; S? 6) so auch S. ध° CK 7) °ण C 8) °रद्धंत C 9) °णा C 10) संदृष्टवि° C 11) वारयति KS 12) विहो° C 13) °ण C 14) अव्भ° C 15) so C = स्नेहं पतन्तं व S: णिव्वलइ घअं R: घअं (aus घृतं) ist Skrticismus, णिव्व° Conject. metri c. 16) °ण C 17) °वो R^{b} 18) दर-त्थइअ-सूर-अरं C, ebenso, nur अवच्छादित für त्थइअ, K

---

32 fehlt. 33b रणे für अ से: कलकलः ॥ 34a समरलब्ध für राम-बद्ध; ob उद्रावित oder °त्थापि° ist unsicher. 37a eine unleserliche Var. für जुज्झिअस्स 38 fehlt. 39a पतिते für णिहए 39b शोक für रोम

दट्ठूण अ तं णिन्तं पीआ मङ्गल-मणाहि रअणिअरीहिं ।
जन्तो च्चिअ उप्पणा तेहिं चिअ लोअणेहि बाह-त्थवआ ॥ ४३ ॥
तो तेण कर-अल-ट्ठिअ- सेलोज्झर-सलिल-णिव्वरिअ[1]-वच्छ-अडं ।
दिट्ठीहि अ बाणेहि अ[2] तुलिअं जाइ[3] लहुअं पवंगम-सेणं ॥ ४४ ॥
[4]पासावडिअम्मि[5] वि से विहीसणे पवअ-सेण-कअ-परिवारे ।
दीणो त्ति सोअरो त्ति अ अमरिस-रस-संधिओ वि उल्ललइ सरो ॥ ४५ ॥
विसहिअ-पढम-प्पहरो णवरि अ [6]रोसेण संधिउब्भड-बाणो ।
इन्दासणीअ व दुमो मत्तीअ उरम्मि लक्खणो णिब्भिणो ॥ ४६ ॥
सो वि अ पवण-सुआणिअ- धराहरोसहि-विइण-जीअब्भहिओ[7] ।
तह-संधिअ-चाव-सरो णिसाअरेहि सह जुज्झिउं आढत्तो ॥ ४७ ॥
अह रामो वि णिअच्छइ तुरअ-खुर-प्पहर-विहल[9]-जलहर-वट्टं ।
ठिअ-वज्जहरालम्बिअ[10]- कणअ-धअ-क्खम्भ-णिम्महन्त[11]-परिमलं ॥ ४८ ॥
वाम-भुअ-गहिअ-पग्गह- माअलि-भर-णमिअ-दीहर-धुरा-दण्डं ।
भिज्जन्त-मेह-मीहर[12]- तणाओणअ-णिसण-चामर-पम्हं ॥ ४९ ॥
ससि-णिहस-तुसारोल्लिअ- रवि-अर-वसुआअ-धअ-वड-सिहद्धन्तं ।
उणअ-पच्छिम-तडिमं[13] णिवडन्तं[13] खअ-वडं व मग्गाहि रहं ॥ ५० ॥ कुलकं ॥
तो रामो माअडिणा[13] पढम-[14]दराभामणुम्मुह-पमण-मुहो ।
तिअस-[15]वहुमाण-गरुअं दूरओणामिआणणेण पणमिओ ॥ ५१ ॥
देइ अ रह-पुञ्जइअं उहअ-कर-क्खिवण[16]-पाअडिअ-वित्थारं ।
कवअं तिहुअण-वइणो अब्भन्तर-लग्ग-णिम्महन्त-परिमलं ॥ ५२ ॥
तं च कवअं सुराहिव- मव्वङ्ग-पहुत्त-लोअण-सुह-प्फरिसं[17] ।
सीआ-विरहोलुग्गे[18] जाअं थोअ-सिढिलं रहुवइस्स उरे ॥ ५३ ॥

1) °वअ CK. cf. प्रमिक्त S 2) व R[c] 3) so zu teilen nach R (= याति लघुतां) = पलायितं S; जातिलघुकं K 4) पंथा° CKS 5) °ल्लिअम्मि C 6) णिण तेन K) धणु-सं° CKS 7) जीवअभुअओ CKS 8) णिउ° C 9) °अ C = नत S: विषम K 10) °रावल° CK 11) णिग्ग° C R[b] 12) °भ° C 13) °ल्लि°, °ल्लंतं, °ल्लिणा C 14) -अरा° (so getrennt, aber wohl °मअरा° zu lesen) C cf. प्रथमतरा° K, S? 15) वद्-मा° CS 16) उत्तंपग KS 17) प्फंस C 18) विओअ-लग्गे CS 19) S stellt 53, 51 um.

43a एनं für तं 43b Schluss fehlt; unzweifelhaft: विन्दवः für त्थवआ 44a अनेन für तेण (cf. Hem. III 70 Schol.) 45b दीनः ist für दोणो: वश für रस 46a प्रथमप्रहारसहितः für विस° etc. 49a तुण्डं für द° 51a उन्नत für उम्मुह 52a भुज for कर

महि-अलमोडणेण अ   सुर-वइ-हत्थ-परिमास-सइ-दुल्ललिअं ।
आरूढस्स रहं से   कवअं सव्वङ्गिअं कअं माअडिणा[1] ॥ ५४ ॥
तो णील-रवि-सुएहिं   समल्लिओ[2] राहवं सुमित्ता-तणओ ।
भणइ धरणीअ तक्खण-   विलइअ-धणु-गब्भिणं णिमेऊण करं ॥ ५५ ॥
वीसमउ तुम्ह चावं   अडणि-मुह-प्फडिअ[3]-सिढिल-जीआ-बन्धं ।
अइरा पेच्छ विराअं   ममम्मि णीले व्व रवि[4]-सुए व्व दहमुहं ॥ ५६ ॥
[5]गरुअम्मि कुणसु कोवं   लहुए दहमुह-वहम्मि मुअसु अमरिसं ।
तुङ्गं तडं णिसुम्भइ[6]   ण अ णइ-वप्पं सम-त्थलिं व वण[7]-गओ ॥ ५७ ॥
पज्जत्तस्स समत्थं   दहिउं[8] अइच्छि-पेच्छिएण वि तिउरं ।
रहुवइ किं व ण मुव्वइ[9]   आणत्ती तिणअणस्स तिअसेहि कआ ॥ ५८ ॥
तो दहवअणालोअण-   रोसुग्गअ-सेअ-लङ्घिअ-णिलाड[10]-अडो ।
पुलइअ-णील-रवि-सुओ   पणअं[11] पडिभणइ[12] लक्खणं[13] रहुणाहो ॥ ५९ ॥
णिव्वूढ-जम्पिआणं   आसङ्कइ तुम्ह ववसिअं मह हिअअं ।
किं उण भरो व्व होहिइ   सअं-अणिट्ठविअ-दहमुहो मज्झ भुओ ॥ ६० ॥
कुम्भस्स पहत्थस्स अ   दूमह णिहणेण इन्दइस्स अ समरे ।
दसकण्ठं[14] मुह-वडिअं   केसरिणो वण-गअं व मा हरह महं ॥ ६१ ॥
ताण अ कहं पअत्तं   वोच्छिन्दन्तस्स दहमुहस्स रण-मुहे ।
उम्मूलिउं[15] पअत्तो[16]   अग्ग-क्खन्धम्मि कइ-वलं सर-णिवहो[16] ॥ ६२[17] ॥
तो दोण्ह वि सम-सारं   वाण-वह-प्फडिअ-तिअस-पेक्खिज्जन्तं[18] ।
एक्कअर-मरण-गरुअं   जाअं रामस्स दहमुहस्स अ जुज्झं ॥ ६३ ॥

---

1) °लिणा C   2) °लिओ C, समन्वित: RUebers. S, während RUebers. XII 10. XIII 18 समाली hat; समाश्रित: K (wie an jenen Stellen)   3) °ल्लि° C   4) °इ R¹C   5) गु° R^b   6) णिउ° C   7) सुर CK, S?   8) डु° C   9) °सि R (°वसि R^b). शृणोषि RUebers.!   10) °ल C   11) वअणं C   12) पलि° C   13) त° C   14) दह° C   15) ओवग्गिउं C = अभिभवितुं K   16) °त्ता °हा C   17) S om., s. zu Vers 9.   18) विम्हअ-दिट्ठं C

54a तलपरिस्थितेन für अलमोड्णेण (cf. K zu VI 11. VII 41. 50. VIII 104. XI 115. XIV 23: lauter Conjecturen, um den Uebergang von ˙ in म् zu vermeiden!)   55b निधाय für णिमेऊण   56a प्रभो मीलयतु युष्मद्धनुः für वीसमउ etc.   57b खलु für अ; समुच्छ्रितमपि für सम-त्थलिं व   58a विलोकितेन (i. e. पुलइएण) त्रिभुवनं für पेच्छि° etc.   60a समरभारं नाशङ्कते für जम्पिआणं आसङ्कइ   62a व्युच्छिन्दन्निव für वोच्छिन्दन्तस्स   63b रावणस्य für दहमुहस्स

तो कड्ढिऊण चावं कुण्डल-मणि-किरण-घडिअ-जीआ-वन्धं ।
मुक्को रामस्स उरे पढमं हअ-बन्धुणा दहमुहेण सरो ॥ ६४ ॥
वेअ-पडिएण तेण अ तह धीरो वि [1]परिकम्पिओ रहुणाहो[2] ।
अप्पाण-णिव्विसेसं[3] सअलं जह णेण कम्पिअं तेल्लोक्कं ॥ ६५ ॥
रहुणाहस्स वि बाणो अणुपरिवाडि-घडिअ[4]-प्फुडिअ[5]-केऊरं ।
दहवअण-भुअ-णिहाअं ताल-वण-क्खन्ध-परिअएण अइगओ ॥ ६६ ॥
अण्णं संधिअ-बाणं रहसाअड्ढिअ-णिराअ-वट्टं अण्णं ।
समअं रक्खस-वइणो अण्णं सर-लहुइओअरं होइ धणुं ॥ ६७ ॥
सइ-संधिअ-णिन्त-सरं अवङ्ग-देस-सइ-लग्ग-जीआ-वन्धं ।
दीसइ सइ-मुक्क-सरं सइ-मण्डलिअ-विअडोअरं राम-धणुं ॥ ६८ ॥
वामो पसारिअ[6] च्चिअ दाहिण-हत्थो अवङ्ग-देस-णिवडिओ[7] ।
चावेसु अ तह णिमिआ ताणं दीसन्ति अन्तरालेसु सरा ॥ ६९ ॥
दहमुह-विसज्जिएण अ सरेण सीआ-विओअ-सइ-संतत्तं ।
हिअअं अमुक्क-धीरं णिहाअ-भिण्णं पि राहवेण ण णाअं ॥ ७० ॥
रहुणाह-पेसिएण अ सरेण समुहागअस्स रक्खस-वइणो ।
भिण्णो णिडाल-वट्टो[8] ण अ से फुड-भिउडि-विरअणा विहविआ[10] ॥ ७१ ॥
तो से मुच्छा-विहलो लोहिअ-णीसन्द-भरिअ-लोअण-णिवहो ।
वारं-वार-पअट्टो[11] भमिओ वाहु-सिहरेसु मुह[12]-संघाओ ॥ ७२ ॥
तो गअ-मोहुम्मिल्लो[13] णअण-हुआसण-पडन्त[14]-पत्तण-पम्हं ।
मुअइ सरोमाअड्ढिअ- विडअ-मुहावङ्ग-मिलिअ-पुङ्खं[15] वाणं ॥ ७३ ॥
तो सो खआणल-णिहो किरण-सहस्सेहि णिब्भरेन्त[16]-दस[17]-दिसो ।
रहुवइ-सर-राहू-मुहे पन्थद्धे सूर-मण्डलो[18] व्व णिउड्डो ॥ ७४ ॥

1) पडि° C 2) °ङ्ग-तणओ C 3) च्चिअ सेसं C 4) मिलिअ CK, मिलत् S, मलिअ K^v 5) रिफलिअ CK 6) °ओ C 7) णिअ° C = निर्गलित: K; S? 8) वेदनं KS 9) पूर्ण(?) R Uebers. 10) विअलिआ(?) C 11) पलोट्टो CKS 12) मिर C 13) °म्मीलो R^IIb, °मीलो R^II 14) प्रदीप्त Uebers., °ड्डि° C 15) अग्गं C 16) °रन्त C 17) °ह C 18) °लं व R (Skrticismus

64a मिलित (? corrupt) für घडिअ 65a वीरो für धी° 66b सालद्रुम für ताल-वण 67a आकर्षणनमत् für आअड्ढिअ-णिराअ 69b निहिता: für णिमिआ 70a जनकतनया für सीआ; om. मद; प्रतप्तं für सं° 72a ततो मूर्छागममुकुल: 73a निवहं für पम्हं 73b गलित für मिलिअ (Fehler?) 74, 77 fehlen.

रहुणाहो वि सधीरं उक्करिसेऊण अग्ग-हत्थेण सरं।
[1]आसण्ण-लाइअव्वं[2] पेच्छइ फुल्ल-कमलाअरं व दहमुहं ॥ ७५ ॥
रामो संधेइ सरं विभीसणन्तेण[3] वलइ रक्खस-लच्छी।
दहमुह-विणास-पिसुणं फुरइ अ सीआइ तक्खणं वामच्छं[4] ॥ ७६ ॥
वामं णिसिअर-णअणं रहुवइणो दाहिणं च फुन्दइ[5] णअणं।
बन्धु-वह-रज्ज-पिसुणं पप्फुरइ[6] विहीसणस्स लोअण-जुअलं ॥ ७७ ॥
वच्छ-भरन्तुच्छङ्गे[7] संधिअ-बाणे धणुम्मि कड्ढिज्जन्ते।
राम-सर-पत्तणेहि व उप्पुसिआ सुर-वहूण बाह-त्थवआ ॥ ७८ ॥
णवरि अ सो रहुवइणा वारं वारेण चन्दहास-च्छिण्णो[8]।
एक्केण सरेण लुओ एक्कमुहो दहमुहस्स मुह-संघाओ ॥ ७९ ॥
अविहत्त-कण्ठ-गरुओ छिण्णो वि दसाणणस्स होइ भअअरो।
धरणि-अलुत्तिण्णस्स व णिअअ-च्छेअ-पडिउट्ठिओ[9] मुह-णिवहो ॥ ८० ॥
तस्स[10] हअस्स रण-मुहे रक्खस-णाहस्स अहिमुहं अप्पाणो।
दसहि[11] वि[12] मुहेहि समअं सिहा-करालो व्व हुअवहो णिक्कन्तो ॥ ८१ ॥
अह णिहअम्मि दहमुहे ऊससिअम्मि अ समन्तओ[13] तेल्लोक्के।
वअणम्मि [14]अ उप्पुसिआ[14] भिउडी ओआरिअं[15] च रामेण धणुं ॥ ८२ ॥
णिहअ[16]-बन्धुप्पित्था जाणन्ती विक्कमं णिसाअर-वइणो।
माअ त्ति परिगणेन्ती ण मुअइ णिहअं[17] पि रावणं राअ-सिरी ॥ ८३ ॥
ताहे विभीसणस्स वि अन्तो-हिअअम्मि बन्धु-णेहुप्पण्णो[18]।
दासरहिणो वि पुरओ मुक्को[18] च्चिअ लोअणेहि बाह-त्थवओ[18] ॥ ८४ ॥
णिहअम्मि अ दहवअणे विहीसणो णिन्दिआमरत्तण-सद्दो।
परिदेविउं पउत्तो मरण-समब्भहिअ-दुक्ख-दिण्णाआसो ॥ ८५ ॥
जो च्चिअ जेऊण जमं[19] दिट्ठो[20] इच्छा-सुहं तुमे जम-लोओ।

1) ओ° C 2) लावि° C 3) विहो° C 4) °क्खिं C 5) ? oder फ°? पु° R^{b}, फु° R^{Hh}, स्पन्दते RUebers., अप्फन्दइ C 6) फुरइ अ C 7) °ङ्गं C 8) च्चिण्हो C 9) परिसंस्थितः K, संस्थि° S 10) अ ins. R, auch Uebers. 11) °हु° C 12) व C 13) समस्ते K = समग्र- S 14) समुप्पसिआ C 15) ओसा° C 16) णिरगअ R^{vl} 17) पडिअं CS 18) °ण्णा °क्क °आ CK (s. aber unten) S 19) तु° C 20) °ट्ठु C

78a वर्धितरभसनिनादे für वच्छ etc. 78b 84b विन्द्वः für त्थवआ. °ओ 80a सुविभक्त für अ° 83 fehlt. 84a विभीषणेन चाशून्यहृदयेन für विभी° bis °अम्मि 85a अथ निहते दशमुखे 85b दत्तायासं॥

दीसिहिसि कह णु पत्थिव इणिहं तं चेअ मेस-जण-सामण्णं ॥ ८६ ॥
एक्केण रक्खसाहिव पुव्वं अवहीरिओवएसेण वि तें ।
सम-णिहणेण रण-मुहे पडिमुक्कं णवर कुम्भअण्णेण तुहं ॥ ८७ ॥
पत्थिव तुमं मुअन्तो सम-सुह-दुक्खेहि बन्धवेहि अमुक्कं ।
जइ हं धम्म-पहाणो धम्म-पहाणाण को गणिज्जउ पुरओ ॥ ८८ ॥
आहासइ अ रहुवइं मरण-समोत्थइअ-रुद्ध-वाहुप्पीडो ।
वन्धु-वहागअ-दुक्खो गिम्हुम्हा-मुक्क-णइ-मुहो व्व महिहरो ॥ ८९ ॥
पहु वीसज्जेहि महं ता दहमुह-कुम्भअण्ण-चलण-णिवडिओ ।
पच्छा पर-लोअ-गअं छिवामि सीसम्मि मेहणाअं च सुअं ॥ ९० ॥
महि-अल-पडिअ-विसंदुल- विहीसण-विलाव-जाआणुअम्पेण ।
रामेण वि पवण-सुओ आणत्तो रक्खसाहिवइ-सक्कारे ॥ ९१ ॥
णिहअम्मि अ दहवअणे आसंद्धन्तेण जणअ-तणआ-लम्भं ।
सुग्गीवेण वि दिट्ठो पच्चुवआरस्स माअरस्स व अन्तो ॥ ९२ ॥
काऊण अ सुर-कज्जं रहुवइ-वीसज्जिएण कइ-अण-पुरओ ।
जलहर-गुप्पन्त-धओ सग्गाहिमुहो रहो कओ माअडिणा ॥ ९३ ॥
घेत्तूण जणअ-तणअं कञ्चण-लट्ठिं व हुअवहम्मि विसुद्धं ।
पत्तो पुरिं रहुवई काउं भरहस्स सप्फलं अणुराअं ॥ ९४ ॥

एत्थ समप्पइ एअं सीआ-लम्भेण जणिअ-रामब्भुअअं ।
रावणवह त्ति कव्वं अणुराअङ्कं समत्थ-जण-णिव्वेसं ॥ ९५ ॥

॥ इअ सिरि-पवरसेण-विरइए कालिदास-कए दहमुहवहे महाकव्वे
पन्नरहो आसासओ परिसमत्तो ॥

---

1) so R = द्रक्ष्यसि Uebers.! दक्खिहिसि C 2) ए° C 3) मअल (lies म°) C 4) दे C 5) = ऽधर्मः अध° C 6) °इ C 7) so R. सम° C 8) °म्होम्ह C 9) °ह C 10) ता C 11) °कंपेण C 12) अ C 13) विण्णविए C = निवेदितः S („benachrichtigt“ scil. Râma, die Constr. ist in S activ); आज्ञप्तः K 14) °रो C 15) C stellt um. 16) °ल्लिणा C 17) °हं ति R[b] 18) S om.

86b पार्थिव कथं für कह etc. 87b निहतेन रणमुखे पुनर् für सम bis मुहे: अनुसदृशं für पडिमुक्कं: कृतं für तुहं 89. 90 fehlen. 91a दत्तमन्युस्तम्भं für जाआ° etc. 91b आरब्धः für आणत्तो (cf. N. 13) 93a रघुतनय für °वइ; also auch विम° für वी° 93b यत्तध्वजपटः für गुप्पन्त-धओ; नीतः für कओ Wortstellung unsicher) 94a च जनकसुतां für जण° etc. 95a हृदय für राम 95b सतृष्णसुख für समत्थ-जण

Anhang.[1]

॥ अथाधिकानि स्कन्धकानि ॥

संझा-पणाम-घडिओ गिरि-तणआ-विहुअ-वाम-हत्थ-विहडिओ ।
हसिऊण मुक्क-सलिलो एक्क-करेण णिअमञ्जली जेण कओ ॥ १[2] ॥
[3]गरुए वि[3] समर-कज्जे विअसन्ति[4] च्चिअ रसं लिहन्ति[5] समत्था ।
बद्ध-प्फलम्मि कुसुमे वोलीणो होइ महुअराण[6] अवसरो ॥ २[7] ॥
एन्ति वलन्ति वलन्ता राम-सराघाअ-लङ्घिअ-णहाहोआ ।
[8]थोरा――――[8]-सरिसा तुङ्गा मणि-पव्वअ व्व Lücke, 8 morae ॥ ३[9] ॥
जलण-प्पहाणुविद्धं आवत्त[10]-भमन्त-पव्वअ-दुमालग्गं ।
संबन्ध-रअण-पुप्फं फुरइ फुरन्त-प्पहं पवाल-किसलअं ॥ ४[11] ॥
मसिणिअ-मीण-क्खन्धा अडन्ति णिब्भिण्ण-महिहरन्तर-सरिआ ।
भिज्जन्त-रोस-लङ्घिअ- मुह-लग्ग-भुअंगम-प्फणा राम-सरा ॥ ५[12] ॥
पलअ-घणेहि व खुब्भइ वेवइ उप्पाअ-मारुएहि व उअही ।
खअ-सूरेहि व झिज्जइ रसइ सरेहि तिअसेहि व महिज्जन्तो ॥ ६[13] ॥
वाणोसारिअ-सलिला थोअं भिज्जन्त-पाअडिअ-सिप्पि-उडा ।
विअसन्ति विअसिआअव- ओअट्टन्त[14]-मणि-गब्भिणा पुलिण-वहा ॥ ७[15] ॥
सीस-[16]रइअञ्जलि-उडो सर-विअणा-दूमिआणणो सलिलणिही ।
पाएसु दासरहिणो पवण-वस[17]-क्खित्त-पाअवो व्व णिवडिओ ॥ ८[18] ॥
वाणर-चरणक्कन्तं उव्वलिअ-समुद्द-सलिल-गहिओआसं ।
चलइ चल-पाअव-लअं कम्पइ कम्पिअ-धराहरं महि-वेढं ॥ ९[19] ॥

---

1) die von R nicht erklärten Strophen enthaltend. 2) I 8^a C mit der Note अधिकमिदं स्कन्धकं ॥, I 7^b K (mit Comm.) R^b (ohne Comm.), fehlt in $R^{IIb}S^{1.2}$, wirkt in CR^b nicht auf die Zählung ein. 3) गुरुअम्मि K 4) विकसन्ति (also °सन्ते) K 5) लभन्ति KS 6) so K, भमराण (lies metri c. °रआण?) C, मधुपानां S entscheidet nichts. 7) III 5^a CKS 8) स्थूलावसमुल K 9) V 67 K 10) आवर्तेषु K (aus dem Comm. in die Uebers. geraten) 11) V 46^a K, 47^a S 12) V 49^b K 13) V 64^a K 14) ? oder ओसुकवन्त? शुष्यत् KS 15) V 70^a KS 16) Conject., रजताञ्ज° K 17) im Ms. ist nur श übrig. 18) in K an Stelle von VI 7, von welchem dieser Vers eine Variation ist. 19) VI 29^a K

विसम-विसट्टन्त-सिला- अल[1]-सिहरुप्पडअ-भीअ[2]-किंणर-मिहुणा ।
ओज्झर-मुक्कक्कन्दा उम्मूलिज्जन्ति वाणरेहि महिहरा ॥ १०[3] ॥
आइद्ध-महिहर-णिहं उअहि-जल-पलोट्ट-मेह-अड-पब्भारं ।
पडइ व पुरओ-हुत्तं टङ्क-च्छेअम्मि सेउ-बन्धस्स मुहं ॥ ११[4] ॥
बज्झन्तम्मि समुद्दे सोऊण वि कलअलं महा-कइ-सेणं ।
जाअं तक्खण-विहलं भअ-भीअ-विसंठुलं दसाणण-हिअअं ॥ १२[5] ॥
रअणीअ सामल-मुहं दंसण-गलिअ-तिमिरंसुअ-मुहालोअं ।
विक्खित्त-किरण-हारं चन्दं णव-जोव्वणे थणं व मलेन्तं ॥ १३[6] ॥
[7]पुलअं जणेन्ति दसकन्धरस्स सरहस-राम-सरा सरीरम्मि ।
जणअ-तणआ-थण-प्फंस-महग्घ-कर-अल-कड्ढिअ-धणु-विमुक्का ॥ १४[8] ॥

॥ इत्यधिकानि स्कन्धकानि ॥

1) om. K und add. दर hinter शिखर 2) dafür citiert K eine corrupte vl. 3) VI 50* CK 4) VIII 41* K, 57* S 5) VIII 89* K 6) IX 34* K 7) Metrum! 8) XV 66* C

॥ अथ सेतुसरणं तृतीयः सर्गः[1] ॥

मीलतः कपिमतङ्गजसंघान्भ्रामितानथ विषादमदेन ।
बाहुषूपलगतेषु निषण्णान्बन्धयूपतुलितेष्विव तत्र ॥ १ ॥
स्वध्वनेरपि [2]समूर्जदतीवकीर्तिसुध्वनि जगाद कपीन्द्रः ।
धैर्यसारगुरु दन्तरुचस्तन्निर्मलार्थसुभगं विनयेन ॥ २ ॥ युग्मं ॥
काममस्य धरणीधरणे तद्बाहवो ऽब्धिमथने सुरदैत्याः ।
अब्धयः क्षयविधौ हननीये यूयमत्र रिपुनाम्नि महायाः ॥ ३ ॥
संनिवृत्य कथमप्युपनीतं संमुखं सुभगशाश्वतगर्वं ।
अर्थितोपगतमत्र यशस्तन्मा पराङ्मुखयताः स्वजनं व[4] ॥ ४ ॥

1) Die Verszählung des Originals ist von mir auch da beibehalten worden, wo die Reihenfolge in S abweicht. Metrum: Svâgatâ; 46: Vasantatilakâ; 59 Ende: Mâlinî. 2) समूर्जदतीव metri c. für अतीवस° (Weber) 3) i. e. °त आः 4) so sehr oft, cf. 7. 14. 23. 29. 34. 48 (2mal).

सिन्धुलङ्घनगुरुः कृतिभारः कर्वुरक्षयसुदुर्वहसारः ।
पूर्वमेव रचितः[1] स्वयमस्मांश्चेतसाथ तुलितो ऽथ विलग्नः ॥ ५ ॥
युद्धकर्मणि गुरुण्यपि भृरा लब्धवाञ्छितरसा विकसन्ति ।
बद्धमञ्जुलफले कुसुमे ऽतिक्रामति ह्यवसरो मधुपानां ॥ ५*[2] ॥
भार एष भवतामिह तावदाज्ञयैव सफलः प्रभुशब्दः ।
काश्यपिर्वहति भास्करतेजः स्वात्मनैव विकसन्ति तडागाः ॥ ६ ॥
लङ्घितुं ननु न केवलमेनं तीरवञ्जुलरसातिसुगन्धं ।
अम्बुधिं फलरसं व समर्थाः किं तु पातुमपि पाणिपुटेन ॥ ७ ॥
भूरिकालकलितासमसाम्यबन्धमुक्त्यवसरो ह्ययमेव ।
एष एव हि नमद्वदनानां प्रार्थितः परममानिजनानां ॥ ८ ॥
पूरुषा जगति ते न भणन्तः[3] कार्यमार्यमथ ये घटयन्ति ।
ते द्रुमाश्च विरला ननु ये ऽप्यज्ञातपुष्पमुकुलाः फलदाः स्युः ॥ ९ ॥
खिन्नपाणिमिषुधौ रुषि चेतो दीर्घकालकलुषीकृतमद्य ।
मा ददातु बत राघववीरो वाष्पकल्मषदृशं विशिखे च ॥ १० ॥
स्वीकरोतु भवतां यश एनं रावणोग्ग्यगुणराजगृहीतं ।
अभ्युदस्य तटिनीपतिकाञ्ची दिग्वधूनिवहमम्बरगेहं ॥ ११ ॥
साहसं यदपि नो बत कुर्युर्जीवितं तदिह ते हि दयन्ते ।
यस्त्वचीर्णसुकृतप्रतिकारः स व्यसुर्जगति किं गणनार्हः ॥ १२ ॥
किं न वेत्थ ननु कार्यमिदं वा मृद्वपीह बत यत्परिणामे ।
मृद्यमानमथ पीवरमोहं पुष्पवद्विषतरोर्विदधाति ॥ १३ ॥
उद्यमं विघटितं हि समर्था दक्षदुर्गमपि वर्त्म नयन्ति ।
पिष्टपान्तरमितो दिनकर्ता स्यन्दनं व नियतैकरथाङ्गं ॥ १४ ॥
तालभानिव भुजाङ्कृतकार्यान्पश्यताचिरमनुद्भटदुःखान् ।
रक्षसः स खलु रागसहायः सत्वरं व्रजतु राजनिसर्गः ॥ १५ ॥
वेल्लिताकलितकौणपलोकः क्षोभिताम्बुधिरसौ हृदयेन ।
वीक्ष्य नो जलधिरोधसि मुग्धान्मातरिश्वतनयो हसति स्म ॥ १६ ॥
सर्वतो विसृमरो ऽध्यवसायः स्रोतसां चय इवोग्रनदीनां ।

---

1) **चरितः** cod., sinnlos. S folgt offenbar der Lesart K's, dessen Uebers. von 5b fehlt; aus den Resten des Comm. (**प्रथममेव रचिते युष्मान् पश्चात्** etc.) sieht man aber, dass er etwa **वो रइओ** für **रहुवइणा** las. 2) s. Anhang 2. 3) **भयार्तः** cod.

दुर्गमप्रतिहतः स्फुटशूरच्छाय ऊर्ध्वमयते स्म भटानां ॥ १७ ॥
मानसंभृतपदा कुलरीतिप्रस्तुतानवनताल्पमपूर्वा ।
स्मर्तुमप्यथ न शक्यत एवं छाद्यमानकिरणा निजकीर्तिः ॥ १८ ॥
वर्धमानकिरणश्च्युतसंयन्मत्सरैरनभिलब्धगुणौघः ।
कृष्यतां हि सुभटत्वविरावः केन वा कुयशसा परिभूतः ॥ १९ ॥
अर्थिताजिघटना व्यसने ऽपि चोत्सवे ऽपि समरागमनस्काः ।
सूदितार्थविषमा ननु धीराः संशये ऽपि हि भवन्ति समर्थाः ॥ २० ॥
पाणिगं सुभगकर्मसतृष्णास्ते कथं हि न पिबन्ति यशोम्भः ।
ये सुसंशयविधौ विषमारादुद्वमन्ति भुजगा इव कोपं ॥ २१ ॥
बन्धनानि सहते मृगराजः प्राप्यते वशमहिर्न पुनः स्युः ।
जीविनः क्षणमपि प्रतिघातात्प्रसृतोद्यमपरा हि समर्थाः ॥ २२ ॥
संमुखाकलनसंगतबिम्बं दर्पणे व वदने वनितानां ।
रिक्तकर्मविमुखाः कथमादौ द्रक्ष्यथ स्वमुदितं न विषादं ॥ २३ ॥
नीयते ऽम्बुधिगभीरतमो ऽपि स्रोतसः प्रतिमुखं पृथुवेगः ।
शक्यते न हि पुनः प्रतिनेतुं कर्म नो परिसमाप्य मनस्वी ॥ २४ ॥
यो ऽन्वहं रविरथेन विलङ्घ्यो यश्च कल्पशुचिना क्षयमेति ।
सागरो ऽयमुदयात्परिभूतः सो ऽप्यलङ्घ्य इति किं प्रलपन्ति ॥ २५ ॥
चिन्तयन्तु चिरमत्र भवन्तः कौलिकोर्जितयशः प्रवहन्तः ।
किं द्वयोरिह भवेद्व्यतिलङ्घ्यं दुष्करं जलधिरेष तथा ह्रीः ॥ २६ ॥
मा विजित्य बत वः सुखहन्त्री चन्द्रशारदवलाहक एषः ।
संदधातु किरणाशनिमुच्चै राघवेन्द्रतनये चिरखिन्ने ॥ २७ ॥
सेव्यते यदि परो विनयेन सो ऽपि बान्धवगणाभ्यधिकः स्यात् ।
किं पुनर्विहिततादृशकर्मा बन्धुतां प्रभुवधान्मयि नीचे ॥ २८ ॥
सा स्थितिः कथमनायतिशुद्धा कालमाः कति न मोक्ष्यति रामं ।
पद्मजापि कमलं रजनीषु श्रीर्विमुञ्चति कथं न तदेव ॥ ३० ॥
अद्य चापि मम न प्रतिरुद्धा श्रीर्लतेव मुकुलायत एव ।

---

1)? 2) „die Schwierigkeiten überwindend“, s. oben die vl.; hier ist विषम natürlich Subst. 3) da dies auf keine Weise als Uebers. von सैन्न-समारम्भं gelten kann — auch nicht als eine misverständliche — und da der Reim die Annahme einer Var. ausschliesst, so liegt hier eine willkürliche Veränderung des Uebersetzers vor; cf. 57. 4) ? = विसंवादश्रा

दोहदे व समरे कृतहर्षिर्दर्शयत्यथ फलं न विना तत् ॥ २९ ॥
उज्ज्वलीकृतसमग्रमहीके सत्प्रभाववितताखिललोके ।
नो विधानमलिनत्वमिवार्के तिष्ठतीह सुचिरं हि समर्थे ॥ ३१ ॥
सज्जनप्रकटवर्त्म पुरा यद्राघवेण विहितं हि मदर्थे ।
तत्समं भवति वा यदि कुर्मः किं पुनस्तदपि चेन्न हि कुर्मः ॥ ३२ ॥
राघवेण घटितो युधि तावद्दृक्ष्यते दशमुखः कियदूर्ध्वं ।
मूर्धमध्यविकटाशनिपातः काननद्रुम इव त्वरदृश्यः ॥ ३३ ॥
प्रातरर्ककिरणं व विधूतालातवह्निकणवत्प्रवगौघं ।
नैव राक्षसगणाः परियन्तुं ध्वान्तरेणव इवेक्षितुमर्हाः ॥ ३४ ॥
वैरितेजसि गुरुण्यपि वीरा वारिताः स्युरधिकप्रतिकूलाः ।
यद्वदङ्कुशविशीर्णशिरस्काः कोपिनः प्रतिगजेषु गजेन्द्राः ॥ ३५ ॥
केवलं वत धुरंधर एव धारयेन्निजधुरं व्यसने ऽपि ।
किं ग्रहे दिनमणेर्दिवसस्य पालकः क्व च भवेच्छशिविम्बः ॥ ३६ ॥
पादपाश्च नवदत्तफलौघा मुक्तनीरजलदा लघवो ऽपि ।
ते भवन्ति गुरवः समराग्रे ताण्डवायदसयश्च भुजास्ते ॥ ३७ ॥
नो त्यजन्ति हि भुजाश्चिरदर्पं शस्त्रकर्मसुलभा गिरयो ऽमी ।
विस्तृतं गगणवर्त्म गुरुत्वं नोयते किमिति स प्रतिपक्षः ॥ ३८ ॥
केवलं सुपुरुषा गुरुभारं धारयन्ति निजधैर्यमवन्तः ।
अत्यजन्त इदमात्मपदं यत्पिण्पं रविकराः प्रतपन्ति ॥ ३९ ॥
भीरुमुक्तधुरमात्मवलं ते यानलङ्घितवलाग्रविभागाः ।
प्राग्जयन्ति भटकर्मधुरीणाः शेषतः प्रहरणैः प्रतिपक्षान् ॥ ४० ॥
श्रीरुपैति कुशलान्यनुयन्ति वर्धते त्रिजगतीषु समज्ञा[1] ।
युद्धकर्मणि महोत्सवबुद्ध्या प्रस्थिते रिपुवधाय धुरीणे ॥ ४१ ॥
शूरकर्षितकृपाणनिपातैः प्रापितः परपदं रिपुभावः ।
न द्वितीयमनुयाति विलूनपक्षपर्वत इव प्रतिवद्धः ॥ ४२ ॥
जानकी शयमुखी रघुनाथः शोचति स्म दशवक्त्रकथापि[2] ।
तावदेव भवतां हृदि धैर्यं यावदास्तिरयतीह[3] विषादः ॥ ४३ ॥
अन्यचेतसि किमन्यदिवास्ते तन्न जान इह किं तु ममेमं ।

1) so; s. PW. s. v. 2) „so lange ist vom D. die Rede" i. e. existiert er. 3) i. e. आः तिरयति

आञ्जनेयमभिपश्यत आत्मा सघणं न दयितः प्रतिभाति ॥ ४४ ॥
वैरिभूतिमतिशातयतां तद्गृह्णतां स्वकुलकीर्तिमुदारां ।
साधुनीतिकृतिनां निधनं चेज्जीवितं न च विमानजनानां ॥ ४५ ॥
आलोकिताः कमलयैवमुदारविज्ञास्तत्पाणिकेशरयुपः[2] शरणायताक्ष्या ।
मुह्यन्ति के रणसमापकदष्टधाम्नि मानानुरागसमदे मयि जल्पतीत्थं ॥ ४६ ॥
अम्बुदेन मलिने व हिमांशौ यामिनीरतिगुरौ हिमदग्धे ।
निष्परागकलिके कमले व मत्तभृङ्गगणघूर्णनशीर्णे ॥ ४८ ॥
पुष्पगुच्छ इव मन्मथखिन्ने भ्रान्तिशालिनि रघूद्वहचित्ते ।
शोच्यतां न नलिनीव हि सीता शीतदर्शनभयेव जनेन ॥ ४७ ॥ युग्मकं ॥
कौलिकार्जितयशः सुभटानां येन दुष्यति न जातु कृतेन ।
अप्रमत्तचरितैर्भवितव्यं तत्र तैर्न तु गतोपमजीवे ॥ ४७[4] ॥
विप्रलम्भतनुतापरिमुक्ताशेषभूषणसुखानि हि कर्हि ।
श्वासघूर्णदलकावलिसंपत्पक्ष्मलाततकपोलतलानि ॥ ४९ ॥
श्रोणिबिम्बपरिषक्तविशीर्यत्कङ्कणाङ्गदविकीर्णभुजानि ।
स्तावकैरनुगताः कलयामः प्रोषिताः प्रियकलत्रकुलानि ॥ ५० ॥ युग्मकं ॥
भण्यमानमलमित्थमितीदं सीद्यमानवपुरायतचिन्तं ।
पङ्कलग्नमिव वारणयूथं कर्षणाक्षमततं कपिसैन्यं ॥ ५१ ॥
नो यदा चलति दावभृताद्रिगह्वरोद्गतसुघोरनिनादं ।
शत्रुविक्रममथासहमानः स्मेरमाह स पुनः प्लवगेशः ॥ ५२ ॥ युग्मं ॥
इत्थमस्थिरबले निजलोके कस्य वा भवति चित्तसमाधिः ।
तत्र नाम दशवक्त्र इदानीं मद्भुजः प्रतिभटो ऽस्य तदेषः ॥ ५३ ॥
पार्श्वतः करतलाहतिशीर्यन्निर्गताम्बुनिवहो मम वार्धिः ।
यावदेव न पुनः प्रतिवृत्तस्तावदेव तरतु प्लवगौघः ॥ ५४ ॥

---

1) = अनादृतः „ich komme mir verächtlich vor“. S folgt also der Lesart K's, aber nicht seiner Erklärung, da dieser अनादृत = „sorglos“ fasst, also dem Sinne nach mit RC (अणाहिओ = अनाधिः) zusammentrifft. 2) °युप in fin. comp. sehr häufig, etwa in dem Sinne von °भाज् (z. B. अदृष्टियुप् unsichtbar, आभा° glänzend, दिग्युप् überall hin sich verbreitend etc., übersetzt hier किञ्जल्क! 3) hierin ist सरल 2mal repräsentiert: richtig durch आयत, und falsch (vielleicht in Folge einer in Pkt-Mss. nicht seltenen Verwechselung von ल und ण durch शरण. 4) selbständig. 5) परिषक्त (°श° cod.) weist auf eine Var. für कवलित्रः die Lesart K's ist durch eine Lücke ungewis. विशीर्यत् für °र्यमाण; cf. 51 und PW. s. v. शर्.

दुर्हृदामसुखदे[1] मलयस्य संभृतां हि शिखरेषु भुजेन ।
वाहिनीं लघु हसन्विशदांसेनाद्य योजनशतानि नयामि ॥ ५५ ॥
संपरायमिलिते मिथ आस्तां कः सहाय इति संशयकीर्णे ।
दृष्टिमाक्षिपति यावदयं नो तावदेव खलु कर्मसमाप्तिः ॥ ५६ ॥
प्रस्थितस्य मम सागरमेनं न प्रभूतमिदमम्बरखण्डं ।
किं तु [2]सानुचरपात्रसपत्नं निर्वृतो ऽहमभिहत्य[3] वसामि ॥ ५७ ॥
सागरस्य तरणं मम कार्यं तेन किं विहितकर्मसमाप्तिः ।
किं तु सानुचरमद्य सपत्नं निर्वृतः किमनिहत्य भवामि ॥ ५७* ॥ उत्क्षिपोपः[4] ॥
यूयमत्र न हि मुह्यत शूरा मत्पदाक्रमणमुग्धभुजंगा ।
यत्र नाम नमतीह धरित्री तत्र यातु पयसां निधिरेषः ॥ ५८ ॥
अद्य पश्यत सुवेलविलग्नां भग्नयातुविटपां भुजकृष्टां ।
जानकीकिसलयावलिशेषां वल्लरीमिव हतामिह लङ्कां ॥ ६२ ॥
कनकगिरिशिलोच्चस्तम्भयुग्भायमानस्फुटविकटभुजाभ्यामुद्धृतस्थापितेन ।
विततजलधिपृष्ठे संक्रमेणेव तावद्यातितरतु तदेतद्विन्ध्यशैलेन सैन्यं ॥ ५९ ॥
अतिवलितभुजंगोद्भूतपाथश्चरौघं वलदचलसपक्षग्रावनिर्धूतधारं ।
कलयत मम वक्त्रोद्गारफूत्कारदूरप्रहितजलमथैतं वर्त्म भौमं करोमि ॥ ६० ॥
अपि च [5]निजभुजाग्रोत्पाटितोर्जत्सुवेलं क्षयितनिखिलरक्षःक्षेत्रमत्रानयामि ।
किमुत मलयमाराद्द्रुगिरत्कालकूटोरगगणगुरुमेनं तत्र वा पातयामि ॥ ६१[6] ॥
अयमहमिह कुर्यां भग्नरक्षोद्रुमां तां विनिहतदशवक्त्रस्फूर्जदूर्जन्मृगेन्द्रां ।
वनगज इव भीमां रामरागाभिमत्तो वनभुवमिव लङ्कामद्य संचूर्णयामि ॥ ६३ ॥

॥ इति सेतुसरणौ महाकाव्ये सुग्रीवोत्साहो नाम तृतीयः सर्गः ॥

---

1) eine ganz mechanische Uebers. von अहिआणं तोसि-हरे (= अहितानां तोपहरे R); den Sinn hat S so wenig verstanden, dass sie sogar die Congruenz mit सिहरे zerstört hat! 2) zu सानुचर gegenüber रुहिर-वसामिस cf. die Note zu 27. 3) °हित्य cod. 4) heisst das „Hypertrophie, Pleonasmus“? insofern dieser Vers nur eine Art Variation des vorigen ist. Der Terminus findet sich nochmals zu VIII 50, wo diese Bedeutung freilich schlecht passt. 5) निभु° cod. 6) wie hier weichen noch mehrfach die Schlussverse der Sargas, soweit sie in künstlichen Metren abgefasst sind, beträchtlich vom Original ab.

INDEX.

A = Anhang S. 136 f.. * hinter Zahlen = vl zu dem betr. Verse: ohne Skṛtübs. sind tatsamas, bei tadbhavas ist die Entstehung von ण aus न und von auslautendem इ, उ aus ई, ऊ nicht besonders hervorgehoben.

अ

अ s. च.

अ (Pron.): अअं 14. 44. एण 14. 47.

अ- (privat.) 4. 20. 9. 50: s. im Verlauf.

-अ (in fine comp. = क. ग. द) s. im Verlauf.

अअण (°य°) s. उत्तराअण. दक्खिणा°.

अअण्ड (अकाण्ड) 6. 44.

अअस. अआल. -अइअ s. जस. काल, दय्.

अइकाअ (अतिकाय N. pr.) 12. 59.

अइक्कम (अतिक्रम) 4. 26.

अइञ्चण vl für अइञ्छण.

अइञ्चिअ (अञ्चित, अतिक्रान्त. अतीत Uebss.) 13. 8. 28. 86: vl für अइञ्छिअ.

अइञ्छ्[1] (अतिक्रम्. अती Uebss.): अइञ्छिअ 12. 76. 13. 87. — समइञ्छउ 3. 59. समइञ्छिअ 12, 72.

अइञ्छण (अतिक्रम R. क्षेपण K) 8, 94. 13. 38.

अइभर (अति°) 13, 45?

अइभार (अति°) 13. 41.

अइभूमि (अति°) 3. 42. 10. 81. 11. 21. 13. 87.

अइर (अचिर) 3, 29. अइरा (°रात्) 3. 15. 8. 26. 11. 93. 123. 126. 12. 26. 91. 15. 56.

अइराअ (अतिराग) 4. 31. 12. 13.

अइसअ (अतिशयः °यित R) 4. 34.

अई (इ. या. आया. अती Uebss. cf. Hem. IV 162): अईइ 8, 65. 10. 63. अइन्ति 5. 33. 6. 36. 7, 55. 8. 60. 13. 19. 45. A, 5. अइन्त 6, 26.

अउर (अतुर) 9. 69. 11, 8.

अउव्व. अओग्ग s. पुव्व. जोग्ग.

अंस 3. 55. 6. 83. 11. 6. 92. 12. 60. 13. 29. 14. 79.

अंसु (अश्रु) 11. 124. अंसुअ 9, 82.

अंसुअ (अंशुक) 1. 2. 9. 25. 82. 10, 49. 11, 129. 14. 74. 76. A. 13.

अकअण्णुअ (अकृतज्ञ) 11, 83.

अकअत्थ (अकृतार्थ) 3. 23.

1) gegen Hem. IV 162.

अकम्पण (N. pr.) 14. 70.

-अक्क s. चक्क.

अक्कन्द (आक्रन्द) 5. 63. 81. 7. 34. 14, 30. 41. A. 10.

अक्कमण (आक्रमण) 9. 1? 14. 66.

अक्ख (अक्ष N. pr.) 14. 65.

अक्खर (अक्षर) 4. 24. 11. 31.

अक्खा (आख्या) 9. 41.

अग्ग (अग्र. अग्र्य) 4. 3. 5. 23. 6. 60. 7. 45. 8. 44. 9. 88? 11. 118. 126. 15. 6. 33. 75. अग्गअ 9, 88? cf. अग्गक्खन्ध. मण्डलग्ग.

अग्गक्खन्ध (अग्रस्कन्ध Vordertreffen) 3. 40. 7. 1. 12, 31. 92. 14. 11. 15. 62.

अग्गला (अर्गला) 13. 38.

अग्गहण (अग्रहण Nichtachtung) 11. 98. 99.

अग्गि (अग्नि) 1. 5. 4, 59. 5. 27. 72. 9. 62. 12. 81.

अङ्क 10. 76. 11. 23. 92. 12, 8. 70. 15. 95. °ङ्किअ 9. 57.

अङ्कुर 9. 62.

अङ्कुस (°श) 3. 35. 5. 57. 9. 79. 12. 96. 13. 67. 14, 31. अङ्कुसइअ 6. 63. अङ्कुसिअ 14. 29.

अङ्ग 1. 32. 42. 4. 9. 5. 8. 10. 59. 11. 47. 68. 69. 97. 117. 118. 12. 36. 57. 13. 18. 14. 24. 15. 53.

अङ्गअ (°द) 14. 18.

अङ्गण 6. 87. 7. 9. 60. 61. 63. 12. 92. 91. 13. 20. 51. 94.

अङ्गराअ (°ग) 1. 61.

अङ्गुलि 1. 41. 11, 6. 126. 12, 44.

अङ्गुलीअअ (°लीयक) 11. 48.

अच्छ्? अच्छिज्जइ (wird bedeckt) 14. 7.

1. अच्छ (hell) 10. 33. 49*.

2. अच्छ (अक्ष Auge) 1. 65. 2. 39. 9. 87. 11. 58. 66. 113. 13. 33. cf. णिअच्छइ.

-अच्छअ (वृत्तक) 9. 47.

अच्छरसा (अप्सरस्) 13. 47.

अच्छरा (अप्सरस्) 7. 15. 62.

अच्छि (अक्षि) 4. 18. 12, 43. 14. 38. 15. 58. अच्छिअ 3. 46.

अच्छिवत्त (अक्षिपत्त्र) 11. 57. 12. 24.

अज्ज (अद्य) 2. 4. 17. 3. 29. 8, 16. 20. 9. 64. 11, 83. 98. 99. 104. अज्जं 14. 55. 15, 29. अज्जेअ (अद्यैव) 3, 62. 8, 17.

अञ्छ् (cf. Hem. IV 187): अञ्छिअ! 14. 59.

अञ्ज्: अञ्जिअ 6, 48.

अञ्जण 9, 82.

अञ्जलि 1. 40. 41. 9. 71. A, 1. 8.

अट्ट् (शुष् Uebss.): अट्टन्ति 5. 61. अट्टन्ति 13. 32 ist dunkel. अट्टन्त 5, 73. — ओअट्टन्त A, 7?

अट्टहास 1. 5. 13 81. 98.

-अड s. तड.

अडणि (अटनि) 15. 56.

-अडा s. जडा.

अण- (privat.) s. अणदीहर. अणहिअअ, कुन्द्.

-अण s. गण, जण, तण. वण.

अणङ्ग 4. 23.

अणत्थ (अनर्थ) 7, 71. 8. 3.

अणदीहर (अदीर्घ) 6, 65? s. ZDMG 32. 103.

अणन्त 9. 89.

अणन्तर 6. 34.

अणल्ल 2. 7. 13. 24. 25. 3, 25. 4. 41. 5. 30. 32. 45. 71. 74 77. 79. 81. 83. 6. 12. 14, 17. 19. 24. 64. 15, 74.

अणलिअ s. अलिअ.

अणह (°घ) 6, 3. 11. 90. 120. 122. 13, 44. 14. 5.

अणहिअअ (अहृदय) 11, 19. 20. 64.

अणाअर s. आअर.

अणाहिअ (अनाधि) 3. 44.

अणिल 9. 31.

अणुअम्पा (°कम्पा) 5. 24. 15. 91.

अणुणअ (°नय) 10. 69. 11, 27.

अणुत्ताल s. उत्ताल.

अणुपरिवाडि (°पाटि) 8, 24. 15. 66.

अणुमग्ग (°मार्ग) 6. 93. 15. 6. °ग्गअ 14. 32. °ग्गओ (°र्गतः) 14. 32*.

अणुमाण 11. 89.

अणुराअ (°ग) 1. 12. 65. 2. 46. 3. 63. 4. 65. 5, 87. 6. 96. 7. 71. 8. 107. 9. 96. 10, 82. 11. 137. 12, 98. 13, 99. 14. 84. 15. 94. 95.

अणुरूअ (°प) 9. 36. 10. 28. 12. 31. 13, 6. °रूव 11. 121.

अणुलोम 14. 4.

अणुवाअ s. उवाअ.

अणुवेल्लं 15. 19.

अणुसअ (°शय) 2. 16. 11. 70.

अणुसरिस (°दृश) 11, 115.

अणुसारि (°रिन्) 12. 74.

अण्ण (अन्य) 3. 44. 53. 4, 35. 50. 5, 21. 7, 11. 8, 82. 10, 75. 11, 10. 14. 15. 32. 125. 15, 67. अण्णमअ (°मय) 11, 133. 12. 10. अण्णहा (°था) 10, 75. अण्णो (°तः) 8, 47. अण्णोण्ण 6, 50. 9, 85. 95.

अण्णव (अर्णव) 3, 57.

-अणाअ. -अण्हा s. तणाअ. तण्हा

1. अत्थ (अर्थ) 1. 11. 47. 3. 2. 20. 4, 24. 57. 6. 9. 11. 23; cf. अणत्थ, परमत्थ. — अब्भत्थेम्ह 4, 48. अब्भत्थिअ 4. 49. — पत्थन्ति 12. 98. पत्थन्त 8. 23. 14. 9. पत्थिज्जन्ति 12. 98. पत्थिज्जन्त 3, 33. 4. 33. पत्थिअ 13. 26. अपत्थणिज्ज 11, 94. — समत्थिअ 1. 36.

2. अत्थ (अस्त) 10. 10. 19. 12. 6. 8. 10. अत्थमइ[1] (अस्तायते R, अस्तमेति K) 12. 11. अत्थमिअ (अस्तमित) 5. 31. 33. 6. 40. 54. 7, 3. 5. 19. 22. 23. 27. 42. 57. 62. 8. 1. 48. 9. 19. 32. 48. 73. 10, 13. 22. 12, 4. 13. 21. अत्थमण[1] (अस्तमन R. K?) 7. 24. 8. 85. अत्थाअइ (अस्तायते etc. R. अस्तमेति etc. K) 4. 46. 5, 74. अत्थाअन्ति 7, 23. 8, 1. 13, 66. अत्थाअन्त 7. 66. 10, 12. अत्थाअ 9. 52.

3. अत्थ (अस्त्र) 14, 61. 15, 37.

अत्थक्क (अ+थक्क s. dieses: अकस्मात् R. अतर्कित K; cf. Hem. II 174) 11. 24. अत्थेक्क 11. 102. 12. 47. 48*. 13, 49.

अत्थरण (आस्त°) 14. 50.

अत्थाण. अत्थिर. अदूर s. थाण. थिर. दूर.

अद्ध (अर्ध) 1, 6. 2, 21. 40. 4, 12. 5, 31. 33. 43. 51. 6. 40. 51. 54. 59. 66. 70. 7. 57. 8, 52. 9, 19. 26. 39. 10, 13. 61. 11, 32. 34. 40. 64. 12, 4. 5. 14. 13, 30. 67. 75. 85. 90. 14. 21 51. 82. 15. 58. 74.

अद्धन्त (अर्धान्त) 3. 61. 4. 19. 39. 52. 5, 36. 6. 30. 32. 55. 63. 85. 7. 2. 30. 48. 8. 10. 17. 47. 66. 72. 76. 96. 9. 20. 32. 96. 11. 11. 12. 129. 12, 25. 54. 13. 32. 55. 14, 52. 53. 57. 64. 80. 15, 8. 12. 14. 50.

अधम्म s. धम्म.

अन्त 1. 3? 59. 3. 33. 4, 37. 5, 32. 9. 51. 82? 13, 29. 15. 76. 92. अन्तअ 7, 43. 9, 18. 44.

-अन्त (यन्त्र) 1. 3?

अन्तर 2, 7. 32. 38. 3. 14. 4, 40. 52. 5. 24. 56. 6, 46. 7. 11. 16. 18. 8, 4. 21. 70. 76. 78. 91. 106. 9. 52. 92. 10, 26. 44. 48. 12, 56. 76. 85. 89. 13, 62. 66. 14. 27. 66. 15. 24. A, 5.

अन्तराल 4, 11. 7, 5. 8, 106. 9. 86. 11. 98. 13, 57. 62. 15, 69.

-अन्ति s. पन्ति.

अन्तेउर (अन्तःपुर) 3. 11. 11. 13.

---

[1]) durch falsche Analogie aus अत्थमिअ; cf. अल्ल. अप्पाह, णिम, बोल.

अन्तो (अन्तर्) 15. 84.

-अन्द्. -अन्दरा. -अन्दल s. चन्द्. कन्दरा. कन्दल.

अन्दोल: अन्दोलइ 8. 45. अन्दोलन्ति 8. 51. अन्दोलन्त 8. 51. अन्दोलमाण 11. 25. अन्दोलिअ 7. 18. 9. 20. 10. 3. अन्दोलण 8. 3. 10. 20.

अन्धआर (°कार) 4. 2. 7. 19. 10. 23. 48. 11. 57. 12. 65. 14. 15. अन्धआरिअ 1. 15. 53. 2. 41. 7. 68. 9. 9. 11. 107. 13. 88. 14. 20. 15. 41.

अपण्डिअ (°त) 11. 88*.

अपरिप्फुड (°स्फुट) 11. 60.

अपाअड s. पा°.

अप्पण (आत्मन्): अप्प- 14. 61*. अप्पा 3. 41. अप्पाणं 2. 46. 6. 12. 11. 18. 20. 12. 57. 15. 28. अप्पणा 3. 6. 4. 33. 36. 6. 11. 15. 26. 27. अप्पणो 2. 38. 12. 57. अप्पाण- 2. 5. 15. 65. अप्पाणो (nom. sgl.) 6. 75. 11. 67. 14. 41. 15. 81. अप्पाणे (loc.) 2. 15.

अप्पाह (aus अप्पाहिअ = आव्याहृत: अध्यापय् R. आभाप् व्याहृ K.): अप्पाहेन्त 10. 75. अप्पाहेउं 11. 31. अप्पाहिज्जइ 10. 74. अप्पाहिअ 11. 37. 14. 61.

अप्फालण (आस्फालन) 5. 22.

अप्फुण्ण. अवन्धु s. फुन्द्. वन्धु.

अब्भ (अभ्र) 1. 17. 6. 44. 10. 49.

अब्भत्थण (अभ्यर्थन) 4. 18. 11. 27.

अब्भन्तर (अभ्यन्तर) 1. 65. 2. 12. 19. 6. 39. 82. 7. 15. 8. 25. 9. 17. 12. 77. 13. 25. 14. 68. 81. 15. 52.

अब्भहिअ (अभ्यधिक) 1. 13. 2. 18. 3. 28. 4. 56. 5. 22. 6. 9. 8. 39. 97. 9. 60. 11. 112. 12. 10. 13. 26. 51. 97. 13. 4. 15. 23. 47.

अब्भास (अभ्याश) 9. 60. 13. 59.

अब्भुअअ (अभ्युदय) 15. 17*. 95.

अब्भुट्ठण (अभ्युत्थान) 10. 71.

अब्भुत्त (अभ्युत्तजय् R. अभ्युत्थापय् K. cf. Hem. IV 152): अब्भुत्तेन्ति 5. 59. अब्भुत्तिअ 15. 88.

अभाअ (अभाग) 4. 29. 8. 41. 42. 13. 49.

अमअ (अमृत) 2. 1. 13. 18. 30. 33. 4. 60. 5. 46. 6. 4. 7. 33. 8. 15. 9. 10. 64. 11. 4. 132.

अमग्ग. अमङ्गल s. मग्ग. मङ्गल.

अमरत्तण (von अमर) 15. 85.

अमरिस (अमर्ष) 1. 43. 47. 3. 10. 21. 4. 10. 29. 5. 15. 16. 10. 4. 11. 36. 94. 12. 22. 40. 43. 62. 66. 13. 40. 70. 15. 1. 24. 45. 57.

अमित्त (°त्र) 5. 17.

-अम्प. -अम्ब s. कम्प. तम्ब.

अम्ह (अस्मत् K. मम R) 15. 27. अम्हेहि 3. 32. अम्हासु 3. 32.

अर्: — अत्तअ (आर्त) 3. 48?

-अर s. कर. चर.

अरइ (°ति Kummer) 8. 87.

अरकवम s. र°.

अरणि 1. 51.

-अरा. -अरु s. वर. तरु.

अरुण 3. 6. 4. 2. 10. 5. 9. 6. 5. 7. 59. 8. 7. 9. 74. 12. 2. 3. 1. 5. 6. 8. 11. 18. 13. 95. 14. 14.

अर्घ्: अग्घविअ 11. 19. 11. 14. 37.

-अल्ल s. तल्ल.

अलअ (°क) 3. 49. 9. 93. 10. 65. 70. 11. 41. 48. 71. 101. 107. 109. 111.

-अल्लधोअअ s. कल्लधोअ.

अलस 11. 30. अलसाअन्त 14. 1.

-अलस. अलक्कअ s. कलस. लक्कअ.

अलाअ (°त) 3. 34.

-अलाव s. कलाअ.

अलिअ (अलीक) 8. 19. 10. 67. 72. 11. 120. अणलिअ 6. 9.

अल्ल (aus अल्लिअ[1] = आलीन) in ओअल्ल. पअल्ल. पामल्ल.

अवअव (°यव) 14. 27. 28. 71.

अवएस (अपदेश) 11. 20.

अवङ्ग (अपाङ्ग) 11. 61. 15. 68. 69. 73.

अवत्था (°स्था) 6. 11. 7. 33. 11. 132. 14. 45.

अवमाण 3. 8. 12. 51.

1. अवर 7. 26 (nach K auch hier 2. अवर).

2. अवर (अपर) 8. 95. 10. 17.

अवलम्बण 3. 36. 6. 43. 12. 8.

अवलोअण (°कन) 7. 21.

अवस s. वस.

अवसर 3. 8. 12. 22. 13. 19. 73. A. 2.

अवसाण 4. 10. 64. 6. 27. 9. 69. 73. 10. 21. 11. 75. 104. 115. 14. 65.

अवसेस (°शेष) 6. 65. 10. 9. 12. 77. 14. 13. णिरव° 1. 37. 10. 42. साव° 2. 2.

अवहारण (°धारण) 11. 15.

अवहीरणा (°धीरणा) 13. 16.

अवहीरिअ (°धीरित) 11. 7. 131. 15. 87.

अवहोआस (उभयावकाश R. °यपार्श्व K) 3. 54. °वास 1. 51. 2. 41. 9. 90. 11. 22. 12. 25.

अवि (अपि) 5. 4. 6. 65 (hier nicht am Anfang). 8. 54.

अविइण्ह (अवितृष्ण) 2. 10.

1. अस् (sein): म्हि (nach अ aus ओ) 6. 12. सि (nach Voc. und ं) 11. 97. 129. त्थ oder अत्थि (nach ण) 1. 15. 5. 20. 6. 65. 11. 123. 14. 43. त्थ 3. 3. आसि (3. pl. imperf.) 14. 33.

[1]) nach der umgekehrten Analogie von पल्लोट्ट — पल्लोट्टिअ. पल्हत्थ — पल्हत्थिअ etc.

2.अस् (werfen): — पल्हत्थ 2, 19. 3, 43. 6. 50. 9, 94. 11, 85. 12, 75. 14, 32. 15, 18. पल्हत्थइ[1] 4, 65. 7, 35. पल्हत्थन्ति 7, 18. 38. पल्हत्थन्त 2, 5. 8, 83. 10. 10. 11, 96. 14, 7. पल्हत्थिअ 7, 20. विवल्हत्थ 6. 8. 14. 79. — समत्त 6, 51*. 53. 10, 42. 11. 19. 37. समत्थ 1. 12. 3. 31. 4, 28. 9. 4. 12, 28. 83. 15, 28. 58. 95. समेत्थ 4. 28* असमत्त 11, 44.
असणि (अशनि) 3. 27. 33. 9, 13. 12, 38. 15. 31. 46.
असणिप्पह (अशनिप्रभ N. pr.) 12, 61. 13, 82.
असहण 13, 32.
असाउ (अस्वादु) 2. 18.
असि 3, 42. 13. 28. 33. 55.
असुर 1. 2. 2. 32. 3. 3. 4, 21. 48. 5, 60.
असुरव (schlecht tönend) 9. 50.
असोअ (अशोक) 8. 29.
1.अह (अथ) 1, 13. 2, 1. 3. 16 (so Schol., s. aber 2.अह)? 57. 62. 4, 1. 49. 65. 5, 1. 13. 15. 22. 25. 6, 1. 9. 18. 77. 7. 1. 8. 13. 28. 88. 97. 9, 1. 10, 1. 62. 11, 52. 135. 12. 22. 45. 13, 1. 68. 78. 87. 99. 14. 1. 15. 35. 41. 44. 45. 61. 62. 65. 70. 72. 81. 84. 15. 1. 9. 10. 16. 34. 48. 82.
2.अह (असौ) 3. 16 (s. Hem. III 87)?
अहं 6. 12. 11. 97. 103. अहअं 14. 51. हं (nach Voc.) 15. 88.
अहर (अधर) 4. 11. 14. 7, 45. 49. 10. 64. 78. 11. 7. 19. 43. 59. 63. 12, 14. 47.
अहि 6, 72. 9, 14.
1.अहिअ (अधिक) 3, 17. 35. 5, 1.
2.अहिअ (अहित) s. धा.
अहिक्खेव (अधिक्षेप) 11, 16.
अहिगम (अभि°) 8, 33.
अहिघाअ (अभिघात) 11. 61. 133. 13. 85. 96.
अहिट्ठाण (अधिष्ठान) 12, 81.
अहिणव (अभि°) 1. 9. 11. 20. 3. 37. 6, 3.
अहिणाण (अभिज्ञान) 1. 42. 12, 64.
अहिमाण (अभि°) 4, 29. 33. 12. 66. 13. 35.
अहिमुह (अभिमुख) 1, 49. 3, 10. 4. 37. 6. 96. 7. 54. 10. 3. 11. 121. 12, 28. 94. 13. 17. 59. 68. 14. 1. 15. 10. 81. 93.
अहिराम (अभि°) 2. 10.
अहिल्लोहिआ (अभिल्लोभिका R. °ला K) 3. 47.
अहिव (अधिप) 2. 40. 4. 45. 12. 70. 14. 38. 62. 15. 53. 87.
अहिवइ (अधिपति) 4. 19. 6, 19. 15. 91.

[1]) Denom. vom part. perf. pass., cf. unter ओवग्ग. कर्ष्, णिम्माण. णिसम्म. णोल्ल. थक्क. दूम. पसम्म. पेल्ल. मील्, 2. लक्ख, लग्, लुक्क? लोट्ट. विसट्ट, गुप्, सक्क. हृद्.

अहिसारण (अभि°) 10, 62. 65. 73.
अहिसेअ (अभिषेक) 4, 65.
अहीण s. पराहीण.
अहोमुह (अधोमुख) 6. 26. 7, 18. 8, 34. 13, 10. 14, 52.

आ

1.आ (bis zu) s. आअम, आवाआल.
2.आ (ein wenig) s. आअम्ब, आकलुस. आमसिण, आवण्डुर. आवीअ.
3.आ (वा nach Voc.) 7. 34 (R).
आअअ s. आअव. गम्, यम्.
आअड्ढण (आकर्षण. s. aber कर्ष्) 2, 29. 3, 51. 5, 62.
1.आअण्ण (आकर्ण) 5, 27. 15. 20.
2.आअण्ण (आकर्णय्): आअण्णेइ 11, 7. आअण्णन्त 1, 65. आअण्णिअ 12, 40.
आअण्णण (आकर्णन) 9, 66. 11. 42.
आअमण s. आगमण.
आअम्ब (आताम्र) 4, 5. 10. 51. 5, 31. 38. 6. 8. 7, 23. 9. 31. 54. 10. 20. 11, 109. 12, 2. 28. 13, 63.
-आअम्ब s. काअम्ब.
1.आअर (आकर) 1, 26. 2, 11. 12, 1. 20. 15, 75. आअरअ 9, 21; s. रअणाअर.
2.आअर (आदर) 4. 48. 13. 44. अणाअर 5, 23.
आअव (आतप) 1. 27. 3. 34. 4. 2. 51. 5, 4. 6, 27. 72. 74. 92. 7, 67. 8, 8. 9, 41. 55. 56. 80. 10, 7. 9. 10. 11. 13. 18. 22. 81. 12. 17. 13. 53. 14, 79. 15. 23. A. 7. आअअ 6, 93.
आअवत्त (आतपत्र) 15. 5. 10.
आअस (आयस) 14. 19.
आआम (आयाम) 6, 87. 7, 70. 8, 60. 9, 19. 11, 44.
आआर (आकार) 3, 52. 7. 16. 9. 23. 10, 36.
आआम (आयाम) 2, 13. 11, 6. 58. 14. 2. 15, 85.
1.आइ (आजि) 13, 45?
2.आइ (आदि) 5, 44. 7. 2. 40. 9. 5. 29. 33.
आउह (आयुध) 5. 5. 12. 35. 49. 13, 29. 14. 59. 71. 15, 16.
आओडण (आकोलन = मृत्तिकामभिहत्य दृढीकरण R. चोटन K. विमोटन S, cf. Hem. IV 27) 9. 6. cf. पडिओडण.
आकलुस (°ष) 12. 2.
आगम 4, 1. 27. 11. 39. 72. 14. 75.
आगमण 9. 30. 83. 10, 4. 57. 66. आअमण 3, 20.
आघाअ (°त) 5. 21. 6, 2. 13. 14, 72. 15, 17. A, 3.
आढत्त, -आण s. रभ्. ताण. दाण. माण.
आणण 5. 24. 11, 25. 73. 12, 37. 40. 14, 49. 15, 51. A, 8.
आणत्ति (आज्ञप्ति) 6, 19. 8. 104. 11, 37. 95. 15, 32. 58.

आणा (आज्ञा) 1. 18. 3. 6. 4. 35. 11. 31. 12. 86.
आणिक्क (तिर्यगर्थे देशी R. व्यग्र K) 9. 86.
आप्: — पज्जत्त 1. 25. 31. 2. 17. 19. 4. 61. 8. 35. 9. 57. 15. 58. पावइ 7. 33. 11. 69. 71. 13, 90. 14, 5. पत्त 1. 56. 59. 62. 4. 8. 8, 103 9. 96. 11. 38. 67. 12, 6. 15. 11. 91. अप्पत्त 3. 19. 7. 10. 8. 3. 9. 7. 56. 11. 1. 72. पाविह 14. 50. पाविअ 15. 26. -वाविअ 6. 62? समप्पइ 5. 10. 9, 83. 15. 95. समप्पिहिइ (समाप्स्यति! Uebss. 5. 1. स-मत्त 6. 53. 8. 76. 82. 9. 73. 10. 12? असमत्त 9.
आभासण (°षण, 15. 51. [39. 10. 71.
-आम s. जाम.
आमंसिण (°सृण 12. 43.
आमिस (°ष, 3. 57. 5. 68. 9. 31.
आमेलिअअ[1] (आपीड पुष्पमाला. cf. Hem. I 105 etc.) 9. 21.
आमोअ °द) 1. 23. 56. 9. 40. 41. 10. 27. 62. 13. 64. आमोअअ 9. 43. 44.
आमोलि? s. वलामोलि.
आरण (आरण्य 8. 59.
आरम्भ 1. 8. 49. 2. 1. 3. 5. 4. 12. 40. 7. 6. 8. 66.
आराम 12. 69. [14. 12.
आरूहण (आरो°, 6. 42.
आरोह 12. 96. 13. 75. 87.
-आल s. काल. जाल, ताल.
आलअ (°य) 2. 23. 30. 9. 50.
आलम्ब 1. 16. णिरा° 2. 15. 5. 45.
आलाण (so. gegen Gramm.) 3. 1. 5. 17. 8. 59.
आलाव (°प 1. 10 3. 9. 4. 26. 11. 18. [9. 6.
आलिङ्गण 2. 8. 23.
आलिद्ध s. लिह्.
आलिहण (अलिहन = मिलन R. आलेहन K) 11. 129.
आलोअ (°क, 1. 20. 34. 43. 52. 2. 12. 40. 3. 23. 4. 6. 54. 5. 55. 6. 27. 9. 12. 19. 60. 10. 28 33. 37. 44. 65. 70. 11. 20. 70. 93. 14. 27. A. 13. आ-लोअअ 3. 47. दुरालोअ 4. 8. 5. 16.
आलोअण (°कन) 11. 50. 15. 59.
आवइ (आपद्) 7. 41.
आवडण (आपतन, 6. 12. 7. 13.
आवण्डुर (आपाण्डुर) 6. 74.
आवत्त (आवर्त) 2. 28. 4. 8. 5. 11. 47. 65. 66. 69. 75. 85. 6. 46. 7, 10. 23. 50. 65. 68. 69. 8. 4. 5. 6. 12. 80? 13. 66. A. 4.
आवन्ध (आब°) 3. 12. 11. 86. 13. 12. 41. 14. 63.
आवलि 1. 27. 7. 29. 60. 61.
आवाअ (आपात) 1. 58. 11. 75.

[1]) aus आविं°: cf. ओहामिअ bei भू.

आवाआल आपाताल 5. 37. 11. 47.
आवास 8. 105.
आवीअ (आपीत gelblich) 10. 49. s. auch पा.
आविअ (°ग) 10. 57. 58. 11, 72. 12. 25
आविद्ध (°द्ध) 5. 84. 7. 27 9. 8. 63. 11. 52. 12. 30. 49. 13. 9. 65. 14. 25.
आविद्धण °द्धन, 14. 68.
आस: आसीण 9. 22.
आस (अश्व, 12. 88. 96.
आसअ s. सासअ
आसङ्का आश°) 13. 19. 14. 62.
आसङ्घ von आसङ्घ्. s. शंस: अध्यवसाय R. वि-श्वास K) 1. 15. 3. 53. 8. 18. 11. 49. 13. 14.
आसण 8. 13. 11. 20. 14. 58.
आसा (आशा 1. 35 11. 29. 82. 135. 14. 31.
आसाअ (आस्वाद 1. 26. 4. 59. 63. 6. 68. 9. 11.
आसार 1. 29. 9. 67. 14. 75. [10. 58. 11. 4.
आसीविस (आशीविष) 7. 38.
आहरण (आभ°, 3. 49.
आहार (आधार) 11. 89. 14. 16.
आहिआइ (अभिजाति, 1. 11.
आहित्थ s. भीष्.
आहुत्त (अभिमुख Uebss.. cf. हुत्त 5. 73.
आहोअ (आभोग) 1. 19. 6. 3. 71 10. 9. 12, 79. 13. 57. 95. A. 3.

इ

इ[1]: एइ 9. 87. 14. 43. एन्ति A. 3. — अणेन्ति (अ-नुयन्ति R. °यान्ति K) 3. 41. अणिअअ 13. 77. समणिअ 15. 55? अन्तरिअ 1. 27. 6. 68. 93. 8, 17. 69. 10, 31. 11. 125. 12. 13. 22. 23. 41. 73. 13. 52. अवेउ 3. 15. — एहिइ 10. 79. एन्त 3. 31. 11. 106. 13. 16. 90. आअन्तअ 9. 49. — उइअ 3. 25. 5. 2. 9. 32. पत्तिअमि 11. 90 पत्तिअइ 13. 41. पत्तेइ 13. 41 पत्तिअ 11. 94. 123. पत्तिहि 11. 94. cf. अइ. अत्थमिअ bei अत्थ. णी. परी.
1.इअ इतम् 10. 35.
2.इअ इति) 1. 31. 3. 51. 53. 4. 37. 5. 80. 7. 8. 64. 8. 1. 27. 66. 10. 56. 79. 11. 1. 91. 133. 12. 68. 93. 13. 20. 92. 14. 13. 55. 15. 27. 30. 32.
इअरा (इतरथा R. इतरा K. cf. Hem. II 212) 11. 26.

[1]) da die Formen von इ und आ-इ z.T. zusammen fallen müssen, bin ich in ihrer Verteilung lediglich dem Sinne gefolgt; doch ist es mir zweifelhaft, ob für das Sprachgefühl der Unterschied überhaupt noch bestand; die Uebss. schwanken.

इच्छा 1, 11. 17. 15, 86.

-इंणर, -इण्ह s. किंणर, चिण्ह.

इण्हिं (इदानीम् Uebss.) 6, 13. 15, 86. एण्हिं 3, 3.

इत्ति (इति in der Gruppe °एत्ति aus °आ इति) 5, 5. 6. 8[3]. 11, 97.

इन्द (इन्द्र) 1, 18. 24. 15, 46; s. गइन्द. णिसाअरिन्द, दणुइन्द. भुअइन्द, मइन्द, महिन्द. महेन्द. रक्खसेन्द.

इन्दइ (इन्द्रजित् N. pr.) 12, 58. 84. 13, 87. 92. 99. 14, 16. 40. 15. 38. 61.

इम (Pron.): इमो 14, 46. इमा (nom. sgl. f.) 3, 29. 4, 31. 44. इमं (m.) 3, 7. 44. (n.) 3. 26. 11, 78. 86. 97. 103. 105. 114. 115. 121. 131. इमेण 14, 46. इमे (nom. pl.) 14, 56.

-इर, -इलत्तअ s. किर, क्लम्.

इव (इव in der Gruppe °एव aus °आ इव) 1, 48*. 5. 63*. 9, 8*. 14. 16.

1. इष्[1] (wünschen): इच्छसि 4. 36. इच्छइ 4, 59. 11. 117. 14. 2. णेच्छइ 4. 13. 11. 26. इच्छिअ in जहिच्छिअ 14. 1. — पडिच्छइ 7. 63. पडिच्छिऊण 8, 41. पडिच्छिअ 7. 54. 11. 114. 118. अवडिच्छिअ 10. 41. अवल्लिच्छिअ 9. 78.

2. इष् (senden): — पेसिअ 2, 39. 11, 40. 48. 13. 10. 33. 94. 15. 71.

इह 10, 79. 11, 106.

ई

ईक्ष्: — अणवेक्खिअ 10. 80. — पेच्छामि 11. 103. पेच्छइ 1. 36. 2, 1. 4. 50. 11. 10. 61. 88. 111. 12, 71. 14, 58. 70. 15. 75. पेच्छन्ति 1, 60. 4. 52. 8. 95. 98. 9. 1. 11. 39. 15. 6. पेच्छ 11, 12*. 15. 56. पेच्छसु 8. 21*. 14. 48. पेच्छह 3. 15. 60. 62. 4, 49. 59. 8, 23. पेच्छन्त 1. 57. 2, 43. 11, 86. 95. 14, 42. 15. 15. पेच्छिउं 3. 34. पेच्छिअ 15. 58. पेच्छिअव्व 3. 33; पेक्खइ[2] 2. 40. पेक्खसु[2] 8. 21. पेक्खिज्जन्त[2] 15. 63. — पडिक्खन्ति 13. 19.

-ईण s. दीण.

ईसा (ईर्ष्या) 11, 16.

ईसि (ईषत्) 2. 39. 11. 43. 12, 48. 13, 70

उ

1. उअअ (उदक) 9, 40. 43. 44. 88.

2. उअअ (उदय) 8. 85. 10, 31. 33. 35. 12, 11.

उअर (उदर) 2. 15. 19. 4, 39. 5, 38. 53. 56. 62. 6, 28. 37. 48. 7, 12. 31. 59. 60. 63. 69. 8, 25. 66. 86. 9. 28. 48. 10. 9. 34. 45. 14, 20. 15, 42. 67. 68.

उअरि s. उवरि.

उअहि (उदधि) 1. 63. 2, 38. 39. 44. 3, 25. 54. 58. 59. 4, 14. 15. 26. 43. 49. 60. 5, 2. 10. 11. 18. 23. 33. 50. 63. 65. 77. 79. 6, 7, 26. 32. 46. 94. 95. 7, 2. 4. 7. 10. 12, 16. 37. 43. 49. 56. 63. 70. 8, 4. 10. 12. 21. 22. 47. 50. 52. 54. 58 65. 74. 77. 91. 95. 104. 105. 9. 3. 8. 18. 19. 20. 26. 33. 40. 42. 11, 99. 12, 19. 39. 80. 81. A, 6. 11. उवहि 5, 40. 42.

उइअ s. इ, उच्.

उक्कण्ठ (उत्क°) 1, 21. 11, 13. 47. 12, 12. °ण्ठिअ 3. 10. [12, 29.

उक्कण्ण (उत्कर्ण) 9. 16. °ण्णिअ 9, 30.

उक्का (उल्का) 5, 28. 72. 14, 21.

उग्गम (उद्गम) 6, 65. 85. 9, 42. 72. 10, 77. 79. 14, 73. [15, 21.

उग्गार (उद्गार) 4, 6.

उग्घाअ (उद्घात) 5, 34. 6, 20. 7. 42. 8, 38. 10, 29. 13, 29. 49. 50.

उच्: उइअ 8, 5. 103. — समुइअ 13. 68.

उच्च 12, 53.

उच्चअ (°य) 9. 75.

उच्छङ्ग (उत्स°) 1, 55. 2, 34. 35. 5, 32. 59. 70. 73. 6, 93. 7, 4. 32. 8, 71. 81. 83. 103. 9, 5. 7*. 14. 10, 2. 11, 72. 108. 12. 44. 15, 22. 24. 25. 78.

उच्छाह (उत्साह) 2. 44. 3. 17. 19. 29. 41. 4, 2. 29. 5. 7. 62. 12. 51. 13, 36. 99. 14. 36. 15. 63. णिरु° [14, 35.

उक्खेवण (उत्क्षेपण) 6, 24.

उज्जल (उज्ज्वल) 1, 52.

उज्जाण (उद्यान) 11. 91. 119. 12, 69.

उज्जुअ (ऋजुक) 6, 81. 9, 42. 10, 39. 12, 96. 13. 62. 68. उज्जुआइअ 13. 20.

उज्जोअ (उद्द्योत) 1, 41. 50. 2, 20. 3, 2. 4, 3. 45. 58. 5, 86. 9. 9. 70. 77. 89. 10, 23. 31. 43. 49. 81. 13. 51. 14, 58.

उज्झ्: उज्झिअ 3. 49. 5. 84.

उज्झर s. ओज्झर.

उट्ठाण (उत्थान) 13. 37.

-उंड. उण, उणो, -उणआ s. पुड. पुणो. पुणआ.

उण्णाअ[1] (feucht) 6, 22*. 8, 60*. उल्लाअ 13, 30*.

उम्हाइअ (für उण्हाइअ?) 13. 39*.

[1]) manche der hierher gestellten Formen können auch zu ईक्ष् gehören.

[2]) diese Formen sind wahrscheinlich, als auf Dialektmischung beruhend, auszumerzen; s. die vl und Hem. IV 181. Var. XII 18.

[1]) cf. ओल्ल? Da aber das Wort immer als 2. Glied im Compos. auftritt und sein Anlaut nie mit dem vorangehenden Voc. contrahiert wird, lautet es wohl ursprünglich consonant. an; alsdann cf. तण्णाअ.

उत्ताम 6. 59.
उत्तह (उष्ण) 11. 76. 13. 18.
उत्तमअ (°क) 9. 22.
उत्तराअण (°यण) 9. 83.
उत्ताण 6. 83. 9. 26. 12. 93.
उत्तार s. उत्ताल.
उत्ताल °लअ 2, 30. उत्तार 9. 37. अणुत्ताल 3.15.
उत्थह (उत्तम्भ. cf. स्तम्भ्) 6. 33.
उत्थल (उत्स्थल) 8, 9.
उदन्त 4. 55.
उदु (ऋतु) 1, 18. 3. 29. 6, 11. 9. 85.
उद्देस 1. 20. 5. 37. 44. 6. 25. 7. 5. 8. 103. 10, 52 12. 84. 14. 68. 78.
उद्ध (ऊर्ध्व) 1. 5. 2. 37. 3. 33. 35. 5, 54. 6. 19. 79. 7. 21. 36. 56. 8. 51. 9. 5. 9. 13. 21. 52. 56. 69. 10. 14. 18 11. 30. 12. 41. 13. 10. 67. 72. 14, 32. 69. उद्धाअमाण 13. 91?
उद्धअत्तण (von उद्धअ. s. हन्) 4. 13.
उद्धरण 1. 12. 3. 41. 6. 12. 13 26. 69. 75.
उद्धार 12, 16.
उप्पअण (उत्पतन. उत्प्लवन) 5. 60. 6. 24. 9. 61. [13. 22.
उप्पत्ति (उत्प°) 1. 17.
उप्पल (उत्प°) 10. 56. 12, 1. 14.
उप्पह (उत्पथ) 4. 26. 11, 68.
उप्पाअ (उत्पात) 4. 11. 53. 5. 13. 29. 6. 72. 9. 13. 78. 12. 61. A. 6.
उप्पित्थ (उद्विग्न. त्रस्त Uebss. त्रस्तव्याकुलवाची देशीति कश्चित् R: unnötiger Weise nimmt R daneben ein Subst. उप्पित्था = उत्पित्सा = उद्वेग an 10. 61. 11. 39; cf. उप्पेस) 6. 38. 49. 7. 13. 8. 46. 10. 61. 11. 39. 15. 83.
उप्पीड (उत्पी°) 4. 37. 5. 30. 50. 60. 69. 8. 3. 75. 9. 20. 11. 6. 13. 57. 66. 14. 49. 15. 1. 80.
उप्पीडण (उत्पी°) 8. 67.
उप्पेस (उत्पेष R. त्रास K: cf. उप्पित्थ) 10. 61.
उप्फाल (उत्फा°) 11. 95.
उप्फुल्ल (उत्फु°) 6. 96.
उब्भड (उद्भट) 2. 3. 5. 9. 86. 7. 26. 9. 38. 90. 15. 16.
उब्भिअ (ऊर्ध्वित. cf. Hem. II 59) 6. 83.
उब्भेअ (उद्भेद) 4. 5.
उम्मच्छ s. उम्मच्छर.
उम्मच्छर (उन्मत्सर) 11. 14. उम्मच्छ 11. 19. 20.
उम्मिल्ल s. मील्.
उम्मुह (उन्मुख) 6. 80. 82. 8. 18. 9. 94. 11. 129. 15. 51.
उम्मूल (उन्मूलय्): उम्मूलेन्ति 6. 40. 12. उम्मूलन्त 1. 4. 6. 71. उम्मूलिउं 15. 62. उम्मूलिज्जन्ति A. 10. उम्मूलिअ 3. 59. 61. 4, 4. 6. 52. 81. 94. 8. 31. 10. [62. 13. 60.
उम्मूलण (उन्मू°) 8. 68.
उम्ह (उष्मन्) 7, 20.[1] उम्हा 2. 32. 5. 87. 15. 89. Genus ungewis: 9, 35. 58. उम्हाअन्त 9. 10. उम्हइअ 4. 1.
उर (उरस्) 1. 27. 48. 2, 8. 4. 20. 47. 57. 6. 30. 60. 11. 65. 68. 76. 100. 102. 108. 12. 54. 56. 58. 60. 62. 13. 10. 23. 30. 36. 71. 82. 98. 14, 71. 73. 76. 82. 15, [46. 53. 64.
उरअ (°ग) 14. 59.
उरु. -उल s. ऊरु. कुल.
उलअ (cf. ZDMG 28,353 zu Hāla 15) 13. 68*.
उवअण (°यन = अर्पण R) 11. 51.
उवाव (°प) 1. 30. 4. 21. 5. 7. 10. 76. 12. 37.
1. उवआर (उपकार) 3. 28.
2. उवआर (उपचार) 11. 11.
उवऊहण (उपगूहन 5. 48. 10, 71. 11. 46. 12. 21. 64.
उवएस (उपदेश) 5. 7. 11, 20*. 100 15, 87. [14. 61.
उवणिग्गम (उपनिर्गम) 12. 69.
उवराअ (उपराग) 3. 36.
उवरि (उपरि) 1. 57. 2. 28. 35. 7. 38. 8. 25. 9. 60. 68. 10. 30. 12. 90. 13. 2. 15. 5. °रिं 3.5. उअरिं 8, 75. 101. 9. 38. 13. 57.
उवरिभाअ (उपरिभाग) 2. 40.
उवहाण (उपधान Kissen) 12. 25.
उवहि s. उअहि.
उवाअ (उपाय) 7. 34. 11. 8. 14. 40. अणुवाअ 8. 26.
उवालम्भ (उपा°) 11. 16.
-उव्व s. पुव्व
उव्वत्तण (उद्वर्तन) 9. 5.
उव्वहण (उद्व°) 7. 2. 8. 102.
उव्वि (उर्वी) 2. 30. 31. 6. 62.
1. उव्वेल्ल (उद्वेल्ल) 2 30.
2. उव्वेल्ल (उद्वेल्ल R. °ल्लित K) 9, 63.
उहअ (उभय) 4. 7. 8. 84. 96. 99. 10, 5. 24. 11. 34. 110. 12. 78. 13. 77. 84. 93. 14. 47. 69. 15. 52.

ऊ

-ऊड. -ऊर s. कूड. तूर. दूर.
ऊरु 12. 16. 59 14. 28. 15. 13. उरु! 12. 72.
ऊसव (उत्सव) 3. 20.
ऊसास (उच्छ्वास) 8. 87.
ऊसुअ (उत्सुक) 1. 6. 26. 5. 58. 11. 50.
ऊह: उहिऊण! 5. 52* वूढ s. वह.

ए

1. एअ (एक) 6. 11 (R) : s. एआवलि.

[1]) wohl falsch: K hat उष्मा. Auch die Gramm., obgleich sie den Genuswechsel nicht ausdrücklich lehren, kennen nur उम्हा. Var. III 32. Hem. II 74.

2.एअ (Pron. एत): एअ- 11. 132. एस (m.) 2. 33. 3, 6. 53. 11. 77. 15, 8. (f.) 11, 115. एसो 3, 8. एअं (m.) 6, 15? एअं (n.) 3, 13. 11, 79. 124. 15, 95. एएण 5, 6. 7, 7. एएसु 14, 2.

3.एअ (एव) s. अज्जेअ. जहेअ. जेणेअ. णेअ. तहेअ. तेणेअ bei अज्ज etc.

4.एअ (एवम्) 3. 30. 46[2]. 11, 127. एअं 6, 15?

एआरिस (एतादृश) 6. 15.

एआवलि (एका°) 6. 4*.

एक्क (एक) 3. 14. 4. 2. 28. 32. 5. 23. 42. 43. 51. 6. 34. 73. 75. 78. 7. 23. 8. 17. 39. 98. 9. 13. 16. 83. 85. 11. 22. 31. 33. 46. 109. 113. 122. 12. 23. 32. 84. 97. 13. 69. 14. 15. 33. 59. 15, 19. 29. 40. 79. 87. A. 1. एक्कअर (°तर) 15. 63. एक्कक्क (एकैक) 6. 54. 9. 54. एक्कक्कम (एकैक K. so und एककम. एकैककम R) 5. 59. 6. 85. 7, 24. 30. 8. 60. 12, 44. 97. 13. 2. 57. 78. एक्कमेक्क (एकैक) 3. 56. 5. 48. 85. 87. 7. 59. 8. 32. 10. 41, 13. 87. एक्केक्क (एकैक) 5. 15. 14. 54. 71. एक्केक्कम (एकैक K. एकैककम R) 7. 13. 12. 19.

एक्कमुह (एकमुख) 12. 20. 56. 89. 93. 14. 30. 15. 79.

एक्कन्त (एकान्त) 4. 23.

एक्कावलि (एका°) 6. 1.

एण (Pron.): एणं (m.) 5. 6.

एणिहं s. इणिहं.

एत्त (Pron. एत) s. एत्ताहे. एत्तो. [11. 80.

एत्ताहे[1] (एत्त + आहि oder अहि: इदानीम Uebss.)

एत्तो[2] (एत्त + तस: इतस् Uebss.) 3. 61. 5. 6.

एत्थ[3] (अत्र) 5. 6. 10. 3. 15. 95.

एरावण (ऐ°) 12. 45. 58. 15. 41.

एरिस (ईदृश) 11. 104.

एला 1. 62. 63.

एस. एसो s. 2.एअ.

ओ

1.ओ (अप. अव) s. im Verlauf.

2.ओ (उत R. so und अथवा K) 3. 59. 63. 4. 33. 5. 4. 7. 58. 8. 22. 23[3]. 24. 25. 10. 59. 11, 25. 15. 29.

ओअल्ल. °ग (अव + अल्ल: अवनत. अवमीलत् R. आलीन K) 11. 118. 13. 43. ओअल्लन्ति (अवनमन्ति R) 6. 43. ओअल्लन्त (आलीयमान K; R ganz falsch पासोअल्लन्त = पार्श्वायमान!) 6. 47.

---

[1]) cf. काहे. जाहे. ताहे.

[2]) cf. अग्गो. तो.

[3]) auf diese Form hat die Analogie von एत्तो gewirkt, zu dem es sich scheinbar verhält = कत्थ zu कत्तो. जत्थ zu जत्तो. तत्थ zu तत्तो.

ओआस (अवकाश) 8. 3. 32. 54. 76. 91. 13, 50. A. 9. ओवास 1, 6. 10, 13. 12, 42. 60. cf. अवहोआस.

ओज्झर (*अवझर: निर्झर Uebss.) 1, 56. 2, 34. 4, 4. 6, 76. 91. 7. 10. 18. 21. 29. 36. 46. 68. 8. 1. 48. 69. 96. 102. 9. 21. 27. 59. 76. 80. 94. 96. 13, 30. 37. 54. 14, 78. 15, 18. 44. A, 10. उज्झर 9, 90. ओज्झरत्तण 12. 75.

ओट्ठ (ओष्ठ) 4, 6. 11. 19. 59. 12. 47. 14, 26.

ओणिमिल्ल. ओमिअ s. मील्. ओल्लिअ bei ओल्ल.

ओमइल (अयमलिन Uebss.) s. मइल.

ओमास (अवमर्ष = संबन्ध. also ist -र्श gemeint)

ओलि (आवलि K. पङ्क्ति देशी R) 13. 34. [9. 67.

ओल्ल (आर्द्र) 9. 27. 31. ओल्लअ 7. 49. ओल्लन्त 13. 66. ओल्लिअ 8. 8. 90. 94. 9. 18. 15. 50. ओल्लण 2, 8*.

ओवअण (अवपतन) 6. 77. 9. 61. 13. 22. cf. ओवडण.

ओवग्ग (अववर्गण? अवक्रम्. आक्रम्, अवग्रह् R, अभिभू K; cf. Hem. IV 141): ओवग्गइ 4. 25. 29. ओवग्गन्ति 10. 45. 12, 69. ओवग्गउ 3. 11. ओवग्गिउं 15. 62*. ओवग्गिअ 6. 30. 11. 71.

ओवग्गण (vom vorigen; अवक्रमण R. अभिभव K) 9. 66.

ओवडण[1] (अवपतन) 2. 32. 11, 37. 14. 80.

ओवरण (अवतरण) 9, 35.

-ओल्लग. ओसक्कन्त s. जोल्लग. सक्क.

ओसहि (ओषधि) 4. 17. 63. 7. 43. 68. 9, 28. 45.

ओसाअ (अवश्याय) 13. 52. [12. 10. 15, 47.

ओसार (अप°. अवसार) 12. 59. 13. 14.

ओह (ओघ) 13, 95.

ओहट्ट (*अपसर्त?): ओहट्टन्त (अपसरत् R. अपवर्तमान K) 8. 60.

क

क (Pron.): को 3. 53. 56. 15. 88. का 3. 47. केण 11. 82. 125. कस्स 11. 23. 123. कम्मि 11, 76. के 3. 46.

क[2] (Wasser) 6. 56. (Sonne) 7, 43.

कअ (कच, in कअग्गह) 11. 25. 64. 91.

कअन्त (कृतान्त) 1. 41. 4. 40. 8. 88. 105.

1.कइ (कति) 11. 44.

2.कइ (कपि) 1, 49. 51. 2, 41. 42. 3, 1. 34. 51. 59. 4. 1. 2. 14. 18. 44. 49. 55. 6, 26. 59. 64. 69. 72.

[1]) diese Form ist wahrscheinlich falsch; s. ओवअण. पत् und cf. die vl.

[2]) häufig versuchen die Comm., auslautendes °अ, welches स्वार्थे क ist, in einer der verschiedenen Bedeutungen von क zu fassen: diese Spielereien habe ich hier nicht berücksichtigt.

78. 83. 84. 94. 96. 7. 6. 30. 8. 2. 22. 40. 71. 78. 81. 97. 104. 105. 10. 5. 12. 11. 23. 24. 42. 122. 12, 32. 33. 39. 41. 53. 68. 71. 88. 97. 13. 10. 15. 18. 21. 28. 79. 88. 99. 14, 23. 35. 36. 46. 65. 66. 74. 77. 80. 15, 5. 15. 33. 62. 93. A. 12. कविं (wegen des Reims) 7. 61.

कइआ (कदा) 3. 49.

कओल्ल s. कवोल.

ककव (कच) 13. 81*.

कज्जल: कज्जलइज्जइ (कज्जलयति ! R) 5. 50. कज्जलिअ 2, 36. 7. 52. कज्जलइअ 9, 28.

कञ्चण (का°) 7. 35. 9. 55. 10, 25. 12, 84. 15. 91.

कड (कट) 9. 58.

कडअ (कटक) 5. 14. 6, 31. 42. 60. 66. 7. 69. 8. 10. 90. 9. 8. 17. 31. 39. 56. 57. 59. 70, 81. 90. 10. 25. कडइअ 12. 41.

कडुअ (कटुक) 1. 61.

कढिणत्तण (von कढिण) 14. 82.

कड्ढण (कर्षण s. aber कर्ष्) 8. 72. 10. 17. 11. 130. 12. 27. 13. 27.

कण्ण 6. 68.

कणअ (कनक) 8. 29. 9. 22. 48. 10. 19. 14. 58. 15, 13. 48.

कणेरु (करेणु) 6. 68.

कण्टअ (°क): कण्टअन्त 9. 24. कण्टइअ 1. 32.

कण्ठ 1, 3. 5. 5. 52. 6, 17. 11, 17. 33. 35. 62. 63. 94. 107. 133. 12. 46. 48. 56. 13. 40. 85. 14. 59. 15. 80. cf. दस°.

कण्ण (कर्ण) 1. 33. 4. 65. 6, 61. 11. 129. 12. 78.

कत्थ[1] (कुत्र) 7, 7. 8. 91.

कद्दम (कर्द°) 6. 58. 9. 11. 10. 19, 25. 47. °मिअ 7. 20. 8. 62. 12, 17. 13, 56. 95.

कन्दर (m.) 9, 32. °रा 9. 17. 15. 2. 21. °र oder रा 3, 52. 4. 19. 6, 56. 7. 25. -अन्दरा 9. 47.

कन्दल. सअन्दल 7. 47.

कप्प (कल्प) 9. 25. 82. 14, 74.

कम (क्रम) 12. 55.

कमल 1, 26. 29. 30. 31. 32. 2, 11 3, 6. 30. 46. 4, 1. 16. 21. 32. 5. 38. 6. 8. 48. 8. 6. 41. 99. 9. 34. 10. 6. 11. 34. 11, 91. 12. 17. 18. 20. 13, 61. 15, 75. °लअ 3. 48.

कमलिणि 9. 68. 11. 26.

कम्प्: कम्पइ 6, 22. A. 9. कम्पिज्जन्त 6. 38, 13. 59. कम्पिअ 7. 3. 10. 4. 12. 36. 15, 65. A, 9. - आअम्पिअ 10, 51. — परिकम्पिअ 15. 65.

कम्प 5. 15. 6. 23 (कू°). 9, 78. 11. 5. 13, 72. -अम्प 5, 32. 12. 31. 57.

कम्म (कर्मन् ; neutr.[2]) 14, 46.

1. कर् (कृ): कुणइ 11. 29, 14. 69. कुणमु 15. 57. करेमि 3, 60. 61. 14, 54. करेइ 6. 24. 13, 41. करेन्ति 12. 33 13. 46. करेन्त 2. 15. करन्त 6. 75. 11, 127. काहिइ 4. 41. 5. 4. 14. 12. काउं 4. 36. 15. 94 काऊण 8. 28. 40. 12. 31, 15. 93. कीरइ 3, 12. 6. 53. अकीरन्त 3. 32. किज्जइ 13. 16. कअ 3. 28. 52. 50. 4. 11. 13. 31. 6. 10. 11. 51. 75. 8. 27. 105. 9. 70. 73. 10, 23. 11, 20. 56. 85. 105. 109. 110. 113. 122. 125. 12. 30. 34. 50. 93. 13. 63. 81. 85. 14. 13. 26. 38. 41. 16. 60. 15. 11. 21. 45. 51. 58. 93. A, 1. कए 14. 41. 15. 27. कएण 9. 53. 11. 83. 15. 8. अहूअ 12, 50. सुकअ 1. 16. 2. 10 3, 12. 4. 58 12, 35. 66. 13. 16. कज्ज 1. 36. 11. 2. 1. 3. 5. 9. 13. 38. 4. 26. 41. 46. 17. 62. 6, 15. 75. 15. 26. 93. A. 2. कअकज्ज 3. 15. 14, 11 काअव्व 3. 56. 4. 34. 5. 10. 11, 51. आआरिअ 13. 12. 80. निराइअ (निराकृत) 4. 52?

2. कर् (कॄ): किरन्त 4. 58. 14, 57?. -इगा 8. 71. उक्किण्ण 10. 39. — पइगा 5. 86. 7. 21. 8. 97. 9. 37. 11. 68. 111. विप्पइगा 2. 5. 8. 61. 14. 71. विइगा 3. 50. 5. 52. 13. 89. विक्किण्ण[?] 13. 8.

कर 1. 39. 10. 63. 2. 3. 8. 12. 3. 10. 46. 4. 18. 12. 56. 5. 82. 6. 51. 61. 73. 83. 90. 7. 50. 8. 2. 8. 36. 37. 38. 13. 101. 102. 9. 1. 8. 10. 6. 11. 42. 11. 46. 11. 6. 22. 25. 34. 39. 72. 74. 110. 118. 132. 12. 8. 30. 49. 52. 66. 13. 9. 14. 5. 9. 52. 68. 15. 30. 31. 41 52. 55. A. 1. 14. -अर 1. 17. 28. 32. 2. 19. 3. 39. 4. 6. 52. 5. 26. 38. 6. 28. 57. 8. 13. 104. 9. 17. 19. 79. 88. 10. 31. 32. 36. 40. 82. 11. 95. 15. 70.

कराल 9. 91. 10. 11 16. 12. 14. 51. 58. 13. 57. 15. 2. 81. करालिइ 10. 11. करालिअ 11. 69. 12. 10. 56.

करि (°रिन्) 2. 22. 5. 57. 83. 81. 7. 25. 26. 54. 8. 8. 35. 36. 46. 63. 9. 66.

कर्त्: उक्कत्त 5. 51. 6. 17. 7. 18. 14. 13. समुक्कत्त 5. 57.

कर्ष्: कड्ढइ[3] 13. 58. कड्ढन्ति 8. 37. कड्ढन्त 10 6. कड्ढिउं 5. 25. कड्ढिऊण 15. 61. कड्ढिज्जइ 3. 19. 8. 57. कड्ढिज्जन्ति 6. 51. कड्ढिज्जन्त 5. 26. 6. 36. 7. 25. 15. 78. कड्ढिअ 2. 12. 3. 12. 6. 39. 10. 43. 58. 7. 1. 52. 8. 48. 9. 79. 11, 21. 130. 13. 49 14. 51. 15. 20. A. 11. -अड्ढिअ 5. 72. आअड्ढिऊण

---

1) Analogiebildung nach जत्थ. तत्थ.

2) cf. उम्हा. पेम्म. रोम; die Regel der Grammatiker über das Genus der नान्ताम् (Var. IV 18. Hem. I 32) bewährt sich also nicht. cf. auch Lassen 295; übrigens widersprechen jener Regel eine Menge Beispiele bei den Gramm. selbst, s. Hem. II 71. III 25 etc.

3) = कीर्यमाण R! eine falsche Lesart, s. ZDMG 32, 111.

?) cf. उपस्कृ. प्रतिस्कृ. विष्कर

?) Denom. von *कड्ढ = कृष्ट.

6, 77. आअड्डिज्जन्त 5, 28. आअड्डिअ 1. 19.
52. 3, 62. 5, 27. 30. 13, 41. 15, 67. 73. अणा-
अड्डिअ 7. 44. — उक्करिसन्त 14. 9. उक्करिसेजण
कल 1. 23. [15, 75. उक्करिसिअ 14, 3.
कलअल (°कल) 6, 21. 28, 77. 7, 36. 8, 5. 27. 65.
81. 11. 134. 12, 38. 40. 67. 81. 13, 23. 75. 97. 15. 4. A, 12.
कलङ्क 5, 9. 8, 64. 9, 28. 12. 2. °ङ्किअ 10. 8.
कलत्त (°त्र) 3, 50.
कलधोअ (°धौत) 11, 40. -अलधोअअ 9, 46.
कलम्ब (कद°) 1. 15. 23.
कलस (°श) 8. 29. -अलस 1. 6. 11. 40. 115.
1. कलह (°भ) 7. 50.
2. कलह 9. 88. 10, 68.
कलहंस 1. 23. 29. 2. 35. 9, 88. 12, 1.
कला 10. 9. 11. 44.
कलाअ (°प) 12. 15. -अलाव 3, 9*.
कलुस (°ष) 4. 61. 5. 19. 7, 4. 10. 36. 12. 6. 13. 3.
कलेवर 14. 57. [54. °सिअ 8. 9. 10, 5.
कल्लोल 1. 7. 2, 3. 4. 5. 61. 7, 43. 56.
कवअ (°च) 12. 33. 54. 58. 59. 60, 61. 63. 64. 83.
कवन्ध 13. 40. 64. [15, 30. 52. 53. 54.
कवलिअ (°त) 11, 55.
कवाड (°ट) 12. 90.
कवि s. कइ.
कविल (°पि°) 7, 22. 9, 58. 10. 6.
कवोल (°पो°) 11. 22. 54. 65. 71. 109. कओल 3,
49. 4. 4. 11. 44. 101.
कव्व (काव्य) 1, 9. 10. 15. 95.
कस्: — विअसइ 10. 20. विअसन्ति 3. 6. A, 2. 7.
विअसन्त 6. 11. 65. विअसिअ 1. 63. 6. 48. A. 7.
कसण (कृष्ण) 2. 28. 4, 5. 51. 6. 27. 51. 9, 10. 36.
96. 10, 25. 31. 46. 11, 63. 12. 59. 13. 53. 14. 20.
कसाअ (कषाय) 7. 66. 8. 9. [82. 15, 41.
कह (कथम्) 1. 14. 2, 46. 3. 4. 21. 23. 25. 4, 27.
35. 41. 50. 62. 6, 10. 14, 17. 23. 29. 84. 7, 34.
39. 51. 10. 76. 78. 11, 16. 18. 26. 27. 32. 37. 67.
71. 73. 77. 78. 90. 91. 96. 105. 109. 110. 122. 12,
9. 35. 83. 15. 86.
कहा (कथा) 1, 9. 4. 31. 10, 66. 67. 11, 84. 15, 62.
कहिं (कुत्र, कस्मिन् Uebss.) 14. 60.
काअम्ब (°द°). -आअम्ब 9, 31.
काअर (°त°) 3. 40. 7, 24. 10. 60. 11. 51. 12, 19.
काङ्क्ष्: कङ्खन्त 11, 67. कङ्खिअ 3. 8. 6. 26. 11. 31.
काणण 7, 4
काम 2. 20. 3. 47.
कामिणि 10. 67. 11, 1. 16. 12. 14. 21. 64.
काल 2. 7. 38. 5. 32. 45. 6. 12. 17. 10. 17. 11. 34.
130. 12, 23. 13, 42. 14. 13. 48. -आल 1, 26. 3,
8. 10. 5. 42. 6, 17. 8, 12. 12, 76. अआल 15. 11. 12.
कालाअस (°यस) 14, 73. कालास 8, 46.
किं 1. 10. 3, 13. 26. 28. 30. 32. 36. 4, 23. 26. 31.
33. 34. 36. 40. 6, 12. 7, 47. 58. 8, 15. 22. 10, 59.
11, 24. 26. 49. 55. 66. 79. 98. 99. 121. 12, 33. 15,
29. 58. 60. किंकाअव्व 5. 10. किं ति 11, 18. 95.
किक्किन्ध (°ष्कि°) 14, 55. [किमु 11, 120.
किंणर 1. 65. 9, 87. 95. A, 10. -इंणर 8, 61.
कित्तण (कीर्तन) 11. 133.
कित्ति (कीर्ति) 1. 48. 2, 6. °त्तआ 3. 45.
किर (°ल) nach ˊ und Voc. 3, 12. 27. 7, 59. इर
nach Voc. 3, 56. 4. 62.
किरण 1, 22. 41. 3. 27. 4, 38. 5. 5. 30. 33. 82. 8,
45. 9, 35. 46. 72. 10, 37. 38. 51. 11, 91. 13, 54.
56. 15, 64. 74. A, 13.
किसलअ (°य) 2. 22. 3, 62. 6, 52. 7. 27. 8. 6. 90.
99. 9, 12. 93. 10, 27. 11, 38. 12. 7. A. 4.
कील्: — संकीलिअ 14. 28.
कीस (किमिति, कस्मात्, किमर्थम् Uebss.) 3, 38.
कुउरिस (कुपुरुष) 12. 33. [11, 89. 15, 27.
कुञ्च्: — आउञ्चिअ 6, 17. — णिउञ्चिअ 9, 16.
कुञ्जर 8. 59. 12. 85.
कुट्टिम 10, 46.
कुण्डल 15, 64.
कुप्: कुप्पइ 11. 3*. कुविअ 1. 44. 4, 40. 6, 18. 30.
7. 53. 8. 36. 54. 9, 18. 88. 10, 63, 72. 13, 55.
81. 15. 2. [41. 45. 50. 12. 1. 3.
कुमुअ (°द) 1, 26. 31. 34. 4, 6. 32. 9, 88. 10, 20.
कुम्भ 7. 25. 8. 35. 9. 15. 23. 37. 66. 10. 8. 12, 64.
13, 5. 67. 15. 61.
कुम्भअण्ण (°कर्ण N. pr.) 15, 11. 22. 23. 87. 90.
कुल 2. 26. 3, 18. 26. 45. 4, 62. 8, 95. 9, 53. 11,
123. -उल 1. 26. 33. 3, 51. 4. 56. 59. 5, 12. 38.
55. 58, 81. 84. 87. 6, 56. 61. 65. 92. 7. 24. 52.
60. 8. 10. 49. 65. 99. 9, 37. 10, 47. 12, 1. 19. 15, 27.
कुसल (°श°) 4, 62.
कुसुम 1. 33. 64. 3, 7. 9. 13. 48. 5. 5. 6, 7. 11. 22.
47. 52. 57. 89. 7, 14. 16. 22. 35. 61. 62. 67. 8,
6. 7. 90. 9, 4. 26. 60. 66. 71. 75. 81. 10, 27. 36.
45. 11, 11. 119. 12, 25. 13. 81. 89. 91. 93. A, 2.
कुसुअ 13, 44.
कुहर 1. 55. 2, 13. 6. 28. 7, 57. 9. 22.
कूड (°ट) 5, 68. 8. 24. -ऊड 12. 78.
कूल 12. 92. 13, 60. 14, 11.
कूवर (°ब°) 12, 84.
केऊर (°यू°) 15, 66.
केत् (कियत्) in केच्चिर 3. 30. 33.

केलास (कै°) 6, 73.

केस (°श) 1. 64. 11, 108. 12, 15.

केसर 1, 17. 18. 50. 52. 3, 46. 4. 6. 38. 5, 34. 83. 6, 20. 7, 16. 20. 30. 8, 35. 38. 94. 9. 66. 79. 10, 16. 20. 34. 12, 65. 82. 13, 15. 29. 14, 79. 15, 6. 41.

केसरि (°रिन्) 1, 14. 5, 34. 7, 65. 8, 35. 94. 9. 37. 79. 10, 20. 12, 65. 15, 61.

कोडि (°टि) 5, 26. 12, 29. 83. 90.

कोत्थुह (कौस्तुभ) 4, 20. 6, 4. 8, 15.

कोमल 9, 25.

कोव (°प) 15, 57.

कोस (°श) 13, 55.

क्रन्द्: — अक्कन्दिअ 4, 64

क्रम्: कमन्त 2, 9. कन्त 3, 19. चङ्कम्मिअ (चङ्क्रमित) 11, 99. — अक्कन्त 2, 37. 3, 58. 5, 18. 6, 79. 86. 7, 46. 8, 72. 77. 94. 10, 4. 61. 12, 8. 13, 43. 14, 52. 15, 7. 15. A, 9. समक्कन्त 5, 57*. 8, 33. 10, 12. 12, 39. — णिक्कन्त 1. 56. 12, 86. 15, 81. वोक्कन्त 6. 96*. — संकन्त 1, 57. 8, 87. 9, 42. 54. 12, 14. पडिसंकन्त 3, 23.

क्लम्: किलम्मइ 11, 120. किलिम्मइ 10, 13. 49. 59. किलिम्मन्ति 14, 22. किलिम्मन्त 9, 80. 11, 50. किलन्त 9, 58. -इलन्तअ 3, 47. किलिन्त 1, 39. 6. 13. 10. 11. 11. 11. 12, 14. 25 13. 43. 56. किलामिअ 9, 12.

क्षन्: खअ 14, 61. — परिक्खअ 8, 73.

क्षा (क्षै brennen) s. विज्झा.

क्षि: झिज्जइ 1. 35. 5. 5. 78. 8, 50. A, 6. झिज्जन्त 5, 58. 79. 82. 8, 7. 10, 7. 23. झीण 1. 35. 38. 5, 5. 78. 8. 3. 9. 2. 73. 12. 37. 94. खवेइ 5. 80. खवेन्ति 3, 39. 4, 28. खविज्जइ 3. 25. खविअ 5. 80. 6. 12. 16. 8. 14 20. 98. 11, 69. 15, 34. खलिअ! 11, 69*. 15. 34*.

क्षिप्: खित्त[1] 6. 45. 10. 17. A, 8. — अक्खिवइ 9, 93. अक्खित्त 2. 42. 4, 21. 14, 51. 80. समक्खिवेऊण 10, 74. — उक्खिवेन्ति (°वन्ति vl) 6. 35. उक्खिप्पन्ति 6. 53. उक्खिप्पन्त 6. 35. 41. 81. 87. 12, 62. उच्छिप्पन्त 14. 57. उक्खित्त 2, 18. 5. 36. 47. 69. 72. 6. 3. 37. 40, 58. 64. 73. 76. 85. 95. 7, 13. 31. 37. 8, 12. 38. 46. 67 (= उत्क्षिप्त R!). 84. 9. 4. 23. 11, 63. 126. 12, 56. 13, 15. 40. 84. 15. 32. उच्छित्त 2. 13. 5. 61. 7, 9. 39. 48*. 8. 31. 75. 13. 22; häufig vl für °क्खिव°. समुक्खित्त 7, 50. 11, 72. 12. 56. 15, 8. — परिक्खित्त 1. 52. 7. 10. 29. 9. 55. 10. 51. 12. 78. — विक्खित्त 13. 91. A, 13.

क्षुद्? s. कुन्द्.

क्षुभ्: खुब्भइ A, 6. खुब्भन्ति 5, 37. खुहिअ 1. 8. 49. 5, 28. 37. 41. 44. 51. 77. 7, 54 8. 10. 12. 32. 48. 60. 61. 63. 90. 15, 4. खोहेन्ति 7, 64. 8, 12. खोहेन्त 15, 33. खोहिज्जन्त 2. 3. खोहिअ 2. 35. 6, 21. 50. 8. 73. 12, 36. — उक्खुहिअ 7, 16. — पक्खुब्भन्तअ 2, 24. पक्खुहिअ 7. 19. — संखोहिज्जइ 6. 69. संखोहिअ 1. 49. 3. 16. 7, 43. 12, 17.

[1]) ? könnte auch अक्खिव° sein; die Scholl. schwanken.

ख

1. खअ (क्षय) 1. 12. 3. 3. 25. 5. 23. 32. 45. 6, 12. 33. 9. 3. 14. 29. 72 78. 10. 32 12. 81. 15. 74. A, 6.

2. खअ (खग) 15. 50.

खउर (कलुष R, कर्बुर K) 5. 47. 6. 11. 50. 8, 64. 12, 2. 14. 79. खउरेन्ति 5. 3. खउरिअ 10, 6. 37. 43 (? hierher nach S).

खउरिअ (मुण्डितं धवलितं वा R) 10. 43.

खग्ग (°ड्ग) 13, 4. 38. 43. 14, 52.

खच्: — उक्खइअ 1, 33.

खण (क्षण) 1, 45. 3. 22. 5, 41. 6, 53. 80. 87. 7, 3. 11. 8, 2. 5. 7. 52. 9, 5. 10, 69. 11, 13. 16. 20. 57. 96. 12. 27. 77. 85. 13. 47. 14, 13. 41. 69. 15. 16. तक्खण 1. 46. 4. 10. 6. 37. 8. 38. 11. 58. 12, 86. 14. 42. 83. 15, 38. 39. 55. 76. A. 12.

खण्ड्, खुड्[1]: खुडन्ति 8, 48. खण्डिज्जन्त 13. 32. 34. खण्डिअ 9. 18. खुडिअ 1. 1. 30. 60. 3. 61. 5. 35. 6. 70. 81. 9. 11. 65. 67. 13. 84. 89. 14, 51. 71. अखण्डिअ 11, 88. अक्खण्डिअ 3. 22. 13. 73. अक्खुडिअ 8. 48. — ओक्खण्डिअव्व 10, 29. — उक्खण्डिअ[2] 5. 43. 11. 1. उक्खडिअ 5, 53. 12, 8. °ल्लिअ 6. 29. 7. 35. उक्खुडिअ 4, 21. 5. 39. 9, 12. 66. 13, 33. 14, 53. 54. 15. 20.

खण्ड 2. 32. 7. 16. 8. 69. 9, 11. 36. 15. 35.

खन्: खन्तूण 10, 39. 43. खुप्पन्त[3] 13. 67. खुत्त 3. 51. 5. 84. 6, 40. 13, 57. खाणिअ 2. 33. — उक्खन्तूण 6, 67. उक्खम्मन्ति 6, 33. उक्खम्मन्त 7, 28. उक्खअ 2. 11. 3. 22. 4. 22. 5. 53. 6. 20. 37. 66. 70. 72. 74. 86. 92. 7, 34. 8. 35. 66. 9. 14. 26. 10, 38. 11. 85. 96. 13, 88 15. 28. उक्खुत्त 13. 5. उक्खम्मिअव्व 10. 29.

खन्ध (स्क°) 5, 83. 7. 20. 9, 6. 45. 74 80. 11, 129. 13. 9. 55. 14. 52. 15, 6. 66. A, 5. cf. अग्ग°.

खम (क्ष°) 3. 26. 7. 71.

खम्भ (स्त°) 3. 1. 59. 8. 59. 101. 9. 6. 85. 12, 45. 15, 2. 24. 48. cf. थम्भ.

[1]) nach K aber = त्रुट; cf. Hem. IV 116 gegenüber I 53.

[2]) = उत्थव° oder अवाव°.

[3]) खुप्प ist Passivstamm zu खु = खन्, cf. ZDMG 29, 494.

खर 12. 95. 14. 57.
खलण (स्ख°) 4, 31. 8. 55.
खाद्: खत्तुं 15, 17.
खिद्: खिज्जइ 5. 5. खिन्न 3, 10.
खिवण (क्षेपण) 5. 3. 12, 36. 15, 52.
खुट्ट्: खुट्टन्त 6. 63*.
खुप्प s. खन्.
खुर 7, 40. 9. 54. 15, 48.
खेअ (°द) 1, 39. 6, 15. 11, 30. 72.
खेअ s. खेव.
खेव (क्षेप) 4. 7. 5. 59. 6, 34. 63. 78. 7, 30. 13, 42.
खोह (क्षोभ) 8, 46. 12, 86. [खेअ 12. 48.

ग

गअ (°ज) 1. 33. 61. 62. 2, 3. 22. 3, 51. 63. 6. 1. 30. 56. 88. 92. 7, 45*. 50. 57. 62. 65. 8, 8. 10. 23. 46. 63. 68. 69. 101. 9, 11. 15. 23. 24. 30. 36. 37. 42. 57. 58. 61. 63. 80. 85. 95. 10, 6. 10. 14. 20. 35. 46. 47. 11, 129. 12. 6. 17. 87. 89. 13, 7. 9. 15. 58. 59. 69. 71. 75. 81. 14, 31. 15, 17 (neutr.!). 57. 61; s. गअदुम, गइन्द.
गअण (°ग°) 1. 15. 22. 25. 2. 2. 3, 38. 57. 5. 32. 6. 25. 53. 82. 84. 7, 17. 30. 44. 45. 47. 61. 68. 8. 58. 9. 9. 10. 13. 22. 36. 53. 11, 66. 12, 6. 13, 37. 51. 90. 14. 80. 15. 21.
गअदुम (गजद्रुम[1] Boswellia thurifera) 7. 22.
गआ (°दा) 14. 51. 15. 42.
गइ (°ति) 1, 11. 25. 4. 62. 6. 90. 95. 7, 12. 15. 9. 61. 92. 11. 115. 12. 34. 13. 11. 21. 14. 74.
गइन्द (गजेन्द्र) 1. 14. 63. 3, 35. 7, 32. 54. 8. 54. 9, 88. 10. 8. 25. 45. 60. 12. 82. 91. 13. 22. 38. 56. 62. 67.
गङ्गा 6. 5.
गण्. -अण 6. 82. 8. 61. गणेइ 11. 27. गणेन्त 4. 15. 5. 8. 14. 2. अगणेन्त 12. 41. गणेऊण 11. 81. गणिज्जइ 3, 12. 13. 16. 48. गणिज्जउ 15. 88. अगणिअ 1. 46. 6, 33 13. 18. — परिगणेन्त 15. 83. अपरिगणिअ 11. 88*.
गण्ड 9, 82. -सेल (-शैल) 6, 30. 9. 96. 15. 35.
गत्त (गात्र) 7. 26.
गन्ध 1. 23. 31. 2. 22. 3, 35. 4, 6. 6. 3. 48. 7. 62. 65. 68. 8. 8. 36. 63. 9. 85. 93. 12. 14. 20. 13, 82. 91.
गभीर s. गम्भीर.
गब्भ (°र्भ) 2. 19.
गब्भिण (गर्भिन्; गर्भित Uebss.) 7. 25. 46. 9, 27. 62. 11. 31. 13. 25. 39. 91. 15, 55. A. 7.
गम्: गन्तूण 8. 64. 11. 70. गम्मइ 6. 16. गअ 1, 14. 35. 40. 2. 7. 15. 44. 4, 16. 64. 5. 58. 6. 38. 7, 7. 8. 3. 45. 81. 93. 95. 9, 42. 81. 10, 30. 51. 77. 11, 1. 21. 42. 47. 53. 56. 65. 81. 93. 97. 100. 113. 114. 135. 137. 12, 23. 67. 88. 94. 13. 82. 92. 14, 1. 34. 36. 42. 60. 61. 70. 84. 15, 10. 14. 73. 90. गमेइ 11. 14. 16. गमेन्ति 9. 76. गमेऊण 12, 9. गमिअ 1, 15. 5, 13. — अइगअ 10, 18. 15, 66. अहिगअ (= अति°?) 13, 2. — अणुगअ 1, 51. 9, 85. 12. 8. — अहिगअ (= अभि°?) 13. 2. — आगअ 2. 15. 44. 4, 38. 57. 5, 35. 52. 69. 6. 91. 7. 4. 50. 8. 3. 70. 9, 5. 10, 55. 11. 23 70. 107. 125. 12. 67. 13, 65. 14, 81. 15, 71. 89. आअअ 3, 4. 20. 7, 39. 9. 59. 12. 18. 22. 70. 97. 13, 41. 14, 62. अणागअ 6. 21. समागअ 13. 1. — उग्गअ 4, 9. 7. 46. 57. 9, 18. 10. 79. 11, 38. 94. 101. 108. 13. 68. 15. 42. 59. पच्चुग्गअ 15. 1. — उवगअ 1, 16. 2, 20. 11, 26. — णिग्गन्तूण 15. 5. णिग्गअ 2, 6. 5. 30. 49. 56. 86. 6, 1. 8. 7, 61. 66. 9, 23. 52. 62. 10. 48. 12, 46. 52. 13, 1. 83. 93. 14, 11. 17. 15, 18. 25. 40. 83*. अणिग्गअ 9. 64. विणिग्गअ 2, 5[1]. 12. 93. — परिगअ 1, 17. 13. 88. 14, 25. — पडिगअ 1, 19.
गमण 1. 6. 47. 2, 46. 4. 2. 52. 5, 58. 62. 7, 34. 8. 3. 54. 9. 83. 10. 71.
1. गम्भीर 5. 60. 6. 3. 11. 134?. 12. 80. °रअर 6, 44. °रत्तण 5. 13. गभीर 11, 134. गहिर 1. 1. 2, 15. 3, 24. 5. 26. 37. 14. 6. 39. 72. 7. 12.
2. गम्भीर (गाम्भीर्य) 14. 45.
गर्: — णिग्गिरम 5, 29.
गरुअ (गुरु, °रुक; eigentl. *गरुक) 2, 1. 14. 17. 3, 2. 5. 10. 35. 37. 39. 4. 26. 27. 45. 46. 6, 5. 9. 10. 19. 31. 36. 47. 73. 76. 78. 7, 6. 55. 8. 14. 34. 83. 89. 94. 100. 9, 42. 53. 10, 16. 61. 69. 11, 16. 31. 12. 21. 26. 31. 57. 66. 74. 91. 13, 1. 34. 35. 44 45. 65. 66. 74. 80. 14, 16. 15. 26. 51. 57. 63. 80. A. 2. °अआ (°ता) 4. 43. °अत्तण 3, 38. 13. 50. गरुआइ 10. 30. °आअन्त 13, 72. गरुइअ 9, 20. 11. 48. 60. 13. 30. 15, 12. 20. गुरु 3. 55. 4. 15. 9, 14. 11, 55. 15, 26. गुरुअ häufige vl für ग°.
गरुड 2, 41. 9. 39. 14. 59. 60. 61. 62.
गर्ज्: गज्जिअ 1. 15.
गल्: गलइ 6, 52. 12, 12. 47. गलन्ति 5, 7. गलन्त 5. 62. 10, 58. 11, 87. 13, 77. 14, 69. 84. गलिहिइ 5. 4. गलिअ 1. 2. 18. 41. 58. 2, 46. 7. 32. 43. 8, 27. 36. 9, 82. 10, 4. 11. 11, 6. 18. 64. 84. 101. 12, 4. 28. 61. 13. 47. 70. 14, 14. A. 13. — अवरिगलिअ 11. 88. — विअलइ 12, 4. विअलन्त 7. 21.

[1]) = गजभग्नद्रुम RS!

[1]) R teilt fälschlich वि णि°!

11. 80. 14. 78. विअलिअ 2. 45. 3. 19. 10. 38. 53. 68. 11. 29. 79. 127. 12. 8. 13. 43. 62. 13. 43. 14. 10. 76. 78. — संगलन्त 10. 34.
गल्ल 14. 68.
गलत्थ (aus गलहस्त?): गलत्थिअ (गलहस्तित R. प्रणुन्न K) 11. 128. 12. 11. गलत्थल्लिअ (wie eben R. नुन्नवाचको देशी K) 5. 43. 8. 61. गलत्थण (गलहस्त R. नुन्न K) 5. 53.
गवक्ख (गवाक्ष) 10. 46. 49.
गव्विअ (गर्वित) 12. 71.
गह (ग्र°) 9. 21. 47. 72. 13. 49: s. कअ.
1.गहण 1, 59.
2.गहण (ग्र°) 4. 33. 5. 3. 8. 105; cf. अग्ग°. °णि [Gefangene 9. 47.
गहिर s. गभीर.
गा (गै): गीअ 9. 87. उग्गाहिद 11. 84 (oder zu ग्रह्)? उग्गीअ 1. 65.
गामणि (ग्रा°) 7. 60.
गारव (गौ°. eigentl. von *गरू) 2. 43. 8. 2
गारुड 14. 56.
गाह्: गाढ 9. 89. 13. 86. 14. 84. ओआढ 9. 29. ओआहिअ 1. 1. 8. 100. ओवाहिअ[1] 7. 55. 9. 19. 13. 72. 14. 52.
गाह (ग्रा°) 5. 87.
गिम्ह (ग्रीष्म) 5. 75. 15. 89.
गिरि 1. 52. 61. 3. 52. 55. 4. 2. 4. 22. 53. 5. 37. 54. 6. 4. 17. 29. 34. 56. 60. 71. 81. 82. 87. 89. 7. 3. 5. 11. 13. 20. 26. 28. 31. 33. 39. 12. 44. 18. 49. 51. 56. 57. 61. 8. 3. 43. 63. 68. 83. 10. 33. 12. 36. 78. 80. 13. 9. 27. 36. 88. 14. 6. 79. A. 1.
गिरिस (°श) 6. 75.
गुञ्ज्: गुञ्जन्त 12. 7.
गुट्: गुडिज्जन्त 12. 87. गुडिअ 12. 73. 87.
गुण 1. 4. 10. 2. 10. 14. 33. 3. 19. 4. 32. 61. 62. 5. 25. 11. 81. °णिअ 11. 31
1.गुप् (Dhp. 11. 1): जुउच्छद 5. 5. 11. 8. जुउच्छसु 11. 119. — संगोविड 11. 71.
2.गुप् (Dhp. 26. 123): गुप्पद[2] 13. 90. गुप्पन्त 1. 2. 2. 4. 9. 72. 11. 126. 12. 65. 89. 15. 93. 93.
गुरु s. गरुअ.
गुह्: गूढ 2. 4. 44. 10. 33*. उअऊहिऊण 11. 92. उवऊढ 1. 38. 4. 57. 6. 39. 9. 8. 13. 89.
गुहा 5. 11
गोउर (°पु°) 12. 76. 89. 90.
गोच्छ (गु°) 6. 47 (रगो°). 9, 48.

[1]) = अपवाहित R. was auch möglich ist: s. aber Hem. IV 205.
[2]) oder = गोप्यते R.

गोत्त (°त्र) 4. 31. 11. 10. 17
ग्रभ्. ग्रह्: गेण्हद 5. 17. 23. 7. 17. 10. 65. 11. 10. 27. 110. 119. 12. 29. 13. 87. 14. 82. गेण्हन्ति 13. 73. गेण्हन्त 10. 46. घेत्तुं[1] 10. 40. घेत्तूण[1] 12. 46. 15. 94. घेप्पद 1. 30. घेप्पिउं 7. 71. गहिअ 1. 50. 4. 23. 29. 49. 64. 6. 94. 96. 8. 68. 9. 11. 15. 23. 31. 75. 11. 21. 32. 12. 29. 35. 46. 47. 13. 22. 30. 51. 15. 49. A. 9. अग्गहिअ 11. 100. -रगेज्झ 10. 13. दुरगेज्झ 1. 3. — उग्गाहिद[2] 11. 84. उग्गहिअ 2. 31. 6. 34. 11. 7. 33. 36. 14. 15. परिग्गहिअ 1. 3. 3. 11. 6. 42. 12. 30.

घ

घट्: घडद 8. 56. 57. 62. घडन्त 1. 5. 6. 21. 23. 79. 8. 1. 6. 21. 22. 24. 32. घडमाण 8. 50. घडिज्जन्त 10. 58. 13. 24. घडिअ 1. 51. 3. 18. 4. 26. 27. 6. 17. 16. 58. 79. 7. 5. 70. 8. 10. 21. 37. 41. 44. 57. 91. 92. 11. 130. 12. 79. 87. 15. 64. 66. A. 1. घडेद 8. 42. घडेन्ति 3. 9. 8. 70. घडेन्तु 8. 25. घडेन्त[4] 8. 21[5] (घट्यमान R!). 12. 87 (wie eben). अघडेन्त[1] 12. 89. उग्घाडिज्जद 7. 28. उग्घाडिज्जन्त 5. 12. उग्घाडिअ 2. 37. 5. 38. 6. 51. 13. 23. 15. 25. उग्घडिअ 11. 130. विहडद 5. 70. 78. विहडन्त 3. 14. 4. 6. 7. 6. 62. 7. 38. 8. 13. 10. 24. विहलन्त 14. 20. विहडमाण 13. 22. विहडिअ 1. 9. 22. 3. 14. 4. 24. 5. 38. 63. 10. 10. 11. 136. 12. 18. 19. 75. 76. 90. 13. 8. 14. 1. A. 1. विहलिअ 7. 16. संघडद 11. 136. संघडिअ 4. 24. विसंघडन्ति 4. 26. विसंघडिअ 5. 78.
घट्ट्: घट्टिज्जन्त 2. 7. घट्टिअ 9. 9. विहट्टिअ 2. 32.
घडण (°टन) 7. 71. 8. 32.
घडा (°टा Elefantenschar) 12. 73. 87. 89. 13. 24. 37.
घण 1. 14. 18. 19. 28. 57. 2. 5. 23. 24. 4. 5. 5. 22. 29. 7. 29. 45. 58. 8. 24. 9. 73. 10. 26. 27. 14. 79. A. 6.
घर (गृह) 11. 73. 91. 122. 12. 36. 84. 94. घरमणि (Lampe) 10. 52. cf. 1.हर.
घरिणि (गृहिणी) 2. 38.
घर्ष्: — उग्घुट्ट 9. 80. 10, 19. 11. 102. — cf. पडिअट्टल्लिअ. परिहट्टण.
घाअ (°त) 5. 36. 39. 54. 6. 7. 7. 31. 33. 39. 48. 56. 8. 12. 67. 9. 59. 95. 12. 38. 63. 13. 31. 83. 14. 59. 78. 84. -हाअ (R. = खात K) 7. 59.
घोणा 9. 74.

[1]) der Form nach zum Passivstamm घेप्प् gehörig. cf. ZDMG 29, 493.
[2]) hierher nach K. zu गा nach S; R schwankt.
[3]) nicht caus.

घोर 7, 34.

घोल (घूर्ण्; Denom. von घूर्ण): घोल्लइ 5. 40. 58. 76. 7. 61. 13. 61. घोडइ 5. 10. घोल्लन्ति 1. 53. 6. 62. घोल्लन्त 1. 26. 9. 74. घोल्लाविअ 4. 52. — परिघोल्लन्त 1. 33. परिघोल्लमाण 2. 25. 11. 42. परिघोल्लिअ 11, 66. — पहोल्लन्त 11, 51. 111.

घोलण (von घोल) 13, 5.

घोल्लिर (wie eben) 2, 29. 5, 39. 66. 7, 66. 11, 102.

घ्रा: — अग्घाअन्त 13, 82. अग्घाअ 6, 89.

च

च, अ: च nach ˙. अ nach Voc. — च 1. 39. 50. 2. 24. 44. 3, 10. 4. 9. 15. 20. 22. 5. 2. 6. 54. 7. 40. 8. 41. 11, 22. 52. 67. 75. 12. 31. 13, 1. 7. 14. 7. 15, 35. 53. 77. 82. 90. — अ 1. 5. 36. 41. 52. 54. 56. 57. 2, 17. 20. 3. 15. 20. 37. 43. 45. 46. 4, 2. 12. 15. 34 38. 43. 51. 55. 56. 65. 5. 1 11. 23. 33. 34. 71. 74. 6. 6. 8. 28. 29. 30. 31. 35. 54. 56. 59. 60. 62. 65. 67. 68. 70. 75. 84. 7. 2. 28. 12. 8, 10. 14 17. 19 31. 41. 50. 54. 82. 92. 98. 102. 103. 105. 106. 9. 53. 71. 76. 77. 81. 83. 87. 89. 90. 94. 96 10. 5. 12. 15. 25. 31. 33. 36. 57. 63. 75. 79. 80. 82. 11. 4. 10. 21. 30. 34. 37. 38. 39. 51. 54. 61. 66. 67. 68. 79. 82. 84. 86. 93. 103. 115. 119. 125. 126. 127. 130. 137. 12. 1. 5. 6. 23. 25. 28. 35. 36. 41. 53. 81. 85. 98. 13. 1. 2 6. 7. 35. 37. 49. 60. 74. 80. 14. 3. 5. 7. 10. 11. 17. 30. 32. 33. 38. 47. 57. 58. 70. 73 80. 82. 83. 15. 4. 5. 9. 12. 14. 16. 17. 20. 21. 22. 24 25. 33. 37. 39. 41. 43. 44. 45. 46. 47. 52. 54. 57. 61. 62. 63. 65. 69. 70 71. 76. 79. 82. 85. 89. 92. 93.

चअ (शक् Uebss.): चएइ 13, 65. चअन्ति 10. 40. अएन्ति (hinter ण) 10, 40*. अचअन्त 11. 73. चइअ 9, 51. 10. 68. 11. 56. 109. 116.

चउ (चतुर्) 12, 23.

चउत्थ (चतुर्थ) 15. 21.

चउद्दिसं (चतुर्दिशम्) 2. 33. 14. 77.

चक्क (°क्र) 3, 14. 5, 75. 13. 71. 14, 33. 15. 20. 42. -अक्क 1. 5. 5, 74. 8. 43. 9, 34. 10, 43. 13, 51.

चक्कल (von चक्क. cf. Hem. II 173): चक्कलइज्जन्त 13, 74. चक्कलइअ 11. 68. 14, 7. चक्कलिअ 13. 24. 15. 20. cf. णिअक्कल.

चक्काअ (चक्रवाक) 2, 35. 10, 24. 56. 12, 9.

चक्ख् (जक्ष् richtig K, आस्वाद् R): चक्खिऊण 13. 39.

चक्खु (चक्षुस्) 13, 78.

चञ्चल 11. 78.

चडुल (°टु°) 1. 52. 2. 1. 18. 20, 23. 43. 6. 78. 10. 20. 11. 24. 46. 12. 76. 84. 13. 15. 15. 3. °त्तण 2. 45.

चन्द (चन्द्र) 1, 27. 34. 2. 11. 19. 20. 3, 27. 4 6. 32. 61. 5, 4. 13. 6, 65. 9, 21. 39. 46. 76. 10, 37. 43. 44. 48. 65. 81. 82. 11, 1. 12, 10. 19. A. 13. चन्दअ 3. 48. -अन्द 4, 20. 9. 47. 88.

चन्दण 1, 59. 60. 61. 4, 7. 6. 3. 43. 65 7. 41. 43. 69. 8. 92. 9. 20. 45. 52. 13. 23. 82. 91. 14. 25.

चन्दहास (चन्द्र°) 14, 52. 15, 79.

चन्दिमा (चन्द्रमस्[1]; चन्द्रिका Uebss.) 5. 2. 12. 2. 3.

चमर s. चा°.

चमरि 7. 48.

चर्: चरिअ 1. 10. 4. 30. चारिअ 2. 27. — संचरइ 1. 31. 8. 100. 14. 15. संचरन्त 2. 24. 5. 81. संचरिअव्व 14. 28. संचारिअ 2. 27.

चर. -अर 14, 38.

चरण 6. 7. 8. 8. 28. 13. 19. चलण 3. 58. 4, 56. 6. 12. 13. 8, 48. 9. 16. 37. 10. 12. 11, 37. 12. 16. 13. 2. 84. 14. 28. 52. 15. 90. A. 9.

चल्: चलइ 3. 51. A. 9. चलन्ति 3, 42. चलन्त 8, 83. 97. 12. 3. 31. 87. चलिअ 1. 49. 50. 2, 36. 4, 53. 6, 20. 56. 8. 27. 97. 12. 31. 32. 45. 81. 87. 13, 5. 49. 14, 10. 15, 1. 4. चालेइ 8. 59. — उच्चलिअ A. 9. — पअडन्ति 10, 44? पचलिअ 12, 95. — संचालेइ 8. 56. 101. संचालेन्ति 12. 57. संचालिज्जन्त 6. 36. संचालिअ 4. 27. 6. 23. 70. 12. 20.

चल 1. 50. 63. 4. 16. 7. 18. 8. 38. 10. 11. 13. 21. 76. A. 9.

चसअ (चषक) 2, 11. 12, 14.

चाअ s. चाव.

चामर 1. 33. 9. 74. 81. 15. 49. चमर 13. 66.

चाव (°प) 3. 10. 5. 17. 18. 11. 93. 12, 29. 15. 47. 56. 64. 69. चाअ 15. 15.

चि: — आइअ 1. 6. 12, 37.

चिअ s. चेअ.

चिक्खिल्ल (कर्दमे देशी R) 10. 43.

चिण्ह (चिह्न) 13. 26. -इण्ह 1. 12, 24. 5. 70.

चित्ताविअ (चेतित R. निर्वृत K) 11. 1.

चिन्त्: चिन्तेइ 4, 15. 11, 3. 88. चिन्तेउं 3, 18. 11, 22. 121. 14, 56. चिन्तिज्जउ 3, 26. चिन्तिज्जन्त 11, 82. चिन्तिअ 1. 36. 47. 4, 31. 11, 10. 105. दुच्चिन्तिअ 11. 20. चिन्तविअ 11, 1*.

चिन्ता 1. 39. 43. 3. 51. 11, 2.

चिर 1, 26. 35. 44. 2. 6. 31. 3, 8. 10. 22. 24. 31. 45. 56. 4, 63. 5, 20. 21. 24. 42. 64. 6, 17. 44. 86. 7. 15. 8, 12. 57. 77. 9, 56. 87. 10, 60. 69. 73.

[1]) s. Lassen Inst. 203. E. Kuhn Paligr. 22. Die Verschiebung der Bedeutung ist Folge des durch den nom. °मा veranlassten Genuswechsels.

11. 31. 70. 12. 20. 28. 40. 50. 59. 61. 76. 13. 81. 14. 14. 33. 15. 9. 18. cf. अद्दर. केव्विर. मुद्दर.
चिलाअ (किरात) 9. 71.
चुक्क (च्युत R. प्रमाद् K. प्रमादे देशीति केचित् R) 1. 9.
चुक्कार (देश्यां शब्दवाची R) 13. 25.
चुण्ण (चूर्ण) 8. 61. 72. 10. 49. 11. 62. चुण्णिज्जन्ति 7. 60. चुण्णिअ 6, 62. 7. 42. 50. 8. 49. 13. 8. 10. 28. 31. 34.
चुम्ब्: चुम्बिज्जन्त 1. 32. चुम्बिअ 10. 63. 76.
चुम्बण 10. 58. 64.
चेअ. छेअ. चिअ. छिअ (चैव: एव Uebss.): चेअ. चिअ nach ं, छेअ. छिअ nach Voc. — चेअ 1. 36. 14. 10. 55. 15. 86. — छेअ nach ursprüngl. kurzen kommt zufällig nicht vor; nach ursprüngl. langen: nach ए 5. 67. 8. 33. 14. 11; nach अ aus ए 5. 67*; nach ओ 4. 47^{2}. 6. 67. — चिअ 1. 37. 3. 5. 30. 39. 4. 13. 27. 11. 50. 6. 8. 16. 84^{2}. 7. 40. 8. 5. 30. 50^{2}. 10. 67. 75. 11. 23. 36. 72. 75. 78. 12. 21^{2}. 33. 56. 68. 13. 6. 14. 10. 12. 16. 15. 8. 29. 39. 43. — छिअ nach ursprüngl. kurzen: nach अ 3. 6. 14. 10; nach इ 3. 29. 8. 16. 11. 104. 12. 64. A. 2; nach ursprüngl. langen: nach अ aus आ 3. 3. 9. 20. 4. 35. 6. 11. 36. 7. 10. 8. 3. 10. 41. 11. 10. 53. 65. 103^{2}. 15. 15. 26. 27; nach इ aus ई 12. 24; nach ए 1. 58. 4. 44. 48. 5. 61. 67. 79. 6. 10. 8. 33. 75. 11. 36. 13. 17. 14. 73. 15. 24; nach अ aus ए 1. 58*. 2. 15. 4. 32. 5. 61*. 67*. 6. 16*. 84. 11. 65. 13. 41. 14. 73; nach ओ 3. 36. 4. 40. 5. 21. 28. 6. 8. 8. 23. 17*. 53. 82. 10. 73. 11. 55. 12. 20. 14. 7. 15. 33. 43. 84. 86; nach अ aus ओ 8. 30*. 15. 69.

छ

छअ (°द) 9. 47. s. सत्त°.
छड्: — पच्छाअन्त 11. 9. °न्तअ 9. 49.
छन्द 11. 73. 12. 53. 71.
छड्ड? (cf. Hem. II 36. IV 91): — विच्छड्डिअ (= त्यक्त) 11. 41. 43. cf. विच्छड्डु.
छवि 1. 20. 4. 12. 8. 49. 9. 34. 10. 23. 11. 45. 12. 6. 14. 15.
छाआ (°या) 1. 5. 11. 36. 60. 64. 2. 28. 45. 3. 6. 17. 18. 35. 4. 5. 10. 51. 5. 26. 33. 38. 6. 6. 14. 26. 51. 93. 7. 1. 8. 7. 18. 66. 76. 9. 23. 45. 54. 56. 59. 68. 90. 10. 6. 7. 8. 9. 20. 21. 35. 40. 47. 49. 51. 52. 53. 11. 45. 57. 93. 12. 2. 3. 1. 15. 58. 93. 13. 35. 52. 54. 58. 61. 14. 20. 30. 32. 82. 15. 5. सच्छाअ 6. 37. 8. 91. छाहि 10. 37. 47. 48. 51. 55.
छिक्कअ (छिक्क aus *छिग्ध von छिह्: स्पृष्ट Uebss.) 3. 46.
छिद्: छिज्जइ 14. 5. छिज्जन्ति 13. 36. 90. छिण्ण 5. 36. 37. 52. 54. 60. 63. 6. 93. 8. 36. 67. 91. 9. 39. 55. 10. 58. 11. 36. 61. 90. 91. 12. 60. 13. 34. 14. 6. 15. 10. 21. 79. 80. — उच्छिण्ण 13. 65. — वोच्छिन्दन्त[1] 15. 62. वोच्छिज्जइ 13. 37. वोच्छिज्जन्त 8. 5. 10. 21. 13. 32. 14. 78. वोच्छिण्ण 8. 98. 9. 75. 10. 24. 54. 12. 19. 59. 13. 64. 79. अव्वोच्छिण्ण 3. 17. 7. 70. 8. 80. — विच्छिण्ण 6. 27.
छिव् (स्पर्श् Uebss.): छिवामि 15. 90. छिवइ 10. 70. छिविअ 2. 8. 16.
छुन्द् (चुद्. आक्रम Uebss.; cf. फुन्ट): छुन्दन्ति 9. 70. अणच्छुण्ण 10. 2? — ओच्छुन्दन्ति 13. 19. ओच्छुन्दइ (passiv?) 10. 55. ओच्छुण्ण 11. 111. 13. 63. (lies उ° = अव°?) 15. 13. अणुच्छुण्ण (= अनव°) 10. 28.
छुर्: — विच्छुरिअ 14. 79.
छुह (क्षिप् Uebss.): छूढ 13. 70. — परिच्छूढ 13, 17. — विच्छुहइ 10. 73. विच्छूढ 6. 19. 47. 8. 10. 39. 9. 8. 84. विच्छूढव्व 10. 53. cf. छोह.
छेअ (°द) 1. 7. 5. 35. 6. 55. 7. 48. 8. 10. 9. 7. 10. 15. 35. 11. 1. 52. 62. 63. 94. 13. 18. 39. 65. 14. 78. 15. 18. 80. A. 11.
छोह (von छुह्: क्षेप R. शोभा? K) 4. 17. 18.

ज

ज (य): जो 3. 12. 24. 4. 47. 6. 67. 7. 7. 8. 47. 14. 10. 15. 33. 86. जा 11. 103. ज (यम्) 8. 40. 43. 9. 60. 14. 43. (याम) 10. 67. (यत) 3. 12. 32. 4. 23. 28. 5. 50. 6. 14. 53. 84. 7. 9. 50. 8. 15. 30. 65. 9. 51. 11. 75. 76. 86. 119. 12. 21. 14. 12. 47. जेण 1. 4. 10. 9. 84. A. 1. जेणअ 4. 11. जस्स 1. 2. 3. 5. 6. 7. 8. 6. 67. 9. 71. 78. 83. 90. 94. 96. 11. 96. 14. 10. 43. 15. 8. जम्मि 1. 12. 4. 35. 9. 73. जे (ये) 3. 9. 21. 5. 41. 8. 33. 75. 12. 76. 13. 17. (यान्) 5. 67. जेहिं 6. 91. [13*. 16.
1. जअ (जगत्) 3. 12. 5. 20. 6. 15. 18. 9. 1. 73. 14
2. जअ (जय) 1. 11. 4. 31. 33. 65. 9. 1? 11. 7.
जइ (यदि) 11. 28. 80. 94. 120. 121. 132. 15. 88.
जङ्गम 12. 55.
जडा (जटा) 5. 15. 12. 27. -अडा 4. 20.
जण 10. 60. 66. 67. 71. 75. 78. 11. 1. 29. 55. 81. 86. 121. 12. 38. 46. 67. 70. 15. 86. 95. -अण 4. 64. 7. 19. 61. 10. 71. 75. 11. 1. 12. 38. 15. 93. अण (im Anlaut!) 8. 65.
जणअ (°क N. pr.) 1. 37. 2. 38. 10. 3. 11. 1. 13.

[1]) ob वोच्छिद् = व्यवच्छिद् (R) oder = व्युच्छिद् (K) ist, bleibt ungewis. s. Hem. I 116.

25. 28. 39. 54. 58. 68. 74. 100. 102. 137. 12, 37. 14, 40. 41. 55. 69. 15. 92. 94 A. 14.

जणणि 12. 19.

जत्तो (यतस्) 3. 58. 6, 8. 16. 25. 45. 15. 43.

जत्थ (यत्र) 4. 46. 50. 9. 70. 71. 76. 77. 79. 80. 81. 82. 85. 86. 87. 88. 89. 92. 93. 14, 10.

जन्: जाअ 1. 34. 43. 45. 58. 4. 56. 64. 5. 3. 9. 12. 15. 16. 21. 22. 75. 6, 27. 29. 32. 74. 96. 7, 4. 49. 61. 8. 9. 33. 55. 93. 104. 107. 9. 40. 10. 4. 7. 22. 28. 33. 35. 36. 38. 53. 56. 11. 57. 66. 81. 86. 12, 1. 10. 12. 21. 59. 77. 78. 79. 94. 98. 13. 7. 45. 68. 14, 25. 27. 34. 57. 61. 83. 15. 13. 14. 53. 63. 91. A. 12. दुज्जाअ 12, 63. जणिअ 2. 28. 5. 15. 7. 6. 65. 8, 19. 39. 102. 107. 10. 62. 13. 19. 64. 15. 95. जणेन्ति A. 14. — संजाअ 7, 45.

जन्तण (यन्त्रण) 4. 49.

जम (यम N. pr.) 13. 20 15, 86.

जमल (य°) 3. 59. 5, 56. 8. 37.

जम्बुमालि (°लिन् N. pr) 13. 86.

जम्म जन्मन्) 2, 30.

जरढ (°ठ) 2. 22. 6. 92. 9. 41. 45. 60. °ढाअन्त 1. 43. [10. 38.

जरा 4. 24.

जल 1. 8. 20. 28. 58. 62. 2, 2. 5. 12. 14. 21. 32. 34. 36. 39. 3. 60. 5, 14. 18 28. 39. 40 41. 49. 60. 65. 69. 75. 80. 81. 82. 86. 6. 15. 24. 33. 7. 9. 19. 32. 42. 44. 47 52. 56. 59. 8, 11. 16. 32. 36 45. 48. 52. 60. 66. 93. 103. 9, 5. 10. 13 15. 16. 23. 33. 59. 65. 68. 10. 46. 68 11. 41. 101. 111. 12. 19. 81. 14. 38. 75. 15. 38. A. 11. सजल 14. 79. सअल 9. 49.

जलअ (°द) 1. 24. 56. 4. 52. 5. 77. 6. 34 37. 53. 7. 18. 61. 9. 11. 20. 51. 76. 79. 14. 20.

जलअर (°चर) 3. 60. 5. 54. 64. 65. 7. 4. 53. 64. 8, 93*. 95.

जलण (ज्व°) 2, 41. 5. 35. 68. 69. 74. 76. 78. 80. 6, 25. 13. 83. 14. 82. 15. 7. 34. A. 4

जलणिहि (°धि) 5. 1. 27. 8. 5. 29. 44. 9. 13. 51. 64.

जलहर (°धर) 1. 59. 2. 21. 3. 37. 4. 54. 5. 71. 82. 6. 38. 62. 92. 8. 25. 68. 103. 12. 61. 14. 75. 15. 31. 48. 93.

जल्प्: जम्पइ 3. 52. 4, 15. 19. 38. 58. 6. 9. 8. 13. 10. 75. 14. 45. 15. 25. जम्पिउं 11. 102. जम्पिअ 10. [64 80. 11. 107. 15. 60.

जव 13. 4.

जस (यशस्) 1. 4. 10. 16. 2. 5. 33. 3. 2. 4. 11. 21. 26. 41. 4. 32. 34. 43. 45. 47. 6. 75. 7. 1. 13. 35. 42. 44. 46. 47. 74. 79. 14, 46. 15. 11. 27. अजस [3. 19. 6. 75.

जहण (°घ°) 11. 69.

जहा (यथा) 1. 36. 8. 26. 10. 66. 13. 19. 15. 7. जह 3. 13. 5. 10. 66. 6. 65. 69. 7. 55. 8. 5. 30 31. 56. 60. 74. 79. 11, 21. 97. 121. 127. 12, 46. 51. 75. 13, 2. 3. 14, 1. 15, 2. 9. 65. जहेअ 8, 34. 9, 19.

जहिं (यत्र. यस्मिन् Uebss.) 4. 50. 9, 75. 91. 14, [10. 67.

जा s. जाव.

जाइ (°ति) 15. 44?

जागर्: जग्गाविअ 10. 56.

जाणइ (°की N. pr.) 4. 64. 6, 6. 7, 51. 59. 11. 27. 119.

जाणु 15, 14. 25.

जाम (या°) 11. 1. 12, 23. -आम 5. 7.

जामिणि (या°) 12. 9.

जाल 1. 50. 5. 65. 7, 67. 8. 58. 10. 48. -आल 5, 85. 6. 29. 56. 82. 7, 35.

जाला (ज्वा°) 4. 18 5. 55. 61. 9. 52. 15, 42.

जाव (यावत्) 3. 43. 56. 8. 17. 105. 11. 131. 134. जा 3. 54. 7, 51. 11. 14. 12, 68.

जाहे (von ज s. एत्ताहे: यदा Uebss.) 3, 51. 8, 1. 77. 11. 110.

जि: जिणन्ति 3. 40. जेऊण 3. 27. 8. 74. 15, 86. जिअ 4. 33. णिज्जिअ 12. 40.

जिअ. जीअ s. जीव.

जीआ (जीवा. ज्या) 1. 54. 5. 19. 21. 26. 27. 15, 56. 64. 68. सज्जीअ 1. 45. 12. 30.

जीव्: जिअइ 1. 38. जिअन्ति 3. 22. जीविज्ज 5. 5. जीअन्त 3. 12. 11. 120. जिअन्त 11. 106. 14. 55. जीविअ 1. 3. 15. 47. 2. 30. 3. 12. 21. 45. 47. 5, 4. 52. 6. 65. 10, 24. 11. 47. 56. 65. 77. 80. 82. 100. 106. 135. 13, 17. 14. 34. 44. 69. 15, 8. — उअ-द्ध 1. 31. 6. 6.

जीव 11. 116. 14. 68. जीअ 1, 16. 2, 7. 17. 5. 48. 7, 57. 8, 20. 11. 103. 106. 13. 35. 42. 44. 47. 82. 14, 81. 15. 47. सज्जीअ 1. 45[1]? जिअ 3. 31.

जीहा (जिह्वा) 5. 65. 14. 17.

जुअ (युग) 2. 35. 9. 42. 51. 74. 10. 24. 32. 61. 12, [82. 90.

जुअइ s. जुवइ.

जुअल (युगल) 5. 15. 6. 51. 9. 57. 11. 72. 87. 12, 44. 48. 13. 83. 84. 14, 28. 52. 53. 15. 77.

जुवइ (युवति) 10. 58. 74. 75. 78. 82. 11, 88. 12. 16. 38. 46. जुअइ 10. 60. 64. 66. 12. 47. 48. 50.

जूर् (खिद् R. ज्वर् K): जूरइ 11. 3. 14, 1. जूरविअ[2] [11, 1*.

जूह (यूथ) 6. 68. 7. 50. 57.

जे (हे R) 4. 36.

जेत्तिअं (Analogiebildung nach एत्तिअं. केत्तिअं; यावत् Uebss.) 8. 50.

जोअण (योजन) 3. 55.

[1]) dies Wortspiel wird nur von R angenommen.

[2]) nach Hem. IV 93 wäre diese Form von den andern zu trennen.

जोइस (ज्योतिस्) 9. 49. 75.
जोग्ग (योग्य) 1, 17. 6, 15. 9, 3. 10, 29. अजोग्ग 3, 34.
जोण्हा (ज्योत्स्ना) 1, 7. 2, 6. 9, 10. 10, 33. 49. 50. 51. 52. 53. 55. 12. 8. 11.
जोव्वण (यौवन) 1. 11. 2, 1. 20. 4. 23. 24. A. 13. [69. 98. 15. 34.
-ओव्वण 7. 62.
जोह (योध) 12, 94. 13, 22. 26. 28. 34. 45. 52. 68.
ज्ञा: आणि¹ 3, 44. आणसि¹ 15, 28. आणइ¹ 12, 63. आणह¹ 3, 13. जाणन्ति 8. 36. जाणन्त 11. 89. 97. 15, 83. जाणिउं 14. 48. णाऊण 11, 21. णज्जइ 2. 37. 4, 60. 5. 1. 26. 28. 6, 25. 26*. 53. 58. 7. 7. 57. 58. 9, 81. 11, 17. णज्जन्ति 7. 7. 8. 92. 9, 92. 10, 27. णज्जन्त 13. 11. 26. णज्जमाण 13, 93*. णाअ 2. 27. 6, 63. 8. 81. 11, 21. 132. 12, 34. 15. 4. 70. अणाअ 1, 1. अमुणाअ 9. 30. — आणत्त 11. 30. 14. 70. 15, 91. — विणज्जइ 10. 59. 11, 82. 14, 60. विण्णविअ 15. 30.
जृम्भ्: जम्भाअन्त 7. 65. 15. 12. जिम्भाअन्त 11. 30. — परिअम्भिअ 2. 20. 4. 12. — विअम्भइ 5, 27. 68. 13, 20. 47. विअम्भन्त 5, 1. विअम्भमाण 1. 43. विअम्भिअ 6. 2. 11, 6.
ज्वल्: जलइ 5. 19. 65. 70. 77. जलन्त 5, 19. 27. 65. 6. 1. 14, 24. जलिऊण 5. 31. जलिअ 10. 22. — उज्जलिअ 5. 83. — पज्जलइ 11. 101. पज्जलिअ 1. 51. 9. 28. 79. 14, 19. 24.

झ

झत्ति (झटिति) 7. 57. 13. 86.
झा (brennen) s. विज्झा.

ट

टङ्क 5. 35. A. 11.

ठ

ठाण (स्थान) 1. 19. 2, 9. 3. 39. 4. 54*. 59. 5. 53. 70. 6, 72. 86. 8, 5. 51. 80. 9, 36. 62. 10. 22. 11, 43. 81. 12, 17. 13. 14. 69. 14. 6. थाण 4. 54. 9. 87. अत्थाण 12. 86.
ठिइ (स्थिति) 2. 9. 3, 30. 4. 43. 6, 10*. 11, 29. थिइ 2. 18. 4. 43. 6. 10.

ड

डिम्ब 2. 19. 4. 64.

ण

ण² 1. 10. +15. 23. 32. 38. 42. 55. 2, 38. 39. 3, 7. 12. +13. 18, 21. 22. 24. 29. 30. 31, 32. 38. 42. +44. 45. 51. 54. 56. +57. 4. 8. +13. 15. 28. 29. 40. 46. 49. 50. 59. 62. 5, +20. 70. 6, 11. 16. 22. 43. 47. 58. 63. 65. +65. 84, 88. 94. 7, 3. 6. 33. 47. 55. 58, 8. 14. +15. 19. 32. 54, +61. 95. 9, 51. +88. 92. 96. 10, 34. +40. +58. 59. 65. 68. 78. 79. 11, 15. 17. 21. +26. 27. 31. 56. 59. 67. 69, 71. 75. 77. 82. 88. 104. 105. 109. 110. 112. 115. 116. 117. 120. 121. +123. 123*. 124. 127. 131. 12, 14. 23. 50. 53. +63. 64. 67. 98. 13. 4. 13. 14. 16. 19. 36. 39. 42. 44. 46. 65. 73. 90. 14, 2. +5. 8. 23. 35. 43. +43. 47. 60. +67. 15, 9. 24. 26. +28. 57. 58. 70. 71. 83. णेअ 4, 30. 13, 13.
ण (Pron.): णं (m.) 1. 41. 7, 51. 11, 30. (f.) 11, 51. 87. (n.) 11, 67. 103. णेण 5. 20. 6, 14. 8, 28. 15, 65.
णअ (°य) 3. 45.
णअण (°यन) 1. 5. 40. 4. 65. 5. 87. 6. 65. 8, 13. 9. 82. 10. 28. 61. 68. 11, 35. 42. 46. 112. 13, 3. 56, 14. 36. 15. 73. 77.
णअरि (°गर) 10. 3. 12, 69. 71. 78. 15. 33.
णइ (°दी) 1. 51. 57. 58. 61. 2, 5. 6. 14. 16. 26. 27. 36. 3. 17. 24. 5, 72. 6, 24. 39. 50. 55. 79. 81. 87. 91. 7, 14. 37. 51. 8. 33. 51. 61. 65. 75. 78. 9, 3. 26. 29, 37. 10. 39. 12, 93. 13, 60. 62. 15, 19. 33. 57. 89. णदी (! des Reimes halber) 6, 65.
णक्ख (°ख) 4. 21. 13. 84. 14. 54. णह 1. 2. 24. 5, 57. 6, 23. 8, 35. 9. 24. 79. 14. 31.
णक्खत्त (नक्षत्र) 7. 9. 12, 11.
णग्ग 4. 56.
णन्दि s. णइ.
णन्दण 8. 103. 15. 28.
णल (N. pr.) 8. 13. 18. 27. 29. 30. 31. 38. 41. 42. 43. 47. 57. 65. 70. 73. 77. 82. 92. 99. 13, 85. 15. 35.
णलिण 1. 28, °णि 1. 29. 30. 32. 3. 47. 9. 40. 10. 6.
णव 1, 18, 31. 34. 62. 2, 20. 4, 51. 6, 37. 68. 7. 67. 9. 40. 46. 92. 10, 34. 76. 11, 109. 12. 2. 6. 14, 50. 58. A, 13.
णवरं (aus न परम्; केवलम् Uebs.) 3. 36. 10, 68. 11, 58. 65. 12, 98. 13, 48. 14, 39. णवर 3. 7. 8. 39. 42. 5, 5. 9. 78. 6. 22. 7. 6. 19. 33. 51. 8. 36. 9. 1. 92. 10. 27. 41. 11, 28. 56. 59. 86. 12, 3. 48. 76. 13. 14. 14, 9. 12. 24. 44. 15, 87.
णवरि (aus न परि: अनन्तरम्. अथ Uebs.) 1. 36. 4. 2. 15. 55. 5, 11. 34. 78*. 7. 2. 10. 15. 33. 36. 11, 30. 68. 82. 12, 81. 13. 60. 14, 38. 57. 73. 80. 15. 5. 25. 41. 46. 79.

---

¹) hinter ण.

²) mit + sind diejenigen Fälle markiert, in welchen sich — sei es im Text oder in der v.l. — Proklisis des ण zeigt, cf. ZDMG 32, 104 ff.

णह s. णक्ख.

णह (नभस्) 1, 7. 17. 18. 19. 2. 5. 15. 19. 33. 3. 11. 4. 52. 53. 54. 5, 2. 6. 19. 31. 35. 43. 45. 51. 61. 64. 72. 74. 77. 85. 6, 23. 27. 35*. 41. 44. 54. 55. 57. 59. 71. 77. 78. 87. 88. 90. 91. 7. 5. 9. 11. 13. 31. 35. 57. 58. 60. 63. 70. 8. 1. 12. 24. 31. 51. 57. 58. 84. 85. 9, 3. 4. 19. 32. 35. 49. 61. 72. 73. 83. 84. 88. 94. 10, 18. 38. 43. 54. 12, 5. 11. 32. 59. 71. 73. 13, 30. 50. 51. 53. 54. 58. 91. 94. 98. 14. 15. 20. 21. 23. 38. 77. 78. 79. 83. A. 3.

णाअ (°द्) 2. 27. 4. 9. 6, 44. 13. 67.

णाम (adv.) 3. 53. 58. 5. 4.

णाराअ (°च) 14. 19.

णाल 1. 28. 13. 61.

णास (°श) 8, 87. 13. 42.

णासण (°श°) 3. 27.

णाह (°थ) 8, 101. 11, 79. 83. 104. 12, 41. 55. 14. 40. 15. 10. 81. s. रहु°.

णाहि (°भि) 2. 28.

णिअ (°ज) 5, 87. 15. 3. णिअअ 1. 19. 44. 61. 2. 25. 33. 45. 3. 2. 18. 23. 40. 45. 4. 3. 15. 21. 61. 6. 6. 14. 7. 10. 14. 30. 41. 53. 8. 8. 51. 66. 9. 48. 10, 1. 15. 53. 11. 13. 43. 72. 71. 12. 8. 33. 41. 44. 86. 13. 21. 26. 43. 15. 14. 15. 15. 17. 80.

णिअक्कल (नि+चक्कल: निशक्कल R) 10, 8.

णिअच्छ (wohl Denom. von अच्छ. अच्छि: निर्ध्यायति R. पश्यति K) 15. 48.

णिअत्थ (निवस्त्र Kleid: निवसन Uebss.) 10. 70.

णिअम (°य°) 5. 2. 3. 8, 28. A, 1.

णिअम्ब (°त°) 1. 55. 3. 50. 5. 64. 6. 55. 59. 70. 83. 7. 38. 55. 8, 101. 9, 3. 10. 11. 41. 99. 12. 6. 15.

णिअर (°क°) 2. 21. 25. 3. 34.

णिअल (निगड) 10. 24. °ल्लिअ 5. 48. 8. 59. 14. 28.

णिउड्ड (मग्न. नि° Uebss.) 10. 15. 15. 74.

णिउण (°पु°) 11. 15. 12. 13. 31.

णिउम्भ (°कुं° N. pr.) 12. 62. 82.

णिउम्भिला (°कुं°) 15. 36.

णिओअ (°योग) 8. 26.

णिक्कम्प (°ष्क°) 4. 27. 5. 25. 6, 70. 9. 6. 14, 25.

णिक्कलुस (°ष्कलुष) 12. 34.

णिक्कारण (°ष्का°) 3, 28. 4. 49.

णिक्खिव (निक्षिप) 8. 54. 10. 17. 12. 76.

णिग्गम (°र्ग°) 2, 2. 3. 9. 6. 39. 79. 8. 33. 9, 61. 12. 89. 13. 51. 14. 68.

णिग्गमण (°र्ग°) 11. 76.

णिग्घोस (°र्घोष 1. 29. 3. 2. 6. 44 10. 5. 12. 40. 15. 31.

णिघाअ s. णिहाअ.

णिच्चअ (°श्चय) 11. 133.

णिच्चल (°श्च°) 2, 45. 6, 42. 7, 15. 11, 35. 42. 47. 57. 112. 13. 76. 14, 26. 28. 35.

णिच्चेट्ठ (°श्चेष्ट) 3. 51. 11. 65.

णिच्छाअ (°श्छाय) 11, 91.

णिट्ठुर (°ष्ठु°) 1, 3. 12. 30.

णिडाल s. णिल्लाड.

णिणाअ (°द) 9, 30. 13. 23. 14. 10. 68.

णिण्णआ (निम्नगा) 5. 63. 8. 9.

णिद्दअ (°र्दय) 7, 26. 9. 78. 10. 42. 11. 63. 15. 83.

णिद्दा (°द्रा) 1. 21. 2. 31. 8, 87. 9. 43. 76. 12, 22. 24. 41. 42. 43.

णिद्दाअ (°द्राव) 1. 59. णिद्दावअ 9. 43.

णिद्दोस (°र्दोष) 13. 14.

णिद्धूम (°र्धू°) 5. 33.

णिप्पअम्प (°ष्प्रक°) 6. 78. 9. 22. 13. 4.

णिप्पच्छिम (°ष्पश्चिम) 8. 81. 12. 21.

णिप्पसर (°ष्प्र°) 11. 3.

णिप्पह (°ष्प्रभ) 10. 12. 11. 125.

णिप्फन्द (°ष्प°) 2. 42. 8. 25. 11. 87.

णिप्फल (°ष्फ°) 11, 24. 131. 13. 98. 14. 1. 26. 44. 53. 51. 66.

णिब्भर (°र्भ°) 6. 16. 7. 59. 8. 27. 10. 17. 13. 89.

णिब्भीअ (निर्भीत) 13. 70.

णिम (aus निमि. speciell aus णिमिअ = निमित; निक्षिप्. निमि. नियोजय्. निवेशय् Uebss.): णिमेइ 9, 89. 14. 62. णिमेन्ति 8, 40. णिमेन्त 1, 41. णिमेऊण 11, 22. 15. 55. णिमिअ 1, 42. 5, 63. 6. 76. 8. 29. 11. 34. 65. 12, 18. 29. 66. 13. 2. 85. 15, 69. दुण्णिमिअ 12, 16. णिविअ 12. 30.

णिमित्त 11. 118

णिमिल्ल s. मील्.

णिमिस (°मिष) 4. 40.

णिम्मल (°र्म°) 1. 25. 53. 3. 2. 7, 15.

णिम्मह (निरि R. निर्वम् K): णिम्महन्त 7. 62. 9, 40. 15. 48. 52. णिम्महिअ 1. 56'.

णिम्माण (°र्माण 5, 17. °णअ 3. 45. णिम्माणेइ 12. 66*.

णिम्माणअ (°र्मानक ehrlos) 3. 45.

णिम्मोअ (°र्मोक) 1. 60. 8. 11.

णिरन्तर 1. 32. 6, 25. 58. 7. 28. 70. 8. 11. 22, 9. 91.

णिरवेक्ख (°पेक्ष) 6. 75. 12, 78. 79. 13. 11.

णिराइअ s. 1. कर्, यम्.

णिरास (°शा) 11. 108.

णिरुत्तर 11. 18. 25.

णिरोह (°ध) 11. 54. 12. 20.

णिलअ (°य) 2, 2.

णिल्लाड (ललाट) 11, 36. 64. 13. 75. 15, 59. णिडाल 5. 14. 15. 71. cf. ललाट.

णिल्लज्ज s. लज्जा.

णिव (नृप) 2. 23. 9. 50.

णिवह 1. 17. 2. 5. 13. 14. 32. 31. 42. 43 3. 11. 31. 37. 4. 18. 5. 28. 39. 52. 56. 59. 63. 68. 72. 73. 74. 75. 76. 80. 86. 6. 1. 15. 24. 25. 27. 72. 76. 77. 92. 7. 3. 11. 28. 29. 30. 38. 52. 56. 61. 8. 20. 40. 49. 56. 63. 64. 78. 90. 9. 46. 65. 75. 10. 14. 29. 30. 33. 36. 40. 42. 43. 47. 52. 55. 11. 4. 9. 13. 12. 79. 84. 95. 13. 15. 53. 57. 62. 89. 14. 2. 32. 60. 64. 71. 75. 78. 79. 15. 5. 6. 15. 62. 72. 80.
1. णिवाअ (°पात) 11. 124.
2. णिवाअ (°वात Windstille) 9. 22.
णिव्वड्. °व्वल् s. वल्.
णिव्वहण (निर्व°) 11. 75.
णिव्वावार s. वावार.
णिव्वेस (निर्देप R. निर्वेश K) 15. 95.
णिसढ (°पध N. pr.) 4. 10.
णिसग्ण (निःसंज्ञ) 6. 38. 11. 67?
णिसम्म (Denomin. von निपण्ण[1]: निषद् Uebss., aber K oft vl): णिसम्मउ 6. 17. णिसम्मन्त 6. 69. 9. 38. 11. 20*. णिसम्मिउं 5. 42. cf. शम्.
णिसा (°शा) 1. 27. 5. 1. 4. 7. 10. 13. 9. 11. 28. 47. 70. 75. 76. 11. 1. 12. 12. 23 13. 49. 14. 83.
1. णिसाअर (निशाचर) 4. 60. 61. 63. 6. 73. 11. 96. 98. 105. 111. 122. 12. 34. 35. 68. 69. 71. 77. 87. 93. 96. 13. 30. 55. 69. 72. 77. 14. 12. 40. 62. 63. 70. 15. 10. 47. 83. °रेन्द (°न्द्र) 7. 59.
2. णिसाअर (निशाकर) 10. 38.
णिसिअर (निशिचर) 4. 51. 53. 11. 34. 47. 64. 12. 49. 53. 13. 8. 33. 65. 75. 95. 14. 16. 23. 41. 81. 15. 77.
णिह (°भ) 1. 58. 2. 33. 41. 4. 8. 19. 40. 5. 10. 72. 6. 92. 8. 11. 85. 9. 24. 10. 6. 22. 43. 47. 49. 61. 12. 48. 13. 55. 61. 62. 14. 21. 53. 64. 75. 15. 74
णिहंसण (निघर्षण) 5. 49. 9. 77. [A. 11.
णिहण (°ध°) 8. 88. 14. 49. 65. 15. 23. 61. 87.
णिहस (निकप RK. निघर्ष R) 6. 33. 85. 7. 1. 9. 6. 10. 25. 12. 58. 15. 50.
णिहसण (निकपण: निघर्षण R) 9. 10.
1. णिहाअ (निकाय K. निघात. oft = समूह. R) 4. 38. 5. 32. 33. 35. 61. 7. 59. 8. 99. 11. 85. 96. 12. 43. 13. 36. 66. 15. 66. णिघाअ 14. 66.
2. णिहाअ (निघात) 6. 70. 15. 70.
णिहाण (°धा°) 2. 33.
णिहि (°धि) 2. 19. s. जल°. सलिल°.
णिहुअ s. भर्.
णी (निर्. निर्या. निरे Uebss., cf. Hem. IV 162): णीमि 15. 27. णीइ 8. 57. 11. 8. 12. 64. 82. 83. 88. 92. 93. 13. 51. 14. 2. 63. 15. 12. 32. णिन्ति 7. 30. 14. 19. णेन्ति 5. 60. 12. 47 णिन्त 3. 2. 5. 40. 7. 11. 69. 8. 68. 9. 46. 62. 12. 95. 13. 23. 14. 70. 15. 1. 24. 13. 68. अणुणिज्जमाण अन्वीयमान Uebss.) 2. 16.
1. णील 1. 63. 4. 12. 5. 14. 9. 35. 14. 19.
2. णील (N. pr.) 4. 5. 14. 72. 73. 79. 81. 83. 84. 15. 35. 55. 56. 59.
णीसन्द (निस्यन्द) 2. 13. 18. 4. 58. 5. 57. 9. 33. 10. 15. 12. 10. 15. 72.
णीसरण (निः°) 9. 18.
णीसह (निः°) 1. 39. 6. 61. 10. 59. 11. 47. 56. 60. 73. 97. 107. 116.
णीसामण्ण (निःसामान्य 8. 106. 11. 78. 13. 14.
णीसार (निः°) 11. 113. 13. 43. °रअ 3. 18.
णीसास (निःश्वास 2. 28. 3. 19. 5. 47. 9. 76. 11. 11. 22 57. 60.
णीसेस (निःशेप 3. 39. 11. 69. 13. 73. 14. 17. 15. 40. णीसेसिइ 10. 31.
णीहरइ etc. s. ह्रद.
णीहार 13. 61.
णु 1. 40. 3. 49. 6. 61. 8. 57. 10. 42. 81. 13. 51. 15. 86.
णूण नूनम् 5. 6.
णूम (गोपय् Uebss.): णूमिअ 1. 32. 5. 87.
णे नम) 3. 16. 5. 4.
णेउर नूपुर) 1. 29.
णेवच्छ नेपथ्य) 12. 67.
णेह (स्नेह) 3. 28. 11. 114. 137. 15. 84.
णोल्ल (नुद: Denom. von नुन्न,: णोल्लेइ °ल्लइ vl) 10. 30. णोल्लिअ 6. 32. 7. 35. 9. 18. पणोल्लिअ 6. 19. 9. 95. 15. 41.

त

त (Pron.): स 11. 21. सो 1. 10. 19. 51. 3. 12. 25. 4. 17. 57. 5. 23. 31. 6. 67. 8. 17. 53. 82. 10. 79. 14. 13. 63. 64. 15. 9. 12. 33. 40 47. 74. 79. सा 4. 35. 5. 6. 11. 10. 60. 65. 103. 111 117. 12. 23. तं (तम्) 1. 30. 4. 50. 8. 13. 14. 71. 15. 15. 43. 86. (ताम्) 10. 67 11. 110. 118. 15. 24. (तत्) 1. 10. 12. 12 3. 12. 30. 4. 22. 28. 5. 50. 6. 11. 17. 84. 7. 9. 50. 8. 5. 17 21. 23. 26. 39. 65. 9. 51. 11. 23. 35. 36. 76. 86. 113. 119. 131. 12. 21. 50. 79. 94. 13. 29. 92. 14. 12. 13. 15. 8. 55. तेण 1 12. 6. 53. 11. 33. 96. 14. 77. 15. 11. 21. 44. 65. तेणिअ 14. 48. तम्म 3 53. 5. 9. 15. 33. 11. 10. 17. 12. 85. 14. 10. 66. 76. 15. 81. तम्मि 1. 50 4. 35. 11. 70. 14. 11. तोए 11. 50. 69. 136. तीअ 11. 10. 52. 57. 66. 71. 101. 109. 110. 134. 135. 15 9. ते

[1]) zur Bildung cf. खम्मइ. चिम्मइ. जम्मइ. हम्मइ.

(ते) 3, 9. 21. 5. 44. 79. 6, 31. 7. 1. 8, 33. 75. 10. 81. 12, 76. 13, 17. 14, 60. 15, 24. (तान्) 3, 1. 5, 67. 15, 7. तेहि. °हिं 6, 94. 10. 81. 11, 36. 52. 15, 43. ताण, °णं 2, 45. 4, 3. 6, 84. 13.20. 14, 17. 25. 15, 62. 69. तेसु 14, 33. s. तकखण bei खण.

तंस (त्र्यस्र; so K, तिर्यक् R) 6, 28. 7, 54. 10, 48. 11, 34. 73. 101. 12, 90. 14, 33.

तड (°ट) 1, 58. 5, 79. 6, 55. 92. 8, 76. 99. 9, 38*. 95. 10. 24. 12. 2. 15, 57. तल 8, 96. -अड 1. 55. 2, 32. 3, 16. 4, 5. 9. 19. 22. 5, 36. 54. 6, 2. 31. 59. 87. 7. 59. 8, 2. 10. 30. 33. 35. 45. 55. 105. 9, 14. 23. 24. 26. 35. 53. 57. 96. 10, 19. 11, 4. 36. 38. 64. 12, 75. 13, 5. 14, 25. 15, 44. 59. A, 11.

तडिम (°लि°) 2, 2. 12, 90. 14, 30. 33. 15, 3. 30. 50.

तण (तृण) 1, 61 (त्त°)? 4, 15. 7, 8. -अण 6. 68. 9, 18. 37.

तणअ (°य) 1. 36. 48. 2, 1. 44. 3. 16. 43. 4, 15. 37. 58. 13, 87. 90. 94. 96. 97. 99. 14. 16. 26. 27. 32. 38. 42. 61. 69. 82. 15. 32. 34. 36. 55. °णआ 1, 37. 11, 4. 58. 100. 137. 14, 69. 15, 92. 94. A, 1. 14.

1. तणु (klein) 6. 89. 10, 37. °णुअ 5, 8. 21. 9. 92. 10, 9. 31. 11, 86. 12. 14. 15. 56. 13. 53. 58.

2. तणु (Leib) 1, 35. 2, 9.

तणाअ (आर्द्र Uebss.) 1. 31. 6. 22. 8. 32. 60. 13. 30. 15. 49. तणाअन्त 11, 126. -अणाअ 4. 9.

तण्हा (तृष्णा). सत्तण्ह 1. 46. सअण्ह 12. 68. s. म-अतण्हा.

तत्तो (ततस्) 3, 58. 61. 6, 25. 45. 11, 67.

तत्थ (तत्र) 3. 53. 4, 46.

तन्: तअ 2, 27. 9. 18. उत्ताणिअ 9. 89. 11. 25. 14, 33. cf. उत्ताण.

तन्ति (तन्त्री) 14. 30.

तन्तु 13. 61.

तप्: तवणिज्ज 15, 13. उत्तत्त 5. 57. — पअविज्ज 4. 28. पअविज्जन्त 5. 75. °न्तअ 2, 24. पअविअ 2, 25. 5. 79. — संतत्त 15. 70. संताविअ 11, 33.

तम (°मस्) 2, 33. 3, 34. 6, 74. 9, 50. 10, 25. 29. 30. 39. 40. 42 43 44. 47. 52. 14, 34.

तमाल 1, 63. 4, 42. 5. 14. 9, 36. 93. 10, 25. 12. 27.

तम्ब (ताम्र). -अम्ब 1. 30. 3, 34. 4. 11. 12. 16. 5, 33. 37. 55. 6. 45. 72. 7. 38. 42. 8. 7. 29. 96, 9, 52. 10, 8. 18. 19. 34. 12. 5. 17.

तर्: तरिउं 3. 7. तीरइ (immer passiv) 3. 18. 4, 41. 11, 27. तीरेन्ति 3, 24. तिण्ण 11. 21. — ओअरइ 9, 69. ओइण्ण 5. 31. 6. 34. 15. 54. ओअरिअ 11. 93. 15. 82. — उत्तरउ 8, 22. उत्तरन्त 8. 7. 9. 48. उ-त्तिण्ण 5. 57. 6. 57. 72. 7. 16. 8. 8. 22. 94. 102. 107. 9. 62. 15. 80. समुत्तिण्ण 8. 104. — विइण्ण 1. 24. 2, 30. 39. 4, 18. 5, 3. 15. 6, 19. 8, 13. 18. 54. 65. 10, 3. 11, 15. 14, 36. 71. 15, 47.

तरंग 1, 63. 2, 14. 5. 10. 54. 55. 56. 62. 63. 66. 82. 7, 24. 8, 49. 64. 101. 9, 53. 11, 25. 42. सअ-रंगअ 2, 29. तरंगिअ 8. 11. 11, 36.

तरु 7, 18. 11, 11. 15, 16. -अरु 2, 19. 5, 85. 9, 44.

तरुण 1, 62. 12, 5.

तर्ज्: तज्जेइ 5. 27. तज्जिअ 12, 31.

तर्ष्: तिण्हाइअ 13, 39.

1. तल 2, 31. 9, 21. 37. 13, 85. 86. -अल 1, 7. 15. 17. 25. 40. 56. 2. 8. 29. 37. 3, 1. 23. 51. 54. 58. 4, 4. 19. 42. 53. 56. 5, 18. 19. 31. 58. 61. 66. 74. 77. 6, 12. 16. 21. 24. 32. 35. 41. 43. 54. 55. 58. 62*. 71. 83. 88. 90. 91. 7, 2. 14. 31. 32. 47. 58. 8, 1. 2. 24. 37. 57. 58. 66. 67. 91. 102. 9, 4. 15. 19. 55. 68. 72. 78. 82. 93. 10, 13. 28. 30. 32. 36. 39. 43. 46. 53. 54. 11. 34. 39. 65. 68. 71. 90. 108. 111. 118. 12. 11. 30. 49. 71. 73. 81. 97. 13, 27. 29. 31. 85. 95. 98. 14, 57. 68. 77. 78. 83. 84. 15, 35. 44. 54. 80. 91. A, 10. 14. cf. तड.

2. तल (Tâlapalme) 2, 34. 9. 38.

तल्लिण 10, 13. 13. 61. तड्डिण 13, 50. तल्लिणत्तण 10, [7. 11, 45.

तवण (°प° N. pr.) 13. 85.

तह (°था) 1. 15. 5. 10. 16. 70. 79. 6, 69. 7, 5. 55. 63. 8. 30. 31. 56. 60. 74. 79. 10, 39. 11, 21. 55. 65. 97. 116. 121. 127. 12, 51. 97. 13, 2. 3. 74. 14, 26. 80. 15. 2. 9. 47. 65. 69. तहेअ 5, 66. 8, 34. 9. 19. 10. 71.

तहिं (तत्र, तस्मिन् Uebss.) 4. 41. 50. 6, 8. 16. 8, [40. 14. 10. 67.

ता s. ताव.

ताड्: ताडिअ 9. 71. 14. 52.

ताडण 12. 83. 13, 86.

ताण (=विकाश R). -आण 9. 88*.

तामरस 9, 31.

तार s. ताल.

तारआ (°का) 9. 70. 75. 92. 10, 53. 61. 11, 57. 60. [64. 12, 4. 28.

तारा 1. 22. 34. 6. 4. 9. 38. 42. 10, 36: N. pr. 13, 97.

तारिस (तादृश) 4, 29. 11, 86. 96.

ताल (Palme) 3, 15. 15, 66. तार 14, 20 (R). -आल (Klatschen) 6, 61. 11. 129.

ताव (°प) 14. 20*.

ताव (°वत्) 3. 43. 54. 4, 32*. 51. 8, 105. 10, 5. 25. 12, 1. 6. 41. 14. 14. ता 3. 40. 43. 4. 25. 42*. 48. 49[1]. 7. 51. 10. 34. 11. 14. 78. 105. 12, 68. 14, 48[2]. 15. 90. दाव 3. 26. 29. 56. 4, 32. दा 3, 10. 27.

1) = तत्. ततस् R gegen Hem. IV 278.

2) = तत्, तस्मात् K, oder las er तं?

ताहि (von त. s. एत्ताहि: तदा Uebss.) 8. 2. 77. 11. 36. 110. 15. 84.

ति. त्ति (इति): ति nach ˊ. त्ति nach Voc. ति 1. 38. 4. 36. 5. 4. 20. 6. 10. 58. 10. 55. 11. 18. 53. 66. 77. 79?. 80. 85. 95. 113. 114. 115. 123. 12. 35. 13. 48. — त्ति nach ursprüngl. kurzen: nach अ 11. 116. s. अत्ति: nach इ 1. 38. 5. 67. 6. 58. 7. 7. 10. 3. 11. 49. 76. 90. 116? nach ursprüngl. langen: nach अ aus आ 1. 38?. 5. 6. 8. 7. 7. 14. 56. 15. 83; nach इ aus ई 5. 20. 10. 3. 11. 116? 119; nach ए 4. 39; nach ओ 2. 33. 37. 3. 25. 5. 20. 28. 6. 25. 8. 53. 11. 81. 116*. 13. 99. 14. 2. 15. 4. 9. 25. 45?; nach अ aus ओ 11. 81*. 13. 99. 15. 95. cf. इत्ति.

ति (त्रि): तिण्णि 9. 91. तीसु 8. 58.

तिअ (त्रिक) 8. 13. 38. 11. 34. 14. 18.

तिअडा (त्रिजटा N. pr.) 11. 87. 100. 101. 113. 118. 134. 137.

तिअस (त्रिदश) 1. 12. 2. 18. 30. 8. 107. 9. 57. 58. 61. 93. 96. 10. 2. 13. 68. 15. 51. 58. 63. A. 6.

तिउर (त्रिपुर) 15. 58.

तिऊड (त्रिकूट) 8. 83. 11. 98. 15. 21.

तिणअण (त्रिनयन) 15. 58.

तिमि 2. 11. 36. 5. 16. 71. 8. 76.

तिमिङ्गिल 7. 8.

तिमिर 1. 5. 5. 12. 6. 65. 74. 9. 9. 62. 10. 21. 26. 27. 28. 31. 32. 33. 34. 35. 36. 37. 38. 55. 11. 88. 12. 5. 14. 14. 58. 83. A. 13.

तिवहआ (त्रिपथगा) 6. 7. 8. 12.

तिव्व (तीव्र) 8. 61. 9. 11. 14. 19.

तिसिर (त्रिशिरस N. pr.) 12. 56.

तिहाअ (त्रिभाग) 8. 82.

तिहुवण (त्रिभु°) 4. 61. 14. 31. °अण 3. 39. 4. 28. 6. 19. 9. 7. 84. 11. 27. 89. 14. 13. 15. 28. 52.

तीर 1. 61. 2. 23. 31. 7. 33. 9. 88. 10. 56.

तु (Pron.): तं (त्वम्) 11. 77. 97. तुमं (त्वम्) 8. 17. 11. 89. 93. 14. 18. (त्वाम्) 1. 38. 11. 77. 80. 84. 15. 88. तुमे (त्वया) 4. 30. 34. 11. त्वयि R) 14. 61. 6. 10. 13. 11. 83. 120. 127. 14. 46. 15. 86. तुह 6. 10. 12. 14. 15. 8. 19. 11. 75. 79. 85. 93. 104. 105. 120. 132. तुहं 4. 40. 60. 8. 20. 15. 87. तुज्झ 4. 25. 11. 76. 77. 80. 98. 99. 106. ते 15. 87. दे 4. 31. 33. 11. 83. 92. 126. तुमम्मि 11. 81. 121. तुम्हे (यूयम) 3. 3. 7. (युष्मान्) 3. 27. तुम्ह (युष्मत्. युष्माकम्. तव Uebss.) 3. 6. 11. 41. 15. 56. 60.

तुङ्ग 1. 1. 55. 5. 62. 79. 6. 88. 7. 8. 8. 34. 88. 96. 9. 7. 14. 42. 96. 10. 13. 54. 12. 41. 13. 30. 14. 31. 15. 20. 21. 57. A. 3. °त्तण 9. 57.

तुण्हक्क (तूष्णीक) 2. 35. 15. 2.

तुप्प (घृत Uebss.) 15. 38.

तुम्हारिस (युष्मादृश Uebss.) 4. 46.

तुरअ (°ग) 9. 69. 74. 12. 87. 13. 7. 21. 69. 71. 76. 15. 17. 18. [15. 11.

तुरंग 9. 54. 81. 12. 85. 13. 22. 27. 31. 76. 14. 11.

तुरंगम 9. 27. 12. 83. 13. 7. 53. 71. 15. 3.

तुल्: तुलेमि 11. 89. तुलन्त 6. 51. तुलिउं 6. 30. तुलिऊण 5. 20. तुलिज्जइ 3. 13. 10. 79. तुलिअ 2. 37. 3. 5. 22. 4. 22. 6. 20. 60. 64. 85. 7. 6. 8. 27. 12. 32. 81. 14. 39. 15. 44. तुलिअव्व 6. 29.

तुला 13. 87. तुलग्ग (°लाग्र zufällig) 4. 27. 6. 23.

तुवर 8. 55. 7. 39. 14. 72.

तुष्: दूमह ! तुष्यत 15. 61. परिओसिअ 12. 26.

तुसार (°षा°) 8. 102. 15. 50.

तूर (°र्य) 5. 11. 12. 15. -ऊर 8. 65.

तेत्तिअं (cf. जेत्तिअं: तावत Uebss.) 8. 50.

तेल्लोक्क (त्रैलोक्य) 1. 12. 2. 15. 4. 39. 5. 22. 11. 123. 14. 31. 15. 68. 82.

तो (ततम्) 1. 16. 43. 44. 49. 51. 62. 2. 57. 15. 3. 1. 52. 4. 3. 17. 42. 49?. 52. 53. 58. 5. 3. 11. 17. 21. 24. 30. 6. 20. 23. 31. 7. 71. 8. 18. 29. 10. 4. 35. 11. 6. 31. 33. 36. 60. 66. 71. 72. 87. 100. 102. 108. 111. 113. 118. 121. 132. 134. 136. 12. 26. 30. 45. 79. 97. 13. 80. 14. 16. 18. 29. 31. 39. 42. 49. 60. 64. 66. 68. 75. 76. 15. 3. 6. 7. 11. 14. 15. 17. 18. 20. 23. 36. 37. 40. 44. 51. 55. 59. 63. 64. 72.

तोरण 12. 41. 67. [73. 74.

तोसि (तोष: तुष्ट fälschlich K) 3. 55.

त्यज: परिच्चत्त 8. 20.

त्रुट: टुट्टन्त 6. 63?

त्वर: तुरवन्त 4. 30. तुरिअ 4. 30. 36. 6. 93. 8. 24. 9. 81. 10. 13. 71. 11. 106. 12. 35. 49. 60. 61. 87. 95. 13. 2. 14. 4. 5. 48. 81. 15. 31. 33. तुरिअ 12. 82. तूरविअ 12. 83.

थ

थ (स्थ s. दूरत्थ. मज्झ°.

थक्क cf. Hem. IV 16: aus स्तग्ध von स्तग्ह = स्तम्भ: cf. अत्थक्क: — वित्थक्कन्त (वितिष्ठमान R. वितर्कयत K) 3. 1. 13. 70. 71. वित्थि° 13. 71.

थण स्त° 1. 2. 6. 2. 8. 11. 39. 40. 54. 59. 65. 68. 69. 102. 115. 124. 12. 19. 64. A. 13. 11.

थम्भ (स्त° 12. 93. cf. खम्भ.

थल (स्थ°) 3. 60. 4. 19. 57. 5. 18. 6. 39. 7. 61. 64. 8. 97. 10. 55. 11. 99. 108. 128. 12. 54. 57. 58. 60. 93. 13. 10. 21. 23. 30. 60. 71. 14. 71. 82. 15. 24. °ल्लि 3. 63. 7. 66. 15. 77.

थवत्र (स्तबक) 1, 40. 5. 62. 12, 21. 14. 75. 15. 43.
थाण s. ठाण. [78. 84.
थाम (स्थामन्) 1, 4. 44. 4. 25. 8. 40*. 100. 10. 38. 12. 29. 15. 19.
थाह (स्थामन्[1]: स्थाघ! R) 8. 40. 15, 19*.
थिइ s. ठिइ.
थिमन्त्र s. स्त्या.
थिर 2. 18. 4, 46. 5. 14. 6. 10. 7. 25. 8. 35. 56. 10. 72. 11. 115. 14. 25. 58. अत्थिर 3. 53.
थुइ (स्तुति) 6. 9.
थोत्र (स्तोक) 1. 32. 3. 9. 4, 47. 5. 16. 18. 73. 6. 9. 7. 64. 71. 8. 22. 53. 70. 73. 9. 27. 33. 62. 10. 26. 31. 41. 50. 11. 42. 12. 46. 13. 2. 14. 15. 53. A. 7. °त्तण 8. 74.
थोर (स्थूल) 2. 3. 5. 49. 56. 82. 7. 61. 8. 87. 88. 9. 91. 10. 14. 42. 13. 9. A. 3. थूर 5. 82*.

द

दत्र s. दव.
दंमण (°र्श°) 1. 17. 26. 2. 42. 46. 4. 1. 5. 1. 9. 9. 88. 10. 75. 11. 28. 35. 47. 50. 14. 23. A. 13.
दक्खिणात्रण (दचिणायन) 4. 30. 9. 83.
दक्खिम (दाक्षिण्य) 11. 13.
दणुइन्द (दनुजेन्द्र) 1. 2.
दण्ड 5. 72. 13. 29. 15. 16. 49.
दन्त 1. 64. 3, 2. 4. 6. 38. 58. 5. 54. 83. 6. 88. 7. 45. 8. 16. 9. 57. 63. 10. 35 60. 11. 7. 12. 58. 13.
दन्ति (°न्तिन) 13. 21. [15. 21. 38.
दप्प (°र्प) 1. 46. 3. 38. 4. 3. 13. 14. 5. 17. 6. 59.
दप्पण (°र्प°) 3. 23. [11. 95. 13, 14. 41.
दय्: दअइ 13. 44. दअन्त 12. 64. दअमाण 3. 12. दइत्र 2. 20. 3. 12. 10. 58. 64. 70. 71. 75. 11. 46. 70. -अइत्र 9. 31. दइआ 1. 42. 11. 18. 12. 26. 52.
दर्: दारेइ 15. 35. णिद्दारित्र 5. 83. 13. 95. 14. 18. - विआरित्र 8. 67.
1. दर (ein wenig) 1. 20. 41. 62. 2. 12. 21. 3. 14. 4. 12 5. 38. 47. 54. 56. 57. 81. 84. 6. 1. 17. 34. 62. 64 7. 20. 23. 27. 52. 8. 5. 37. 44. 49. 76. 82. 94. 9. 16. 20. 60. 67. 79. 10. 21. 23. 37. 50. 64. 74. 11. 6. 45 62. 63. 107. 118. 130. 12. 1. 13, 61. 74. 14, 21. 22. 27. 41. 15. 13. 22. 25. 41. 51.
2. दर (Furcht) 6. 56.
दरि 1, 56 4. 9. 6, 60. 92. 7. 27. 38. 46. 8. 29. 9. 44. 72. 94. 12. 39. 93.
दर्प्: दरित्र 7. 59. 9, 14. 11, 96
दर्श्: दच्छामि 11. 77. दच्छिमि 11. 85. दच्छिहि (2. p.) 11. 93. दच्छिहिसि 11. 93*. दच्छिहि (3. p.) 14 55. दच्छाम 3. 50. देच्छिह 3. 23. दट्ठुं 8. 95. 11. 75. 80. 13. 11. दट्ठूण 1. 30. 2. 38. 44. 10. 60. 11. 51. 103. 113. 15. 43. दीसइ 4. 54. 5. 13. 66. 73. 6. 25. 26. 64. 72. 7. 5. 7. 9. 31. 53. 70. 8. 5. 7. 14. 53. 58. 65. 84. 86. 9. 86 90. 10. 8. 10. 14. 17. 19. 26. 31. 32. 52. 12. 5. 13. 52. 14. 79. 89. 15. 68. दीसन्ति 5. 46. 47. 57. 79. 6. 46. 8. 11. 72. 90. 91. 94. 96. 9. 75. 10. 12. 47. 54. 14. 8. 9. 11. 78. 15. 69. दीसन्त 2. 10. 5. 17. 7. 15. 9, 60. 12. 58. 68 14. 37. अद्दीसन्त 1. 35. दीसमाण 1. 20. दीसिहिसि (द्रक्ष्यसि! Uebss.) 15. 86. दीसिहइ 3, 33. दीसिउं 4, 51. 8. 30. दिट्ठ 1. 15. 38. 40. 44. 2. 37. 39. 3, 16. 4. 21. 55. 5. 46. 6. 73. 89. 94. 7. 3. 8. 26. 71. 9. 13. 10, 54. 11. 26. 59. 63. 75. 77. 79. 104. 123. 128. 129. 130. 137. 12. 24. 55. 13. 16. 93. 14. 3. 10. 12. 13. 27 38. 41. 60. 15. 9. 86. 92. इट्ठ (hinter ण) 14. 67. दिट्ठत्र 3. 46. अदिट्ठ 9, 7. अद्दिट्ठ 2. 39. 5. 44. 6. 27. 7. 5. 9, 95. 11, 29. 81. 13. 51. 14, 16. 22. 29. दट्ठव्व 11, 46. 70. 81. 12. 71.
दर्ह: दढ 4. 28. 5 13. 25. 46. 6. 2. 7. 43. 49. 8. 23. 35. 67. 9. 18. 10. 29. 11. 130. 13, 15. 55. 14. 53. 15. 16. दढअर 8. 60. दिढ 1. 14. 9. 18*.
दल्: दलइ 6. 22. 7. 61. दलन्त 1. 58. 3. 54. 6. 16. 14. 78. दलिज्जन्त 6, 62. दलित्र 5. 80. 6. 29. 36. 7. 2. 8. 20. 11. 12. 12. 1. 69. 91. 13. 91. 14. 52. 67. 78. — णिद्दलित्र 12. 75.
दल 1. 17. 4. 6. 6. 59. 62. 7. 47. 67. 9. 88. 10. 11. 16 41. 50. 13. 91.
दव 3. 52. 4. 18. 59. 9. 37. 52. दत्र 1. 51. 12. 95.
दश् : दट्ठ 12. 65. 13. 15. 30. 14. 26. — संदट्ठ (°ट्ठ? cf. 5, 18*. Hem. II 34) 5. 48. 61. 11. 63. 71.
दस (°श) 4. 58. 5. 12. 22 71 8. 27. 9. 32. 10. 21. 11. 2. 31. 33. 13, 86. 15. 1. 2. 74 81. दह 11. 130; oft v. l. für दस.
दसकण्ठ (दश°) 15. 61. दह° 11. 85.
दसकन्धर (दश°) A, 14.
दसम (°श°) 6. 17.
दसा (°शा) 11. 129.
दसाणण (दशा°) 3. 63. 4. 15. 8. 89. 11. 91. 12. 43. 45. 14. 2. 38. 55. 15. 6. 9. 23. 32. 34. 38. 80. A, 12. दहा° 3. 63*. 12. 43*. 45*.
दह्: दहिउं 15, 58. डहिऊण 5. 52. डज्झइ 11. 81. डज्झन्त 10. 32. डड्ढ 2. 31. 5. 56. 84. 6. 1. डड्ढत्र 3. 48. दड्ढ 5. 47. 81. 7. 52.
दहमुह (दशमुख) 1. 12. 16 43. 46. 3, 3. 33. 43.

[1]) durch थाम — *थाव — *थाअ.

53. 4. 64. 6. 13. 17. 18. 7. 11. 8. 79. 103. 9. 86. 10, 1. 66. 11, 25. 18. 49. 81. 127. 130. 12, 22. 81. 13. 78. 90. 94. 96. 14. 1. 41. 51. 70. 72 15. 4. 30. 35. 56. 57. 60. 62. 63. 64. 70. 75 76. 79. 82. 90.
दहरह (दशरथ N. pr.) 14. 16. 22. 15. 27.
दहवअण (दशवदन) 3. 11. 4. 36. 7. 1. 8. 88. 10. 4. 5. 12. 15. 11, 3. 19. 31. 37. 39. 95. 125. 12, 40. 42. 86. 15. 1. 7. 32. 39. 40. 59. 66. 85 92. दहम° 8. 88*. 11 95*.
दा: देइ 3. 13. 4. 29. 47. 7. 51. 63. 8. 76. 10. 76. 80. 11, 117. 13. 11. 14. 37. 15. 52 देन्ति 3. 9. 12. 75. देउ 3. 10. दाऊण 12. 28. अदाऊण 14. 49. दिज्जइ 3. 56. 6. 11. दिण्ण 1. 21. 28. 2. 22. 3. 37. 4. 41. 5. 54. 8. 15. 52. 9. 8 10. 72. 78. 11. 13. 18. 34. 52. 128. 12. 12. 45. 57. 97. 13. 1. 49. 64. 65. 69. 81. 92. 96. 14. 2. 17. 23. 53. 15. 7. 85. इण्ण (hinter ण) 8. 15 . अदिण्ण 4. 35. णिद्देइ
दा s. ताव. [7. 33.
दाढा (दंष्ट्रा) 3. 22. 4. 11. 22. 5. 39. 6. 2. 13. 7. 25. 11. 63. 13. 30.
1.दाण (Brunstsaft) 1. 31. 33. 61. 62. 63. 7. 22. 13. 81.
2.दाण (Geben) 13. 68.
3.दाण (खण्डन). -आण (so K) 6. 53*.
दाणि (इदानीम्) 11. 121.
दाम (°मन्: neutr.) 1. 18.
दार (द्वा°) 12. 79. 92. 93. 95. 15. 33.
दारुण 2. 31. 5. 20. 7. 34. 59 11. 75. 114. 13. 6.
दाव s. ताव. [14. 61. 65.
दाव (दर्शय् Uebs.): दावेइ 3. 29. दाविह 11. 35. दाविअ 1. 53. 62. 4. 19. 5. 80. 6. 64. 11. 2. 12. 60. 62. 14. 45.
दासरहि (दाशरथि) 1. 11. 40. 3. 28. 11. 93. 116. 13. 6. 14. 23. 15. 84. A. 8.
दाहिण (दक्षिण) 5, 13. 6. 83. 9. 1. 11, 54. 12. 30.
दि (द्वि) 6. 53. [15. 69. 77.
दिअस. °ह s. दिवस
दिअसअर (दिवसकर) 1. 53. 3. 11. 4. 25. 9. 52. 86.
दिट्ठि (दृष्टि) 1, 14. 45. 48. 2. 37. 3. 10. 56. 4. 8. 16. 17. 50. 5. 25. 52. 7. 51. 10. 3. 5. 24. 26. 72. 11. 65. 110. 112. 12. 24. 28. 13, 59. 83. 15. 14. दिट्ठिविस (°प) 4. 50. 60. 63.
दिण 3. 36. 9. 69. 10. 21. दिणमणि 1. 18.
दिणअर (°कर) 1, 28. 50. 3. 36. 4. 10. 28. 5. 31. 33. 6. 74. 9. 32. 56. 10. 10. 13. 15. 18. 22. 11. 26. 88. 12. 18. 14. 83.
दिप्प (दीप्र) 1. 61.
दिवस 4. 12. 9. 69. 80. दिअस 1. 27. 4. 1. 10. 5. 12. 6. 27. 9. 67. 10. 5. 6. 9. 10. 11. 13. 14. 17. 23. 11. 8. 12. 17. 18. 13. 19. 14. 1. 83. दिअह 1. 16. 20. 5. 31. 11. 41. 12. 22. 14. 14.
दिविअ (द्विविद N. pr.) 4. 8. 13. 82. 15. 35.
दिस्: — संदिट्ठ 14. 72.
दिसा (दिश्) 1. 5. 7. 19. 21. 26. 50. 52. 53. 2. 2. 3 3. 11. 4. 58. 5. 6. 12. 19. 22. 29 43. 74. 82. 85. 86. 6. 1. 27. 53. 71. 89 7. 19. 8. 27. 31. 54. 71. 84. 9. 1. 1. 17. 30. 32. 49. 50. 73. 84. 10. 9. 17. 21. 28. 31. 32. 33. 39. 43. 45. 46 60. 11. 2. 66. 12. 4. 75. 91. 13. 50. 51. 86 88 95. 14. 23. 35. 15. 1. 2. 71. cf. चउद्दिसं.
दीण 11. 113. 14. 36. 15. 45 ईण (hinter ण) 8. 61.
दीप्: दिप्पन्त 4. 8. पडित्त 1. 5. 5. 87. पलित्त 1. 52. 5. 29. 67. 81. पइत्त 15. 73. पडिवेइ 5. 67.
1.दीव (°प) 10. 23. 19. 15. 38.
2.दीव (द्वीप) 2. 32. 5. 79.
दीह (दीर्घ) 5. 31. 6. 3. 7. 12. 10. 17. 21 47. 11. 2. 14 59. 12. 23. 14. 11. 68.
दीहर (für *दीरह = दीर्घ: दीर्घतर! K) 6. 65. 9. 28. 15. 49. cf. अणद्दी°
दुउण (द्विगुण) 11. 17.
दुक्कर (दुष्कर) 1. 9. 3. 19. 26. 13. 11. 63. 68 14. 46.
दुक्ख (दुःख) 1. 3. 11. 12. 13. 2. 1 5. 64. 7. 11. 10. 56. 80. 11. 58. 60. 71. 75 76. 92. 136. 12. 9. 16. 23. 90. 13. 26. 14. 25. 12. 17. 18. 49. 15. 5. 85. 88. 89. दुक्खामि 11. 127. cf. दुहिअ.
दुग्गम (°र्ग°) 3. 11. 6. 16. 13. 63.
दुग्गेज्झ. दुच्चिन्तिअ. दुज्जाअ. दुण्णिमिअ s. bei ग्रभ्. चिन्त्. जन्. णिम
दुत्तार (°स्ता°) 3. 25. 4. 44. 18. °त्तण 6. 10.
दुद्दिण (°र्दि°) 1, 59 6. 22. 10. 14
दुप्परिअल्ल (दुष्परिकल्लनीय B. दुष्परिकल्प्य? = दुष्परिच्छेद्य K. अशक्य S) 4. 26. 6. 18. 13. 79.
दुप्परिरइअ (दुष्परिरचित) 13. 13.
दुप्परिमास s. परिमास
दुप्पेच्छ (दुष्प्रेक्ष्य. °च्छ्य) 12. 28. 15. 40.
दुम (द्रुम) 1. 4. 2. 11. 3. 9. 33. 63. 4, 7. 18. 35. 6. 6. 11. 37. 92. 95. 7. 11. 27. 28. 41. 56. 58. 61. 64. 66. 8, 9. 15. 55. 64. 70. 83 90. 9. 16. 26. 45. 63. 80. 83. 92. 10. 7. 27. 37. 45. 55. 11. 95. 12. 72. 74. 13. 23. 72. 89. 90. 93. 14. 3. 25. 32. 71. 77. 78 15. 35. 46. A. 1.
दुम्मण. दुरालोअ. दुल्लक्ख. दुल्ललिअ. दुव्वोज्झ s. bei मण. आलोअ. लक्ष्. लल्. वह
दुवार (°र्वा°) 12. 63. 14. 59.
दुहा (द्विधा) 8. 17. 69. 82. दुहाइअ 8. 106. दोहाइज्जइ 5. 35 दोहाइअ 8. 84. 88. 98.
दुहिअ (दुःखित) 3. 47. 48. cf. दुक्ख

दूम (aus दून? cf. णिसम्म: दु. दूनय्. दुःखय् Uebss.): दुम्मेन्ति 7. 59. दूमेन्त 10. 67. दूमिअ 5, 24. 6, 2. 10, 63. 69. 11, 7. 51. 133. 12, 35. 13, 96. 97. 14. 72. A. 8.

दूइ (°ती) 10. 65. 67. 71. 75. 79.

दूर 1. 25. 2. 21. 29. 3. 33. 4. 32. 56. 5. 35. 6. 23. 26. 71. 76. 7. 3. 19. 37. 63. 8. 14. 16. 17. 53. 62. 64. 74. 9, 4. 13. 18. 19. 29. 61. 10. 22. 26. 82. 11, 1. 12. 18. 61. 135. 12. 11. 13. 14. 83. 15. 22. दूर-अर 9. 1. 12. 15. 51. जर (nicht im Compos.) 8. 65. अदूर 4. 35. दूरत्थ (°स्थ) 8. 89.

दूसह s. तुप्.

दूसह (दुःसह) 2, 27. 11. 14. 47. 133. 13. 6. 63.

दे s. तु.

देव्: - परिदेविदुं 11. 71. 14. 42. 15. 85. परिदेविअ 11. 66.

देवआ (°ता) 6. 52.

देस (°श) 14. 18. 30. 15. 68. 69.

देह 2. 7. 9. 6. 3. 69. 8. 16. 9. 51. 11, 12. 34. 45. 12. 30. 59. 13. 2. 85. 95. 14. 8. 18. 28. 15. 13. 22.

दो (द्वौ) 10. 12. 81. दोण्ह 3. 26. 12. 6. 14. 60 15. 18 (= द्वौ!). 63. दोहि 10. 81. 15. 39. दोसु 11. 22.

दोब्बल्ल (दौर्बल्य) 3. 19. 4. 12. 8. 87.

दोस (°ष) 2. 1[1]. 7. 41. 8. 26.

दोहल (°द) 13. 36.

द्युत्: -- उज्जोइअ 3. 31.

1. द्रा (Dhp. 24. 46): — विद्दाइ 4. 29. 32.

2. द्रा (Dhp. 22. 10): - णिद्दाअन्त 1. 59.

द्रु: -- विद्दुअ 10. 17. विद्दविअ 15. 7. 71. अविद्दविअ 4. 60. 8. 104.

ध

धअ (ध्वज) 7. 62. 8. 1. 96. 9. 25*. 10. 19. 12. 65. 73. 77. 90. 13. 26. 53. 58. 62. 15, 3. 31. 42. 48. 50. 93.

धण 1. 11. 2. 17.

धणअ (°द) 15 42.

धणिअ (धन्य) 5. 18. 12. 61.

धणु (°नुस्) 1. 18. 21. 29. 11. 15. 51. 4. 40. 5. 15. 18. 19. 20. 21. 25. 26. 27. 30. 7. 16. 8. 11. 11, 52. 61. 12. 24. 27. 31. 36. 37. 10. 43. 83. 13. 88. 14, 7. 19. 26. 29. 38. 43. 51. 66. 80. 15. 18. 31, 55. 67. 68. 78. 82. A. 11

धम्म (धर्म) 12, 27. 15. 88. अधम्म 15. 88.

धर्: धरइ (= ध्रियते etc. wo nichts andres bemerkt ist) 3. 43. 5. 8 (= धरति K). 11. 83. 13. 10. धरेज्ज (ध्रियेत R. धरेत K) 5. 4. धरन्त 11. 127. धरिज्जइ 4. 39. 5, 5*. 8. 6, 67. धरिज्जन्त 12. 70. 13. 76: धरेमि (= धारयामि etc. wo nichts andres bemerkt ist) 11. 103. धरेइ 8, 100. 101. 10. 30. 11, 82. 90. धरेन्ति 3. 39. 8. 44. धारेइ 3, 36. धारेन्ति 6, 68. 13, 46; धरेइ (= ध्रियते etc.) 11. 96. धरेन्ति 3. 22. 38. धरेन्त 14, 81. 15, 27. धरिअ 3. 55. 59. 6. 29. 13. 54. 55. 83. 90. 7, 2. 39. 58. 8. 83. 11. 77. 12. 28. 52. 13, 30. 14. 37. 49. 80. -हरेअव्व 9, 3. — उद्धरिअ 9. 29.

1. धर (Berg) 6. 53. 71. 7, 7. 35. 43. 59. 8, 41. 63. 74.

2. धर (tragend) 14, 59.

धरण 3. 3.

धरणि 2. 2. 29. 3. 3. 4. 7. 5. 18. 6. 12. 13. 7, 28. 59. 8. 51. 9, 3. 29. 16. 11. 55. 90. 14. 33. 57. 84. 15. 18. 55. 80.

धरणिहर (°णीधर) 6. 21. 26. 30. 33. 36. 40. 42. 44. 49. 56. 65. 85. 92. 7, 7. 17. 18. 19. 36. 40. 67. 8. 22. 37. 39. 61. 62. 69, 80. 10. 9. 54. 12, 39. धरणीहर 2. 21.

धरा angeblich in धरम्मि = धरायाम्! 11. 55.

धराहर (°धर) 6. 38. 72. 76. 7. 45. 65. 8. 27. 31. 40. 56. 71. 13. 62. 15. 15 47. A. 9.

धवल 1. 7. 17. 27. 33. 57. 4. 17. 38. 58. 5. 38. 39. 56. 83. 6. 51. 7, 45. 61. 8, 6. 11. 96. 99. 9, 25. 81. 10. 20. 31. 35. 38. 47. 51. 11, 129. 15. 5. धवलाअअ (धवलायक. °लायितर् Uebss.) 9. 46. धवलिअ 9. 59.

धा: हिअ 9. 11. अहिअ 3. 55. — आहिअ 3. 20. 13. 78. 15. 9. — णिहिप्पन्त 8. 97. णिहित्त 1. 28. 47. 62. 4. 5. 8. 35. 9. 64. 10. 18. णिहिअ 2. 19. 13. 85. - संधेइ 15. 76. संधेन्ति 5. 56. संधन्त 5. 24. संधिअ 1. 54. 4. 29 5. 86. 6. 87. 11. 61. 13. 79. 14. 7. 54. 15. 15. 46. 47. 67. 68. 78. अइसंधिज्जन्ति (= अतिसंदधति! R) 13. 12. अहिसंधिअ (= अभि° R. अति° K) 14. 6.

धाउ (°तु) 1. 56. 4. 1. 5. 37. 6. 45. 7. 20. 42. 43. 8. 7. 29. 55. 64 96. 102. 10. 8. 10. 12. 2. 17. 14. 79.

धारा 1. 11. 9. 23. 11. 62. 13. 37. 40. 45 55. 77.

1. धाव् (laufen): धावइ 6. 93. 7. 9. 13. 40. धावन्ति 5. 49. धाइअ 8. 68. -- अणुधाइ 12. 9. अणुधावन्त 4. 21. अणुधाविअ 13, 22. 76. — अहिधावन्त 13. 29. उद्धाइ 3. 17. 6. 22. 7. 42. 8. 65. 13. 10. उद्धाअन्ति 7. 52. उद्धाअन्त 9. 69. उद्धाअमाण (वा R. cf. उद्ध) 13. 91? उद्धाअ 9, 39. उद्धाइअ 2, 22. 3. 52. 5, 34. 76. 6, 21. 76. 7. 35. 53. 55. 9. 13. 55. 11. 5. 12, 39. 70. 14, 30. 39. 15. 31. — णिद्धाविअ 5. 28. — पहाविअ 6, 81. 91. 93. 8. 24. 36*. 69. 76. 9, 37. 11. 11 (oder

[1] hier zugleich = दोस R.

zum nächsten R). 12, 39. 97. 13, 59. 71. 14, 4. 39. 15, 35. -वहाविअ 9. 1.

2.धाव् (waschen): धुवन्त 8. 102. 9. 27. धुअइ 8. 62. 11, 112. धुव्वन्त 6. 45. 7. 23 (oder zu धू). 10. 37. -हुव्वन्त 9. 34. धुव्वमाण (oder zu धू) 14. 57. धोअ 1, 25. 7. 20. 8. 1. 31. 9. 60. 11. 40. धोअअ 9. 46. — णिद्धोअ 14. 19. — पहाविअ 11, 41 (oder zum vorigen R).

धिइ (धृति) 5. 3. 10. 76. 13. 46.

1.धीर 3. 20. 4, 30. 31. 45. 5. 8. 6, 14. 8. 17. 14. 46. 15. 65. धीरत्त (oder zum nächsten R) 2, 24. धीराअन्त 12. 70.

2.धीर (धैर्य) 2. 14. 39. 3. 2. 39. 13. 4, 13. 23. 41. 43. 49. 5. 7. 70. 6. 9. 10. 14. 9, 42. 10. 4. 75. 79. 11. 2. 5. 131. 14. 37 15, 70. 75. धीरत्त (oder zum vorigen R) 2, 24.

धुम्मक्ख (धूम्राक्ष N. pr.) 12, 60. 14. 62. 64. 65. [66. 67. 69. 70.

धुरंधर 3. 36.

धुरा (धुर्, धुरा) 1. 44. 3, 36. 40. 4, 44. 46. 11, 89. 13, 41. 46. 79. 15, 8. 49.

धू: धुणइ 8, 77. 11. 3. 15. 23. धुणन्ति 13. 67. धुणउ 8. 23. धुणिऊण 6, 20. धुअमाण 14. 66. धुव्वन्त (oder zu धाव्) 7, 23. धुव्वमाण (wie eben) 14, 57. धुअ 1. 19. 59. 2. 8. 3, 8. 34. 4, 2. 4. 7. 5. 29. 84. 6. 21. 59. 7, 6. 30. 42. 59. 8. 20. 22. 9. 79. 11. 118. 12. 7. 39. 13. 37. 89. 14, 75. 15. 17. — ओधुव्वन्ति 8. 49. — उद्धुअ 4. 4. 7. 14. 9. 25. 27. 81. 13. 91. — विहुणइ 7. 17. 12. 66. विहुणन्ति 6. 35. 13. 5. विहुणेन्ति 8. 35. विहुव्वइ 8. 71. विहुव्वन्त 6. 35. 7. 21. 8. 35. 45. 86. 93. 9. 34. 13. 15. विहुअ 1. 55. 3. 60. 4. 49. 5. 31. 39. 6. 88. 7. 27. 8, 4. 96. 9. 21. 76. 78. 10. 51. 11, 129. 12. 36. 81. 14. 49. A. 1.

धूम 4. 37. 5, 19. 30. 50. 55. 72. 76. 85. 6. 1. 25. 74. 9. 20. 10. 32. 11. 33. सधूम 4. 8. धूमाइ 5. 19. 70. 11. 101. धूमाअन्ति 8. 16. धूमाअन्त 1. 8.

धूलि 12, 1.

धूसर 6. 74. 8, 9. 9. 82? 12. 3. 13. 58. धूसरन्त 9. 82? धूसरिअ 7. 14. — ओधूसरिअ 10. 21. 13. 53.

ध्मा: — उद्धुमाअ 6. 11. उद्धुमाइअ 1. 8.

ध्या: झाइ 6. 61.

न

नन्द्: — अहिणन्दइ 11. 19. अहिणन्दिऊण 12. 26.

नम्: णमइ 3. 58. 8. 100. णमन्ति 6, 56. णमिज्ज 8, 14. णमह 1. 1. 5. णमन्त 5. 26. 8. 81. 15. 30. णमिज्जन्त 6. 35. णअ 7. 24. णमिअ 15, 49. णामेन्ति 6. 35. णामिअ 12, 30. — ओणमन्त 11. 73. 15, 3. अणोणमन्त 1. 45. ओणअ 1, 19. 4, 17. 56. 5, 18. 51. 6, 21. 32. 8. 83. 12, 11. 21. 14. 33. 68. 15. 49. अणोणअ 1, 1. 3, 18. ओणामिअ 5. 39. 9. 4. 11. 12. 12, 90. 13, 75. 15, 51. उण्णमन्त 3, 8. 10. 48. उण्णअ 6. 32. 7. 24. 8. 61. 9. 91. 11, 40. 51. 71. 115. 15. 21. 50. उण्णमिअ 11. 71. उण्णामिऊण 4. 19. उण्णामिअ 2. 10. 4. 53. 56. 6. 71. 7. 18. 11, 87. 135. 12. 6. 14. 22. — उवणअ 1. 36. परिणअ 1. 23. 4. 21. 10. 10. 16. 13. 21. 15, 11. पणअ 4. 38. 6. 9. 14, 32. 15, 59. पणमिअ 15. 51. पणामेइ (अर्पयति K. cf. Hem. IV 39) 1, 39. 10, 78. पणामिअ 4. 31. — विणअ 14. 61.

नर्त: णडिअ 10. 70. णट्ट (नृत्य R. नृत्त K) 1. 8.

नश्: णासइ 7. 59. 70. णासन्ति 7. 15. 49. णासउ 5. 20. 11. 131. णट्ठ 9. 19. 73. 11. 61. णासिअ 6. 65. — पणट्ठ 7. 8. 9. 9. 52. 61. 77. 10. 28. 33. 13. 26.

नह्: — णिणद्ध 6. 7. — संणज्झइ 12. 55. 68. संणज्झन्ति 12. 33. 67. संणहिउं 12. 53.

निन्द्: णिन्दइ 5. 5. 6. 11. 4. णिन्दिअ 15. 85.

नी: णेन्ति 3. 14. 5. 2. 6, 92. णिज्जामि 3. 55. णेउं 8, 88. 13. 65. णिज्जइ 3. 38. 10, 82. णिज्जन्ति 3. 24. णिज्जन्त 6, 81. णिज्जमाण 13. 93. णिअ 5. 6. 6. 59. 94. 10. 81. 14, 47. 55. — अइणिअ 6. 59. आणेइ 8. 43. आणिअ 1. 61. 2, 33. 6, 32. 62. 8, 25. 42. 68. 103. 9, 14. 10, 76. 79. 11. 36. 64. 12. 12. 13, 17. 73. 88. 14. 11. 15. 47. आइअ! 3. 59. पच्चाणिज्जन्त 11. 135. — उआणिअ 9. 61. 13. 77. उवणिज्जन्त 11. 53. उवणिअ 4. 55. 63. — पणअन्त (bettelnd) 2. 9. 3. 4.

नुद् s. णोल्ल.

प

1.पअ (पद) 3. 1. 5. 73. 6. 17. 8. 40. 54. 10. 17. 11, 17. 39. 12. 6. 18. 70. 74. 76. 97. 13. 4. 60. 15. 7. 11. 30. -वअ 1. 24. 9. 13 (oder besser = प्रद).

2.पअ (पयस) 2. 24.

पअइ (प्रकृति) 4. 58. 6. 11. 8. 89. पइइ 2. 45.

पअङ्घ (प्रज° N. pr.) 12, 83. 13. 81.

पअड (प्रकटय्, s. aber K zu 9. 76): पअडन्ति 10. 14. पअडन्त 8. 90. पअडिअ 9. 76. cf. पाअड.

पअणुअ (प्रतनुक) 11. 59.

पअल्ल (प्र अल्ल) 7. 21.

पअर (प्रकर), -वअर 1. 22. 11. 62. 4, 6. 14, 76.

पअलाइअ (प्रचलायित) 12, 42.

पआव (प्रताप) 2. 15. 3. 11. 31. 7. 1. 8. 106. 12. 77. 13. 19. 35. पआअ 4. 30. पाआव 12. 55*.

पइ (°ति) 11. 26. 28. 50. 78. 89. 92. 121. 12. 12. -वइ 1. 16. 48. 2. 19. 39. 41. 3. 52. 4. 16. 31. 36. 41. 63. 6, 18. 68. 73. 7. 39. 50. 8. 13. 18. 19. 81.

92. 9, 7. 11, 2. 105. 12, 38. 88. 13, 6. 14. 37. 49. 15, 8. 50. 52. 54. 67. 71. 83. s. रङ्गवइ. सरिआवइ.
पइइ s. पअर.
पइणा (प्रतिज्ञा) 5, 20.
पइत्त s. दीप्.
पईव (प्रदीप) 2, 45.
पउण (प्रगुण) 6. 53.
पउत्ति (प्रवृत्ति) 1. 37. 40.
पएस (प्रदेश) 11, 69. 15, 13.
पओस (प्रदोष) 1. 11. 34. 2. 11. 10, 56. 62. 66. 79. 82. 11, 1. 23. 12, 12. 13. 19.
पओहर (पयोधर) 1, 24. 4. 42. 6. 89. 11, 54. 72. [74. 135.
पंसु (पां°). -वंसु 3. 34.
पक्कग्गाह (पक्कग्राह K, प्रग्राह = जलसिंह. जलसिंहे देशी वा R) 5, 57. 7, 50. 8, 93. 15, 14. 22.
पक्ख (°क्ष) 2. 21. 41. 5. 59. 86. 6. 78. 8. 72. 9, 65. 10, 11. 12, 96. -वक्ख 3. 42. 4. 23. 5, 37. 51. 64. 6. 47. 7. 53. 8. 25. 37. 86. सपक्ख 2. 14.
पग्गह (प्रग्रह) 9. 27. 12. 65. 96. 15. 49.
पङ्क 3. 51. 5. 84. 6, 40. 50. 7. 64. 8, 7. 9, 48. 10, 15(प्प°). 11, 63 (प्प°). -वङ्क 1, 33. 9, 29. -वङ्किअ 6, 56.
पङ्कअ (°ज) 1, 17. 34. 2, 28. 4, 10. 7. 32. 10, 16. [15. 11, 38.
पच्चअ (प्रत्यय) 4. 57. 11. 117.
पच्चक्ख (प्रत्यक्ष) 4. 27. 6, 18.
पच्चुवआर (प्रत्युपकार) 15. 92.
पच्चूस (प्रत्यूष) 12. 1. 12. 13.
पच्छओ (पश्चात्, eigentl. *पश्चतः) 10, 30.
पच्छा (पश्चात्) 1. 37. 3. 40. 4, 1. 6. 8. 7, 11. 14. 8. 28. 9, 49. 15. 15. 18. 90.
पच्छिम (पश्चिम) 8, 67. 81. 12. 2. 13. 67. 14, 30. 15, 3. 6. 30. 42. 50.
पञ्जर 1. 14.
पट्: फालेन्ति 10, 11. फाडिज्जइ 8, 79.
पट्ट. -वट्ट 5. 14. 13. 75. 14. 81. 15. 71.
पट्ठ (पृष्ठ) 13. 58. -वट्ठ 3. 59. 5. 30. 7. 42. 8. 7. 11. 13? 21. 11, 124. 15. 48. 67. पिट्ठ 14. 58. पुट्ठ 9. 59. 11. 124*. पुट्ठ 5, 46. 6, 28. 9. 12. 12. 51.
पड (°ट) 4. 52. 8, 96. -वड 8, 1. 9. 25*. 10, 19. 12. 65. 73. 77. 13, 53. 58. 62. 15, 42. 50. s. मुहवड.
पडण (°तन) 6, 53*. 8. 65. 92. 13, 64. 14, 9. 34. 51. -वडण 8. 47. 10, 28. 11, 91. 122.
पडल (°ट°) 11, 63. -वडल 9. 15.
पडह (°ट°) 11, 134. -वडह 12, 47.
पडाआ (°ताका). पलाआ 15, 11. -वडाआ 12. 84.
पडि° (प्रति) oft für परि°[1] 4, 50. 5, 16. 7, 20. 8, 85. etc. und cf. die damit anfangenden Artikel im Verlauf.
पडिअट्टलिअ (प्रतिघृष्ट R, परि° K; von पडिअट्टल für पडिहट्टल = पडिहट्ट [प्रतिघृष्ट] + स्वार्थे ल: cf. Hem. II 173 und चक्कलिअ. चित्तलिअ [Hâla] etc.; s. परिहट्टण) 6. 31.
पडिअत्तण s. परिवत्तण.
पडिउम्बण (परिचु°) 2, 27.
पडिऊल (प्रतिकूल) 3, 35. 8, 70. 9, 85. 11, 26.
पडिओडण 9. 58*. cf. आओडण.
पडिक्खम्भ (प्रतिस्त°) 6, 33.
पडिगअ (प्रतिगज) 3. 35. 8, 23. 36.
पडिघोलिर (von पडि + घोल) 6. 51. 9, 38.
पडिच्छन्द (प्रति°) 8, 46. 14, 8. 24.
पडित्थिर (परिस्थिर R 2. 4.
पडिपेल्लण (प्रति°. परिप्रेरण R; प्रति°. परिपीडन K. cf. पेल्ल) 2. 24. 6. 32.
पडिभङ्ग (प्रति°) 5, 16.
पडिभड (प्रतिभट) 13. 13. 32. 34. 72. °हड 3. 53.
पडिमा (प्रति°) 1. 57. 5. 10. 9. 13. 11. 129. 12. 19.
पडिमास (प्रतिमर्श R; wohl परि°) s. परि°.
पडिमुह्रण (प्रति°) 12. 22.
पडिमोअणा (प्रतिमोचना) 1, 46.
पडिरव (प्रति°) 5. 11. 19. 22. 6. 28. 8. 71. 12, 39. °रअ 7, 19.
पडिरूअ (प्रतिरूप) 1. 41. 6. 86. 13. 38.
पडिलोम (प्रति°) 5, 69.
पडिवअण (प्रतिवचन) 14. 49.
पडिवक्ख (प्रतिपक्ष) 3, 15. 35. 38. 40. 11. 45. 4, 29. 33. 7. 6. 12, 31. 13. 3. 7.
पडिवत्ति (प्रतिपत्ति) 4, 47.
पडिवन्थ (प्रतिपथ Rückweg) 2. 46.
पडिवन्ध (प्रतिब°) 1. 14.
पडिवह (प्रतिपथम् rückwärts) 3. 24. 8. 33. 13. 68.
पडिविम्ब (प्रतिबि°) 2. 2.
पडिवोह (प्रतिबोध) 15. 12.
पडिवोहण (प्रतिबोधन) 15, 11.
पडिसक्कन्ति s. सक्क.
पडिसंलाव (प्रतिसंलाप) 11. 34. °लाअ 1. 29.
पडिसद्द (प्रतिशब्द) 1. 7. 4, 9. 9, 30.
पडिसोत्त (प्रतिस्रोतस) 6, 24. 9, 94. 14, 71.
पडिहत्थ (प्रतिहस्त) 13. 92. अप्पडि° 13, 12. पडिहत्थेइ 12. 66.
पढम (प्रथम) 1. 16. 21. 24. 37. 3, 32. 10. 4, 1. 5, 31. 70. 6, 20. 84. 86. 7, 4. 11. 11. 8, 3. 28. 29.

[1] फि° K. da er zu 5. 57 Var. I 3 citiert.

[2] zwischen diesen 2 Präfixen ist im Pkt eine viel weiter gehende Confusion eingetreten als Hem. I 38 annimmt.

30. 47. 9. 75. 10. 15. 73. 78. 79. 11. 103. 12. 37. 40. 72. 13. 4. 68. 73. 14. 1. 29. 80. 15. 18. 31. 46. 51. 64. पढुम 3. 5. 13. 17. 14. 21. cf. vl zu 1. 16.

पणश्र (प्रणय) 5. 16. 10. 68. 69. 12. 50. 52.

पणाम (प्र°) 8. 28. 14. 60. A. 1.

पणाल (प्र°) 13. 54.

पण्डर (पा°) 11. 51.

पण्डु (पा°) 7. 66.

पण्डुर (पा°) 5. 38. 8. 9. 19. 11. 55. 10. 62. 93. 13. [27.

पमअ (°ग) 4. 4. °रिश्र 13. 98.

पत्[1]: पडइ 5. 15. 7. 11. 16. 8. 57. 13. 13. 50. 51. 54. A. 11. पडन्ति 5. 51. 6. 43. 66. 7. 13. 11. 21. 26. 29. 32. 36. 54. 8. 16. 61. 75. 12. 72. 13. 63. पडन्त 3. 33. 4. 7. 51. 5. 32. 69. 81. 6. 21. 7. 9. 19. 32. 44. 51. 59. 65. 8. 11. 62. 9. 95. 11. 10. 62. 13. 25. 88. 14. 13. 21. 15. 15. -वडन्त 7. 7. पडिऊण 13. 66. पडिश्र 3. 31. 4. 35. 5. 28. 32. 51. 54. 82. 6. 30. 67. 95. 7. 3. 26. 17. 59. 61. 68. 8. 33. 63. 69. 80. 94. 9. 5. 13. 63. 79. 10. 19. 44. 46. 11. 54. 55. 60. 65. 68. 72. 90. 97. 108. 115. 118. 12. 8. 13. 9. 43. 31. 34. 40. 62. 76. 82. 98. 14. 9. 12. 29. 31. 32. 33. 35. 37. 70. 72. 73. 15. 10. 21. 22. 25. 65. 91. -वडिश्र 5. 10. 8. 91. 10. 51. 15. 61. पाडेइ 4. 50. पाडिश्र 14. 6. श्रोवडन्त[2] 4. 53[2]. 13. 28. श्रोवश्रन्त 10. 18. श्रोवइश्र 6. 28. 29. 74. 91. 96. 7. 3. 26. 8. 12. 52. 9. 59. 10. 49. 60. 13. 31. 51. 14. 60. — श्रावडन्ति 8. 63. श्रावडन्त 4. 53. 7. 30. श्रावडिश्र 3. 42. 5. 23. 40. 85. 6. 31. 7. 23. 9. 14. 77. 12. 92. 13. 78. 14. 3. 15. 45. श्रावलिश्र 7. 12. 11. 49. उप्पइऊण 8. 37. उप्पइश्र 1. 30 (=उत्पाटित! R). 2. 40. 5. 51. 6. 23. 25. 26. 77. 8. 37. 9. 39*. 13. 94. 14. 15. A. 10. उप्पइश्रव्व 6. 78. समुप्पश्रन्ति 5. 61. समुप्पइश्र 5. 59. 14. 83. णिवडइ 5. 36. 14. 6. 15. 38. णिवडन्ति 5. 69. 72. 7. 59. 8. 31. 13. 89. 14. 20. णिवडन्त 7. 3. 8. 1. 14. 53. 15. 50. णिवडिश्र 2. 13. 5. 31. 63. 6. 7. 8. 7. 28. 70. 9. 48. 66. 95. 13. 21. 29. 14. 10. 31. 15. 19. 69. 90. A. 8. णिवालिश्र 13. 27. 77[2]. णिवाइश्र[2] 13. 2. 77. — संपडइ 11. 105. असंपडन्त (= असंपद्यमान! R) 14. 1.

[1]) differenziert sich in पट् und पत्. letztere Form in der Compos. mit अव und उद्. für welche 2 Fälle also die Regel Var. VIII 51. Hem. IV 219 falsch ist; श्रोवडण. श्रोवडन्त sind verdächtig. ebenso णिवाइश्र.

[2]) wahrscheinlich falsch.

1. पत्त (पत्र). -वत्त 3. 12. 6. 68. 7. 66. 8. 6. 99. 9. 40. 68. श्रंकिवत्त. महम्मव° s. besdrs.

2. पत्त (पात्र). -वत्त 1. 18? 3. 57? 6. 38?

पत्त s. आप्.

पत्तण[1] (पत्तणा. °ण = पुङ्खगतपत्त्रविरचना. पुङ्खस्थः पत्त्रः R: पत्त्र K) 7. 52. 9. 65. 14. 27. 15. 73. 78.

पत्तल (पत्त्रल = पत्त्रयुक्त R. पत्त्र K. cf. Hem. II 173) 1. 62. 7. 11.

पत्थन्ति. °न्त etc. s. 1. अत्थ. स्था.

पत्थाण (प्रस्थान) 3. 10. 6. 81. 13. 1. 14. 73. 15. 36. पत्थण 13. 2.

पत्थिव (पार्थिव) 3. 11. 4. 30. 15. 86. 88.

पद्: — उप्पज्जन्त 8. 55. उप्पण्ण 2. 17. 4. 51. 6. 12. 14. 25. 15. 13. 81. समुप्पण्ण 3. 31. 8. 95. 15. 7. — णिप्फण्ण 2. 12. 4. 32. पडिवज्जइ 10. 78. पडिवण्ण 1. 13. 3. 41. 11. 56. 83. 107. 12. 49. 13. 79. 87. 14. 26. 68. 81. — विवज्जइ 6. 67.

पन्ति (°ङ्क्ति) 4. 16. -वन्ति 6. 68.

पन्थ (°न्थन्) 15. 74. -वन्थ 1. 16. 3. 42. 5. 51. 6. 34. 8. 12. 9. 70. 83. 92. 13. 20. 90.

पव्वल (प्रवल R) 4. 25. 6. 33. 9. 3. 13. 61.

पव्वाल (प्लावय् Uebss.): पव्वालेइ 9. 78. 15. 22. पव्वालिश्र 9. 10. 15. 11. °डिश्र 5. 11.

पव्वालण (प्लावन Uebss.) 6. 15.

पब्भार (प्राग्भार) 1. 58. 4. 9. 20. 5. 18. 36. 53. 64. 81. 6. 92. 8. 36. 101. 9. 80. 10. 6. 11. 13. 12. 27. 13. 9. A. 11.

पभञ्जण (प्र° N. pr.) 14. 69.

पमश्र (प्रमद) 11. 37. 38. 95.

पमाण (प्र°) 6. 60. 13. 92. 15. 14.

पमुह (प्रमुख) 1. 9. [49. 73.

पम्ह (पक्ष्मन्) 6. 20. 9. 81. 11. 126. 13. 66. 14. 58. 15.

पम्हुट्ठ (प्रस्मृत. प्रभ्रष्ट. प्रमुषित Uebss.) 4. 12. 6. 12. 7. 40. 11. 58*. 14. 12*. 15. 7.

पम्हल (पक्ष्मल) 3. 19. 4. 38. 11. 11.

पर: - वावड (व्यापृत) 5. 21. 8. 105. 11. 27.

पर (summus) 3. 13. 5. 2. 13. 92. (anderer, Feind) 3. 18. 28. 4. 33. 11. 117. 12. 53. 66. 13. 19. 45. 75. 88. 14. 4. 15. 17. cf. परभाश्र. परमत्थ etc.

परक्कम (°राक्र°) 4. 28. 14. 6.

परभाश्र (°ग Oberhand) 10. 23. (andere Seite etc.) 1. 25. 5. 36. 10. 32.

परमत्थ (°मार्थ) 1. 1. 4. 16. 11. 131. 14. 11

परंमुह (पराङ्मुख) 2. 16. 5. 23. 9. 23. 10. 11. 78. 13. 75. 15. 10.

[1]) R nimmt fälschlich überall ausser 15. 78 (auch 9. 65. 15. 73!) °णा an.

परलोअ (°क) 11, 81. 15, 90.
परव्वस (°वश) 10. 57. 59. 78*.
पराहीण (°धीन) 10, 62.
पराक्कन्त (परा = पराक्+क्रन्त oder आक्रन्त) 10, 64.
परिअअ (°चय) 15, 66.
परिअण (°जन) 3, 50. 53. 4, 33. 10, 5. 11, 30. 13, 35. 87. 15, 2.
परिअत्तण s. परिव°.
परिअर (°कर) 15, 13.
परिओस (°तोष) 11, 3. 12, 52. 13, 97.
परिक्खअ (°क्षय) 12, 41.
परिग्गह (°ग्रह) 4. 63. 6, 10.
परिघोलण (von परि + घोल) 9, 58.
परिघोलिर (wie eben) 9, 68.
परिच्छेअ (°द) 14, 45.
परिणाम 2, 10. 3, 13. 4. 17. 23. 64. 7, 66. 10, 50. 13, 6. 14, 43. 48.
परिणाह 1, 50. 11, 12. 59. 13, 9.
परित्ताण (°त्राण) 11, 29. 14, 35.
परिधूसर 11, 43.
परिपण्डुर (°पाण्डु°) 13, 18. °ल 10. 33.
परिपेल्लव 3. 13.
परिमण्डल 10, 35. 12, 97.
परिमल (von मल् = मर्द्, also nur scheinbar tatsama) 1, 60. 64. 9, 63, 68. 12, 15. 64. 14, 74. 15, 48. 52.
परिमास (परि°, प्रतिमर्श Uebss.) 6. 48. 9, 76. 15. 54. पडि° 11, 91. दुप्परि° 9, 24.
परिरक्खण (°क्षण) 5, 86.
परिल्ल (पर + इल्ल; अपर. उपरि R) 9. 17. 60.
परिवड्ढि (°वृद्धि) 5, 2.
परिवत्तण (°र्तन) 5, 23. °अत्तण 12, 25. 42. पडिअत्तण 5. 69.
परिवाडि (°पाटि) 3. 18. 11, 122. 130.
परिवार 15, 3. 45.
परिसक्कण (von सक्क; परिसर्पण R, परिसंक्रम K) 5. 55. 13, 56.
परिसण्ह (°श्लक्ष्ण) 1. 1.
परिसुण्ण (°शून्य) 11, 87.
परिसेस (°शेष) 10. 23.
परिस्सम (°श्रम) 7. 71. 8. 27.
परिहअ s. °हव.
परिहट्टण (von घट्ट = घृष्ट; परिघर्षण, °घट्टन R) 8, 43*. 10. 41.
परिहव (°भव) 13. 46. °हअ 3. 25.
परिहार 9, 70.
परी (aus परि-इ? so Uebss.) परीइ 7, 61. परिन्त 6, 57*. 7, 50*. 9. 68*. 88. 14. 57*.
परोक्ख (°क्ष) 4, 27.
पलअ (प्रलय) 1, 52. 2, 2. 9. 27. 30. 31. 38. 4, 37. 39. 41. 53. 5, 16. 22. 72. 6, 2. 15. 33. 7, 2. 9, 46. 14, 21. A, 6.
पलम्ब (प्र°) 11, 48. 12, 59.
पलहुअ (प्रलघुक) 11. 33. 13, 61. अप्प° 1, 1.
पला (°लाय्): पडाअइ 15. 8. पडाइअ 15, 15. पलाअ 8, 72. 15, 22. पडाइअव्व 14, 12. — विवलाअन्ति 13, 70. विवलाअन्त 3. 60. 9, 86. विवलाइअ 10. 36. विवलाअ 1. 2. 6, 52. 12, 42 (= विपलायमान! R). 14, 30. 39. 15, 11.
पलाअअ (प्रलापक). -व° 9, 46.
पलोअण (°कन) 14, 35.
पल्लव 2, 29. 5, 9. 6, 37. 7, 61. 67. 8. 29. 55. 9, 16. 48. 58. 10, 44. 11. 11. 109. 12, 5. 13. 89. 14, 50.
पल्हत्थ etc. s. 2.अस्.
पल्हत्थरण (पर्यास्तरण Teppich) 11. 108.
पवअ (प्लवग) 2. 37. 39. 40. 3. 25. 4, 36. 54. 6, 18. 19. 20. 21. 24. 25. 27. 31. 32. 39. 46. 60. 63. 66. 70. 73. 75. 79. 86. 88. 90. 95. 7, 21. 35. 36. 45. 55. 58. 8. 13. 18. 34. 37. 41. 60. 61. 65. 10, 4. 11. 95. 131. 137. 12. 69. 71. 73. 88. 95. 13, 5. 21. 22. 38. 52. 55. 67. 68. 72. 73. 97. 14, 5. 6. 37. 49. 67. 15, 8. 10. 17. 36. 45.
पवंग (प्ल°) 2. 46. 4. 47. 65. 6, 28. 42. 76. 77. 91. 93. 7, 20. 64. 71. 8, 19. 24. 102. 9. 1. 12, 38. 69. 73. 13. 9. 43. 52. 63. 76. 14. 3. 5. 22.
पवंगम (प्ल°) 6. 19. 23. 35. 45. 71. 95. 7, 15. 63. 8, 27. 73. 10. 1. 2. 13. 7. 29. 34. 15, 6. 34. 44.
पवण 1, 48. 51. 2, 7. 27. 31. 34. 4. 13. 5, 11. 6, 7. 57. 7, 21. 36. 46. 51. 8, 86. 9. 12. 20. 25. 67. 93. 94. 10, 20. 51. 11, 38. 106. 12. 7. 74. 95. 13, 58. 86. 14, 70. 15, 21. 41. 47. 91. A, 8.
पवह (प्रवाह) 1. 57. 61. 6, 50. 9, 3. 67. 10, 39.
पवाल (प्र°) 2, 22. 7, 27. A. 4.
पविरल (प्र°) 6. 55. 74. 10, 26.
पव्वअ (पर्वत) 2. 14. 5, 65. 82. 84. 7, 5. 9. 70. 8, 12. 14. 20. 39. 47. 58. 12. 5. 11. 31. 32. 85. 13. 8. 30. 31. 52. 14. 22. 39. 78. A, 3. 4.
पव्वाअ etc. s. 2.वा.
पसम्म (प्रसद् K, alsdann Denom. von प्रसन्न, cf. णिसम्म): पसम्मइ 8, 6. s. auch शम्.
पसर (प्र°) 5. 70. 6. 83. 8, 48. 95. 10, 26. 48. 81. 12, 53. 13, 80. 14, 24.
पसाअ (प्रसाद) 4, 3. 14, 37.
पसारअ (प्रसारक = हट्ट, आपण Markt). -व° 9, 40.
पसारिअत्तण s. सर्.
पसाहण (प्रसाधन) 3, 44. 49. 7, 61.
पसिढिल (प्रशिथिल) 6, 40. 12, 15.
पह (पथ) 13, 63. 14, 64. -वह 1, 61. 2, 21. 36. 3, 14.

32. 38. 60. 5, 47. 6. 40. 95. 7. 1. 12. 70. 71. 8. 11. 14. 21. 24. 25. 26. 34. 38. 40. 41. 42. 47. 52. 53. 56. 57. 63. 64. 70. 73. 74. 76. 81. 82. 83. 85 86. 88. 92. 97. 99. 100. 9. 35. 75. 92. 11. 98. 128. 12. 80. 13. 20. 21. 24. 51. 58. 59. 74. 15. 13. 63. A. 7. महावह s. besdrs.

पहत्थ (प्रहस्त N. pr.) 12. 55. 14. 72. 73. 82. 84. 15. 1. 23. 61.

पहम्म (प्रहर्म. °र्म्य = विवर. श्वभ्र) 9. 43. 64.

पहर s. पहार.

पहरण (प्र°) 3. 38. 11. 62. 12. 33. 46. 63. 13. 3. 7. 8. 25. 33. 42. 77. 14. 5. 52. 67. 69.

पहरिस (प्रहर्ष) 4. 3. 5. 6. 31. 65. 11. 42. 14. 63.

पहा (प्रभा) 1. 2. 39. 2. 6. 22. 23. 29. 4. 17. 38. 51. 5. 76. 6. 72. 7. 38. 69. 8. 15. 62. 9, 44? 15. 10, 17. 11. 18. 12. 4. 59. A. 1.

1.पहाअ (प्रभात) 5. 11. 9. 14? 75. 11. 134. 12, 9.

2.पहाअ (प्रभाव) 9. 44.

पहाण (प्रधान) 15. 88.

पहार (प्र° 13. 4. 18. पहर 2. 4. 3. 40. 5, 45. 46. 87. 6. 33. 8. 31. 73. 75. 78. 9, 53. 63. 64. 11, 100. 117. 12. 96. 13. 2. 12. 11. 23. 25. 26. 33. 35. 38. 41. 43. 47. 63. 68. 85. 95. 14. 29. 76. 84. 15. 46. 48.

पहु (प्रभु) 1. 38. 10. 3. 15. 90. °त्तण 3. 6.

पहुत्त s. भू.

पहोल्लिर (von प + घोल्ल) 3. 49. 5. 85. 11. 12. 24. 33.

पा (trinken): पिअइ 4. 47. 10. 78. 13, 39. पिअन्त 2. 5. पाहेन्ति (= पास्यन्ति) 3. 21. पाउं 3. 7. -विज्जन्तअ[1] 2. 24. पीअ 1. 40. 2. 11. 9. 20. 94. 10. 42. 15. 43. पाणिअ s. besdrs. -- आवीअ 13. 31. 14. 76.

1.पाअ (°त). -दाअ 1. 55. 10. 5.

2.पाअ (°द) 9. 80. 12. 16. 15. 3. A. 8.

पाअअ s. °व.

पाअड (प्रकट) 1. 1. 25. 2. 25. 40. 3. 32. 4. 12. 42. 5. 12. 6. 55. 8. 39. 85. 9. 13. 22. 10. 37. 11. 43. 48. 14. 59. 77. पावड 2. 40. -वावड 5. 21? अ-पाअड 10. 21. पाअडिअ 1. 53. 55. 5. 41. 9. 17. 28. 10. 63. 80. 14. 18. 15. 52. A. 7. cf. पअड.

पाअव (पादप) 1. 19. 59. 60. 3. 13. 37. 6. 1. 57. 62. 7. 21. 8. 103 9. 1. 10. 14. 40. 11. 38. 12. 3. 32. 13. 5. 60. 81. 14. 31. A. 8. 9. °अ 6. 7. -वा-अव 7. 67.

पाआर (प्राकार) 8. 106. 11. 125. 12. 36. 41. 55. 73. 77. 78. 79. 80. 15. 13. 14.

पाआल (°ता°) 1. 58. 2. 15. 36. 5. 32. 42. 80. 6. 1. 16. 26. 64. 74. 7. 12. 17. 20. 28. 31. 52. 53. 63. 68. 8. 16. 11. 54. 80. 100. 9. 1. 5. 6. 78. 12. 91. 14. 59. cf. आवा°.

पाआस s. प°.

पाइक्क[1] (पदाति. °तिक Uebss. 12. 96. 13. 24. 71.

पाडल (°ट°) 11. 43.

पाडिएक्कं (प्रत्येकम्) 6. 73.

पाणिअ (पानीय) 7. 39. 8. 98.

पारअ (°द) 9. 68.

पारिजाअ (°त) 4. 20. पारिआअअ 9. 58.

पारोह (प्र°) 1. 4. 2. 19. 7. 18.

पाल. -वालअ 2. 23? 9. 50. अणुवालन्त 6. 10.

पावड s. पाअड.

1.पाम (°र्श्व) 5. 42. 43. 6. 47. 8. 84. 84. 90. 98. 102. 9. 6. 8. 10. 13. 17. 22. 35. 59. 10. 30. 67. 11. 12. 30. 48. 12. 10. 13. 66. 14. 38. 15. 45. cf. पामल

2.पाम (°श) 8. 48. 11. 130.

पामल (aus 1 पाम + अल und svārthe ल[2]: Uebss. schwanken zwischen पार्श्व. पार्श्वायित. पार्श्वस्थ. पर्यस्त! für den Stamm, und zwischen पार्श्वायते R und पर्यस्यति! K für die Ableitungen) 6. 62. 8. 64. 69. 94. 9. 5. 26. 38. पामलन्ति 6. 45. पा-मलन्त 6. 41. 12. 6. पामलइअ 9. 77.

पि. मि. वि (अपि): पि. मि nach [?]. वि nach Voc. पि 1. 43. 45. 2. 10. 18. 45. 3. 7. 13. 44. 18. 22. 32. 34. 39. 45. 4. 48. 5. 6. 18. 6. 9. 47. 52. 73. 7. 24. 8. 59. 10. 26. 67. 76. 78. 11. 2. 56. 59. 83. 94. 97. 106. 110. 121. 132. 12. 66. 94. 13. 11. 13. 40. 44. 92. 14. 28. 35. 51. 71. 15. 79. 83. — मि 6. 9. 11. 96. वि 1. 14. 15. 21. 35. 42. 46. 53. 55. 2. 1. 6. 9. 17. 38. 39. 40. 43. 44. 46. 3. 1. 9. 12. 20. 24. 25. 26. 28. 29. 31. 35. 36. 37. 45. 46. 52. 53. 4. 8. 9. 10. 16. 22. 24. 25. 26. 27. 29. 30. 32. 33. 34. 35. 41. 43. 44. 49. 58. 60. 61. 5. 1. 5. 16. 44. 67. 70. 6. 4. 8. 10. 14. 16. 17. 23. 27. 29. 43. 63. 65. 67. 75. 76. 77. 88. 94. 7. 5. 6. 8. 24. 34. 39. 44? 48. 51. 55. 58. 61. 63. 8. 1. 16. 32. 33. 34. 38. 58. 73. 80. 81. 82. 89. 91. 92. 93. 9. 7. 38. 46. 64. 80. 88. 91. 94. 10. 1. 2. 12. 16. 28. 39. 40. 69. 76. 78. 79. 84. 11. 2. 5. 9. 10. 16. 18. 19. 23. 26. 27. 31. 32. 37. 60. 67. 69. 71. 73. 77. 80. 81. 82. 83. 86. 88. 92. 94. 98. 99. 102. 104. 107. 109. 110. 116. 123. 133. 134. 136. 12. 9. 20. 22. 50. 59. 63. 83. 84. 86.

[1]) = वीज्यमान! S.

[1]) davon mar. पाईक. skt पायिक.

[2]) diesen doppelten Ursprung nehme ich darum an, weil das Wort einigemal (6. 62 und wahrscheinlich 8. 64) partic. (daher Uebss. पार्श्वस्थ etc.), sonst subst. (daher पार्श्व) Bedeutung hat.

13. 6. 9. 13. 14. 16. 17. 33. 39. 40. 73. 74. 83. 85. 14. 10. 23. 37. 40. 43. 46. 60. 74. 15. 2. 9. 12. 18. 21. 23. 26 29. 40. 45. 47. 48 58. 63. 65. 66. 75. 80. 81. 84. 87. 91. 92. A. 2. 12.

पिअ (प्रिय) 1. 30. 3. 50. 4. 36. 42. 5. 4. 6. 10. 10. 62. 67. 68. 72. 77. 82. 11. 48. 50. 116. 123. 12. 16. 47. 15 9. पिआ 3. 23. 5. 4. 5. 8. 11. 4. 7. 9. 15. 17. 19. 20. 21. 12. 49. 51. पिअअम 9. 71. 10. 60. 73. 79. 11. 40. 42. 12. 9. 15. 48. 50. अप्पिअ 4. 36*. cf. [विप्पिअ.

पिआ (°ता) 15. 26. पिउणो 8. 28.

पिआमह (पिता°) 1. 17. 4. 37. 15. 37.

पिङ्गल 5. 29. 6. 25. °लिअ 4. 18.

पिञ्छ 14. 58. 59.

पिट्ठ s. पट्ठ.

पिवासा (°पा°). सप्पिवास 3. 21.

पिसुण (°शु°) 6. 11. 12. 25. 26 45. 15. 76. 77. °णिअ 9. 12. 14. 73. [विहुल.

पिहुल (पृथुल) 3. 50. 4. 52. 7. 10. 9. 34. 12. 92. cf.

पीड्: पीडिज्जन्त 11. 101. पीडिअ 5. 42. — णिप्पीडिअ 5. 25. cf. पेल्ल.

पीण 1. 21. 2. 40. 12. 16. °त्तण 1. 5.

पीवर 12. 26.

पुङ्ख 11. 61. 13. 93. 15. 73.

पुञ्ज्: पुञ्जिअ 2. 13. 5. 72. 7. 22. 11. 11. 12. 92. 13. 50. 65. पुञ्जइज्जमाण 12. 89. पुञ्जइअ 9. 63. 12. 57. 14. 35. 15. 52.

पुट्ठ. °ट्ठि s. पट्ठ.

पुड (°ट). -उड 1. 65. 3. 7. 4. 6. 5. 49. 61. 7. 61. 9. 40. 10. 41. A. 7. 8.

पुणरुत्त (°क्त) 11. 136.

पुणो पुनर् wieder 1. 35. 63. 3. 52. 4. 35. 42. 50. 5. 67. 6. 41. 7. 5. 24. 8. 8. 14. 73. 82. 95. 9. 80. 94. 10. 39. 69. 11. 8. 92. 102. 105. 107. 113. 136. 13. 73. 15. 23; उण. °णो (aber; auch nach [1]): उण 3. 22 24. 28. 33. 4. 26. 28. 7. 7. 11. 26. 120. 13. 36. 15. 60. उणो 6. 11. 11. 115.

पुण (°ण्य) 2. 36. s. auch पूर्.

पुणआ (पूर्णता). -उ° 8. 61.

पुणाम[1] (°ग) 6. 59.

पुत्त (°त्र) 15. 26.

पुप्फ (°ष्प) A. 1.

1. पुर (Stadt; = पूर्ण! R) 15. 4. पुरि 7. 34. 11. 122. 12. 38. 77. 15. 4. 5. 94. -उरि 12. 84. 14. 50.

2. पुर (°रस्) 10. 66.

पुरओ (°तस्) 3. 41. 4. 12. 20. 8. 19. 40. 42. 9. 22. 30. 33. 70. 10. 30. 75. 77. 11. 9. 52. 98. 12. 63. 13. 19. 52. 15. 84. 88. 93. A. 11.

[1]) durch °माव aus °मात्र. cf. ओहामिअ bei भू.

पुरिल्ल (2. पुर + इल्ल: पुरोग. पुरोभवत् Uebs.) 13. 2. 14. 53

पुरिस (°रुष. eigentl. *पुर्ष) 3. 14. 45. 11. 78. 89. 105. 13. 11 सप्पु° (सत्पु°) 3. 9. 24. 31. 32. 4. 62. 11. 28. सुउरिस 1. 10 2. 6. 3. 39. 40. 41. पुरिसमइअ (°मय) 11. 84.

पुलअ (°क) 1. 6. 4. 5. 10. 77. 12. 37. A. 14.

पुलइअ (प्रलोकित R. वि° K: cf. vielleicht पुलोइअ bei लोक्) 2. 41 5. 24. 11. 10. 19. 73. 15, 59.

पुलिण 2. 34. 5. 2. 12. 58. 73. 8. 11. 12. 94. A. 7.

पुव्व (पूर्व) 8. 84. 95. 10. 32. 33. 12. 4. 13. 67. 15. 87. -उव्व 3. 18. 12. 50. अउ° 2. 43. 9. 49. 12. 37. 13. 49. 14. 19.

पुस् (प्रोञ्छ् R. उन्मर्ज् K): पुस 11. 124. पुससु 11. 92. पुसिअ 10. 42. 64. 15. 42. — उप्पुसइ 1. 33. उप्पुसिअ 6. 85. 10. 11. 35. 11. 110. 111. 13. 5. 15. 78. 82. परिपुसइ 4. 5. 11. 3.

पुहवि (पृथिवी. eigentl. °थ्व°) 11. 78

पूर्: पूरइ (पूर्यते etc. wo nichts andres bemerkt ist) 8. 54. पूरेन्ति 8. 54. 11. 77 (oder = पूरयन्ति R). पूरेन्त 11. 63. अपूरमाण 6 67. पुण्ण 2. 36? 8. 72*. 12. 94. -उण्ण 8. 65. पूरिअ 5. 38. 8. 56. 76. 81. 13. 55. पूरिअव्व 11. 44. — आऊरेइ (आपूरयति) 5. 53. आऊरमाण (pass.) 12. 28. आउण्ण 12. 6. परिपूरन्त (pass. 8. 50. — पडिउण्ण 5. 19. 22. 6. 12. पूरण 13. 61.

पेम्म (प्रेमन्; neutr. s. 11. 88) 1. 6. 5. 48. 11. 86. 88. 133. 12. 52.

पेल्लव 2. 27. 5. 8. 8. 104. 9. 76.

पेल्ल (*पोड्ल; प्रेरय् R. पीडय् K): पेल्लइ 10. 30. पेल्लिज्जन्ति 8. 60. पेल्लिज्जन्त 6. 25. पेल्लिअ 7. 45*. 67. 8. 68. 9. 15. 42. 11. 54. 62. 98. 13, 27. 14. 36. -वेल्लिअ 6. 65. 7. 51. — परिपेल्लइ 8. 41. परिपेल्लिऊण 15. 25. परिपेल्लिअ 9. 4. 17. — पडिपेल्लिअ 7. 45.

पेल्लण (von पेल्ल) 5. 22. 7. 40. 11. 101.

पेसण (प्रेषण) 3. 24. 50. 4. 13. 8. 78. 13. 63. 14. 38.

पेहुण (= pāli पेखुण: पिच्छ. पत्त्र. पत्त Uebss.) 14, 58.

प्रछ्: पुच्छइ 10. 65. पुच्छन्त 5. 5. पुच्छिअ 1, 40. — आउच्छसु 11. 113. आउच्छन्त 12. 21 (act. RS, pass. K). आउच्छमाण 12. 47 (pass.). आउच्छिअ 12. 64.

प्लु[1]: पवन्ति 10. 51. पवन्त 5. 37. 7. 16. — उप्पवन्त 5. 61. 7. 22. 44. उप्पअन्त 5. 56. उप्पअमाण 8. 86. उप्पुअ 6. 48. — परिप्पवन्त 2. 28. 10. 13. 53.

[1]) manche der hierher gestellten Formen können auch zu पत् gehören; ich folge R.

फ

फंस (स्पर्श) 8. 105. 15. 53*. A, 11 cf. फरिस.

1.फडिह (परिघ) 5. 54. 9. 63. 13, 38. 81. फलिह 5. 83. 6. 88. 9. 57. 13. 21. 98. 14. 26. 67. 15, 16.

2.फडिह (स्फटिक) 1. 57. 9. 46. फलिह 6. 65*. 8. 91. 9. 26.

फडिहा (परिखा) 12. 75. 78. 15. 11 फलिहा 12. 77. 80.

फण 5. 39[1]. 6. 19. 55. 63[1]. 69. 72. 7. 59[1]. 9. 14. 34. 45. 89. 12, 91[1]. A. 5[1]. °णा 6. 19. 7. 69.

फरिस (स्पर्श) 1. 28. 4. 42. 6. 5. 8. 28. 10. 7. 11. 132. 15. 26. 53. cf. फंस.

फरुस (परुष) 11. 43. 12. 5.

1.फल् (bersten, zurückprallen): फलन्त so K) 7. 59. फलिअ 5. 26. - पच्चुप्फलिअ 14. 81. - पडिप्फलिअ 15. 31.

2.फल् (Frucht bringen): फलन्त so R) 7. 59. फलिअ 11. 77.

फल 3. 6. 7. 9. 29. 37. 4. 35. 6. 7. 7. 59 8. 19. 9. 1. 24. 11. 86. 137. 12. 12. 13. 89. 14. 75. 76. 15. [94 A. 2.

फलअ (°द) 2. 10.

फलिह. °हा s. फडि°.

फुड (स्फुट. s. aber auch K zu 3. 23) 1. 5. 7. 22. 57. 3, 2. 52 4. 10. 11. 40. 61. 5. 11. 20. 27. 86. 7. 45. 8. 18. 92. 93. 99. 11, 15. 17. 79. 97. 123. 12. 7. 62. 15. 71.

फुन्द (आक्रम् Uebss., cf. कुन्द): — अप्फुन्दइ 6. 57. 82. 10, 55* (passiv?). अप्फुण्ण 2. 4. 9. 84. समुप्फुन्दन्त 4. 43.

फुलिङ्ग (स्फु°) 4. 18. 14. 19.

फुल्ल 1. 63. 15. 75.

फेण 1. 64. 2. 28. 5. 40. 61. 7, 16. 48. 8. 9. 49. 9. 27. 13. 24. 53. 66.

व

वन्दि 1. 12. 4. 63. 64. 9. 50. 82. 13. 17. °त्तण 12. 71.

वन्ध्: वन्धइ 8. 38. 12. 27. 64 वन्धन्ति 7. 58. वन्धेन्ति 8, 73. वन्धसु 8. 17. वज्झइ 7. 7. 8. 40. 13. 55. 14. 22. वज्झन्त A. 12. वद्ध 2. 38. 7. 54. 9. 15. 49. 88. 10. 37. 11. 38. 112. 12. 65. 80. 13. 18. 55. 64. 66. 14. 83. 15. 34. A. 2. अवद्ध 10. 21. 13, 18. — अणुवन्धन्ति 10. 40. अणुवज्झ (= °वद्ध! R) 11, 60. - आवन्धिऊण 12. 60. आवज्झइ 10, 58. आवद्ध 1. 45. 8. 99. 101. 9. 85. 12. 42. 14. 47. 15. 30. — णिवन्धइ 12, 63. णिवद्ध 6. 44. 8. 77. 14. 9. पडिवद्ध 12. 83. संवज्झन्ति 10. 11. 13. 57. संवद्ध 6, 9. 8. 45.

वन्ध 1. 11. 35. 51. 3. 22. 4. 7. 5. 19. 70. 10. 51 11. 29. 40. 68. 82. 107. 135. 12. 73. 81. 13. 65 14. 31. 48. 61 62. 15. 56. 61. 68. मेउव° s. besdrs.

वन्धण 1. 39. 3. 8. 4. 22. 5. 15. 6. 29. 52. 70. 8. 26. 11. 15. 108. 12. 60.

वन्धव (वा°) 3. 28. 8. 88. 11. 55. 14. 48. 15. 88.

वन्धु 13. 64 14. 17. 15. 1. 40. 64. 77 83. 84. 89. अव° 11. 29.

वल 1. 48. 50. 2. 37 3. 40. 59. 4. 15. 19. 54 55. 6. 23. 27. 79. 7. 15. 8. 18. 22. 100. 10. 5. 64. 78 11. 23. 24. 42. 128. 12. 33. 70 74. 81. 86. 88. 89. 92. 13. 11 32. 52. 62. 71. 72. 77. 79. 92 96. 14. 13. 11 23. 46. 63. 15. 16. 17. 33. 31 62.

वलामोलि (वलामोटितक R. वलात्कारात K 10. 61.

वलि (N. pr.) 9. 51.

वहल 4. 4. 6. 19. 5. 30. 35. 50. 10. 25. 26. 29. 33. 40. 50. 52. 55. 77. 12. 8. 13. 50. 14. 58. 79.

वहु 5. 6. 8. 39. 9. 12. 10. 26. 82. 11. 1. 78. 12. 56. 15. 10. °हुअ 4. 2.

वहुमाण 15. 9. 51

वहुल 2. 11; oft vl für °ह°.

वहुविह °ध, 11. 135.

वहुमो (°गम्) 2. 3. 3. 25. 9. 71 10. 67 11. 9. 12, 29.

वाण 1. 18. 3. 10. 5. 23. 27. 30. 33. 36. 45. 46. 51. 52. 61. 69. 77. 6. 18. 11. 85. 128. 13. 88. 14. 8. 13. 18. 29. 47. 50 56. 73. 15, 41. 46. 63. 66. [67. 73. 78. A, 7.

वाल 3. 31. 11. 38.

वाह (°ष्प) 1. 16. 35. 38. 40. 43. 3. 10. 5. 7. 21. 7. 59. 9. 71. 10. 68. 11. 6. 17. 18. 25. 40. 41. 42. 43. 48. 56. 60. 70. 71. 76. 82. 92. 101. 110. 111. 112. 113. 117. 121. 12. 21. 28. 14. 19. 15. 1. 38. 43. 78. 84. 89. °मइअ (°मय) 6. 68. [15. 72.

वाहा 12. 48.

वाहु 3. 1. 50. 9. 19. 11. 3. 16. 13. 38. 14. 18. 53.

विइअ (द्वितीय) 4. 50. 6. 90. 95. 12. 42. 80. 15. 73. वीअ 1. 6. 3. 42. 4. 55. 5. 17. 36. 42. 8. 76. 9. 38. 14. 18. 15. 19.

विउण (द्विगुण) 11. 47*.

विन्द (वृन्द. so die südl. Quellen) 5. 29.

विन्दु 11. 43. विन्दुइज्जन्त 11. 125.

विम्ब 1. 25. 3. 36. 4. 12. 5. 10. 9. 10 71. 77. 10. 8. 10. 15. 18. 34. 35. 38. 48. 12. 1. 8. 14. 21. 15. 12.

विल 9. 23. 14. 8.

वीअ s. विइअ.

वोहच्छ (वीभत्स) 11. 75.

वुध: पव्वुद्ध 12. 31. पडिवुज्झइ 1. 28. पडिवुद्ध 4. 10. पडिउद्ध 5. 27. 7. 65. 12. 22. 46 पडिवोहिअ 12. 18. विवुद्ध 1. 21. 4. 1. 9. 87. 12. 41.

[1]) Genus unbestimmt.

वोल (für **वोल** aus **वोली** = **व्यवली**, speciell aus **वोलिअ**; **अतिक्रम** K. **व्यति°** R): **वोलेइ** 9. 71. **वोलेन्ति** 6. 86. 13. 19. **वोलन्ति** 1. 57. 12. 90. **वोलेउ** 8. 22. **वोलिन्त** 6. 96. **वोलन्त** 8. 98. 9. 45. 70. 14. 75. **वोलेउं** 3. 26. **वोलिज्जइ** 3. 25*. **वोलीण** (oder direct zu **ली** zu stellen) 1. 3. 2. 20. 3. 54. 4. 48. 9. 19. 52. 69. 11, 83. 13. 23. A. 2. **वोलेअव्व** 2. 1.

भ

भअ (°य) 1. 8. 4. 29. 6. 52. 80. 7. 6. 13. 17. 40. 49. 8. 18. 61. 65. 72. 9. 56. 86. 11. 29. 88. 136. 12. 45. 48. 50. 13. 13. 16. 73. 78. 96. 14. 12. 14. 35. 39. 15. 2. 7. A. 12.

भअअर (°यकर) 5. 41. 10. 5. 15. 11. 75. 15. 80.

भङ्ग 4. 19. 5. 15. 24. 6, 95. 7. 22. 66. 8. 6. 9. 55. 99. 11, 29. 30. 38. 64. 95. 108. 12. 5. 50. 74. 86. 13. 68. 73. 80. 98. 15, 42.

भज्: — **विहत्त** 5. 79. 7. 15. 12. 79. **अवि°** 15. 80.

भञ्ज्: **भञ्जइ** 5. 70. 15. 5. **भञ्जन्त** 14. 31. **भज्जइ** 13. 36. **भज्जन्ति** 13. 4. 38. **भज्जन्त** 6. 14. 11. 62. 12. 45. 13. 71. 14. 76. **भग्ग** 1. 59. 3. 62. 63. 5. 82. 84. 6. 95. 7. 13. 59. 9. 63. 65. 10. 48. 11. 5. 29. 38. 12. 69. 72. 82. 91. 13. 20. 26. 49. 69. 73. 77. 99. 14. 22. 36. 53. 67. 76. 15. 5. 6. 22. 36. — **ओभग्ग** 3. 63 (R **वा**)? 10. 26. 13, 69. 72.

भड (°ट) 3. 35. 12. 21. 51. 87. 97. 98. 13. 4. 11. 14. 21. 25. 26. 29. 42. 44. 64. 76. 80. 14. 11. **°डि** 1. 31. **सुभड** 3. 17. **सुहड°** 3. 12. 13. 36. **भडत्तण** 3. 19. cf. **पडिभड**.

भण्: **भणामि** 11. 123. **भणइ** 4. 43. 8. 18. 10. 67. 11. 87. 14. 49. 15. 7. 55. **भणन्त** 11, 33. 115. **°न्तअ** 3. 46. **अभणन्त** = **अभण्यमान**! R 3. 9. **भणइ** (= **भणति**! R 8. 19. **भणउ** 3. 25. **भणन्त** 3. 51. **भणिअ** 11. 32. 53. 119. 137. 13. 19. 15. 7. 36. **पडिभणइ** 15. 59.

भम (**भ्र°** 3. 48.

भमर (**भ्र°**) 1. 28. 31. 33. 3. 48. 4. 16. 6. 48. 9. 66. 10. 16. 61.

भमिर (von **भ्रम**) 1. 31. 2. 3. 5. 66. 6. 48. 7. 4. 35. 68. 9. 81. 14. 21*.

भर („vollsein", wo nichts andres bemerkt ist): **भरइ** 7. 60. 8. 62. **भरन्त** 1. 58. 7. 46. 8. 53. 9. 29[1]. 15. 22. 78. **भरेइ**[1] 13. 51. **भरेन्त** 4. 8. 7. 25. 12. 30. 15. 1. 2. 21. **भरेउं** 9. 51. **भरेऊण**[1] 9. 51. **भरिज्जन्त** 1. 37. 7. 12. **भरिअ** 1. 55. 2. 5. 9. 21a (getragen). 21b. 3. 52. 5. 11[1]. 64. 6. 1. 28. 32. 44. 59. 95. 7. 31. 47. 8. 6. 29. 9. 6[1]. 17[1]. 26. 30[1]. 33. 10. 30[1]. 50. 55. 11. 68. 94. 119*. 12, 8. 13. 94. 14, 76[1]. 15. 25. 72. **भरेअव्व** 9. 3. — **आभरिअ** 12. 92. — **णिब्भरिअ** 1. 44*. 3. 15. 4. 1. 13*. 56. 8, 12. 9. 15. 10. 72. 13, 24. — **णिब्भरेन्त** 15. 74. — **संभरमाणअ**[1] 7, 41.

भर् s. **स्मर्**.

भर 1. 46. 54. 61. 2. 9. 3, 5. 6. 39. 51. 55. 4. 13. 41. 5. 18. 39. 51. 6. 9. 63. 67. 69. 86. 7. 53. 55. 8. 13. 83. 94. 102. 103. 9. 2. 14. 48. 84. 89. 10. 16. 50. 11, 12. 34. 65. 12, 24. 30. 33. 53. 57. 91. 13. 45? 63. 67. 68. 14. 33. 44. 62. 15. 3. 28. 30. 32. 49. 60.

भरह (°त N. pr.) 15. 94.

भरिअ s. **हरिअ**.

भर्त्स्: — **णिब्भच्छिअ** 4. 14.

भवण 3. 11. 10, 47. 12. 69. 89. 92. 13. 20. 15, 2. 24. 25.

भसल (**भ्रमर** Gloss.) 14. 74.

भा: **-हाअ** 9. 14.

1. **भाअ** (°ग) 8. 67. 84. 11. 126. 12. 2. 13. 9. 29. 67. 15. 42. **भाअधेअ** (°य) 11. 85. cf. **अभाअ**. **उवरि°**, **पर°**.

2. **भाअ** (°व). **-हाअ** 3. 15.

भाअण (°ज°) 4. 62. 6. 75.

भार 5. 15. 6. 63. 7. 67. 9. 66. 15. 41.

भाष्: **आहासइ** 3. 2. 11. 34. 15. 89.

भास्: — **ओहासिअ**[2] 2. 23.

भासुर 4. 18.

भिउडि (**भ्रुकुटि**. **भ्रू°**) 5. 14. 15. 24. 11. 64. 15. 71. 82.

भित्ति 8. 10. 9. 10. 77. 12. 84.

भिद्: **भिन्दइ** 7. 17. **भिन्दन्त** 14, 21. **भेत्तूण** 14, 4. 11. **भिज्जइ** 5. 20. 65. 7. 24. 45. 13. 13. 36. 14. 23. **भिज्जन्ति** 7. 56. **भिज्जन्त** 5. 65. 6, 43. 11. 5. 13. 32. 14. 23. 15. 49. A. 5. 7. **भिण्ण** 2. 31. 32. 4. 4. 22. 5. 37. 51. 61. 85. 7. 13. 14. 22. 24. 30. 32. 33. 45, 53. 61. 8. 4. 9, 49. 62. 72. 89. 9, 14. 18. 23. 37, 53. 81. 90. 10. 31. 44. 48. 52. 11, 43. 45. 12, 20. 13. 15. 24. 27. 29. 61. 86. 96. 98. 14. 6. 18. 23. 53. 84. 15. 7. 70. 71. **अभिण्ण** 14. 23. **भेत्तव्व** 10. 29. **ओहिण्ण** 13. 24. — **उब्भिण्ण** 10. 77. — **णिब्भिज्जन्त** 14. 26. **णिब्भिण्ण** 5. 34. 6, 90. 13, 25. 14. 21. 27. 15. 46. A. 5. — **पडिभिण्ण** 4, 5. 14, 73. — **विभिण्ण** 7. 25. **विहिण्ण** 3. 60. 7, 53. 10, 58. 12. 5. 93. 13. 13. 86.

भी: **भीअ** 4. 59. 5. 45. 83. 7. 53, 65. 9, 16. 37. 74. 10, 59. A. 10. 12. cf. **णिब्भीअ**.

[1]) transitiv.

[1]) transitiv.

[2]) nach S von **हस्**: die ursprüngl. Lesart war **ओहामिअ**. s. K.

भीप्: हित्थ (उद्विग्न, त्रस्त Uebss.) 2. 42. 6. 8. 80. 8. 18. 10. 72. 12. 50 भेमिअ 7. 45. 9. 30. 13. 76. — आहित्थ (Uebss. wie eben) 13. 75. 83.

भीमण (°प°) 15. 40.

भुअ[1] (°ज) 3. 3. 15. 37. 48. 53. 55. 59. 62. 4. 4. 7. 5. 7. 17. 21. 22. 25. 30. 6. 3. 5. 32. 42. 43. 44. 45. 49. 60. 63. 66. 76. 81. 7. 2. 30. 58. 8. 23. 61. 9. 91. 11. 24. 49. 96. 128. 12. 26. 32. 33. 44. 13. 4* (°व?). 8. 40. 43. 65. 72. 77. 81. 98. 14. 17. 18. 25. 26. 41. 46. 51. 53. 54. 63. 67. 76. 15. 18. 19. 49. 60. 66. भुज! 13. 64. भुआ 1. 3. 3. 61. 4. 25. 6. 70. 73. 14. 21. 15. 40.

भुअअ (°जग) 6. 63. 7. 39.

भुअइन्द (°जगेन्द्र) 5. 71. 6. 36. 51. 55. 69. 7. 65. 9. 8. 77. 14. 19.

भुअंग (°जं°) 1. 60. 3. 21. 58. 60. 5. 47. 52. 53. 56. 60. 62. 80. 6. 1. 19. 29. 40. 43. 64. 7. 59. 8. 46. 48. 9. 45. 56. 12. 65. 91. 14. 17. 21. 24. 25. 15. 28.

भुअंगम (°जं° 5. 18. 6. 49. 7. 53. 8. 67. 9. 23. 14. 18. A. 5.

भुअण s. भुवण.

भुज्: — उअरुज्जन्त 2. 10. उअरुत्त 10. 15. 14. 46. — परिरुत्त 1. 64. 2. 38.

भुज! s. भुअ.

भुमआ (भ्रू: aus "भुवआ"[2] = भुवा-क) 1. 11. 47. 4. 17. 11. 30. 36. 64.

भुवण 3. 14. 9. 2. 32. भुअण 2. 2. 9. 38. 51. 91. 11. 96. cf. तिरु°.

भू: होइ 1. 9. 3. 26. 28. 36. 56. 4. 40. 5. 32. 78. 6. 69. 7. 47. 8. 52. 74. 82. 10. 21. 38. 46. 11. 14. 55. 75. 79. 91. 12. 20. 51. 13. 91. 15. 26. 67. 80. A. 2. होन्ति 1. 8. 3. 20. 35. 37. 4. 46. 62. 5. 41. 6. 76. 91. 7. 22. 8. 75. 10. 16. 37. 12. 7. 13. 79. 14. 21. होज्ज 3. 32. 11. 27. 28. 120. होउ 3. 51. होन्तु 8. 17. होन्त 8. 26. 11. 80. 94. 121. 132. 12. 26. 91. होहिइ 8. 19. 11. 26. 49. 78. 122. 123. 15. 60. भाविअ 2. 33. 3. 1. — अणुहूअ 4. 21. 27. — ओरुप्पन्त (आक्रम्यमाण R. अभिभूयमान K) 3. 18. ओहामिअ (aus ओहाविअ?, cf. Hem. IV 25. 160) 2. 23. — पहुप्पइ (प्रभवति etc. Uebss.) 6. 81. 7. 63. 11. 31. पहुप्पन्त 7. 27. 10. 56. 14. 25. अपहुप्पन्त 13. 9. पहुत्त 2. 9. 4. 39. 6. 31. 81. 9. 32. 39. 91. 15. 5. 24. 53. वहुत्त (nach ण) 3. 57. पहुअ! 13. 64. — अविभाविज्जन्त 8. 32. अविभाविअ 10. 53. अविहाविअ 14. 17. 50. संभावेमि 11. 121. संभाविज्जइ 1. 10. 11. संभाविअ 2. 33. 10. 60. 12. 51.

भूमि 11. 12. 12. 88. 13. 95. cf. अइभूमि.

भूमग्ग (°प°) 11. 45.

भेम्भल (विह्वल. cf. Hem. II 58) 6. 37.

भोअ (°ग Windung) 5. 52. 53. 62. 6. 63. भोग! 14. 25.

भ्रंश: भट्ठ 8. 68*. — पब्भट्ठ 11. 58. 14. 42. 15. 7*.

भ्रम: भमइ 1. 26. 2. 11. 5. 38. 65. 7. 49. 50. 12. 71. भमन्ति 7. 10. 9. 79. 13. 8. 73. 14. 3. 22. भमन्त 4. 51. 5. 65. 81. 6. 39. 7. 1. 8. 4. 35. 9. 8. 11. 111. 14. 68. A. 1. भमिऊण 8. 31. 12. 17. 13. 70. भमिअ 6. 61. 7. 27. 8. 31. 9. 81. 11. 107. 13. 69. 14. 21? 15. 72. भामिअ 2. 32. 11. 107. भमाडिअ 3. 61. उब्भन्त 1. 8. 13. 68. °न्तअ 2. 21. — परिभमन्त 6. 82. परिब्भन्त 6. 82. — परिभामिज्जन्त 7. 69. संभन्त 3. 16.

म

म (Pron.): मं 11. 113. ममं (माम) 11. 81. महं (माम्?) 15. 90. मए (मया) 4. 21. 19. 6. 10. 11. 75. 77. 79. 105. 129. 14. 44. 55. मह 3. 29. 44. 58. 59. 8. 23. 26. 11. 76. 83. 85. 106. 111. 15. 60. मह 3. 54. 57. 4. 27. 50. 8. 21. 11. 23. 77. 78. 81. 81*. 121. 14. 17. 15. 61. मज्झ 3. 53. 62. 11. 83. 86. 14. 41. 15. 60. मे 6. 11. 11. 82. 101. 105. 119. 120. 130. (मया R) 14. 17. मम्मि 3. 46. 4. 14. 6. 16. 8. 19. 15. 27. 56.

1. मअ (°द) 1. 30? 2. 3. 27. 3. 1. 4. 23. 5. 57. 8. 48. 63. 10. 45. 62. 63. 73. 81. 82. 12. 13. 13. 13. 37. 15. 11.

2. मअ (मृग) 2. 3. 4. 61. 8. 65. 107. 9. 16. 18. 22. 28. 30. 59. 87. 90. मइ 6. 80. cf. मअतण्हा. मइन्द.

मअण (°द°) 1. 18. 5. 1. 8. 7. 66. 10. 54. 62. 81. 82. 11. 10. 13. 6.

मअतण्हा (मृगतृष्णा) 9. 35.

मअर (°क° 2. 22. 5. 37. 39. 51. 57. 83. 84. 7. 25. 26. 48. 51. 65. 8. 8. 35. 36. 46. 63. 15. 14. cf. मअरहर.

मअरन्द (मक° 6. 11. 17. 48. 10. 11.

मअरहर (मकरगृह) 1. 8. 3. 16. 4. 48. 5. 68. 7. 64. 8. 98. 9. 20. 60. 78. 11. 83. 15. 22.

मइ (मति) 4. 62.

1. मइन्द (मेन्द N. pr.) 4. 7. 13. 83.

2. मइन्द (मृगेन्द्र) 3. 63. 6. 30. 7. 25. 51. 9. 21. 30. 10. 47. 12. 85.

मइरा (°दि°) 1. 56. 2. 11. 6. 1. 8. 15. 55.

[1]) hierunter auch die Fälle, in denen das Genus zweifelhaft ist.

[2]) cf. ओहामिअ bei भू

[3]) cf. आमेल्लिअअ. पुणाम. भुमआ.

मइल (für *मलिअ = *मलित?[1] मलिन Uebss.) 1. 39. 43. 8. 31. 102. मइलेन्ति 9. 82 मइलन्त 10. 27. 12. 1. °न्तअ 3. 47. मइलिअ 3. 48. 9. 71. 10. 43. 11. 124. 13. 53. 15. 42. — ओमइल 2. 25. ओमइलिअ 5. 76. 11. 41c.

मइलदा (von मइल) 3. 31.

मउअ (मृदुक) 2. 27. 5. 21. 6. 9. 8. 3. 11. 116. 14. 58. मउइज्जइ 4. 30.

मउअ s. मउल.

मउल (मुकुल) 4. 51. 5. 38. 10, 61. 11. 38. मउअ! 11. 42. मउलेइ 3. 29. मउलेन्ति 10. 9. मउलन्त 11. 62. मउलिअ 1. 65. 10. 50. 56. 61. 11. 90. 13. 56. मउइअ! 11. 126.

मऊह (मयूख) 1. 10. 50. 2. 21. 34. 4. 61. 5. 9. 23. 40. 7. 16. 9. 39. 52. 59. 62. 90. 10. 17 31. 48. 52. 53. मोह 1. 18

मंसल (मां°) 10, 43. 12, 20. 13. 55 मामल 13. 52.

मग्ग (मार्ग) 1. 51 53. 60. 2. 16. 25. 5. 33. 73. 6. 55. 81. 91. 7. 8. 22. 8. 26. 32. 33. 68. 85. 93 9. 10. 12. 47. 54. 61. 92 10. 17. 54? 11. 45. 74. 130. 12. 27. 29. 34. 72. 13. 8 11. 23. 28. 37. 45. 51. 60. 62. 77. 14. 8. 58. 74. 75. अमग्ग 4. 31.

मग्गण (मार्गण) 11. 8 15. 16.

मङ्गल 3. 41. 8. 29. 11. 134. 12. 42. 15. 43. अम° 11. 131.

मच्छ (मत्स्य) 1. 8. 5. 39. 46. 7. 37. 56. 66. 8. 67.

मच्छर (मत्सर) 3. 19 (मात्सर्य R). 7. 15. 62. 11. 16. 12. 51. 13. 15. 78. 15. 5. cf. उम्म°.

मज्ज्: मज्जिऊण 8. 28.

मज्जण 1. 20. 9. 80.

मज्जाआ (मर्यादा) 4. 23.

मज्झ (मध्य) 2. 36. 3. 59 61. 4. 11. 5. 25. 36. 49. 71. 86. 6. 89. 7. 61. 8. 67. 72 84. 91. 9. 91. 10. 54. 11. 12. 52. 69. 12. 58. 78. 92. 13. 11. 29. 50. 89. 93 14. 81. 15. 4. मज्झत्थ (°स्थ) 1. 44.

मण (°नस्) 2. 38. 41. 3. 10. 20. 44. 5. 20. 14. 36. 15. 13. दुम्मण (°र्मनस्) 11. 11. विमण 4. 31. 5. 16. 11. 17. 49.

मणसिला (मनःशिला) 12. 5 मणोसिला 7. 59.

मणहर (मनो°) 9. 87.

मणि 1. 39. 2. 2. 22 23. 25. 28. 5. 39. 49. 58. 65. 66. 84. 6. 6. 7. 65. 72. 7. 38. 59. 60. 69. 8. 13. 62. 9. 9. 23. 24. 35. 43. 45 50. 54. 59. 64. 67. 76. 77. 96. 10. 46. 11. 38. 40. 48. 12. 5. 10 44. 75. 13. 52. 65. 15. 64. A. 3. 7. मणिमअ 9. 22. cf. घरमणि. दिणमणि.

मणिप (Juwelenhüter) 9. 43. °व 2. 23.

मणिवन्ध 13. 65.

मणोरह (°थ) 1. 36. 11. 77. 85. 13. 47. 14. 4. 22.

मणोसिला s. मण°.

मण्डण 10. 71. 11. 41.

मण्डल 1. 43 2. 9. 4. 11. 22. 53. 5, 13. 16. 7, 9. 10. 69. 8, 8. 22. 46. 9. 9. 18. 21. 32. 52. 55. 59. 69. 79. 86. 90. 91. 10. 8. 15. 37. 54. 55. 13. 5. 49. 88. 15. 74. °लि 5, 79. 12, 79. 13. 69. °लिअ 15. 68.

मण्डलग्ग (°लाग्र) 3. 37. 11. 61. 12. 66.

मणु (मन्यु) 10. 64. 69. °णुअ 9. 49.

मत्थअ (मस्तक) 3. 35. 5. 57.

मथ्: महिज्जन्त A. 6. महिअ 2. 18. 8. 55. 107.

मद्: मत्त 3. 63. 10. 11. 15. 17. 41. मइअ 7. 66. मएन्त 2. 17.

मन्: मणे (oder = मनसि R) 5. 20. मणे 11. 27. 49. मण्णइ 11. 1. मणिन्ति 6. 68. मअ 5. 6. — अवमणइ 4. 24. अवमणिअ 10. 66. 11. 28. — संमाणिअ 1. 21. 12. 27. 51.

मन्त (मन्त्र) 14. 56. 61.

मन्थर 1. 38. 12. 31. 15, 30.

मन्द 8. 3.

मन्दर 1. 49. 2. 4. 29. 32. 35. 5. 44. 46. 6. 2. 4. 9. 8. 64 10. 8.

मन्दार 1. 18. 13. 91.

मन्दोदरि (N. pr.) 13. 97.

मर्: मरन्त 14. 55. मुअ 3. 12. मरिअव्व 11. 117. — अणुमरिहिइ 14. 55.

मरगअ (°कत) 2. 22. 35. 5. 76. 8. 6. 45. 49. 99. 9. 68

मरण 3. 45 11, 55. 58. 67. 83. 105. 113. 114. 118. 120. 133. 13. 48. 14. 45. 15. 63. 85 89.

मज्ज्: — परिमज्जिउं 11. 109. cf. मर्ग्.

मर्द्: मलेमि 3. 63. 11. 21. 15. 29. मलइ 5. 70. मलेइ 4. 9. मलेन्त 4. 42. A. 13. मलिज्जन्त 3. 13. मइज्जन्त! 7. 37. मलिअ 1. 64. 2. 30. 31. 3. 49. 4. 57. 6. 57. 82. 7. 37. 42. 59. 64f. 8. 10. 92. 9. 36. 37. 83. 93. 10. 2. 11. 99. 12. 25. 27. मिलिअ 7. 42. 11. 90a. 12. 25b. मइअ! 12. 29. — ओमलिअ 13. 27. — परिमलिअ 7. 62. 8. 64. 10. 45. — विमलिअ 9. 7. 25.

मर्ग्[1]: — ओमट्ठ 5. 21. — परिमट्ठ 1. 42. 63. 4. 37. 6. 2. 8. 43. 11. 47.

मल 9. 34. 15. 42.

मलअ (°य) 1. 59. 2. 8. 3. 55. 61. 4. 9. 5. 9. 11. 36. 66. 67. 70. 6. 3. 6. 21. 22. 37. 57. 59. 93. 7.

[1] Bühler, Pâiyal. Index s. v.

[1] die Scheidung zwischen मर्ज् und मर्ग् ist einigemal unsicher.

41. 8. 10. 17. 21. 23. 57. 69. 81. 83. 85. 92. 11. 98. 99. 14. 25. 15. 8. 35.
मसिण (°सृ° 1. 45. 5. 64. 75. 12. 13. 58. °णिअ 1. 55. 9, 6. A. 5. cf. आमसिण.
मसि 2. 36.
मह: महइ 1. 6. 4. 13. 11, 8. महिअ 12. 41. 13. 21.
महग्घ (°हार्घ) 2. 33. 12. 98. A. 14.
महण (°थ°) 1. 49. 2. 13. 17. 32. 3. 3. 4. 20. 5. 46. 6. 4. 7. 33. 40. 41.
महा 1. 2. 58. 60. 2. 6. 38. 3. 17. 57. 59. 4. 21. 22. 5. 2. 47. 50. 54. 60. 87. 6. 1. 46. 50. 87. 91. 7. 4. 6. 14. 16. 37. 49. 56. 59. 8. 21. 51. 66. 69. 75. 77. 86. 105. 9. 1. 15. 59. 11. 99. 14. 37. 58. 15. [4. A. 12.
महावह (°पथ) 1. 58. 8. 84.
महि 1. 4. 49. 2. 5. 8. 9. 15. 23. 26. 37. 3. 58. 4. 19. 22. 25. 46. 53. 5. 6. 20. 32. 6. 16. 19. 21. 24. 29. 32. 35. 36. 43. 54. 58. 59. 62. 64. 69. 71. 79. 7. 2. 8. 17. 32. 39. 63. 8. 14. 21. 22. 39. 66. 9. 51. 73. 78. 10. 9. 12. 13. 18. 28. 30. 32. 39. 54. 11. 31. 56. 65. 68. 102. 103. महिम्मि[1]) 108. 111. 12. 3. 30. 57. 74. 81. 91. 97. 13. 27. 29. 37. 49. 50. 57. 59. 60. 85. 14. 7. 83. 15. 54. 91. A. 9.
महिन्द (°हेन्द्र) 2. 8. 6. 59. 62. 7. 16. 8. 10. 11. 89. 12. 76. महेन्द 1. 4. 6. 22. 13. 20.
महिला 11. 75. 84. 105. °लाइअ 2. 26.
महिम (°प) 6. 65. 7. 23. 64. 9. 15. 35. 36. 41. 76. 12. 85.
महिहर (°होधर) 3. 38. 42. 60. 4. 17. 18. 46. 5. 37. 54. 59. 64. 68. 80. 85. 86. 6. 21. 31. 32. 41. 45. 48. 51. 52. 53. 58. 64. 66. 73. 77. 78. 80. 83. 84. 86. 90. 94. 95. 7. 2. 5. 8. 12. 15. 19. 20. 21. 29. 32. 53. 54. 55. 61. 62. 63. 68. 8. 1. 2. 4. 21. 24. 26. 29. 30. 31. 32. 33. 34. 38. 41. 42. 51. 52. 55. 60. 66. 73. 75. 76. 86. 89. 90. 91. 96. 97. 99. 102. 9. 14. 10. 1. 11. 90. 12. 32. 38. 13. 8. 27. 13. 15. 89. A. 5. 10. 11.
महु (°धु) 1. 30? 31. 2. 27. 6. 47. 7. 62. 9. 40. 10. 11. 82. 12. 20. 43. 13. 55. महुमअ (°मय) 1. 30.
महु (°धु N. pr.) 6. 13.
महुअर (°धुकर) 1. 19. 4. 57. 6. 11. 47. 8, 90. 9. 61. 81. 85. 10. 11. 41. 45. 56. 12. 7. 13. 89. 93. A. 2. °रि 1. 29. 30.
महुमह (°मथ; °मथन Uebs.) 1. 17. 2. 15. 26. 31. 3. 3. 4. 20. 21. 9. 2. 89. 14. 58.
महुमहण (°थन) 1. 1. 21. 9. 2.
महुर (°धु°) 1. 30. 2. 27. 9. 31. 33. 40. 11. 7. 87. [12. 7. 20. 14. 45.
महेन्द s. महि°.
महोअर (°दर N. pr.) 12. 54. 57.
1. मा (messen): मिज्जन्त 7. 69. माअइ 9. 3. माविअ 6. 60. — णिम्माअ 1. 20. 7. 70. 8. 53. 57. णिम्मिअ 8. 66. 97. 11. 36. 12. 32. णिम्माएइ 12. 66. णिम्माविज्जइ 8. 79. णिम्माविअ 15. 26. णिम्मविअ 11. 32. 35. 98.
2. मा (Platz finden): अमाअन्त 2. 9.
3. मा (nicht) 3. 1. 10. 27. 47. 58. 4. 21. 32. 8. 11. 11. 92. 119. 128. 14. 18. 15. 8. 61.
माअङ्ग (°त°) 3. 1. 5. 54. 7. 26. 8. 18. 12. 96. 13. 5.
माअलि (°त° N. pr.) 15. 49. °डु 15. 51. 54. 93.
माआ (°या) 11. 35. 97. 131. 137. 12. 31. 65. 13. 99. 14. 20. 15. 37. 83. °मअ (°य) 11. 54.
माढि देश्यां लोहाङ्गलीयघटितो जिरहः R: cf. माठी PW. 12. 62.
माण 1. 13. 3. 18. 46. 4. 56. 62. 10. 62. 77. 11. 115. 12. 50. 52. 13. 41. 46. 73. -आण so R, 6. 53.
माणवइ (°ती) 10. 69.
माणम (°प) 15. 27.
मारुअ (°त) 1. 36. 2. 21. 41. 3. 16. 60. 4. 25. 52. 5. 61. 77. 6. 33. 37. 76. 7. 12. 8. 96. 9. 3. 14. 72. 10. 2. 11. 91. 111. 12. 20. 13. 59. 61. 14. 61. A. 6.
मारुइ (°ति) 1. 37. 38. 4. 34. 47. 55. 57. 5. 5. 14. 16. 65. 15. 35.
मार्ग्: मग्गइ 11. 8. 71. मग्गिअ 9. 35. 39. मग्गिअव्व 14. 27. परिमग्गन्त 4. 59. विमग्ग- [माण 4. 26.
मालइ (°ती) 10. 61.
माला 1. 18. 4. 57. 9. 21.
माम (मांस) 11. 52. 62.
मामन्न s. मंमन्न.
माहप्प (माहात्म्य) 11. 28.
मि s. पि [मिद etc. s. णिम.
मि (aufrichten): मिणन्ति 7. 58. णिमिअ. णि-
मिअङ्क (मृगाङ्क) 2. 6. 5. 1. 2. 5. 6. 8. 15. 9. 11. 12. 28. 51. 59. 90. 10. 33. 53. 11. 47. 91. 12. 10.
मिल्: मिलइ 7. 11. मिलन्त 6. 74. 7. 18. 10. 16. 24. 12. 32. मिलिअ 3. 56. 4. 28. 5. 76. 6. 85. 88. 7. 5. 21. 41. 61. 70. 8. 6. 76. 80. 99. 9. 32. 71. 10. 31. 35. 37. 49. 11. 57. 58. 109. 110. 12. 37. 66*. 13. 1. 89. 15. 73. अमिलिअ 11. 90. मेलिअ 7. 11. 14. 15. °लअअ 9. 21. मेलाविअ 10. 28. 11. 36.
मिव (इव: oder मि + व?) nach ˘ 1. 5. 28. 32. 39. 43. 45. 47. 2. 11. 33. 3. 62. 4. 11. 6. 64. 71[2]. 7. 8. 41. 61. 9. 6. 40. 49. 10. 55. 73. 11. 132. 13. 42. मिअ 1. 39*. 6. 71*. 9. 40*. 11. 132*.
मिहिअ (मेघ K. मेघिका R) 13. 53. °हिआ (मिहिका K) 4. 17. °हिअ oder °हिआ 4. 51[2]. 10. 18. 12. 5. 59.

———

1) so! im Hindi „Ringpanzer".

2) doch ergibt sich aus dem Parallelismus mit

मिऊरण (°युं°) 5, 48. 6. 47. 7. 57. 9, 95. A, 10.

मीण 2. 25. 35. 5. 55. 6, 65. A. 5.

मील्: मीलन्त 12. 46. — श्रोमील्लन्त 3. 1. — उम्मिल्लन्त[1] 10. 31. 12. 24. उम्मिल्ल (°उन्मीलन) 10. 50. 61. 11. 25. 50. 60. 64. 79. 103. 112. 14. 42. 15. 73. — णिमिल्लन्ति[1] 13. 15. णिमीलिश्र 6. 89. 11. 58. 13. 33. णिमिल्ल 6. 61. 11. 50. श्रोणिमिल्ल 9. 87. 13. 82. — संमील्लइ 12. 4. संमीलिश्र 12. 1.

मुग्गर (°द्गर°) 13. 8. मो° 13. 8. 15. 16.

मुच्: मुच्चइ 3. 30. 4. 9. 7. 49. 12. 14. मुच्चह 15. 8. मुश्रइ 5. 30. 6. 17. 7. 17. 10. 5. 11. 117. 12. 25. 41. 13. 42. 51. 14. 17. 35. 74. 15, 38. 73. 83. मुएइ! 6, 47*. मुश्रन्ति 5. 52. 6. 58. 65. 8. 32. 10. 57. मुश्रसु 11. 124. 15. 57. मुश्रन्त 15. 88 श्रमुश्रन्त 3. 39. मोच्छिहिमि 11. 76. मोच्छिहि 3. 30. 4. 49. 11, 126. मोत्तुं 4. 59. मोत्तूण 6. 1. 11. 125. मुच्चन्त 10. 22. 12. 43. 15. 31. श्रमुच्चन्त 2. 6. मुक्क 1. 22. 2. 8. 39. 3, 37. 4. 46. 5. 41 59. 63. 81. 6. 21. 28. 29. 43. 7. 2. 21. 34. 8. 26. 27. 30. 9. 5. 36. 10. 13. 11. 65. 133. 12. 14. 15. 21. 81. 96. 13. 28. 29. 67. 88. 98. 14. 4. 41. 44 60. 67. 69. 15. 11. 35. 61. 68. 81. A. 1. 10. श्रमुक्क 6. 4. 7. 61. 9. 5. 12. 47. 15. 70. 88. मोत्तव्व 4. 30. 12. 35. मोएइ 10. 78. मोश्रन्त 8. 61. मोइश्र 9 86. 12. 27. — श्रामुश्रइ 5, 8 10. 59. 11. 8. 13. 39. श्रामोइश्र 9. 78. परिमुक्क 2. 35. — पडिमुच्चिउं 14. 2. पडिउच्चिउं 14. 2. पडिमुच्चना 6. 11. पडिमुक्क 3. 40. 5. 73. 11. 74. 89. 13. 78. 15. 87. श्रपडिमुक्क 3. 12. — विमुच्चउ 3. 27. विमुक्क 1. 19. 25. 28. 2, 11. 13. 3, 61. 6 34 79. 7. 13. 8. 3. 34. 11. 58. 9. 25. 58. 10. 75. 77. 12. 59. 13. 1. 14. 5. 6. 19. 59. 61. 62. 73. 76. 77. 80. A. 14.

मुच्छा (मूर्छा) 11. 57. 58. 97. 13. 33. 47. 48. 15. 72.

मुट्: मोडिश्र (K übs. mehrfach भग्न. त्रुटित) 5. 49. 7. 37. 8. 103. 9. 63. 11. 91. 13. 75. 85. 14. 15. 51. 66. cf. श्रामोडि.

मुट्ठि (मुष्टि) 12. 66. 13. 1. 14. 53.

मुण् (von मन्: ज्ञा Uebss.): मुणिज्जइ 6. 58. 8. 53. 10. 72. मुणिज्जन्त 5. 82. 12. 32. 13. 28. मुणिज्जमाण 2. 36. मुणिश्र 8. 69. 9. 10. 11. 131. श्रमुणिश्र 3. 9. मुणेश्रव्व 4. 24.

मुणाल (मृ°) 1. 30. 9. 11.

मुत्ता (°क्ता) 1. 22. 27. 62. 2. 21. 25. 30. 9, 15. मोत्ता 7. 25. 61. 8. 6. 9. 37. 42.

मुत्तिश्र s. मोत्तिश्र.

मुद्धश्रा (मुग्धता) 11. 88.

मुमल 12. 58. 14. 67. 81. 15. 16.

मुह्: मुज्झमि 11. 95. मुज्झन्ति 3. 46. मुज्झसु 14. 48. मुज्झह 3. 58. मुज्झन्त 3. 16. मुज्झिज्जइ 4. 39*. 5, 8*. मुज्झिज्जन्ति 10. 11*? मुज्झिज्जन्त 2, 46*. 11. 49*. मुहिज्जन्त 11. 100. मूढ 2. 44*. 4, 24. 10, 65. 11, 66. 73. 88. 14, 34 मुद्ध 1. 32. 2, 11. 4, 20. 7, 61. 67. 8. 15. 9. 16. 46. 54. 10, 27. 33 38. 44. 12. 4. — वामोहिइ (व्या°) 12. 38. — विमुहिज्जइ 4. 39. विमुहिज्जन्त 2. 46. विमुज्झन्त 11. 49. विमूढ 5. 10. विमुहिश्र (oder = विमुखित. Uebss. schwanken) 1. 6. 4. 44. 5. 55; s. auch besdrs.

मुह (°ख) 1. 8. 30. 32. 34. 35. 37. 48. 56. 64. 2, 3. 5. 7. 13. 21. 26. 36. 3. 8. 23. 37. 13. 52. 60. 4, 3. 9. 10. 12. 31. 31. 38. 41. 58. 5. 11. 12. 15. 26. 27. 28. 29 30. 31. 34. 38. 49. 53. 72. 81. 6. 8. 14 23. 24. 27. 40. 42. 61. 75. 79. 85. 89. 90. 7, 20. 25. 27. 36. 46 49. 50. 8. 8. 9. 29. 80. 31. 35. 36 51. 80. 98. 9. 1. 6. 27. 36. 53. 54 57. 65. 69. 72. 79. 10. 17. 41. 72*. 71. 76. 78. 11. 2. 3. 4. 6 9. 13. 14. 22. 30. 31. 32. 38. 41. 48. 50. 57. 66. 70. 79. 82. 85. 87. 92. 93. 102. 107. 109. 110. 125. 130. 12. 17. 29. 30. 47. 60. 89. 92. 13. 3. 5. 21. 23. 24. 27. 31. 39. 53. 56. 59. 67. 14. 8. 9. 17. 18. 19. 24. 35. 37. 64. 72. 15. 2. 5. 6. 19. 20. 21. 22 23. 29. 33. 40. 51. 56. 61. 62. 72. 73 74. 79. 80 81. 87. 89. A. 5. 11. 13. cf. श्रहिमुह. श्रहो°. उं°. एक्क°, दह°, प°. परं°. स°.

मुहल (°खर) 1. 51. 2. 5. 21. 34. 4. 7. 52. 5. 12. 27. 41. 6. 11. 7. 29. 8. 68. 9. 79. 88. 96. 11. 24. 12. 51. 65. 86. 13. 21. 97. 14. 20. 15, 21.

मुहवड (°खपट) 2. 22. 8. 23. 13. 59.

मुहुत्त (°हूर्त) 1. 33. 6. 50. 91. 8, 78. 9. 94. 12. 94.

मूश्रल्लइश्र (von मूक + स्वार्थे ल्ल: मूकायित. मूकीकृत Uebss.) 5. 41.

मूर्छ्: मुच्छिज्जइ 5. 8. मुच्छिज्जन्त 13. 43. मुच्छिश्र 5. 46 7. 56. 9. 95. 11. 66. 13. 25. 96. 14. 41. मुच्छाविश्र 12. 38. — विमुच्छिश्र 11. 55.

मूल 1, 1. 45. 2. 36. 37. 5, 60. 69. 6. 16. 36. 49. 51. 58. 63. 76. 85. 7, 16. 18. 44. 55. 8. 2. 34 50. 73. 80. 9, 6. 7. 9. 14. 19. 10, 14. 11. 63. 89. 12. 2. 13. 15. 50. [57. 65. 14. 16.

मेश्र (°द्स) 13. 86.

मेइणि (°दिनी) 6. 22. 55. 7. 61. 9, 5

मेत्त (मात्र) 3. 6. 23. 30. 4, 10. 47. 5. 21 41. 6, 84. 11. 13 81. 12. 23. 31. 85. 14. 26. 15. 6. 27.

मेत्ति (मैत्री) 1. 9.

मेरु 4. 37. 10. 19.

मेह (°घ) 1. 15. 19. 22. 2. 22. 27. 35. 3, 27. 48.

छाश्रा. dass das Feminin gemeint ist; ebenso 12, 59. wenn man mit R Parallel mit पहा annimmt.

1) eigentl. Denomin. von °मिल्ल.

6, 82. 87. 7. 60. 9, 15. 25. 49. 12, 85. 14, 82. 15, 49. A, 11.
मेहणाअ (°घनाद N. pr.) 13. 98. 14. 15. 22. 15. 25. 36. 37. 39. 90.
मेहला (°खo) 7. 60. 9. 49. 12, 15.
मोकख (°च) 1, 12. 12, 55.
मोग्गर. मोत्ता s. मु°.
मोत्तिअ (मौक्तिक) 5. 40. 8. 11. 9. 21. 14. 75*. 76. °त्तिआ 9. 21. 14. 75. मुत्तिअ 5. 49.
1. मोह s. मऊह.
2. मोह (°घ) 10. 70. 11. 18. 14. 3.
3. मोह 2. 41. 11. 53. 56. 57. 60. 70. 97. 103. 107. 137. 14. 42. 15. 73.

य

यत्: — आअत्त 10. 24.
यम्: जमेइ 10. 70. अजमिअ 11. 41. आआमिज्जन्त 10. 7. आअअ 8. 13. 11. 11. 42. णिराअअ 6. 69. 10. 46. णिराअ 2. 40. 42. 5. 25. 72. 6. 41. 81. 87. 7. 45. 8. 27. 48. 85. 10, 7. 11, 60. 12, 51. 62. 13, 11. 29. 51. 60. 15, 67. णिराइअ 4. 52 (oder =निराहत R). 7. 36. — णिअमेऊण 4. 55. णि-[अमिअ 4. 37. 6. 18.
या: जाइ 15. 44.
युज्: जुज्जन्त 12. 87. जुत्त 12. 65. 82. 87. — विओइअ 9. 71.
युध्: जुज्झिउं 15. 47. जुज्झिअ 13. 84. 15. 18. 37. जुज्झ (Kampf, von युध्य: युद्ध Uebers.) 9. 63. 11. 49. 12, 34. 13. 20. 64. 80. 92. 15. 63.

र

1. रअ (°जस्) 1. 26. 31. 62. 3. 34. 48. 4. 4. 25. 5, 47. 6. 11. 22. 57. 89. 7. 14. 42. 8. 9. 31, 9. 31. 81. 10. 6. 10. 12. 16. 17. 11. 43. 68, 102. 13. 3. 10. 30. 37. 49. 50. 51. 52. 53. 55. 58. 59. 60. 61. 91. 14. 79. न्नअ 13. 57.
2. रअ (°त) 9. 40. 10. 76. 78. 12. 13.
3. रअ (°थ) 1. 8. 6. 57. 7. 19. 8. 15. 93.
4. रअ s. रव.
रअअ (°जत) 9. 36. 12. 13. 27.
रअण (रत्न) 1. 18. 27. 2, 12. 11. 18. 19. 5. 10. 60. 82. 86. 6. 4. 7. 7. 9. 16. 60. 8. 15. 19. 61. 9. 9. 18. 31. 37. 40. 62. 72. 89. 15. 28. A. 4.
रअणाअर (रत्नाकर) 3. 60. 4. 45. 5. 36. 70. 7. 13. 8. 15.
रअणि (°ज°) 1. 7. 22. 3. 30. 48. 5. 5. 9. 51. 11. 8. 12. 2. 4. A. 13. °निआ 9. 18.
रअणिअर (रजनिचर) 3. 34. 4, 52. 10. 66. 11. 37. 51. 53. 12. 46. 52. 70. 73. 81. 13. 1. 3. 10. 17. 18. 52. 70. 78. 79. 80. 96. 97. 99. 14. 2. 39. °रि 11. 80. 119. 15. 13.
रआल (aus 1. रअ + आल मतुबर्थे: so oder = रओआल! R; रजस्वल K) 7. 55.
1. रइ (°ति) 1. 32. 10, 21. 57. 62. 11. 8. 23.
2. रइ s. रवि.
रक्खण (°क्ष°) 13. 78.
रक्खस (राक्षस) 1, 17. 3. 5. 16. 62. 65. 4. 56. 59. 63. 7, 34. 8. 104. 9. 44. 11. 2. 97. 101. 105. 122. 12. 21. 38. 41. 55. 78. 84. 90. 91. 94. 95. 13. 6. 7. 22. 34. 68. 73. 95. 97. 14. 1. 5. 7. 8. 11. 13. 14. 17. 20. 57. 61. 65. 15. 3. 17. 27. 32. 37. 40. 67. 71. 76. 81. 87. 91. °मिन्द (°न्द्र) 12. 77. अरक्खस 11. 123.
रक्खा (°क्षा) 2. 33.
रक्ष्: रक्खिउं 4. 13. रक्खिज्जइ 4. 39. 13. 35. रक्खिअ 6. 15. परिरक्खसु 6. 15. परिरक्खन्त 3. 39. 5. 48.
1. रङ्गअ (°क) 2. 29.
2. रङ्गअ (°द) 9. 42.
रच्: रएइ 8. 11. 13. रइज्जन्त 8. 87. रइअ 9. 10. 10. 71. 12. 73. 14. 50. A, 8. विरएमि 8. 24. विरएइ 12. 67. विरएह 8. 26. विरएउ 7. 1. विरइअ 3. 49.
रञ्ज्: रज्जइ 4. 32. रज्जन्त 2. 28. 10, 20. 15. 23. रञ्जिज्जइ 13. 48. रञ्जिअ 6. 48. — विरज्जन्त 4. 11.
रज्ज (राज्य) 15. 77.
1. रण 3. 19. 41. 4. 3. 40. 8. 97. 11, 89. 134. 12. 24. 11. 45. 46. 52. 53. 72. 87. 98. 13. 1. 3. 13. 36. 41. 47. 56. 59. 74. 78. 79. 81. 87. 14. 62. 81, 15. 5. 7. 15. 20. 29. 62. 81. 87.
2. रण (व्रण aber wohl falsch) 12, 51*. 13. 18. 30*.
रण्ण (अरण्य) 9. 43.
रत्ति (रात्री) 12, 17.
रभ्: आरम्भन्त (pass.) 8. 82. आरूढ 1. 9. 8. 53. आढत्त 4. 3. 51. 5, 1. 6. 30. 7, 1. 11. 53. 12. 80. 14, 56. 15. 17. अब्भुत्त 13. 62. समारूढ 11. 32. विढप्पन्ति (अर्ज्यन्ते R) 1. 10. विढत्त (अर्जित R) 13. 17. 71.
रम्: रमिज्जइ 13. 48. रम्म 1. 61. 2. 23. 9. 47. रम्मत्तण 1. 61? अविरअ 7. 62.
रव 1. 5. 65. 2, 31. 3. 2. 4. 14. 13. 5. 27. 63. 6. 62. 7. 47. 9. 16. 55. 11, 122. 137. 12. 37. 12. 18. 19. 13. 1. 25. 14, 81. रअ 1. 23. 29. 5. 71. 6. 38. 12. 71.
रवि 1. 13. 2. 6. 29. 3. 31. 39. 4. 30. 52. 5. 26. 38. 75. 6, 28. 57. 82. 7. 38. 8. 28. 85. 9. 9. 10. 19. 27. 38. 39. 88. 10. 14. 16. 19. 14. 21. 15. 50. 55. 56. 59. रइ 1. 11. 17. 32. 2, 12. 3. 25. 4, 11. 12. 5. 16. 7. 8. 8. 13. 9. 8. 17. 29. 51. 69. 74. 81. 83. 92. 10. 2. 6. 8. 12. 12. 12. 13. 40. 54. 56, 14. 34. 15. 13.

रस्: रसइ 5, 19. 65. 77. 7. 33. 41. 43. 61. 8. 61. 71. 12. 39. 70. 14. 23. A. 6. रसन्ति 5. 26. 6. 39. 7. 12. 25. रसन्त 5. 19. 34. 45. 53. 60. 65. 7. 28. 12, 40. 14, 9. 30. °न्तअ 2. 27. रसिऊण 8. 59. 12. 95. 13, 15.

रस 1. 47. 2. 1. 17. 18. 27. 28. 33. 43. 3. 7. 4. 32. 5. 16. 24. 16. 6, 11. 47. 75. 7. 33. 43. 66. 8. 9. 49. 9. 40. 41. 43. 64. 68. 10. 3. 11. 52. 58. 82. 11. 4. 46. 113. 132. 12. 13. 13. 11. 23. 27. 41. 64. 14. 47. 15. 45. A. 2. रसा (= भूमि) 1. 59.

रसणा (°शा°) 1. 18. 3. 11. 11. 41. 12. 13

रसाअल (°तल) 2. 32. 5. 45. 60. 6. 36. 40. 51. 51. 58. 7. 55. 59. 61. 69. 8. 20. 25. 52. 57. 58. 59.

रसिअ (°क) 1. 9. [9. 7. 9. 73. 81.

रह्: रहिअ 4. 20. 11. 35. 14. 61. विरहेइ 7. 51. विरहेज्ज 5. 4. विरहिअ 2. 11. 6. 6. अविरहिअ 9. 53.

रह (°घ) 3, 11. 5. 75. 7. 8. 8. 43. 85. 9. 10. 27. 34. 78. 10. 16. 19. 12. 65. 82. 83. 84. 85. 87. 88. 89. 90. 95. 13. 7. 22. 24. 26. 27. 31. 36. 69. 71. 74. 76. 14. 15. 33. 52. 63. 66. 15. 3. 10. 18. 31. 32. 33. 12. 50. 52. 54. 93.

रहस (°भ°) 4. 32. 5. 30. 35. 67. 6. 28. 52. 76. 7. 12. 37. 59. 9. 72. 11. 61. 12. 29. 71. 72. 13. 11. 51.

रहिअ (°थिन) 13. 7. [15. 67. स° A. 11.

रहु (°घु N. pr.) 2. 1. 3. 27. 13. 4. 58. 5. 16. 11. 122. 126. 14. 26. 27. 28. °णाह (°नाथ) 4. 16. 5. 25. 6. 18. 8. 19. 11. 120. 125. 12. 31. 14. 1. 7. 31. 50. 56. 61. 62. 15, 29. 59. 65. 66. 71. 75. °वइ (°पति) 1. 11. 3. 5. 10. 4. 36. 56. 5. 11. 6. 6. 8. 81. 11. 127. 12. 23. 36. 68. 14. 13. 32. 37. 49. 15. 20. 53. 58. 74. 77. 79. 89. 93. 91.

1. राअ (°ग) 1. 9. 3. 20. 6. 57. 7. 45. 8. 55. 9. 16. 47. 58. 82. 10, 18. 19. 21. 23. 24. 25. 62. 11. 43. 12. 11. 52. 15. 13.

2. राअ (°जन्) 1. 9? 13. 3. 15. 4. 62. 11. 78. 14.

1. राअअ (रागद) 9. 72. [47. 15. 83.

2. राअअ (रावक) 9. 72.

राअस (°ज°) 3. 15.

राइ (°जि) 1. 51. 2. 8. 7. 60. 8. 15. 9. 12. 38. 60. 92.

राज्: राइअ 1. 56. 2. 29. 7. 13. — विराइअ 9. 45 (R). s. auch विरा.

राम (N. pr.) 1. 35. 45. 2. 38. 3. 30. 63. 4. 37. 43. 5. 1. 28. 32. 49. 71. 77. 79. 80. 6, 2. 7. 19. 96. 7. 1. 52. 8. 14. 16. 28. 87. 106. 107. 9. 18. 10. 4. 57. 66. 11, 35. 36. 49. 51. 53. 56. 58. 64. 73. 84. 90. 91. 94. 95. 108. 112. 114. 123. 132. 133. 12. 35. 63. 88. 14. 4. 9. 10. 11. 12. 34. 35. 59. 60. 15. 9. 10. 12. 17. 18. 31. 34. 48. 51. 63. 64. 68. 76. 78. 82. 91. 95. A. 3. 5. 14.

रावण (N. pr.) 8. 87. 105. 106. 15. 83 °वह (°वध)

रासि (°शि) 2. 36. [15. 95.

राहव (°घ°) 1. 13. 16. 42. 46. 47. 2. 37. 3. 32. 33. 47. 48. 4. 55. 5, 2. 13. 7. 51. 8. 97. 9. 65. 11. 28. 52. 74. 98. 99. 106. 111. 120. 128. 134. 12, 37. 14, 18. 35. 36. 40. 42. 55. 15, 55. 70. 78. रा-

राहु (N. pr.) 15. 20. 74. [हुअ 12, 22.

रिउ (रिपु) 3. 52. 10. 3. 11. 35. 13. 11. 15. 25. 41. 42. 96. 14, 23. 29.

रिच्: रित्त 7. 11. रेइअ 7. 31. 12. 5. रेअविअ (cf. Hem. IV 91) 11. 2. 14. 8. — अइरित्त (°क्त vl) 14. 51. — पइरिक्क 1. 58. 2. 15. 12. 94.

रिच्छ (ऋक्ष) 4. 19. 45.

रिट्ठ (अरिष्ट N. pr.) 1. 3.

रिद्धि (ऋ°) 1. 11. 2. 17.

रिसह (ऋषभ N. pr.) 4. 4.

रु: रुअ 1. 28. 12. 7. रवाविअ (= रावित K) 6. 62. — पडिरुअन्त 12. 9. — विरुअ 1. 23. 9. 66. विराविअ (K) 2. 29.

रुक्ख (वृक्ष) 7, 36. 10. 51.

रुज्: लुग्ग 8. 72. ओलुग्ग 5. 24. 6. 61. 7. 32. 52. 66. 10. 7. 11. 41. 93. 12. 3. 14. 52. 15. 53. अ-णोलुग्ग 2. 18. समोलुग्ग 3. 17. 5. 30.

रुद्: रुअसु 11. 92. रुअन्त 6. 68. रोत्तूण 1. 41. रुणा 1. 38. 11. 122. रोत्तव्व 11. 92. रोअन्तअ (रोदितव्य R. रोलार्त K) 3. 18. — ओरुण्ण 12. 29. — परुण्ण 1. 35. 10. 61. 11. 79. 114. 133.

रुध्: रुम्भइ 11. 82. 117. रुम्भन्त 12. 50. रुम्भिऊण 2. 40: passiv: रुम्भइ 8. 62. 11. 112. रुम्भन्त 13. 62. 14. 68. रुब्भइ 12. 51. रुब्भन्त 5. 43. 15. 3. रुब्भमाण 4. 17. रुद्ध 3. 35. 5. 25. 6. 39. 8. 69. 9. 72. 12. 92. 13. 91. 15. 19. 89. रुम्भिअव्व 9. 3. रोहिअ 11. 128. — अवरुद्ध 12. 15. ओरुद्ध 9. 36. — संणि-रुद्ध 6. 27. परुम्हाइ 3. 4. — पडिरुम्भइ 8. 39. पडिरुम्भन्त 11. 5. पडिरुद्ध 7. 8. 9. 44. 11. 17. 13. 24. विरुद्ध 1. 34. संरुम्भइ 13. 59. संरुद्ध 8. 23. 11. 82.

रुन्द (स्थूल R) 5. 85.

रुप्प (रूप्य) 9. 44.

रुष्: रोसिअ 8. 63. — आरोसिअ 6, 69. 7. 65.

रुह्: रूढ 3. 1. 41. रोविअ 13. 30. — आरुहइ 9. 69. 14. 13. आरुहन्त 5. 19. आरूढ 5. 18. 7. 57. 9. 24. 26. 82. 12. 82. 14. 43. 15, 3. 32. 42. 54. अणारूढ 5, 18. आरोहिअ 8. 13. समारूढ 1. 45. — परूढ 1. 4. 2. 31. 3. 29. 12. 50. 61. 76. — संरूढ 10. 23.

रुहिर (°धि°) 1. 2. 3. 57. 4. 11. 5. 50. 6. 5. 7. 7. 48

10. 15. 20. 11. 62. 64. 12. 64. 67. 13. 18. 24. 27. 31. 55. 60. 66. 95. 14. 73. 76. 84. 15. 18.

रुव (°प) 10. 40. रुत्र 1. 53. 10. 22. 11. 110. 12. 3. — अणिरुविअ 13. 33.

रेअविअ s. रिच.

रेणु 1. 33. 13. 56. °मइअ °मय 7. 62.

रोअ °ग 3. 48 K.

रोअअ रोचक R) 9. 88.

रोअणा (°च°) 11. 45.

रोम °मन : neutr.) 9. 87. 14. 66.

रोमञ्च °मा° 1. 12. 6. 5.

रोमन्थ 9. 87.

रोस (°ष) 1. 14. 51. 4. 9. 11. 14. 50. 5. 13. 17. 52. 6. 19. 7. 26. 9. 21. 36. 10. 3. 1. 61. 69. 11. 18. 93. 12. 28. 64. 70. 98. 13. 6. 10. 14. 15. 16. 94. 14. 6. 21. 26. 39. 49. 63. 67. 15. 23. 30. 46. 59. A. 5. स° 3. 58. 7. 23. 10. 3. 15. 38. 73.

रोह (°ध) 1. 28.

ल

लअ s. 1. रअ

लआ (°ता) 1. 44. 59? 60. 64. 65. 2. 25. 3. 29. 50. 62. 4. 35. 5. 9. 14. 65. 82. 84. 85. 6. 6. 47. 52. 53. 62. 7. 27. 29. 41. 47. 49. 67. 8. 70. 103. 9. 25. 31. 55. 63. 66. 81. 82. 11. 46. 110. A. 9.

1. लक्ख (°क्ष, °क्ष्य) 5. 17. 7. 6. 54. 11. 112. 13. 1. 18. 33. 15. 34.

2. लक्ख (aus लक्ष्त = लष्ट von लष्: cf. Hem. IV 192) : — अहिलक्खन्ति अभिलषन्ति R 10.57.

लक्खण °क्ष्म° N. pr.) 1. 48. 2. 30. 14. 50. 15. 16. 53.

लक्ख्: लक्खेइ 11. 15. लक्खिज्जइ 6. 95. लक्खिज्जन्ति 7. 18. लक्खिज्जन्त 11. 15. 112. लक्खिअ 8. 2. 12. 85. 14. 26. अलक्खिअ 13. 45. दुल्लक्ख (°क्ष्य) 8. 5.

लग्: लग्गइ (Denomin. von लग्ग) 1. 23. 12. 50. 13. 13. लग्गन्ति 7. 11. 9. 91. लग्ग 1. 2. 22. 24. 60. 2. 7. 32. 5. 40. 6. 23. 93. 95. 7. 52. 61. 8. 41. 46. 90. 9. 18. 21. 31. 81. 95. 11. 62. 101. 102. 12. 15. 16. 14. 66. 74. 82. 15. 6. 52. 68. A. 5. लग्गअ 9. 88. लाइज्जइ 4. 35. लाविज्जन्त 13. 13. लाइअ 2. 26. ओलइअ 12. 24. 18. आलग्ग 3. 62. 5. 33. 6. 36. 51. 55. 8. 11. 16. 26. 18. 85. 9. 28. 65. 10. 9. 13. 43. 14. 8. 15. 13. A. 1. पडिलग्ग 9. 86. 93. — विलग्गइ 1. 48. 4. 55. 10. 48. 13. 51. 15. 31. विलग्गन्ति 1. 7. 6. 55. विलग्ग 4. 2. 5. 13. 11. 85. 6. 19. 11. 52. 13. 63. विलइअ 3. 5. 5. 20. 21. 6. 78. 12. 31. 15. 32. 55.

लङ्का 1. 51. 3. 62. 63. 4. 55. 7. 71. 8. 25. 30. 10. 3. 11. 128. 12. 28. 31. 36. 70. 95. 14. 1. 30. 15. 1. 10.

लङ्घ्: लङ्घेइ 5. 77. 7. 63. लङ्घन्ति 13. 90. लङ्घेउं 12. 80. लङ्घिज्जइ 3. 25. लङ्घिअ 3. 40. 5. 85. 9. 18. 12. 11. 14. 10. 15. 14. 59. A. 3. 5. अलङ्घणिज्ज 2. 11. 4. 15.

लङ्घण 2. 25. 11. 3. 5. 7. 1. 10. 38. 12. 82.

लच्छि °क्ष्मी 1. 2. 18. 29. 31. 2. 11. 26. 3. 50. 4. 20. 31. 59. 5. 17. 8. 15. 107. 12. 18. 15. 76. लच्छिआ 3. 15. 16.

लज्ज्: लज्जन्ति 12. 53. लज्जिअ 3. 50. 4. 1. 11. 116. 13. 80. लज्जणिज्ज 11. 29.

लज्जा 3. 26. 4. 23. 10. 75. 80. 11. 73. 125. 127. 13. 16. णिलज्ज 11. 121.

लञ्छण ला° 7. 1. 8. 107.

लट्ठ? s. लोट्ठ.

लट्ठि यष्टि? 14. 20. 15. 91.

लप्: आलवइ 10. 70. अणालत्त 11. 18*. अणालविअ 11. 18. उल्लावन्त 11. 10. पलत्त 11. 70. 116. विलवन्त 11. 116. विलविअ 11. 87. 14. 11.

लभ्: लहइ 13. 12. लब्भइ 11. 121. लद्ध 1. 1. 11. 47. 4. 25. 77. 59. 63. 6. 29. 8. 10. 10. 78. 60. 11. 58. 71. 117. 12. 22. 13. 1. 14. 21. 15. 19. लद्धअ 3. 15. अलद्ध 1. 26. 11. 23. 12. 22. 14. 72. उअलद्ध 14. 12.

लम्ब्: लम्बिअ 8. 25. 12. 75. 13. 72. अवलम्बइ 8. 12. अवलम्बसु 11. 131. अवलम्बन्त 4. 62. 8. 70. अवलम्बिउं 11. 106. अवलम्बिज्जउ 10. 70. अवलम्बिअ 2. 12. 4. 41. 6. 5. 10. 83. 9. 20. 13. 81. अवलम्बिअअ 10. 20. आलम्बिअ 7. 32. 15. 48. पलम्बिअ 14. 17. 69. विलम्बन्त 3. 29. विलम्बिअ 5. 75.

लम्ब 3. 40. 10. 46.

लम्भ 11. 8. 15. 31. 12. 12. 13. 4. 20. 14. 1. 15. 32. 45.

लल्: दुल्ललिअ 15. 71. लाइअ R 2. 26? उल्ललइ 11. 5. 13. 13. 9. 15. 15. उल्ललिअ 9. 68. 10. 52. 58.

ललाट! 14. 81.

लव 1. 20. 2. 31. 5. 11. 9. 27. 14. 75.

लवङ्ग 13. 41.

लवण 8. 36. 9. 16. 33. 41.

लस्: उल्लसन्त 4. 12. उल्लसिअ 4. 12. 10. 52. 58*. विलसिअ 4. 10.

लसिर (von लस) 8. 11.

लहुअ °घुक 3. 37. 4. 13. 5. 61. 6. 76. 77. 78. 7. 21. 8. 15. 11. 20. 61. 106. 111. 127. 128. 131. 12. 7. 69. 91. 13. 12. 45. 78. 80. 14. 26. 15. 12. 57. अलहुअ 11. 5. लहुअत्तण 7. 11. लहुअन्त 15. 27. लहुइअ 6. 1. 73. 8. 78. 14. 41. 15. 11. 67. लहुआइअ 12. 53.

लहुआ (°घुता) 15. 47.

लाण लान R. लावण्य K 7. 60.

लालस 11. 46. 13. 2.

लाला 9, 27.

लावरा (°ण्य) 11, 41.

लावरिणअ (wie eben) 9. 49.

लिख्: लिहिअ 2. 42. 13, 38. — आलिकख 2. 45. 14. 36. —उल्लिहिअ 6. 2. 10, 60.

लिङ्ग्: — आलिङ्गिअ 5. 2. 7. 29.

लिप्: — अणुलित्त 6. 6.

लिह्: लिहन्ति A. 2. लिब्भन्त 9. 41. — आलिद्ध (आलीढ. आघ्रिष्ट. स्पृष्ट Uebss.) 1. 28. 61. 4, 51. 8. 36. 10, 20. 27. 11, 4. 61. अणालिद्ध 5. 44. 6, 52. 56. 10, 2.

ली: — अहिलेइ 5. 50. अहिलिअ 2, 16. अहिलेउं (अभिलवितुम्! = छेत्तुम् R) 4. 53. अहिलेऊण 14. 39. — अवलीण 7. 61. — वोल (व्यवली) s. besdrs. — अल्लिअइ (आलीयते etc. आश्रयति etc. Uebss.) 3. 41. 12. 19. 14, 5. अल्लिअन्ति 13. 33. अल्लिअन्त 12. 71. आलीण 6. 6. 9, 11. अल्लीण 9. 90. 11. 30. 51. 12, 68. 71. 13. 1. 70. अणल्लीण 13, 54. अल्लिअ 9, 85. समल्लिअइ 13. 18. समल्लिअन्त 12. 10. समल्लिअ (समन्वित! R) 15. 55. अल्लिअन्ति 13. 33*. समल्लिअइ 13, 18*. समल्लिअन्त 12. 10*. समल्लिअ 15. 55*. — परिल्लिन्त 6. 48.

लीला 8, 43.

लुक्क (für लिक्क = लिहक्क aus *लिग्ध । लिह?): णिलुक्क (निलुकित R. निलीन K) 15, 2.

लुह्: — आलुह्निअ (स्पृष्ट Uebss.) 1. 21. (कल्पित R. तप्त K) 15. 42.

लुभ्: लोहेउं 11. 27. [7. 9. 83.

लुल्: विलुलिअ 1, 49. 3. 11. 6. 12. 13. 7. 3. 8.

लू: लुअ 3. 12 5. 39. 7. 26. 11. 28. 52. 13. 40. 15. 79. लाइअव्व 15. 75.

लेहा (°खा) 1, 63. 9, 10. 13. 58.

लोअ (°क) 1. 51. 2, 9. 14. 17. 3. 16. 31. 4. 18. 44. 6, 85. 7. 11. 63. 8, 14. 104. 11, 96. 12. 68. 83. 95. 13, 20. 44. 97. 14, 46. 15. 40. 86. लोअअ 3. 47. cf. परलोअ.

लोअण (°च°) 1, 37. 2. 42. 43. 45. 46. 4. 14. 5. 15. 29. 55. 71. 6. 68. 96. 7. 23. 8. 18. 65. 11, 25. 39. 79. 87. 101. 110. 113 13. 83. 14. 23. 15, 43. 53.

लोआलोअ (लोकालोक) 8. 106. [72. 77. 84.

लोक्: आलोएइ 1. 54 आलोक्कन्त (passiv) 1. 25. आलोइअ 5, 82. 6, 91. 7. 15. 8. 12. 11. 2. 53. 12. 95. 13. 88. — पलोइअ (प्रलोकित R. वि° K) 6, 80. 7. 59. 11. 18*. पुलोइअ (wie eben) 7. 59. 11. 18. cf. पुलइअ.

लोट्ट (लुठ Uebss.): — पल्लोट्ट 2. 21. 5. 14. 18. 46. 7. 53. 10. 16. 12. 1. 13, 27. A, 11. पल्लोट्टन्त 5. 58. पल्लोट्टिअ 5. 81. 6. 32. 15. 28. पलट्टउ 3. 58*. पल्लट्टिअ 6. 32*.

लोद्ध (°ध्र) 13. 91.

लोल 7, 43. (-ल्लो°).

1. लोह (°भ) 13. 23.

2. लोह (लोह. लौह) 12, 62. 13. 39. 14. 20.

लोहिअ (°त) 2, 4. 9. 15. 42. 12. 43. 13. 37. 40. 43. 14. 14. 27. 15, 17. 72.

व[1]

1. व. व्व (इव): व nach ursprüngl. kurzem Voc. und ˙. व्व nach ursprüngl. langem Voc. — व nach अ 1, 42. 2, 2^{5}. 3. 6^{2}. 10. 33. 41. 45. 3, 13. 17. 57 (R)? 4, 8. 40. 56. 61. 5, 23. 33. 42. 71. 6, 89. 8, 83. 89. 9. 2^{3}. 38. 53. 10, 7. 14^{2}. 39. 43. 46. 11. 109. 12, 61. 13, 52. 14, 14. 32. 63^{2}. 64. 75. 15, 20. 46. 80 92; nach इ 1, 11. 20. 2. 14. 3, 29. 31. 48^{2}. 59. 4. 45. 60. 5, 20^{2}. 27^{2}. 29. 35. 6, 18. 41^{2}. 78. 86*. 87. 7. 2. 13. 27. 8, 21. 51. 62^{1}. 107. 9. 49. 55. 62. 69^{2}. 75. 91. 10, 1. 10, 30^{5}. 32. 44. 51. 11. 46. 80. 117. 121. 12. 11^{2}. 44. 14. 20. 15, 39. 44^{2}. 78. A. 6^{1}. 11; nach उ 3, 1. 23. 6, 46. 7. 10. 10, 1; nach ˙ 1, 17. 19. 25. 30^{2}. 35. 39^{2}. 41. 46. 47. 50. 54. 63. 64. 65. 2. 1. 5. 7. 8. 9. 11^{4}. 12. 14 27. 29. 40. 41. 3. 4. 7. 14. 34. 51. 63. 4. 1. 15. 21. 22. 38. 53. 54. 58. 5, 10. 11. 12. 13. 20. 43. 50. 73. 6, 26. 7, 8. 9. 17^{4}. 31^{2}. 57. 8, 23. 41*. 55. 84. 9, 1. 5. 11. 13. 17. 28. 52. 54. 59. 65. 72. 73^{1}. 75. 84. 10, 6. 10. 15. 18. 25. 43^{2}. 46. 50. 11, 36. 41 48. 12, 5. 9. 18. 19. 36. 37. 59. 80. 13, 42^{3}. 44. 14. 31. 36. 63^{2}. 15, 38. 50. 61. 75. 94. A. 13. — व्व nach अ aus आ 1, 11. 44. 48^{3}. 2. 42. 3. 21. 29. 34. 35. 42. 4. 31. 46. 5, 14. 63. 8. 91. 96. 9. 8. 73^{2}. 85. 12. 78. 13. 53 (R. falsch). 14. 25. A. 3; nach इ aus ई 1. 9. 48. 2. 19. 3. 33. 47. 4. 16. 26. 59. 63. 5. 31. 6. 19 10, 80; nach ए 1. 2. 35. 2. 4. 6. 14. 15. 20. 39. 3. 48*. 4. 35. 53. 5. 45. 6, 3. 6. 27. 7, 71. 8. 48. 9. 32. 35. 11, 99. 12, 81. 14, 34^{4}; nach अ aus ए 1. 2. 35*. 2, 14*. 3. 48. 4, 53. 5. 45*; nach ओ 1. 4. 52. 3, 5. 4, 2. 3. 10. 12. 17. 18. 29. 37. 55. 5, 31. 36. 50. 76. 77^{3}. 6, 1. 7. 21. 57. 93. 95 7. 42. 8. 23. 29. 53. 59. 61. 78. 85. 86. 88. 9, 73. 90. 10, 6. 14. 17. 19. 25. 52. 12. 2. 6. 17. 81. 95. 13, 54. 59. 60. 14. 79. 15. 13. 19. 21 40. 60. 74*. 81. 89. A. 8; nach अ aus ओ 1, 4*. 4. 55*. 5. 50*. 6. 93*. 8, 53*. 13. 53. 54*. 59*. 15. 19. cf. इव्व. मिव. विअ.

[1]) was man hier vermist, suche man unter प व.

2.व. व्व (वा): wie eben. व nach अ 3. 22². 57². 62. 8. 20. 11. 28. 125. 14. 44: nach इ 11.119. 14. 55²: nach ' 3. 13. 30. 33. 8. 20². 15. 28. 57. 58. — व्व nach ए 15. 56²: nach ओ 8. 20.
वअ (°यस) 4. 17. 23.
1.वअण (°च° 3. 2. 4. 1. 15. 8. 27. 11. 32. 67. 119. 134. 14. 11. 15.
2.वअण (°द°) 1. 11. 13. 4. 11. 16. 5. 13. 6. 68. 7. 8. 11. 4. 39. 44. 52. 73. 111. 13. 25. 40. 50. 15. 82.
वइअर (व्यतिकर 8. 66. 11. 101. 14. 65. [cf. दह°.
वउल (°कु° 1. 56. 62. 3. 7. 9. 40. 12. 14.
वंस (°श) 4. 61. 12. 35.
वग्ग (°र्ग) 14. 48.
वङ्किअ (वक्रित 6. 56.
वच्: वोत्तुं 11. 118. वत्तुं 11. 118. वोत्तूण 8. 15. उत्त s. पुणरुत्त. वअणिज्ज 4. 13. 11. 104.
वच्च s. व्रज्.
वच्छ (°त्तस) 4. 5. 19. 22. 42. 6. 2. 31. 39. 10. 60. 11. 4. 101. 12. 19. 57. 13. 21. 60. 81. 14. 6. 53. 59. 67. 68. 15. 24. 25. 14. 78.
वच्छल (वत्सल kräftig: वत्सल = समर्थ! K. 4. 25*. 6. 33*. 9. 37.
वज्ज (°ज्र, 6. 33. 7. 13. 40. 9. 6. 65. 11. 133. 12. 60. 14. 58.
वज्जमुट्ठि (वज्रमुष्टि N. pr.) 13. 83.
वज्जहर (°ज्रधर) 15. 48.
वञ्च्: वञ्चेइ 14. 77. वञ्चिअ 9. 48. 13. 28. 14. 81.
वडवा 1. 8. 2. 7. 13. 5. 81. 9. 53. 14. 21. 64. 15. 22. 29. वलवा 2. 24. 4. 41. 5. 77. वलआ 2. 36. 5. 34. 7, 36. 8. 98. वलुआ? 4. 41.
1.वण 1. 29. 31. 48. 49. 51. 55. 61. 63. 64. 2. 4. 8. 22². 34. 3. 7. 33. 52. 63. 4. 1. 18. 32. 57. 59. 5. 40. 55. 67. 6. 1. 3. 22. 30. 47. 48. 52. 57. 62. 65. 80. 88. 7. 23. 27. 32. 52. 60. 62. (द्रु° . 64. 65. 66. 8. 8. 36. 45. 63. 69. 101. 103. 9. 12. 25. 30. 31. 36. 37. 38. 40. 52. 56. 60. 63. 75. 76. 88. 92. 10. 11. 20. 44. 45. 11. 37. 38. 95. 119. 12. 1. 7. 95. 13. 81. 14. 31. 15. 28. 57. 61. 66. -आण 9. 85.
2.वण (व्र°) 1. 64. 3. 41. 4. 19. 6. 3. 5. 60. 8. 36. 10. 60. 11. 7. 12. 51. 61. 13. 18. 39. 60. 14. 73. 76.
वणअर (°चर) 9. 36. 70.
वण्ण (°र्ण, s. विवण्ण. विस°. वण्णिअ 9. 19. णिव्वण्णन्ति 1. 45 (passiv R). 3. 41. 14. 33 (passiv R). णिव्वण्णेउं 11. 56. णिव्वण्णेऊण 6. 86. 11. 67. णिव्वण्णिज्जइ 12. 3.
1.वत्त (°क्त्र, 1. 18? s. auch 2.पत्त.
2.वत्त (वृत्त, 3. 57. 6. 38? s. auch 2.पत्त.
वत्ता (वार्ता 6. 38?
वद्: – विसंवइअ 11. 39. विसंवाइअ 3. 20. 6. 14.
वध: वज्झ 1. 16.
वप: णिव्वविज्जउ 11. 76.
वप्प (°प्र 15. 57.
वम: उव्वमन्ति 3. 21. 8. 64. उव्वमन्त 5. 9. 9. 16.
वम्मह (मन्मथ, 1. 13. 29. 10. 56. 57. 58. 73. 11. 3. 12. 12.
वर्: वरिअ 12, 88. 13. 80. 15. 31. वारेइ 10. 73. वारेह 15. 36. वारिअ 2. 23. 3. 35. 4. 18. 7. 47. 50. 10. 72. 15. 32. — आविअ (so R: s. aber क) 6. 62. पाविअ 11. 48². — उव्वारिअ (उद्वृत्त! Gloss.) 5. 11. विणिवारिअ 11. 56. णिव्वुअ 3. 57. 7. 61. णिव्वारिअ 15. 11. परिवारिअ 15. 52.
वर beste, 3. 45. 8. 71. 12. 39. -अरा Myrobalanus 9. 11. [29. 18.
वराह 4. 22. 5. 11. 6. 2. 33. 7. 2. 40. 8. 51. 9. 5.
वर्त: वट्टइ 11. 121. वट्टन्त 10. 73. ओवत्त 6. 61. 7. 39. 10. 16. 76. 11. 72. ओव्वत्त 1. 61. 8. 81. 12. 3. ओअत्तअ 3. 18 (अपवर्तितव्य! R). ओवत्तिअ 14. 71. ओवत्तिअन्त 10. 50. आअट्टन्त 5. 75. 8. 16. आवट्टमाण 5. 80. उव्वत्तन्त 5. 42. 6. 51. उव्वत्त 3. 16. 5. 10. 56. 60. 62. 7. 1. 18. 56. 8. 2. 90. 9. 59. 11. 1. 12. 15. 12. 60. 14. 33. अणुव्वत्त 11. 90. उव्वत्तिअ 3. 60. 7. 22. 8. 13. 11. 6. 12. 15. समुव्वत्त 11. 52. णिअत्तइ 3. 54. 8. 1. 77. णिअत्तन्ति 6. 83. 8. 8. णिअत्तउ 11. 131. णिअत्तन्त 3. 4. 5. 67. 6. 79. 7. 22. 8. 11. 73. 106. 11. 20. अणिअत्तन्त 11. 118. णिअत्तिहिइ 11. 81. णिअत्त 2. 16. 20. 46. 5. 35. 6. 80. 7. 18. 37. 8. 1. 9. 30. 39. 61. 10. 67. 11. 5. 12. 16. 13. 79. 14. 80. 15. 15. णिअत्तेइ 1. 32. 10. 67. 11. 8 (hier nicht causal). णिअत्तेउं 3. 21. ओणिअत्तन्त 2. 7. 8. 45. 93. 10. 51. 11. 100. ओणिअत्त 5. 58. 10. 77. ओणिअत्तिअ 2. 26. 13. 69. पडिणिअत्तइ 8. 47. पडिणिअत्तन्त 13. 75. पडिणिअत्त 1. 26. 2. 21. 3. 23. 6. 96. 8. 12. 62. 12. 17. णिव्वत्तिअ 1. 36. – परिअत्तन्त 9. 70. 15. 39. परिवत्तेउं 10. 68. परिवत्त 9. 18. 11. 127. परिअत्त 11. 92. 12. 85. परिवत्तिअ 9. 66. 74. 13. 17. 69. 74. — पवट्टइ 13. 80. पअट्टइ 11. 9. पअट्टउ 3. 58. पअत्तन्त 9. 61. पअत्त 3. 24. 8. 5. 11. 1. 76. 118. 12. 45. 13. 97. 14. 11. 65. 15. 17. 33. 62. पअट्ट 10. 66. 12. 10. 13. 34. 15. 7. 72. पउत्त 5. 25. 42. 7. 71. 8. 30. 83. 11. 22. 74. 102. 14. 42. 15. 85. पवित्त (R. falsch s. ZDMG 32. 111) 6. 57. 7. 50. 9. 68. 88*. पअत्तिअ 13. 95. विवत्त 6. 12. विअत्त 13. 70. विवत्तिअ 6. 80.
वर्ध्: वड्ढइ 1. 51. 5. 78. 6. 53. 7. 36. 12. 51. 13. 12. 64. 92. वड्ढन्ति 6. 58. वड्ढन्त 8. 106. 10. 73. 13. 11. वड्ढिउं 5. 1. वड्ढेइ 13. 41. वड्ढेन्ति 13. 46.

वड्ढिअ 1. 61. 4. 65. 9. 1. 84. 10, 73. 81. 12. 13. अड्ढ (R) 6. 38*? अवड्ढिअ 1. 1. — परिवड्ढइ 1. 10. 12. 96. परिवड्ढन्त 1. 65. 3. 19. 6, 87. 9. 84. 13, 45. परिउढ्ढ 4. 50*? परिवड्ढिअ 2, 34. 4. 60. 5, 78. 87. 7, 3. 9, 7. 34. 56. 10, 57. 62. 11. 16. 13. 80. 15, 24 पडिवड्ढिअ 5. 16. — पवड्ढइ 3. 41. 8. 42. पव्विद्ध (प्रवृद्ध R) s. व्यध्.

वर्प्: — ओवट्ट. °ट्ट? 6. 31. 9. 25 (अववर्प R).

वल्[1]: वलइ 5, 78. 7. 33. 36. 9. 77. 10. 6. 63. 11, 12. 23. 12, 89. 13, 62. 71. 15. 76. वलन्ति 5. 62. 6. 45. 49. 9, 74. A, 3. वलन्त 4, 54. 5. 45. 47. 78. 6, 46. 50. 7. 10. 12. 18. 23. 27. 29. 36. 59. 65. 69. 8. 59. 75. 78. 9. 23. 34. 38. 66. 74. 10, 76. 11. 7. 12. 16. 30. 49. 64. 75. 79. 82. 90. 13. 58. 62. 80. 14. 59. 15. 6. 20. A. 3. वलमाण 5, 42. 9. 74. 89. 10. 19. वलमाणअ 7. 43. वलिउं 1, 6. वलिऊण 7. 39. वलिज्जन्त 4, 26. 6. 35. वलिअ 1. 3. 4. 4. 37. 5. 15. 25. 48. 51. 6. 46. 50. 63. 7, 29. 8. 38. 42. 46. 10. 74. 11, 30. 35. 73. 85. 12. 49. 62. 13. 38. 66. 69. 78. 14. 51. वलेइ 8. 47. वलेन्ति 6. 34. वलेऊण 12. 44. — आवलिअ 13. 71. — णिव्वुलइ[2] (R. falsch) 15. 38*. णिव्वलन्ति 6. 88. 10. 23. णिव्वलन्त 1. 36. 6, 92. 8. 18. 11. 44. णिव्वडन्त 4, 14. णिव्वलमाणअ 7. 43. णिव्वलिअ 4. 32. 5. 87. 7. 11. 8. 7. 10. 56. 64. 11. 45. 13. 39. णिव्वडिअ 4. 28. 5. 76. 6. 88. 10. 1. 32. 54. 12. 28. 14. 46. अणिव्वलिअ 4. 34. णिव्वालिऊण 10. 40. 13, 58. णिव्वालिअ 14. 51. — संवलिअ 13. 56.

वलअ (°य) 1. 30. 3. 50. 5. 63. 6. 46. 9. 91. 10. 70. 11. 128. 12. 62. 13. 21. 65.

वलआ s. वडवा.

वलण (वलन oder पतन) 8. 9.

वलवा s. वडवा.

वलि 4. 17. 19. 11. 69.

वलुआ? s. वडवा.

वल्लहा (°भा) 2. 26.

वल्लि (aus वेल्लि Var. 1 5, von वेल् = वेष्ट्; also echte Pktform und nur scheinbar tatsama) 6. 7.

ववएस (व्यपदेश) 3. 26.

ववट्ठम्भ. °ट्ठम्भ? (व्यवष्ट°) 5. 46. 62. 11. 96.

ववसाअ (व्यवसाय) 1. 11. 3. 14. 21. 11. 81.

वस (wohnen): वसामि 3. 57. वसइ 5. 6. वसन्ति 9, 85. वसिमहिइ 4. 50. उत्थ 11, 80*. — णिवसइ 10. 3. — पडिउत्थ (पर्युषित R) 4. 50. — पवसन्त 1, 24. पउत्थ 2. 45. — वुत्थ (व्युषित R) 11. 80. 93.

वस (°श) 2. 32. 3. 49. 6. 90. 7. 51. 11. 28. A. 8. अवस 3. 20. 10. 24. 11. 29. cf. परव्वस.

1. वसण 12. 13*.

2. वसण (व्य°) 3. 20. 13. 48.

वसह (वृषभ) 8. 79.

वसहि (°ति) 4. 63. 11. 104.

वसा (Fett) 3. 57. 5. 68.

वसुआअ (cf. Hem. IV 11; शुष्क Uebss.) 1. 20. 6. 34. 9. 67. 11. 43. 15. 50. °आइअ 9. 25.

वसुंधरा 6. 53.

वसुमइ (°ती) 7. 40.

वसुहा (°धा) 2, 33. 3, 31. 4. 39. 6. 23. 8. 77. 9. 84. 11. 69. 13. 51.

वह्: वहइ 6. 85. 7. 63. 10. 30. 12. 42. 13. 41. वहन्ति 1. 20. 27. 6. 87. 12. 85. वहन्त 1. 64. 2. 4. 14. 19. 3. 26. 4. 38. 9, 26. 30. 33. 39. 52. 57. 58. 59. 60. 61. 67. 11. 48. वहमाण 2. 7. 12. 13. 6. 3. 4. 7. 47. 9. 25. 28. 32. 35. 62. 63. 65. 11, 45. 14. 63. वोढूण 9. 75. दुव्वोज्झ 3. 5. 4. 44. 13. 63. — ओवाहिअ s. गाह्. उव्वहन्त 9. 54. 56. उव्वहमाण 6. 5. समुव्वहन्त 6. 2. 11. 44. समुव्वहमाण 9. 64. 68. — णिव्वोढुं 1. 9. णिव्वुब्भइ 4. 41. 13, 12. णिव्वाहिअ 9. 42. — वूढ (व्यूढ R; K trennt वूढ = ऊढ von व्वूढ = व्यूढ) 1. 42. 5. 54*. 6. 50. 8. 78. 9. 58. 11. 89. 12. 78. 14. 44. उव्वूढ 5. 51. 9. 11. समुव्वूढ 11. 60. णिव्वूढ 1. 46. 3, 56. 4. 13. 32*. 48. 5. 62. 8. 20. 9. 33. 11, 62. 83. 13. 31. 48. 63. 14. 46. 15. 60.

वह (°ध) 1, 12. 3. 5. 5. 27. 6. 13. 11. 27. 81. 128. 13. 64. 15, 1. 12. 38. 57. 77. 89. cf. रावण°.

वहण (oder आव°?) 3. 6.

वहू (°धू) 3. 11. 9. 40. 71. 93. 96. 10. 76. 12. 67. 71. 13. 21. 14. 30. 15. 78.

1. वा (Dhp. 24. 42): वाइ (R = अपगच्छति; s. aber 2 वा) 6. 52? वाविअ (s. auch प्र + आप्) 6. 62? — अणुवाइ 12. 97. — णिव्वाअन्ति (cf. Hem. IV 159) 9. 80. 13. 56. णिव्वाअन्त (निर्वाप्यमाण! R) 8. 8. 9. 15. णिव्वाअ 13. 23. 14. 14. णिव्वविअ 15, 44*.

2. वा (Dhp. 22. 24; म्लै K = Hem. IV 18): वाइ (K und केचित् bei R) 6. 52. वाअन्ति 6. 37. वाअ 5. 57. — पव्वाअइ 1. 24. पव्वाअन्त 7. 67. पव्वाअ 9. 63. पव्वाअअ 3. 48.

वाअ (°त) 1. 15. 31. 7. 14. 9. 27. 14, 57. cf. णि°.

वाआ (वाच्) 1. 37.

वाणर 1, 50. 52. 55. 2. 41. 43. 3, 52. 54. 4. 16. 34.

[1] cf. पत्; in der Verteilung derjenigen Formen, welche sich auf beide Verba zurückführen lassen, folge ich R, von dem aber K oft abweicht.

[2] णिव्वल् °व्वुडइ hierher nach R = निर्वल्; निर्व्यंज् K: cf. Hem. IV 62, 128.

53. 6. 49. 7. 2. 10. 11. 8. 14. 79. 81. 83. 100. 12. 76. 77. 78. 79. 80. 81. 83. 13. 1. 28. 30. 33. 54. 70. 75. 76. 77. 80. 95. 96. 97. 98. 14. 1. 38. 49. 50. 15. 4. 16. 34. 49. A. 9. 10.
वाम 1. 6. 4. 4. 42. 5. 21. 22. 6. 5. 83. 8. 13. 13. 105. 11. 52. 54. 12. 16. 26. 30. 14. 29. 68. 15. 49.
वामण 2. 9. [69. 76. 77. A. 1.
वार (mal) 6. 32. 7. 31. 9. 11. 13. 92. 15. 72. 79.
वारण (Elefant) 12. 73.
वारिश्र (°द्) 2. 23. 7. 47.
वारुणि 2. 17.
वाल 7. 48. 13. 76.
वालि (N. pr.) 1. 13. 4. 12. 6. 18. 11. 128. 13. 87. 90. 92. 94. 96. 99. 14. 15.
वावड s. पर्. पाश्रड
वावार (व्यापार) 4. 10. 10. 57. 66. 15. 15. णिव्वा° [13. 93.
वावारि (व्यापारिन्) 14. 69.
वास (Wohnung) 6. 75. 11. 11.
वासव 14. 59.
वासिश्र (°त parfümiert) 3. 7.
वासुद् (°कि N. pr.) 2. 13. 8. 11. 10. 8.
1. **विश्र** (वियत्) 6. 48.
2. **विश्र** (इव; eigentl. वि + व, nach Voc. 1. 7. 49. 57. 5. 77. 6. 71*. 7. 5. 8. 101. 12. 95. 14. 80. **विव** 6. 71.
विश्रड (विकट) 1. 48. 2. 7. 15. 28. 3. 33. 4. 2. 11. 54*. 5. 56. 68. 69. 6. 86. 7. 8. 12. 31. 50. 51. 55. 63. 8. 11. 17. 86. 88. 9. 13. 29. 89. 10. 49. 11. 12. 130. 12. 78. 79. 84. 93. 13. 9. 14. 25. 82. 15. 68.
विश्रणा s. वे°. (विश्रल 8. 21.
विश्राण (°ता°) 2. 11.
विश्रोश्र (°योग) 5. 3. 8. 21. 11. 35. 58. 80. 12. 9. [23. 15. 70.
विश्रोल s. विलोल
विक्कम (°क्र°) 3. 52. 4. 3. 6. 11. 7. 1. 8. 101. 13. 11. 35. 41. 46. 14. 63. 15. 30. 83.
विकत्तम्भ. °क्रु°? (विष्क°: विवरे देश्याम् R) 3.
विकविव (°क्षेप) 1. 47. 5. 3. [14. 9. 57.
विगम 10. 11.
विग्घ (°घ्न) 10. 73. 11. 23.
विच्छड्डु (°र्द् R. समूह K) 1. 2. 2. 2. 6. 47. 72. **विच्छड्डिश्र** (= पुञ्जीकृत R) 10. 49. cf. छर्द्.
विच्छाश्र (°य) 5. 9.
विच्छेश्र (°द) 5. 79.
विज्: — **श्राविज्जग** 9. 86. 13. 93. — **उव्विज्जग** 14. 36. **उव्विश्रादृश्र** (s. auch 1. विद्) 13. 26? **उव्विद्-श्र** 13. 26*.
विज्जु (°द्युत्) 4. 40. 5. 29. 32. 9. 79. 11. 84. 14. 20. 51. **विज्जुला** (°द्युत् + श्रा; + स्वार्थे ल Gramm.) 4. 52.
विज्जुमालि (विद्युन्मालिन N. pr.) 13. 81.
विज्झा (auslöschen; वि — ध्मा = क्षा: विध्मा R. निर्वा K): **विज्झाश्र** 2. 31. 5. 67. **विज्झविद** 5. 67. **विज्झविश्र** 8. 16. 12. 77.
विञ्झ (°न्ध्य) 1. 54. 55. 3. 59. 5. 11. 6. 50.
विडव (°टप) 3. 62. 4. 7. 5. 19. 82. 6. 43. 7. 18. 11. 61. 8. 29. 15. 9. 58. 10. 27. 37. 11. 51. 11. 91. 12. 32. 13. 5. 89. 14. 74. 75. 76.
विढप्प s. रभ्
विणश्र (°य) 3. 28. 4. 23. 38.
विणश्रा (°ता N. pr.) 14. 61.
विणा 11. 96.
विणाम (°शा) 10. 12. 11. 123. 15. 11. 76.
विणिश्रंसण (°दर्शन) 12. 69.
विणिज्जन्तणं (°नियन्त्रणम्) 11. 21.
विणिवाश्र (°पात) 13. 16.
विणाण (°ज्ञा°) 1. 10. 4. 60. 8. 18. **सविणाणश्र** 3. 16.
वित्यङ्कन्त s. थक्क् [Uebs.
वित्थर (°स्त°), 4. 16. **विसृत** Uebs. 7. 60. °स्ता
वित्थार (°स्ता°), 5. 12. 22. 11. 67. 79. 8. 1. 39. 93. 98. 9. 57. 14. 82. 15. 21. 52.
1 **विद्**: — **उव्विश्रादृश्र** (s. auch **विज्**) 13. 26? — **णिवेदृश्र** 4. 57. **विणिवेदृश्र** 14. 10.
2 **विद्**: **श्रणिव्विण्ण** 7. 60. 12. 12.
विदुम (°द्रु°) 1. 64. 2. 1. 29. 4. 16. 5. 40. 17. 19. 50. 55. 65. 81. 7. 12. 52. 61. 64. 8. 6. 99. 10. 8.
विप्पिश्र (°प्रिय) 4. 36. 6. 10. 34.
विब्भम (°भ्र°) 1. 27. 14. 19.
विभङ्ग 11. 69.
विभीसण (°षण N. pr.) 14. 17. 15. 36. 76. 81. **विहो°** 4. 55. 60. 12. 34. 75. 14. 38. 56. 15. 15. 77. [85. 91.
विमग्ग s. मग्.
विमल 1. 41. 2. 12. 4. 58. 8. 19.
विमाण (Wagen, Palast) 8. 1. 12. 67. 14. 30. °ण-
विमाणश्र (°नद Veracbter) 9. 72. °श्र 9. 72.
विमुकव s. विमो°.
विमुहिश्र (°ग्वित) 13. 25. **विमुपित**: = **चोरित** R, s. auch **मह्**.
विमोक्ख (°क्ष) 3. 8. **विमु°** 11. 56.
विम्हश्र (°स्मय) 2. 13. 13. 43.
विम्हरादृश्र (विमूर्छित विस्मापित वा R. विह्वलीकृत K) 9. 11.
विरश्रणा (°चना) 15. 71.
विरम 11. 8. 60. [57. 13. 77. °लिद 10. 31.
विरल 1. 11. 3. 9. 8. 14. 56. 9. 11. 10. 41. 11. 6.

für das Pkt wäre eigentl. **वि + इज्झा** anzusetzen wegen **समिज्झाइ** Hem. II 28.

विरम 7. 37. 13. 39.

विरह 1. 21. 3. 49. 5. 1. 6. 4. 68. 10. 16. 11. 26. 77. 86. 92. 93. 106. 114. 136. 12. 12. 29. 15. 53.

विरा (विशीर्यतिR, विलीयते K): विराइ 14. 67. विराअ 7. 64. 71. 8. 56. 73. 10. 42. 71. 11. 70. 13. 25. 15. 56. विराइअ (s. auch राज्. u. विराइ) 2. 29. 9. 45.

विराइ (विराविन oder विराजिन् R) 2. 29?

विराम 11. 1.

विरोह (°ध) 1. 13. 6. 13.

विलकव (°क्त) 10. 70. 11. 13. 16.

विलाव (°प) 15. 91.

विलासवइ (°ती) 10. 71. 80. [14. 12. 15.

विलासिणि 10. 57. 59. 63. 65. 70. 72. 77. 79. 11.

विलोल 2. 16. विओल! 12. 69. 13. 75.

विव s. 2.विअ.

विवण (°र्ण) 5. 47. 11. 74. °णदा (°र्णता) 8. 87

विवर 2. 5. 32. 5. 15. 53. 66. 86. 6. 60. 72. 74. 82. 89. 92. 7. 31. 8. 39. 56. 9. 30. 46. 50. 10. 48. 52. 55. 11. 24. 58. 62. 12. 54. 61. 75.

विवरं (विपराक) 6. 42.

विवरा (wie eben) in विवराक्रन्त 11. 85.

विश्: — णिव्विट्ठ (निर्वृष्ट = उपभुक्त! R) 10. 45. — पविस्य 7. 87.

विस (°ष Gift) 1. 17. 2. 25. 3. 13. 21. 4. 9. 50. 60. 63. 5. 14. 50. 62. 84. 6. 68. 7. 67. 8. 63. 9. 41. 45. 14. 19. [135. 13. 4? 38?

1.विसअ (°शाद) 3. 6. 4. 9. 6. 34. 9. 44. 10. 41. 11.

2.विसअ (°षय) 13. 4.

3.विसअ s. विसम.

विसंवाअ (°द) 11. 15.

विसङ्कल (°शृङ्खल) 2. 13. 5. 68. cf. सिङ्कला.

विसट्ट (विशर्त: विशीर्ण. विश्लिष्ट Uebss.) 6. 30. 90. 95. 12. 72. 13. 25. विसट्टइ 12. 62. विसट्टन्ति 6. 31. विसट्टन्त 6. 62. 8. 100. A. 10.

विसढ (विश्रथ: श्लथ. लिङ्कल. विशीर्ण Uebss.) 6. 66. 11. 89. [69. 15. 91. A. 12.

विसंठुल (°स्थुल) 5. 87. 7. 26. 57. 9. 95. 14. 41. 53.

विसम (°ष° 1. 3. 64. 3. 17. 20. 36. 4. 5. 7. 21. 54. 5. 26. 37. 39. 51. 57. 58. 62. 66. 85. 6. 2. 20. 32. 39. 42. 49. 51. 56. 62. 70. 79. 95. 7. 15. 33. 38. 39. 48. 8. 32. 38. 47. 67. 70. 75. 77. 82. 84. 89. 9. 9. 10. 11. 26. 55. 65. 67. 68. 70. 77. 82. 10. 17. 21. 52. 74. 11. 1. 5. 6. 7. 11. 12. 17. 35. 37. 54. 61. 108. 111. 118. 126. 12. 5. 16. 25. 36. 42. 54. 70. 71. 13. 38. 58. 72. 14. 8. 30. 15. 15. A. 10. विसअ 3. 55 (R: = विशद KS und वा R). 11. 79? 135? 13. 38?

1.विसवण (विषपर्ण K) 7. 67.

2.विसवण (विसवर्ण R. विस्ववर्ण K) 7. 67.

विसव[त्] (विषवत् R) 7, 67.

विसहर (°षधर) 2. 25. 3. 22. 4. 7. 8. 5. 39. 81. 83. 84. 6. 90. 7. 68. 69. 9. 7. 45. 14. 8. 56.

विसाअ (°षाद) 2. 46. 3. 1. 23. 43. 4. 23. 11. 88. 112. 116. 14. 36. 15. 39. अवि° 14. 37.

विसूर (cf. जूर? खिद् Uebss.): विसूरइ 12. 60. 67. विसूरन्त 10. 56. 11. 46. 14. 3. विसूरिअ 10. 76.

विसूरणा (vom vorigen: खेद Uebss.) 5. 3.

विसेस (°शेष) 7. 49. 11. 78. णिव्वि° 14. 14. 15. 65.

विहअ (°ग) 6. 82. [विसेसअ 10. 74.

विहंग 12. 7. 13. 39.

विहड s. विहल.

विहडण (°घट°) 12. 76.

विहत्थ (°हस्त) 12. 49.

विहल (°ह्र°) 5. 58. 60. 81. 84. 6. 64. 7. 32. 50. 57. 66. 68. 8. 8. 10. 69. 11. 71. 109. 110. 13. 27. 34. 56. 72. 14. 28. 51. 15. 48. 72. A. 12. विहड 4. 54. 13. 72. विह्णल (einigemal vielleicht = पिह्णल) 4. 52. 5. 58. 7. 10. 7. 32. 9. 31. 11. [110.

1.विहाअ (°घात) 1. 16. 8. 54.

2.विहाअ (°भाग) 9. 32.

3.विहाअ (°भात) 12. 19.

विहाण (°धान: देश्याम् = प्रभात R) 3. 31.

विहि (°धि) 14. 16. 43. 15. 39.

विहीमण s. विभी°.

विहुर (°धुर°) 4. 39. 5. 1. 11. 65. 120.

विहूसण (°भूष°) 7. 61.

वी (वि) s. मर्ज्.

वीइ (°चि) 7. 27. 51. 8. 70.

वीज्: विइज्जन्त (pass.) 6. 37.

वीर 13. 64. 14. 50.

वीसम्भ (विश्र°) 12. 13.

वीसाम (विश्रा°) 6. 15. °अ (°द) 2. 31.

वेअ (°ग) 4. 52. 5. 43. 50. 6. 20. 29. 77. 87. 91. 92. 93. 96. 7. 10. 29. 35. 39. 10. 18. 51. 57. 12. 62. 72. 97. 14. 74. 15. 33. 65.

वेअणा (°द°) 14. 47. 50. विअणा 7. 61. A. 8.

वेअल्ल (वैकल्य) 6. 5.

वेढ (°ष्ट. aber neutr.) 1. 4. 49. 5. 50. 6. 13. 22. 36. 64. 66. 70. 79. 7. 8. 35. 39. 46. 8. 14. 67. 9. 5. 10. 9. 12. 51. A. 9.

वेढण (°ष्टन) 1. 60. 6. 43. 12. 95.

वेणि 1. 39. 11. 10. 41. 68. 102. 107. 108. 126.

वेप्: वेवइ 1. 6. 5. 48. 6. 38. 10. 50. 59. 60. 65. 12. 36. 13. 40. A. 6. वेवन्ति 5. 39. 63. वेवन्त 2. 16. 8. 2. 11. 126. वेवमाण 2. 42. 6. 90. वेविउं 11. 53.

वेर (वै°) 1. 51. 3. 12. 12, 22. 13. 12. 41. 61. 14. 16. 17. 65.

वेल्, वेल्ल्[1]: वेल्लिअ 7. 51. 67. उव्वेल्लन्ति 12. 19. उव्वेल्लन्त 8. 42. उव्वेल्लइ (pass.) 6. 41. उव्वेल्लिअ 1. 60. °ल्लिअ 8. 70. णिव्वेल्लिअ 11. 19. संवेल्लिज्जइ (संव्रियते! R) 6. 41. संवेल्लिअ 7. 29. 8. 70. 12. 77.

वेल्लव, °ल्लव[2] (täuschen, schelten, s. Hem. IV 93. 156: व्याकुलय् RK. वेपय. विल्लिप्, वेल्ल, व्यावर्तय् R): वेल्लवन्त 2. 8. वेल्लविज्जन्त 10. 68. वेल्लविअ 1. 26.

वेल्ला 1. 22. 62. 2. 8. 23. 26. 3. 7. 16. 4. 7. 5, 10. 58. 85. 6. 96. 7. 17. 56. 8. 2. 30. 33. 15. 59. 93. 9. 31. 15. 24 [67. 11. 59.

वेविर (von वेप्) 4. 7. 5. 10. 85. 6. 89. 7. 16.

वेष्ट्: वेढिअ 5. 83. 9. 45. — आवेढिअ 9. 35. cf. वेल्.

वेहव्व (वैधव्य) 11. 78. 111. 136. 14, 11.

वो Pron. वस् 3. 13. 15. 8.

वोच्छेअ (व्यवच्छेद) 9. 64.

वोल्ल – वोल्ल.

व्यध्: विद्ध 1. 13. 5. 54. अणुविद्ध 4. 51. 11. 15. 12. 59'. A. 4. — अपविद्ध! 7. 11. ओविद्ध 7. 12. 13. 29. आविद्ध 7. 29. 55. 11. 95. आइद्ध 3. 35. 5, 35. 6. 7. 7, 10. 37. 8. 23. 47. 53. 62. 9, 27. 10. 12. 11. 12. 95. 13. 5. A. 11. समाइद्ध 6. 38. समाइद्धु! (cf. वध्) 6. 38. पविद्ध 7. 11. पव्विद्ध (cf. वध्) 14. 51. 54.

व्रज्[3]: वच्चइ 1. 52. वच्चह 14. 50. वच्चसु 14. 18. वच्चन्त 3. 42.

व्रीड्: विड्डिअ 10. 72. 11. 50. सविड्डिअ 1. 6.

श

शंस्: संसिअ (so R. cf. श्रि) 6. 6. आसङ्घइ (aus आसंघइ = आशंसति: अध्यवस्यति R. विश्वसिति K. cf. Hem. IV 2. 35) 15. 60. आसङ्घन्त 4. 15. 15. 92. आसङ्घिअ 10. 66. 12. 83. cf. आसङ्घ, s. auch शास्.

शङ्क्: सङ्कइ 11. 83. सङ्किज्जइ 11. 17. सङ्किअ 11. 23. 39. — परिसङ्किअ 11. 47.

शम्: पसम्मइ s. auch पसम्म 8. 6. 10. 69. पसम्मन्त 10. 22. 12. 39. पसमिअ 4. 11. पसन्त 6. 18. 12. 40. पसमन्त 6. 18. — पडिसमइ 6. 41. पडिसन्त 6. 61.

[1]) zugleich Pktform der √ वेष्ट्, s. Hem. IV 222. Uebss. schwanken zwischen beiden.

[2]) der Bedeutung halber vom vorigen getrennt: ob ursprgl. dazugehörend?

[3]) so die Gramm. und Scholl., ob mit Recht?

शल्: उच्छल्लइ 8. 50. 74. उच्छल्लन्त 5. 71. 9, 89. उच्छल्लिअ 2. 37. 5. 40. 67. 6. 48. 7. 4. 20. 55. 8. 38. 9, 33. 61. 10. 18. 12. 71. 13. 69. 81. 86. 14. 67. उच्छालिअ 2. 21. समुच्छल्लन्त 7. 68. समुच्छल्लिअ [4. 45.

शस्: विससिअ 8. 63.

शा (schärfen): णिसिअ 5. 49.

शास्[1]: साहइ 7. 19. 62. 10. 61. 11. 11. साहिन्ति 12, 18. साहसु 11. 76. 103; Passiv: सासइ 10. 77. सीसउ 4. 23. सिट्ठ 1. 37. 5. 28. 9, 57. 11. 106. 15. 9.

शिष्: अवसेसिअ 6. 17. णीसेसइ 10. 31. — विसेसइ 13. 88. विसेसिअ 10. 49. 13. 97.

शी: — संसइअ 7. 34.

शुच्: सोअइ 1. 38. 41. 3. 43. 12. 35. सोइज्जउ 3. 17. — अणुसोइउं (°हिउं S!) 11. 21. 117.

शुध्: सुद्ध 4. 27. 61. विसुद्ध 1. 22. 15, 91.

शुभ्: सोहइ 1. 17. 22. 4. 13. 73. 10. 66. 71. 12. 87. सोहन्ति 6. 80. सोहिअ 9. 72. 11. 120.

शुष्: सुक्ख 13. 21. 15. 89. सोसिअ 9. 20. 92. सोसविअ 9. 83. 15. 29. — ओसुक्ख 9. 15. ओसु-

श्रद्धा: सद्दहिअ 1. 58. [क्खन्त 9. 93.

श्रम: वीसमइ 6. 61. वीसमउ 15. 56. वीसमिज्जइ 13. 48. विसमिअ (विश्रामित oder विषमित oder विस्मृत R. विस्मृत K) 9. 87. विसम्मिअव्व 9. 2.

श्रि: सिअ 6. 48 — आसिअ 6. 65. 8. 63. संसिअ (so RKS, cf. शंस) 6. 6.

श्रु: सुणइ 11. 15. सुणसु 11. 121. सुणह 1. 12. सोऊण 8. 101. 12. 37. 14. 62. 15. 12. 23. 28. A. 12. सुव्वइ 1. 10. 29. 15. 58. सुव्वन्त 2. 10. 9. 31. सुव्वमाण 9. 16. सुअ 4. 27. 10. 1. 11. 134. 137. 12, 42. 47. 48. 49. 14. 10. 15. 31. सोअव्व 2. 10.

श्वस्: ससइ 10. 59. 63. 11. 3. 13. 72. ससिअ 9. 81. 12. 31. आसासन्त 11. 87. आससिअ 11. 136. समासत्थ 12. 37. समाससिअव्व 11. 95. ऊससन्त 7. 20. ऊससिअ 1. 46. 6. 20. 83*! 9. 67. 14. 10. 15. 82. ऊसासिअ 12. 92. पडिऊससन्त 9. 12. समूससन्त 10. 41. 11. 51. 12, 20. समूससमाण 11. 132. समूससिअ 11. 59. 102. णीससिऊण 5. 21. णीससिअ 1. 38. 11. 2. 33. 135. वीसत्थ 5. 31. 8. 19. 10. 1. 2. 55. 80. 11. 136. 12. 19. 14, 17. 71.

स

स 1. 31. 38. 2. 13. 4. 15. 5, 71. 83. 6. 28. 63. 80. 7. 61. 62. 8. 6. 15. 16. 28. 29. 88. 9. 13. 72. 10. 3. 74. 11. 10. 16. 27. 61. 70. 12. 10. 13. 15. 14. 11. 15. 9. 38. 75. 91. s. auch अवसम. कन्दल काआ.

[1]) so R: शंस K; S schwankt.

जल. जीआ. तण्हा. तरंग. धूम. पक्ख. पिवासा. रहस. रोस. विमाण, व्रीड. सार.
स (स्व) 4. 62. 13. 5. 87. s. सहत्थ. सहाव. 2.मासअ.
सअ (शत) 2, 1. 14. 3. 55. 7. 47. 49.
सअं (स्वयम्) 15. 60.
सअंगाह (स्वयंग्राह) 1. 34.
सअण (शयन) 2. 38. 10, 59. 68. 71. 11. 8. 11. 12. 46. 108. 12. 27. 29. 44. 14. 50.
सअणीअ (शयनीय) 12. 25.
सअंभु (स्वयं°) 14. 17.
सअर (°ग° N. pr.) 2. 33.
1.सअल (°क°) 2. 5. 3. 31. 58. 6. 77. 7. 8. 8. 66. 77. 82. 9. 1. 39. 11. 122. 13. 86. 14. 42. 43. 62. 15. 16. 65. अ° 9. 46.
2.सअल s. जल.
सआ (°दा) 2. 24*.
सइ (सदा, nach जइ gebildet?) 1. 59. 2. 24. 5. 21. 6. 22. 9. 82. 83. 11. 39. 12. 25. 14. 7. 15. 54. 68. 70.
सउण (शकुन) 11. 124.
संलाव (°प) 2. 39. 14. 37.
संवत्त (°र्त) 5. 71. 10. 22.
संसअ (°शय) 3. 20. 56. 5. 18. 13. 16. 17. 87. 14. 43. °इअ s. शी.
सक्क (von सक्त[1]): — ओसक्कन्त (अपसरत R. अपसंक्रान्त K) 5. 73. — पडिसक्कन्ति (परिवर्तन्ते R. परिसंक्रामन्ति K) 7. 20. cf. परिसक्कण.
सक्कार (संस्कार) 15. 91.
1.सग्ग (साग्र) 9. 47.
2.सग्ग (स्वर्ग) 4. 20. 9. 47. 11. 11. 15. 50. 93.
संकड (°ट) 9. 9.
संकम (°क्र°) 3. 59. 6. 21. 95. 8. 22. 44. 79. 80. 94. 98. 99. 101.
सङ्का (श°) 5. 22.
संकुल 1. 52. 57. 2. 26. 13. 45. 71.
संकेअ (°त) 5. 17. 13. 20.
सङ्ख (श°) 2. 21. 5. 38. 58. 63. 81. 87. 7. 52. 8. 6. 49. 99. 12. 19. °अ (°क oder °ग) 9. 42.
संखअ (°क्षय) 9. 42.
संखाअ s. स्त्या.
संखोह (°क्षोभ) 4. 64. 5. 40. 6. 22. 30. 7. 32. 8. 3. 51. 9. 65. 11. 24. 12. 45.
संगम 9. 37.
संघअ s. हन्.
संघट्ट 7. 47. 9. 20. 12. 89.
संघाअ (°त) 1. 57. 2. 12. 25. 5. 80. 6. 74. 7. 5. 17. 58. 8. 12. 66. 9. 65. 83. 10, 17. 11, 3. 30. 130. 12. 61. 13, 10. 90. 14, 4. 13. 77. 15. 23. 40. 72. 79. °इअ 13. 61.

[1] so auch Bühler Pâiyal. Index s. v. ओसक्क; anders Weber Hâla S. 67, Childers s. v. सक्कति.

सच्चविअ (सत्यापित) 5. 25. 6. 94. 10, 40. 11, 136. 12, 88. 13. 3. 4. 14. 16. 15, 36.
सज्झ (सह्य ein Berg) 1. 56. 6. 59.
संचअ (°य) 9. 77. 10. 39.
संचरण 8, 24. 14, 64.
संचार 3. 63. 5, 66. 7. 15.
संझा (°ध्या) 6. 57. 10. 18. 19. 20. 21. 22. 23. 25. 12, 17. 14. 14. 79. A, 1. °मइअ (°मय) 10. 15.
सडा (°टा. das Genus ist nirgends erkennbar) 1, 50. 52. 4. 38. 5. 34. 6, 20. 7, 20. 30. 8. 38. 10. 20. 13. 29. 15. 6.
संठाण (°स्थान) 1. 54.
संठावण (°स्थापन) 11. 135. °णा 11. 121. 13. 74.
सण्णा (संज्ञा) 1. 28. 11. 71. 134*. 12, 46. 47. 49.
संणाह 11. 131. 137. 12, 33. 15. 48. 56. 57. 13, 39. 65.
संणिरोह (°ध) 5. 64.
संणिह (°भ) 2, 36. 4. 5. 5. 72. 10. 32. 36. 12. 78. 14. 21.
सण्ह (श्लक्ष्ण) 10. 53. cf. परि°.
सत्त (सप्तन्) 15. 29.
सत्तच्छअ (सप्तच्छद) 1. 23. 33. 13. 81.
सत्ति (शक्ति Speer) 15. 46.
सत्थ (सार्थ) 4. 25. 10. 59. 63. 65. 67. 70. 72. 76. 77. 79. 11. 14. 12. 15. 21. 13, 44.
सद्: सण्ण 13. 72. — ओसिअन्त 3. 51. 11. 67. 72. 13. 67. ओसिहन्त 1. 40. ओसण्ण 13. 30. अवसाइअ 3. 20*. समोसिअन्त 8. 7. — आसण्ण 2. 22. 3. 56. 4, 17. 5. 83. 9. 4. 52. 10. 5. 12. 26. 28. 11. 22. 24. 44. 46. 49. 12. 46. 75. 78. 82. 14. 31. 15. 31. 75. अच्चासण्ण 1. 25. 8. 74. आसाएन्तअ 3, 45. आसाइअ 13. 47. 14. 40. 51. समासण्ण 9. 79. 86. 10. 34. — णिसण्ण 1. 39. 41. 56. 2, 35. 3. 1. 4. 25. 5. 6. 6. 38. 92. 7. 53. 8. 68. 103. 9. 18. 38. 73. 80. 10. 27. 68. 77. 11. 28. 39. 47. 56. 67? 69. 97*. 100. 101. 103. 107. 12. 24. 14, 2. 15. 49. णिसम्म s. besdrs. पसण्ण 5. 41. 8, 107. 15. 51. पसण्णा Brantwein, 10. 80. पसम्म s. besdrs. अवसाइअ 10. 63. 72. विसण्ण 4. 44. 5. 4. 6. 68. 11, 53. 97. अविसण्ण 3. 36.
सद्द (शब्द) 1. 15. 29. 3. 6. 19. 52. 4. 65. 5. 12. 26. 6. 63. 8. 16. 11. 7. 39. 42. 12. 13. 74. 15. 85.
सद्दूल (शार्दूल) 9, 23. 95.
संताव (°प) 9. 29. 53. 11. 11. 14. 49. 13. 18.
सन्द (स्यन्द) 7. 59.
संदाणिअ (°नित) 1, 60. 6. 49. 79. 8, 37. 11. 68.
संदंस (°श) 15. 12. [13. 71. 14. 18.
संदेह 3. 21. 13. 48.

संधाण 14. 19.
संधि 6. 29.
सब्भाव (°द्भा°) 10. 80. 11. 100.
सम (= समम् ! R) 7. 62.
1.सम 2. 27. 3. 15. 20. 32. 46. 4. 2. 28. 5. 7. 6. 23. 56. 85. 94. 7. 9. 8. 6. 79. 107. 9. 69. 10. 1. 26. 11. 22. 34. 122. 12. 23. 93. 13. 92. 14. 13. 29. 63. 72. 82. 15. 28. 31. 35. 39. 57. 63. 87. 88. समअ 4. 48. 58. 7. 28. 40. 8. 31. 41. 50. 58. 63. 65. 9. 85. 91. 10. 42. 82. 11. 2. 9. 30. 31. 66. 70. 80. 13. 6. 57. 14. 5. 12. 16. 77. 15. 67. 81.
2.सम (श्रम) 3. 15 (KS).
समअ (°य) 1. 14. 19. 21. 2. 31. 5. 13. 7. 17. 9.
समग्ग (°ग्र) 8. 93. [43. 51. 12. 39.
समत्त, समत्थ s. 2.अस्, आप्.
समत्थ (°र्थ) 3. 7. 11. 20. 22. 9. 3. 12. 33. 67. 13. 12. 19. 45. 46. 74. A. 2.
समन्तः °न्तओ (°न्ततस्) 12. 68. 15. 82. °न्ता (°न्तात्) 6. 51. 10. 42.
समब्भहिअ (°भ्यधिक) 14. 20. 15. 85. 89.
समर 3. 20. 29. 37. 46. 4. 25. 31. 8. 89. 10. 60. 61. 11. 124. 137. 12. 22. 24. 31. 16. 17. 50. 52. 54. 59. 67. 75. 82. 83. 91. 13. 17. 63. 82. 99. 14. 2. 3. 72. 15. 8. 31. 61. A. 2.
समसीस (°शीर्ष = स्पर्धा R) 3. 8. 12. 53.
समागम 2. 20. 10. 78. 12. 26. 14. 10.
समाण (cf. Hem. IV 142): समाणअ (समापक RS) 3. 46. समाणिअ (समापित R. समानित K) 6. 12. असमाणिअ (असंमानित! Uebers. aber = अनिष्पादित R = S) 3. 21.
समाणअ (संमानद R) 3. 46.
समारम्भ 7. 31.
समुद्द (°द्र) 1. 21. 22. 49. 52. 61. 2. 1. 37. 41. 43. 46. 3. 3. 5. 7. 11. 24. 26. 61. 4. 39. 41. 5. 4. 13. 20. 24. 32. 34. 35. 37. 41. 41. 45. 51. 59. 67. 73. 75. 76. 80. 6. 1. 18. 21. 7. 6. 7. 11. 19. 31. 39. 40. 48. 51. 60. 8. 1. 3. 7. 16*. 17. 20. 22. 23. 31. 32. 37. 39. 42. 43. 48. 51. 56. 57. 59. 62. 72. 78. 82. 100. 101. 9. 24. 32. 73. 10. 32. 11. 128. 15. 11.
समुल्लवण (°पन) 12. 71. [29. A. 9. 12.
समुल्लाव (°प) 11. 9. 16.
समुह (संमुख) 3. 4. 23. 56. 4. 38. 5. 35. 7. 51. 65. 8. 63. 9. 71. 10. 67. 68. 76. 11. 26. 50. 73. 107. 110. 12. 63. 13. 42. 79. 14. 33. 60. 70. 81. 15. 71.
समूह 2. 14. 10. 47. 14. 80.
संपइ (संप्रति) 4. 17. 11. 131.
संपहार (संप्र°) 8. 46.
संपाअ (°त) 14. 51.
संपुड (°ट) 1. 22. 62. 2. 21. 7. 59. 8. 37.
संबन्ध A. 1.
संभम (°भ्र°) 5. 59. 6. 4. 65. 80. 7. 26. 40. 8. 4. 18. 69. 72. 10. 74. 11. 20. 37.
संभव 2. 33.
संभावणा 8. 19. 20.
संमोह 3. 13.
सर: सरन्त 6. 50. सरिअ A. 5. ओसरइ 12. 2. 57. 13. 10. 14. ओसरन्त 1. 31. 32. 6. 26. 64. 7. 51. 8. 51. 9. 33. 82. 10. 18. 12. 6. 14. 52. ओसरिअ 2. 8. 12. 3. 19. 5. 12. 36. 43. 6. 81. 7. 14. 59. 8. 2. 67. 73. 11. 50. 12. 56. 13. 2. 21. 22. 72. 93. 14. 52. ओसारिअ 6. 71. 8. 52. A. 7. समोसरन्त 2. 36. समोसरिअ 7. 11. 10. 5. अहिसारिअ 1. 16. 13. 17. णीसरन्त 6. 28. णीसरिअ 10. 17. 12. 58. पसरइ 10. 29. 13. 53. पसरन्त 1. 31. 7. 18. 8. 80. 9. 35. 11. 22. पसरिअ 2. 41. 3. 17. 4. 35. 5. 50. 8. 88. 9. 10. 12. 81. 96. 13. 37. 57. पसरिअअ 9. 22. पसारिअ 5. 23. 28. 6. 61. 71. 8. 36. 38. 86. 10. 7. 11. 6. 19. 68. 12. 75. 15. 69. वसारिअ 13. 27. अवसारिअ 1. 1. पसारिअत्तण 13. 50. पडिसारेइ 10. 70. पडिसारिअ 11. 1. 13. 32. 14. 58. विसरन्त 14. 54.
1.सर (शर) 1. 13. 51. 4. 29. 5. 24. 25. 26. 28. 29. 32. 34. 35. 38. 39. 43. 48. 49. 52. 63. 71. 79. 85. 86. 87. 6. 2. 7. 13. 7. 52. 8. 16. 9. 18. 65. 11. 61. 12. 55. 63. 13. 8. 23. 31. 90. 91. 93. 94. 95. 14. 2. 4. 6. 7. 8. 9. 10. 11. 12. 17. 20. 21. 26. 27. 28. 29. 60. 61. 62. 65. 66. 77. 78. 80. 15. 10. 17. 18. 20. 29. 35. 37. 45. 47. 62. 64. 67. 68. 69. 70. 71. 74. 75. 76. 78. 79. A. 3. 5. 6. 8. 11.
2.सर (सरस्) 1. 31. 3. 6. 6. 18. 8. 41. 9. 31. 51. 35. 12. 43. 18. 88. 10. 16. 12. 17.
3.सर (स्वर) 9. 31.
सरअ (शरद्) 1. 16. 27. 21. 6. 31.
सरण (शर° 11. 55.
सरण (शरण्य) 9. 43.
सरल 3. 16. [18. 28. 82. 91. 14. 41.
सरस 1. 21. 4. 21. 6. 52. 56. 8. 55. 9. 26. 13. 13.
सरह (शरभ) 12. 82. N. pr. 4. 9.
सरि (°रित्) 2. 26. सरिआ 6. 3. 10. 15. 16. 50. 85. 7. 19. 8. 80. 9. 5. 12. 53. 12. 91. 13. 28. 31. सरिअआ 9. 22.
सरिआवइ (सरित्पति) 7. 11. 9. 2.
सरिस (सदृश) 2. 26. 4. 31. 6. 3. 9. 16. 60. 10. 12. 22. 11. 100. 105. 15. 26. 37. A. 3. अ° 3. 8.
सरीर (श° 2. 10. 12. 3. 51. 10. 63. 11. 27. 71. 13. 35. 14. 27. 60. A. 11.

सज्ज्: — वीसज्जेहि 15. 90. विसज्जिज्जइ 6. 67. विसज्जिअ 7. 59. 70. 11, 20. 12, 27. 13. 54. 94. 14. 29. 15. 70. वीसज्जिअ 6. 77. 15. 93. अवि° 12. 86.
सलिल 1. 8. 25. 41. 2. 3. 4. 17. 18. 30. 31. 35. 3. 37. 54. 5. 2. 11. 12. 31. 55. 58. 61. 72. 73. 74. 78. 6. 16. 46. 48. 58. 7. 4. 5. 7. 15. 22. 23. 30. 31. 43. 45. 49. 53. 55. 8. 3. 4. 6. 12. 28. 31. 33. 42. 47. 50. 53. 55. 57. 58. 65. 68. 69. 72. 73. 74. 75. 79. 85. 90. 94. 9. 8. 11. 19. 26. 42. 46. 48. 60. 67. 76. 94. 10. 31. 52. 11. 78. 90. 99. 12. 2. 6. 39. 13. 37. 15. 14. 44. A. 1. 7. 9. °त्तण 8. 5.
सलिलणिहि (°धि Meer) 6. 9. 24. 7. 3. 36. 8. 71. 88. 9. 2. A. 8.
सलिलहर (°धर Wolke) 9. 94.
सल्ल (शल्य) 1. 12. 2. 7.
सवत्त (सपत्न) 3. 57.
सव्व (सर्व) 1. 52. 4. 48. 8. 100. 9. 84. 10. 28. 11. 69. 115. 15. 53.
सव्वङ्गिअ (सर्वाङ्गिक. cf. Hem. II 151) 15. 51.
सव्वत्त (सर्वत्र) 10. 22[1]. 26[1]. °त्थ 10. 22[1]. 26.
ससहर (शशधर) 10. 54.
ससि (शशिन्) 1. 7. 25. 2. 3. 24. 31. 35. 3. 36. 4. 1. 5. 5. 9. 10. 6. 4. 9. 10. 18. 22. 67. 71. 76. 77. 92. 10. 29. 31, 32, 34. 35. 36. 39. 40. 41. 42. 46. 47. 51. 62. 11. 25. 26. 44. 129. 12, 4. 6. 8. 11. 15, 12, 59.
सह्: सहइ 12. 91. 13. 11. 42. सहन्ति 3. 22. 38. 13. 46. सहसु 11. 114. सहन्त 9. 53. असहन्त 3. 52. सहिज्जइ 11. 23. 12. 67. सहिअ 1. 15. 55. 11. 75. 80. 104. 114. 13. 1. 63. 85. 14. 81. — विसहन्ति 12. 53. विसहन्त 12. 23. विसहिउं 4. 41. विसहिज्जन्त 13. 23. विसहिअ 6. 33. 13. 38. 43. 15. 46.
1 सह (mit) 5. 7. 10. 73. 14. 61. 15. 47.
2. सह (von सह्) 1. 54. 5. 23. 6. 9. 15. 24. 60. 8. 24. 43. 9. 2. 3. 10. 38. 12. 63. 15. 28.
सहअरि (°चरी) 9. 66. 12. 9.
सहत्थ (स्वहस्त = अभिज्ञानद्रव्य K) 11. 40.
सहसा adv. 2. 42. 4. 51. 11. 70. 14. 20. 34. 39. 15. 57.
सहस्स (°स्र) 1. 17. 2. 27. 6. 15. 7. 8. 13. 13. 64. 88.
सहस्सवत्त (°स्रपत्त्र) 6. 38. [15. 74.
सहा (°भा) 15. 4.
1. सहाअ (°य) 3. 3. 56. 4. 32? 14. 38.
2 सहाअ s. °व.
सहाव (स्वभाव) 1. 6. 32. 2. 20. 4. 61. 11. 43. 84. 127. सहाअ 3. 15. 4. 3. 55. 60. 7. 17. 10. 38. 11. 88.
सहि (°खी) 10. 70. 72. 73. 74. 75. 80. 100. 120.

[1]) so auch Urv. V. 38, wo die Uebss. „Briefe.

सहिअ (°त) 12. 11. 14. 50.
सहोअर (°दर) 6. 4.
सा: — ववसिअ 3. 22. 4. 57. 13. 3. 15. 60.
साअर (°ग°) 1. 54. 2. 42. 4. 39. 41. 5. 2. 28. 31. 43. 66. 71. 6. 86. 7. 5. 17. 21. 28. 33. 45. 59. 61. 8. 25. 40. 53. 55. 61. 63. 66. 70. 76. 79. 85. 86. 90. 93. 107. 9. 5. 40. 53. 78. 11. 90. 12. 36. 14. 57. 64. 15. 19. 29. 92. °रअ 9. 21.
साध्: साहेइ 13. 42. साहेन्ति 4. 28. 14. 4. — पसाहिअ 4. 61.
साम (श्याम) 1. 59? 9. 40. 43. 44. 11. 57. सामअ 2. 31.
सामग्गअ (सामग्र्य) 9. 47.
सामण्ण (सामान्य) 15. 86.
सामत्थ (°र्थ्य) 3. 53.
सामल (श्या°) 9. 60. A. 13. °लअ 1. 59. °लइअ 8. 66. 10. 9. 11. 61. 13. 58.
सामिअ (स्वामिन्) 6. 75. 12. 51. 66. 13. 16.
सार 2. 1. 18. 26. 33. 37. 3. 2. 4. 26. 28. 45. 47. 5. 28. 6. 9. 19. 73. 82. 7. 6. 11. 128. 12. 26. 34. 55. 15. 63. समारअम 3. 27.
1 सारअ (शारद) 3, 27. 48?
2. सारअ (°क) 3. 48. 9. 40.
सारङ्ग 6. 82.
सारण (N. pr.) 12. 64. 14. 13.
सारहि (°थि) 13, 31. 76. 15. 3. 9. 30.
साल (शा° Shorea robusta) 6. 53. 13. 94.
सावअ (श्वापद) 7. 64.
1. सासअ (शाश्वत) 2. 3. 10. 29. 3. 4. 4. 45. 7, 1.
2. सासअ (स्वाश्रय) 2. 3. 10. 29. [49. 14. 37.
साहण (°ध°) 12. 31.
साहस 3. 12. 5. 17. 8. 89. 11. 29. 13. 12. 46. 48.
साहा (शाखा) 1. 19. [15, 26.
साहारण (°धा°) 9. 50.
साहि (रथ्या KS. राजमार्गे देशो R) 12. 92.
साहुक्कार (साधुकार) 13. 19. 25. 92.
सिअ (सित weiss) 14. 76.
सिआ (शिवा Schakal) 13. 65.
सि (एषाम् R. तेषाम् K) 2. 14. 6. 29. cf. से.
सिङ्खला (शृ°) 1. 14. cf. विसङ्खल.
सिच्: सित्त 13. 86.
सिढिल (शिथि°: eigentl. *शृथिल) 1. 30. 3. 50. 4. 54. 5. 15. 6. 24. 36. 8. 51. 11. 40. 12. 47. 56. 15. 53. 55. °त्तण 9. 96. सिढिलेइ 5. 70. सिढिलेन्ति 6. 65. सिढिलेन्त 5. 12. सिढिलिअ 11. 54. 12. 96. 13. 79. cf. पसि°. विसढ.
सिणेह (स्नेह) 11. 119.
सिद्ध 7. 49.
सिध् (सेधति): — पडिसिद्ध 6. 5. 8. 95.

सिन्दूर 10. 8. 13. 5.
सिप्पि[1] (शुक्ति Uebs.) 1. 22. 62. 65. 2. 21. 5. 49. 7. 61. A. 7.
सिर (शिरस्) 4. 4. 56. 5. 60. 6. 60. 8. 41. 9. 9. 10. 15. 11. 35. 36. 51. 53. 56. 64. 73. 90. 94. 112. 132. 13. 13. 25. 30. 36. 47. 85. 86. 14. 6. 7. 9. 13. 31. 54. 15. 12. 20. 37. सिरा (cf. Hem. I 156) 12. 31.
सिरि (श्री) 1. 11. 13. 21. 2. 6. 17. 78. 3. 29. 41. 46. 4. 21. 62. 9. 49. 11. 27. 78. 14. 47. 15. 83.
सिला (शि°) 1. 56. 57. 2. 25. 31. 3. 1. 5. 58. 63. 84. 6. 6. 65. 66. 70. 7. 14. 35. 46. 59. 60. 8. 13. 67. 91. 9. 10. 15. 22. 36. 41. 54. 55. 68. 77. 93. 10. 31. 36. 12. 25. 13. 10. 67. 94. 98. 14. 1. 5. 77. 78. 82. 83. 15. 35. A. 10.
सिन्हा (Frost, Reif: नीहार s. शीते देशी R.) 12. 7.
सिविण (स्वप्न) 11. 129.
सिसिर (शिशिर) 1. 59. 6. 37.
सिहर (शिखर) 1. 55. 3. 34. 55. 4. 2. 4. 37. 53. 5. 19. 46. 51. 59. 82. 84. 6. 21. 38. 11. 12. 19. 53. 56. 57. 59. 60. 66. 67. 70. 76. 82. 83. 85. 90. 91. 93. 7. 8. 9. 11. 14. 21. 23. 32. 41. 43. 46. 47. 54. 57. 68. 8. 1. 31. 43. 56. 68. 69. 70. 79. 86. 92. 96. 9. 1. 7. 9. 11. 12. 13. 18. 19. 20. 21. 27. 28. 33. 36. 39. 42. 49. 52. 56. 71. 72. 74. 77. 79. 83. 86. 90. 10. 1. 4. 9. 10. 19. 35. 51. 54. 11. 98. 99. 12. 8. 10. 32. 72. 14. 6. 82. 15. 8. 21. 31. 35. 72.
सिहरि (शिखरिन्) 8. 92. 13. 10. [A. 10.
सिहा (शिखा) 1. 5. 2. 45. 4. 8. 5. 27. 30. 68. 72. 76. 80. 9. 18. 28. 12. 3. 10. 11. 13. 83. 15. 20. 50. 81.
सिहि (शिखिन्) 1. 23. 4. 8. 5. 59. 75. 7. 52. 15.
सीअ (शीत) 3. 47. 1. 20. 42.
सीअल (शीतल) 9. 67. °र 9. 92.
सीआ (°ता N. pr.) 1. 12. 16. 42. 3. 13. 17. 62. 4. 63. 11. 3. 15. 35. 53. 116. 12. 23. 29. 38. 14. 12. 51. 15. 9. 53. 70. 76. 95. °मइअ (°मय) 11. 9.
सीभर s. सीहर.
सीमन्त 6. 20. 12, 62.
सीव्: सीविअ 14. 28.
सीस (शीर्ष) 4. 65. 8. 105. 9. 24. 11. 28. 13. 10. 15. 90.
सीसक्क (शीर्षक) 15. 30. [A. 8.
सीह (सिंह) 3. 22. 5. 83. 8. 68. 9. 16. 21. 36. 12. 18. 66. 72. 95. 14. 31. 68.
सीहर (शीकर) 7. 42. 68. 8. 8. 9. 16. 24. 31. 15. 49. सीभर 1. 31. 56. 9. 41. 10. 31. 13. 30. 37. 56.

[1]) cf. hindī शिप्पा, mar. शिंपी.

[2]) ob ज्योत्स्ना K eine Variante oder eine andere Uebs. ist, bleibt ungewis.

1 सुअ (शुक N. pr.) 12. 63. 14. 15.
2 सुअ (सुत) 3. 27. 4. 12. 13. 5. 16. 7. 16. 8. 28. 11. 38. 106. 126. 13. 86. 90. 92. 94. 96. 97. 14. 15. 22. 28. 61. 70. 15. 7. 25. 27. 71. 17. 55. 56. 59. 90. 91. सुआ 2. 38. 10. 3. 11. 13. 25. 28. 39. 54. 55. 68. 71. 102. 12. 37. 14. 10. 41. 55.
सुअण (°जन) 3. 1.
सुअन्ध (°ग°) 7. 22. 35. 8. 92.
सुअन्धि (°ग°) 1. 62. 9. 20.
सुइर (°चि°) 7. 61. 8. 64. 12. 26. 61. 13. 17. 39. 15. 12.
सुक्कारिअ (सूत्कृत) 13. 58.
सुग्गीव (°ग्री° N. pr.) 1. 13. 4. 11. 18. 37. 57. 12. 35. 13. 81. 14. 15. 15. 92. सुग्गीअ 1. 16. 3. 2. 14.
सुट्ठु (सुष्ठु) 4. 30. [3. 56.
सुढ von श्रथ? (निपातय R.; णिसुढिज्जन्त भारावनमत् K. cf. Hem. IV 158) 3. 58. णिसुढिअ (निर्लुठित, निर्भग्न K.) 10. 56. 12. 91. 15. 28.
सुण्ण (शून्य) 11. 2. 3. 41. 42. 46. 14. 35. सुण्णइअ 11. 10. 12. 29. 13. 77.
सुध् (पातय् Uebs.[1]): ओसुम्भइ[2] 14. 71; passiv: ओसुम्भन्त 4. 54. ओसुव्भन्ति 7. 61. ओसुद्ध 13. 22. 10. णिसुम्भइ 15. 57; passiv: णिसुम्भन्त 5. 69. 14. 3. णिसुव्भन्ति 7. 61. णिसुद्ध 5. 68. 7. 34. 8. 2. 78. 13. 11. 60. 83. 15. 37.
सुन्दरि 9. 46.
सुपरिच्छअ (°ट्) 12. 63.
सुमित्ता (°त्रा N. pr.) 4. 15. 14. 52. 12. 15. 36. 55.
सुर 2. 19. 22. 3. 3. 4. 25. 48. 63. 64. 6. 15. 7. 57. 8. 1. 9. 6. 11. 40. 46. 50. 82. 85. 10. 6. 10. 25. 35. 11. 96. 129. 12. 15. 53. 55. 63. 65. 67. 71. 13. 17. 20. 21. 14. 22. 29. 30. 33. 71. 15. 53. 54. 78. 93.
सुरअ (°त) 7. 49. 10. 61. 11. 23. 12. 18. 13. 20.
सुरहि (°भि) 1. 63. 3. 7. 4. 6. 6. 48. 89. 8. 55. 9. 93. 11. 119. 12. 27. 13. 81. 82. 14. 71.
सुरा 12. 11.
सुलह 3. 38. 5. 3. 11. 105.
सुवेल 3. 61. 62. 5. 13. 8. 17. 21. 23. 71. 76. 78. 80. 85. 103. 9. 1. 10. 1. 2. 4. 11. 98. 99. 12. 75. 80. 14. 57. 82. 15. 19.
सुसेण (°षे° N. pr.) 4. 11. 13. 84.
1. सुह (शुभ) 2. 10.
2 सुह (°ख) 1. 20. 21. 36. 2. 10. 12. 17. 20. 30. 3. 27. 63. 4. 31. 12. 48. 5. 9. 6. 6. 38. 8. 26. 28.

[1]) diese Uebs. beruht auf einer Confusion mit सुध्.

[2]) सुध् : सुम्भ् = रुध् : रुम्भ

52 97. 9. 18. 92. 10. 24. 44. 58. 61. 62. 69. 72. 80. 11. 58. 81. 93. 132. 12, 12. 22. 42. 49. 13, 23. 32. 42. 81. 14. 2 72. 15. 11, 53. 86. 88. A. 13. सुहिअ 2. 8. 5, 48. 7, 24. 9, 22, 80. 87. 10. 63. 11, 136 13, 82 14. 10. सुहाअन्त 1.28. सुहावइ 12.86.
सुहअ (सुखद) 12, 38.
सुहत्थ (°स्त) 12, 55.
सूच्: सूएन्ति 7. 16. 12, 73. सूइज्जइ 11, 59. सूइअ 1. 47. 14. 9. सूएअव्व 10. 28.
1.सूर (शू°) 3, 17.
2.सूर (°र्य) 3, 17. 4, 37. 5. 23. 30, 6. 48. 9. 31. 50. 10. 28. 11, 129. 15. 31. 41. 74, A. 6.
सूरअ (सूरगः = सूर्यग R. = वज्रभुजंग K) 9.50.
सूरअन्त (सूर्यकान्त 9. 50.
सूल (शू°) 8. 89. 13, 13. 15, 96
से (अस्य R. so und तस्य K) 1. 15. 39. 43. 44. 48. 53. 4. 56. 65. 5. 3. 6. 7. 44. 21. 8. 16. 11. 5. 6. 9. 11. 13. 14. 32. 12. 24. 14. 8. 24. 75. 15. 2. 13. 14. 18. 19. 20. 21. 25. 33. 45 54. 71. 72. (अस्याम्. तस्याम् 11. 67. 70. 72. 112. 117. cf. सिं.
सेअ (स्विद्) 5. 14. 7. 49. 8. 102. 11, 125. 15, 49.
सेआ (सेवा) 8. 14.
सेआल s. सेवाल.
सेउ (सेतु) 7, 1. 58. 70. 71. 8. 14. 17. 21. 24. 26. 38. 40. 41. 42. 44. 52. 53. 56. 63. 64. 71. 75. 76. 77. 78. 79. 81. 83. 84. 85. 86. 87. 88 89. 90. 93. 95. 96. 97. 100. 101. 14, 48. सेउबन्ध 6. 17. 8. 15. 19. 30. 37. 59. 71. 72. 91. 15. 19. A. 11.
सेणा 3, 55.
सेण्ण (सैन्य) 1. 49. 2. 41. 3. 34. 51. 54. 4, 1. 53. 6. 26. 96. 8. 27. 71. 97. 104, 105. 10. 1. 12. 32. 31. 41. 68. 71. 79. 87. 93. 96. 97. 13. 7. 69. 75. 77. 93. 97. 14. 11. 12. 35 36. 65. 70. 15, 4. 5. 36. 44 45. A. 12.
सेल (शै°) 2. 6. 11. 19. 34. 3, 27. 5. 53. 77. 6, 22. 23. 28. 31. 35. 39. 50. 54. 55. 62. 63. 67. 69. 70. 79 88. 91. 93 96. 7. 6. 10. 11. 22. 23. 24. 27. 30. 31. 38. 41. 43 47. 56. 58. 59. 60. 69. 8. 10. 25. 44. 50. 65. 68. 72. 77. 78. 81. 94. 102. 10. 39 12, 26. 72. 13. 8. 26. 28. 37. 38. 54. 94. 96. 15, 16. 28. 37 44. cf. गण्ड°.
सेव्: सेवन्ति 1, 61. सेवन्त 9. 96. सेविज्जन्त 3. 28. सेविअ 1. 21. [9. 67.
सेवाल (शै°) 2. 35. सेआल 2. 25. 31. 5. 76. 8. 44.
सेस (शेष) 3. 61. 62. 8. 2. 9. 1. 14. 20. 65. 78. 10. 13. 11. 17. 28 89. 12. 13. 24. 40. 43. 13. 8. 61. 14. 53. 70. 15, 86. N pr. 2. 28. 6. 19. 72. 9. 2. 9. 14 34.
सोअ (शोक) 1. 39. 53. 6, 13. 61. 11. 14. 23. 33. 55. 121. 135. 13, 96.
सोअर (°द°) 15. 45.
सोक्ख (सौख्य) 10. 62. 12, 21. 13. 47.
सोडीर (शौटीर्य) 3. 4. 5. 3. 11. 28. 12. 98. 13. 12. 35. 73. 79. 87. 15. 11.
सोणिअ (शोणित) 7. 25. 11. 63. 71. 13. 57.
सोत्त[1] (स्रोतस्) 1. 54. 58. 2. 14 36. 3, 17. 24. 5, 72. 6. 3. 39. 45. 81. 87 91. 7. 14. 8, 75. 78. 80. 9. 26. 29. 13. 31. 57. 62.
सोमार[2] (सुकुमार) 10. 34.
सोमित्ति (सौमित्रि) 14. 43. 44. 15. 37. सोमित्ति 12.88.
सोम्म (सौम्य) 1. 27. 4. 60. 5. 16. 6. 14 °त्तण 4. 8.
सोल्लण (von सोल्ल=सार्द्र, cf. ओल्ल; आर्द्रीकरण R)
सोहग्ग (सौभाग्य) 1. 24. [2. 8.
सोहा (शोभा) 1. 27. 48. 4, 10. 8. 107. 12. 69. 94.
स्खल्: खलइ 1. 23. खलन्त 2. 27. 6. 5. 8. 75. 10, 76. 12, 54. खलिअ 1. 9 29 33. 57. 2. 28. 3. 17. 50. 4. 19. 5. 62. 66. 6. 17. 39. 91. 7. 33. 54. 56. 8. 65. 9, 82. 10. 33. 11. 6. 17. 33. 130. 12. 13. 24. 52. 72. 74. 89. 13. 71. 14. 75. 15, 13. — परिक्खलन्त 4. 17. 7. 51. परिक्खलिअ 5. 55. 11. 7. — पडिक्खलिअ 1. 7.
स्तन्: थणन्त 13. 27.
स्तम्भ्: — उत्तम्भिज्जइ 12. 58. उत्थम्भिअ 5. 68. उत्थङ्घिअ[3] 5, 60. 68[?]. 69. 6. 31 42. 7. 50. 56. 8, 43. 50. 61. cf. उत्थङ्घ, थक्क.
स्तृ: ओत्थरइ 14. 65. ओत्थअ 2, 3. 5. 74. 7, 30. 9. 93. 10. 36. 11. 17 48. 14. 83. ओत्थरिअ 7. 47. — वित्थरइ (विस्तीर्यते Uebs.) 8, 71. वित्थरन्त (विस्तीर्यमाण R. विस्तरत् K) 3, 31. वित्थरिउं 4. 3 वित्थअ 1. 1. 4, 19. 5. 51. 75. 6. 39. 76. 78. 8. 44. 9. 57. 13. 9. 15. 30. वित्थिण्ण 3. 38. 5. 14 76. 7, 69. 9. 64. 10. 17. 39. °ण्णअ 2. 30. वित्थरिअ 6. 57. 13. 50. वित्थारिअ 10, 50.
स्तिम्: थिमिअ 2, 13. 5. 78. 8. 5. 11. 91. 14. 80.
स्तु: थुअ 3. 50. [14. 27.
स्त्या: थिणाअ 2. 30. — संखाअ 2. 4. 9. 41. 11. 63.
स्थग्: थएइ 13. 51. 14. 77. थइअ 5. 41. 43. 7. 66. 10. 23. 11. 6. 12. 14. — ओत्थइअ[4] 4. 38. 8, 92. 9. 55. 10. 42. 11. 41. 59. समोत्थइअ 9. 84.
स्था: ठाइ 1. 23. 3. 31. 11, 10. 12. 97. ठिअ 1. 25.

[1]) natürlich masc., was ich nur wegen सोत्तं Hem. II 98 erwähne.

[2]) gegen Var. II 30. Hem. I 254.

[3]) zu थम्भ् *थम्ह — थङ्घ vgl. रुन्ध् — रुम्ह — रुम्भ्; cf. auch आमङ्घ bei शंस्. संघअ bei हन्. GN 1874 468 ff., Prâkṛtica 5.

[4]) R übs. 3mal अवस्तृत!

63. 2. 12. 42. 3. 1. 21. 23. 53. 4. 51. 5. 2. 13. 32. 58. 6. 28. 29. 48. 7. 15. 36. 51. 8. 13. 44. 56. 59. 69. 80. 81. 102. 9. 5. 8. 11. 13. 15. 16. 17. 21. 40. 51. 54. 65. 91. 10. 5. 21. 25. 26. 27. 35. 51. 11. 9. 24. 31. 42. 46. 67. 90. 112. 12. 17. 54. 59. 63. 13. 28. 52. 61. 76. 93. 99. 14. 18. 28. 32. 39. 59. 61. 75. 15. 19. 31. 41. 48. अट्ठिअ 1. 35. 2. 24. 42. 7. 19. 9. 21. ठवेद 4. 23. 11. 18. ठवेन्ति 2. 46. ठविअ 6. 10. 83. 87. 8. 2. 9. 6. 11. 52. 12. 29. 13. 79. 15. 30. ववट्ठविअ व्यव° 12. 52. 13. 26. 14. 45. — उट्ठेद 12. 11. उट्ठेसु 11. 124. उट्ठिअ 2. 32. 5. 35. 86. 7. 19. 8. 52. 82. 9. 20. 95. 10. 19. 11. 37. 38. 66. 74. 102. 129. 12. 71. 86. 13. 31. 14. 69. 15. 25. अब्भुत्थन्त 12. 18. अब्भुट्ठाउं 12. 9. पडिउट्ठिअ 15. 80. समुट्ठिअ 12. 73. उवत्थिअ 14. 45. उअत्थिअ 11. 78. णिट्ठिअ 14. 71. अणिट्ठिअ 5. 7. णिट्ठविअ 8. 98. 9. 1. 11. 49. 14. 16. अणिट्ठविअ 15. 60. — परिट्ठिअ[1] 8. 24. 86. 96. 12. 32. 70. अपरिट्ठिअ 6. 16. पडिट्ठिअ 5. 16. 8. 85. परिट्ठविअ 1. 9. 65. 3. 18. 8. 25. 12. 27. 13. 4. पडिट्ठविअ 5. 52. — पत्थन्त 3. 57. पत्थिअ 1. 57. 2. 16. 26. 3. 41. 51. 6. 24. 46. 79. 80. 81. 8. 33. 9. 16. 26. 91. 12. 16. 72. 93. 13. 60. 14. 3. संपत्थिअ 11. 37. संठाद 1. 23. संठिअ 5. 17. 59. 8. 30. 39. 77. 94. 9. 56. 10. 30. 11. 39. 76. 134. 12. 13. 14. 73. 14. 29. 36. 60. 66. संठवेद 10. 65. संठविज्जद 5. 8. 12. 16. संठविअ 3. 4. परिसंठिअ 9. 17. 55. 10. 1. 13. 39. 11. 43. परिसंठवेन्ति 6. 90. परिसंठविअ 11. 5.

स्निह्: णिद्ध 3. 28.

स्पन्द्: फन्दद (फु°?), 15. 77.

स्फल्: — अप्फालिअ 12. 36. 40.

स्फिट् (भ्रंश् K): फिडिअ 4. 54. 61. 5. 39. 6. 30. 11. 24. 32. 12. 17. 13. 22. 14. 72. 15. 56. 63. फिलिअ 8. 68.

स्फुट्: फुट्टद 5. 77. 6. 56. फुट्टन्ति 5. 29. फुडन्ति 5. 51. फुट्टन्त 5. 40. 71. 6. 20. 11. 94. फुडिअ 2. 21. 4. 9. 11. 14. 5. 36. 81. 86. 6. 66. 67. 79. 7. 32. 8. 51. 9. 13. 11. 38. 108. 12. 61. 13. 83. 15. 66. फुल्लिअ 5. 30.

स्फुर्: फुरद 1. 5. 4. 10. 13. 34. 15. 76. A. 1. फुरन्त 1. 2. 27. 34. 50. 53. 4. 6. 16. 38. 61. 7. 35. A. 4. फुरमाण 6. 25. 12. 26. फुरिअ 1. 5. 18. 3. 17. 11. 46. — पप्फुरद 15. 77. विप्फुरन्त 5. 26.

[1]) in der Compos. mit स्था scheinen परि und प्रति vollständig zusammengeflossen zu sein: परिट्ठिअ etc. und पडि° werden durchweg von R mit परि°, von K mit प्रति° übs., cf. Hem. I 38.

स्मर्: सुमरामि 4. 22. सुमिरामि 4. 20. सुमरिज्जद 13. 16. विसरिअ gegen Hem. IV 75. 11. 58. विसमिअ? s. श्रम. संभरद 2. 38. 5. 22. संभरमाण 7. 11. संभरिऊण 11. 84. संभरिअ संस्मृत्य 11. 92 oder = संस्मृत sc. sl. 133. संभरिज्जद 13. 16. संभरिअ 7. 40. 10. 69. 11. 51. संभारिअ 14. 65.

स्मि: — विम्हिअ 12. 10. विम्हअणिज्ज 4. 59.

स्वद्: आसाएमि 11. 25. आसाएन्ति 7. 37. आसाएन्तअ 3. 15. आसाएऊण 11. 152. आसादअ 5. 16. 6. 17.

स्वप्: असुवन्त 1. 21. उवसुत्त 15. 11. पसुत्त 5. 31. पासुत्त 4. 1. 9. 22. 23.

ह

1. हअ भय nach ण K: s. हन 9. 88.

2. हअ (हय 6. 82.

हं s. अहं.

हंस 1. 26. 5. 12. 7. 60. °मि 6. 38.

हणुम °मन्त् N. pr. 12. 88. हणुमा nom. 8. 13. हणुमन्त (wie oben) 1. 35. 2. 13. 3. 11. 4. 34. 48. 14. 71. 72.

हत्थ (°स्त 1. 16. 3. 7. 21. 43. 54. 4. 3. 21. 5. 23. 63. 6. 5. 37. 60. 7. 27. 8. 38. 88. 105. 9. 58. 66. 10. 13. 74. 11. 12. 17. 48. 52. 54. 65. 71. 87. 109. 126. 12. 30. 56. 13. 5. 31. 87. 14. 29. 53. 69. 15. 15. 39. 54. 69. 75. A. 1.

हत्थि (°स्तिन 6. 61. 8. 36. 9. 6. 12. 88. 13. 26. 14. 11. 71. °णि 4. 59.

हन्: हन्तुं 4. 36. हन्तूण 3. 57. 13. 83. 86. 15. 16. हम्मद (= हन्ति! R) 11. 123. हअ 1. 39. 2. 11. 15. 5. 71. 9. 3. 88. (R). 10. 1. 11. 11. 22. 101. 12. 13. 13. 52. 81. 14. 1. 11. 43. 70. 15. 61. 81. अहअ 10. 1. हन्तव्व 3. 3. अवहअ 14. 28. अहिहअ अभि° 5. 77. 7. 41. 61. 8. 74. 14. 12. 15. 10. 18. आहन्तूण 11. 115. आहम्मिउं pass. 12. 15. आहअ 1. 51. 56. 2. 3. 22. 3. 51. 4. 1. 18. 5. 9. 11. 28. 55. 61. 82. 86. 6. 21. 66. 92. 7. 60. 67. 68. 8. 8. 16. 32. 70. 71. 9. 16. 28. 35. 36. 37. 11. 15. 18. 58. 62. 76. 94. 10. 8. 32. 38. 52. 11. 25. 12. 2. 4. 5. 7. 11. 90. 13. 8. 31. 34. 56. 67. 82. 14. 7. 30. 38. 57. 15. 6. 39. उहअ 1. 51. 7. 41. णिहणामि 15. 29. णिहणन्ति 12. 98. 13. 7. णिहम्मद 11. 123. णिहम्मन्ति 12. 98. णिहअ 3. 63. 7. 1. 9. 15. 12. 11. 21. 85. 96. 13. 11. 17. 21. 22. 45. 76. 87. 99. 14. 17. 55. 15. 1. 39. 40. 82. 83. 85. 92. पहम्मन्त 2. 31. पहअ 1. 8. 40. 58. 9. 13. 11. 40. 13. 19. 14. 31. पडिहअ 3. 22. 9.

21. 10. 65. 13. 77. अप्पडिहत्र 12. 33. — संघत्र (°हत) 10. 29.

हम्म (हर्म्य) 9. 43.

हर्: हरद् 4. 23. 10. 64. 15. 8. हरन्ति 1. 10. हरह (°त) 15. 61. हीरद् 6. 11 हीरन्त 6. 64. 80. 91. 93. 7. 24. 59. 11. 4. 57. 13. 76. हित्र 9. 29. 10. 10. 25. 11. 106. 12. 52. 13. 78. 14. 66. — ओहीरन्त 12. 43. 13. 33. ओहीरमाण 13. 96. ओहरित्र (geschwungen, geschleudert, von einer Waffe; = प्रयुक्त K. = अवपातित etc. R) 3. 37. 11. 61. 13. 3. 28. 55. 14. 51 71. वाहर्त्तुं 11. 116. वाहित्त 1. 29. अप्पाहित्र (°आव्याहृत) s. अप्पाह. — परिहरद् 5. 55. परिहरन्ति 14. 24. परिहरिज्जद् 10. 55. परिहरित्र 9. 15. 10. 2. -वरिहरित्र 7. 38.

1.-हर[1] (गृह) 1. 65. 2. 23. 4. 63. 5. 17. 6. 65. 7. 41. 47 49. 8. 95. 9. 53. 55. 11. 11. 13. 20. cf. मअर°.

2 हर (nehmend) 1. 47. 2. 7. 3. 55.

3.हर (हृद) 6. 65 (R वा).

4.हर (Çiva) 4. 20. 11. 94.

हरण 9. 7 (= ह° oder भ° R) 51.

हरि (Affe) 1. 16. 48. 4. 25. 41. 6. 22 37. 43. 44. 56. 8. 38. 52. (Löwe) 9. 31. (Vishṇu) 2. 9. 28. 6. 8. 9. 7. 8. 51. 91.

हरित्र (°त) 7. 38. 8. 99. 9. 12. भरित्र 8. 49! हरित्रन्तत्र 2. 31. हरित्रद्त्र 9. 31. हरित्राअन्त 2. 22 12. 1.

हरित्रन्दण (°चन्दन) 7. 37. 9. 80.

हरित्राल (°ताल 6. 56. 7. 22. 9. 41. 10. 6.

हरिण 5. 9. 7. 21. 9. 41.

हरिस (हर्ष 1. 37. 2. 40. 4. 8. 12. 57. 6. 20. 7. 49². 10. 3. 11. 32. 81. 12. 37. 13. 47.

हरिमालत्रा (हरिमाल+ता) 7. 49.

हर्ष्: हरिसित्र 8. 27. 78. 12. 55. 68. 13. 80. 81. 99. हीरिसित्र 10. 63.

हलहल (R देशी = कलकल = चोभविशेष. oder = युद्धोत्कण्ठा) 12. 86. 15. 33.

हलन्त (लसदर्थे देशी R. वेपमान K) 8. 45.

हस्: हसद् 3. 16 4. 14. 11. 3. 20. 13. 83. 14. 66. हसन्ति 13. 99. हसन्त 3. 52. 55. 11. 14 13. 98. हसिजण 11. 21. 15. 12. 23. 25. A. 1. हसिज्जद् 13. 12. 48. हसित्र 1. 7. 4. 3. 6. 11. 11. 15. 16. 21. — ओहसिज्जन्त (= उप°! R) 15. 10. — पहसित्र 1. 34. 56. 4. 24. 15. 2. — विहसन्त 2. 39. विहसित्र 11. 113.

हा (lassen): — ओहीअन्त 12. 42. 43². अणोहीण [12. 97.

हात्र s. घात्र. भा. 2.भात्र.

हार A. 13.

हारण[1] (हा° oder धा°) 9. 50.

हिअअ (हृदय) 1. 12. 13. 23. 46. 47. 53. 2. 44. 3. 5. 16. 47. 48. 4. 2. 3. 5. 21. 22. 58. 65. 5. 3. 7. 10. 6. 8. 7. 6. 51. 8. 52 79. 89. 97. 9. 40. 10. 57. 63. 65. 69. 72. 77. 11. 2. 5. 7. 8. 9. 10. 13. 15. 23. 26. 31. 33. 42. 47. 49. 50. 51. 59. 70. 73. 76. 81. 82 83. 87. 104. 107. 108. 114. 117. 118. 120. 133. 136. 12. 25. 38. 50. 67. 13. 3. 13. 36. 78. 14. 9 23. 24. 29. 34. 36. 47. 54. 56. 15. 9. 60. 70. 84. A. 12. s. अण°.

हित्थ s. भोप्.

हिम 2. 11. 3. 48. 8. 92. 9. 67.

हिरणकव (°ण्याक्ष N. pr.) 4. 22.

हीर 4. 11. 11. 63.

हु (खलु) nach Voc. 1. 15. 3. 7. 5. 70. 6. 16. 7. 6. 63 8. 11. 51.

हुअवह (हुत°) 5. 29. 31. 53. 61. 64. 66. 87. 8. 16. 10. 22. 32 14. 8. 15. 81. 94.

हुआस (हुताश) 15. 38.

हुआसण (हुताशन) 5. 57. 15. 73.

हुंकार 10. 21. 11. 19. 15. 1. 4.

हुत्त (अभिमुख Uebss.) 3. 57. 61. 4. 12. 5. 15. 6. 45. 7. 9. 8. 40. 47. 9. 33. 10. 35. 64². 77. 11. 13². 67. 85². 12. 16. 15. 15². 36². A. 11.

हेला 1. 55. 2. 30. 13. 98.

हेष्: हेसित्र 13. 24.

हो (भोस्) 3. 27.

हृद्: — णीहरद् 5. 71. णीहरन्त 5. 11. 9. 24 (= निस्सरत् K. cf. Hem. IV 79). 12. 7. णीहरित्र 11. 122. 12. 74. णीहरित्रन्तत्र 2. 31.

[1] nur in fine comp. für घर, daher eigentl. zu diesem zu stellen.

[1] oder आहा°.

[2] oder आहृत्त.